Retrato de Sousândrade — Joaquim de Sousa Andrade — (1833-1902):
das *Obras Poéticas* (1.º volume), Nova Iorque, 1874.

re visão de
sousândrade

Signos 34

Coleção Signos	Dirigida por Haroldo de Campos
Supervisão Editorial	J. Guinsburg
Assessoria Editorial	Plinio Martins Filho
Revisão	Francisco Costa, Augusto de Campos e Plinio Martins Filho
Projeto Gráfico	Paulo Roberto da Silva
Capa	*Criação*: Augusto de Campos. *1ª Capa*: Montagem fotográfica sobre retrato de Sousândrade e a Bolsa de Valores, arte-finalizada por José Luís Garaldi e José Roberto Lakatos. *4ª Capa*: D. Pedro II e o Presidente Grant inauguram a Exposição do Centenário em Filadélfia (gravura de 1876). *Concepção final*: Equipe da Perspectiva
Produção	Ricardo W. Neves, Sérgio Kon, Heda Maria Lopes e Maria Amélia Fernandes Ribeiro

re visão de sousândrade
augusto e haroldo de campos

TEXTOS CRÍTICOS
ANTOLOGIA
GLOSSÁRIO
BIOBIBLIOGRAFIA

Com a colaboração especial de
Diléia Zanotto Manfig, Erthos A. de Souza,
Luiz Costa Lima e Robert E. Brown

3.ª edição revista e aumentada

Dados Internacionais de Catalogação na Publicação (CIP)
(Câmara Brasileira do Livro, SP, Brasil)

ReVisão de Sousândrade / textos críticos, antologia, glossário, biobibliografia Augusto e Haroldo de Campos ; com a colaboração especial de Diléia Zanotto Manfig, Erthos A. de Souza, Luiz Costa Lima e Roberto E. Brown. -- 3. ed rev. e ampl. -- São Paulo : Perspectiva, 2002. -- (Signos ; 34)

ISBN 85-273-0300-0

1. Sousândrade, 1833-1902 – Crítica e interpretação I. Campos, Augusto de, 1931 – II. Campos, Haroldo de, 1929 –. III. Título. IV. Série.

02-3330   CDD – 869.9109

Índices para catálogo sistemático:
1. Poesia : Literatura brasileira : História e crítica   869.9109
2. Poetas brasileiros : Apreciação crítica   869.9109

Direitos reservados à
EDITORA PERSPECTIVA S.A.
Av. Brigadeiro Luís Antônio, 3025
01401-000 – São Paulo – SP – Brasil
Telefax: (0--11) 3885-8388
www.editoraperspectiva.com.br
2002

SUMÁRIO

Nota à 3.ª edição 13
Prefácio à 2.ª edição 15
Nota à 1.ª edição 17

SOUSÂNDRADE: O TERREMOTO CLANDESTINO
— Augusto e Haroldo de Campos 21

I. REVISÃO DE UM PROCESSO DE OLVIDO 23

II. ESTILÍSTICA SOUSANDRADINA (ASPECTOS MACROESTÉTICOS) ... 31
   1. Barroquismo e Imagismo 31
   2. Estilo Metafísico-Existencial 37
   3. Estilo Conversacional-Irônico 45
   4. Estilo Sintético-Ideogrâmico 46
      4.1. O *Guesa*: arcabouço geral 46
      4.2. "Tatuturema" e o "Inferno de Wall Street" 50
      4.3. O Inferno financeiro: Sousândrade e Pound 60
      4.4. Temas e arquétipos. Personagens 65
      4.5. Dimensão crítico-estética 80
      4.6. Mosaico idiomático 85

III. ESTILÍSTICA SOUSANDRADINA (ASPECTOS MICROESTÉTICOS) 89
    1. *Insurreição Sonora* 90
        1.1. Arte sonora nos episódios infernais 98
        1.2. Sonoridade grega 105
    2. *Invenções Vocabulares* 107
        2.1. Os compostos sousandradinos 107
        2.2. Compostos na literatura comparada 114
        2.3. Outras inovações léxicas 118

IV. PRESENÇA DE SOUSÂNDRADE 121

ANTOLOGIA

1. HARPAS SELVAGENS 127
    Harpa III — Ao Sol 129
    Harpa XXIV — O Inverno 135
    Da Harpa XXVI — Fragmentos do Mar 141
    Harpa XXXII 155
    Da Harpa XXXIV — Visões 159
    Da Harpa XXXV — Visões 167
    Da Harpa XLI 177
    Da Harpa XLV 181

2. EÓLIAS 183
    Mademoiselle 185
    Dá Meia-Noite 187

3. O GUESA 189
    Das Memorabilia (Cantos V a VII) 193
    Das Memorabilia (Canto VIII) 197
    Do Canto I 199

Do Canto II 209
Do Canto III 211
Do Canto IV 213
Do Canto V 221
Do Canto VI 225
Canto VII 227
Do Canto VIII 231
Do Canto X 245
Do Canto XI 251
Do Canto XII 271
O Guesa — Sinopse Temática 279

    3.1 O Tatuturema 285
           Principais variantes 321
           Glossário 333
    3.2 O Inferno de Wall Street 339
           Variantes e correções 387
           Glossário 397

4. NOVO ÉDEN 445
    Fragmentos sobre Adão e Eva 447
    Elogio do alexandrino 455
    Fragmentos sobre Heleura 457

O CAMPO VISUAL DE UMA EXPERIÊNCIA
ANTECIPADORA — Luiz Costa Lima 461

1. A Visão do Mundo do Romântico Brasileiro 466
2. O Amor Romântico e em Sousândrade 472
    2.1. A abertura erótica 472
    2.2. Do amor a uma concepção do homem 479
3. O Fracasso de um Tema: a Natureza como um Livro Aberto 486

4. *A Dimensão Política* 488
5. *O Fragmento Sousandradino: O Choque de Duas Formas de Visualização* 493

DE HOLZ A SOUSÂNDRADE — *Augusto e Haroldo de Campos* 505

SOUSÂNDRADE: FORMAS EM MORFOSE — *Haroldo de Campos* . 517

A PEREGRINAÇÃO TRANSAMERICANA DO *GUESA* DE SOUSÂNDRADE — *Haroldo de Campos* 531

ECOS DO *INFERNO DE WALL STREET* — *Augusto de Campos* 565

APÊNDICE

O "INFERNO DE WALL STREET" EM INGLÊS — *Augusto de Campos* 577

THE WALL STREET INFERNO — *Tradução de Robert E. Brown* 583

BIBLIOGRAFIA DE SOUSÂNDRADE
Erthos Albino de Souza e Diléia Zanotto Manfio 625

SÍNTESE BIOGRÁFICA 649

NOTA À 3.ª EDIÇÃO

Nesta edição, que comemora o centenário da morte do poeta, incluem-se dois novos estudos, "A Peregrinação Transamericana do *Guesa* de Sousândrade", de Haroldo de Campos, e "Ecos do Inferno de Wall Street", de Augusto de Campos. O primeiro trata da influência de Humboldt sobre o Romantismo brasileiro, desenvolvendo, também, uma comparação entre *O Guesa* e o *Canto General* de Neruda. O segundo tem a ver com o reexame das fontes sousandradinas, ocupando-se com a exegese de alguns episódios do "Inferno de Wall Street", cujo glossário foi revisto e atualizado para esta reedição. Do mesmo passo, aditaram-se novos verbetes ao glossário pertinente ao "Tatuturema" e que contribuem para a elucidação desse texto. Com o intuito de melhor difundir, além-fronteiras, a obra de Sousândrade, publica-se em apêndice a tradução, quase integral, do "Inferno" para o inglês, elaborada por Robert E. Brown, ex-aluno de literatura brasileira de Augusto de Campos na Universidade do Texas, Austin e hoje Professor Adjunto de Espanhol da Abilene Christian University, no Texas. Graças à colaboração de Diléia Zanotto Manfio foi ainda atualizada a bibliografia sousandradina, até aqui estabelecida pelo poeta e pesquisador Erthos Albino de Souza, falecido há dois anos. Ao apoio intelectual e financeiro de Erthos se deveu a primeira edição deste livro, em 1964. À sua memória dedicamos, com afeto e saudade, esta nova edição.

AUGUSTO E HAROLDO DE CAMPOS, 2002

PREFÁCIO À 2.ª EDIÇÃO

A *ReVisão de Sousândrade*, publicada em 1964, numa tiragem de apenas 500 exemplares, sob a sigla metafórica de Edições Invenção e graças ao patrocínio generoso de Erthos Albino de Souza, encontra-se esgotada há vários anos.

Ao prepararmos esta 2.ª edição, decidimos pela manutenção do texto da 1.ª em seu aspecto original, inalterado praticamente, para assim preservar o tom e o teor de sua intervenção no momento histórico em que esta ocorreu.

Pode-se dizer que este livro criou um "caso" na crítica literária brasileira, propondo em termos deliberadamente provocativos, sem a tibieza cautelar do escolasticismo acadêmico, a reavaliação do olvidado autor do *Guesa* e repondo em circulação parte expressiva de seus textos de maior impacto estético, em especial a seção de seu longo poema por nós batizada (a partir de versos do próprio poeta) "O Inferno de Wall Street".

Hoje não será exagero afirmar que a importância ineludível da singular contribuição de Sousândrade se impôs aos estudiosos sensíveis à reabordagem sincrônica de nosso passado literário e, muito em particular, aos poetas voltados para o novo, que, desde os anos 60, num amplo arco geracional, têm-se deixado impressionar pelo fascínio premonitório da linguagem sousandradina.

A crescente fortuna crítica de Sousândrade, a partir da primeira publicação desta *ReVisão*, compreendendo desde artigos de jornais e periódicos a teses universitárias no exterior e no Brasil (sem esquecer traduções, publicadas e em via de publicação), é uma prova dessa alteração no quadro da "recepção estética" em torno à revolucionária obra do poeta maranhense.

Fizemos algumas correções em nosso texto original, em particular no que se refere ao Glossário que acompanha "O Inferno de Wall Street". Resolvemos incluir mais alguns fragmentos na seção da antologia dedicada ao *Novo Éden,* anteriormente resumida apenas aos versos sobre Heleura. Estampamos também, nesta segunda edição, o texto integral do "Tatuturema", acompanhado de uma compilação das principais variantes desta seção do *Guesa*. Urgia torná-la mais acessível a leitores e pesquisadores, pela importância que tem. Fica faltando, como sugestão a ser suprida por um futuro trabalho no campo, a elaboração de um glossário relativo a esse Inferno Amazônico, nos moldes do que organizamos para o episódio infernal nova-iorquino. Por enquanto, incluímos apenas um pequeno vocabulário dos principais termos indígenas nele ocorrentes, como auxiliar de leitura.

Em apêndice, acrescentamos dois trabalhos publicados em jornal e que se integram em nossa atividade revisional voltada para a obra sousandradina: "De Holz a Sousândrade", artigo que escrevemos em conjunto (Suplemento Literário de *O Estado de S. Paulo,* 17.11.1962), e "Sousândrade: formas em morfose", por Haroldo de Campos (Suplemento cit., 10.1.1970).

A primeira edição deste livro foi dedicada ao poeta Erthos Albino de Souza. Reiteramos aqui essa homenagem, acrescida agora de novos agradecimentos, pela importante colaboração que nos prestou para a revisão de nosso texto, nesta segunda publicação. À sua constante dedicação ao tema devemos várias sugestões, sobretudo para o aprimoramento do Glossário, bem como a atualização da bibliografia sousandradina e o preparo do texto integral do "Tatuturema", que adotamos aqui com ligeiras modificações de critério.

AUGUSTO E HAROLDO DE CAMPOS

São Paulo, outubro de 1979

NOTA À 1.ª EDIÇÃO

Este volume visa a repor em circulação uma parte substancial da obra poética de Joaquim de Sousa Andrade (Sousândrade), até agora, passados já mais de 60 anos da morte do autor, praticamente inacessível ao público brasileiro, pois salvo raríssimos poemas e excertos, não se fez dela, nesse período, nenhuma reedição.

Selecionamos largos trechos das *Harpas Selvagens* e do *Guesa*, dando destaque especial à secção "Inferno de Wall Street", deste poema. Incluímos, também, poemas das *Eólias* e fragmentos do poemeto *Novo Éden*. Nestes dois últimos casos, limitamos a apresentação a poucos exemplos; de fato, as *Eólias* não possuem o mesmo nível de fatura das *Harpas*, e, quanto ao *Novo Éden*, seu caráter circunstancial e pronunciadamente fragmentário, do qual resulta um valor estético muito irregular, dificulta sobremaneira a tarefa seletiva.

Abre o volume um estudo crítico sobre a poesia sousandradina, que publicamos originalmente sob o título "Montagem: Sousândrade" (I a VI), no *Correio Paulistano*, página "Invenção", entre 18.2.60 e 26.2.61. Revisto e consideravelmente ampliado, é reimpresso agora com o título "Sousândrade: o Terremoto Clandestino".

Fizemos acompanhar a secção "Inferno de Wall Street" de um Glossário de personagens, temas e citações, para obviar às dificuldades de leitura do original. Evidentemente, esse Glossário apresenta algumas lacunas. Dada a natureza da pesquisa — abrangendo muitas vezes episódios dos jornais da época, laterais e transitórios, que não passaram para as enciclopédias e livros de referência — nem tudo pôde ser identificado. Deixamos em branco os verbetes não esclarecidos, para os subsídios dos futuros pesquisadores e interessados. Advertimos, ainda, que, na elaboração do Glossário, procuramos redigir com o máximo possível de concisão os verbetes sobre personagens e fatos conhecidos. Nos casos óbvios, o registro funciona apenas como ponto de convergência das remissões ao mesmo tema ou personagem no original.

Como introdução à antologia do *Guesa,* vão reproduzidos excertos dos importantes prefácios ("Memorabilia") que o poeta escreveu para as edições nova-iorquinas do poema. Esboçamos uma "sinopse temática", com o objetivo de dar um panorama geral dessa obra, permitindo a visualização de seus motivos e recorrências e a localização dos trechos selecionados no seu corpo.

Quanto às edições que serviram de base à fixação dos textos aqui coligidos, esclarecemos: a) para as *Harpas Selvagens,* valemo-nos da edição de 1857, Tipografia Universal de Leammert, Rio de Janeiro; reimprimindo as *Harpas* nas *Obras Poéticas,* 1.º vol., 1874, Nova Iorque, o autor, premido talvez pelas resistências de seus contemporâneos às supostas "asperezas" de seu "estro bárbaro", modificou o texto primitivo, despojando-o de muitas das soluções criativas encontradas naquela primeira edição, à qual, por esse motivo, nos ativemos; b) para as *Eólias,* servimo-nos do texto constante do mencionado 1.º vol. das *Obras Poéticas;* c) para o *Guesa,* orientamo-nos pela derradeira edição, londrina, impressa por Cooke & Halsted; d) do *Novo Éden,* só há uma edição. No caso especial da seção "O Inferno de Wall Street", a nota explicativa que a acompanha, sob o título "Variantes e Correções", elucida o critério por nós adotado.

Completa o volume o ensaio "O Campo Visual de uma Experiência Antecipadora: Sousândrade", de autoria do professor de literatura e crítico Luiz Costa Lima, trabalho que inclui os resultados de pesquisas sobre um texto inédito do poeta, "Harpas de Ouro". Originalmente apresentado como tese ao III Congresso Brasileiro de Crítica e História Literária (João Pessoa, Paraíba, 1962) e, a seguir, impresso no n.º 2 (out.-dez. 1962) da revista *Estudos Universitários,* da Universidade do Recife, esse estudo foi revisto e desenvolvido para figurar neste livro.

Erthos Albino de Souza, cultor e estudioso da obra sousandradina, preparou especialmente para esta edição o levantamento da fortuna bibliográfica de Sousândrade. Colaborou, também, na elucidação de vários verbetes do Glossário e na síntese biográfica que encerra o volume.

Deixamos de incluir nesta coletânea um texto fundamental de Sousândrade, o "Tatuturema", episódio infernal do Canto Segundo do *Guesa*. Seria necessário, em nosso entender, fazê-lo acompanhar de um "Glossário" nos moldes do confeccionado para o "Inferno de Wall Street", além de se impor uma colação das várias versões do texto. Isto demandaria toda uma pesquisa suplementar. Propomo-nos realizá-la oportunamente, e, então, cuidaremos da republicação desse episódio do poema.

Augusto e Haroldo de Campos

São Paulo, 1964

SOUSÂNDRADE:
O TERREMOTO CLANDESTINO

AUGUSTO E HAROLDO DE CAMPOS

*A Oliveira Bastos, que nos introduziu
na* selva selvaggia *do mundo sousandradino.*

I. REVISÃO DE UM PROCESSO DE OLVIDO

No quadro do Romantismo brasileiro, mais ou menos à altura da denominada 2.ª geração romântica (conceito cronológico), passou clandestino um terremoto. *Joaquim de Sousa Andrade,* ou *Sousândrade,* como o poeta preferia que o chamassem, agitando assim, já na bizarria do nome, aglutinado e acentuado na esdrúxula, uma bandeira de guerra[1].

Nascido no Maranhão em 1832 e aí falecido em 1902, ao cabo de uma vida aventurosa e de prolongadas andanças pelo mundo, o surpreendente poeta, cujo primeiro livro (*Harpas Selvagens* — 1857) antecede de dois anos a publicação das *Primaveras* de Casimiro de Abreu, produziu uma obra que não teve nem poderia ter o auditório que

---

1. Colhemos a informação em Clarindo Santiago: "Sousa Andrade: O Solitário da Vitória", *Revista da Academia Brasileira de Letras,* Rio de Janeiro, Ano 23, vol. 39, n.º 126, junho de 1932. Eis o seu teor: "As primeiras obras do poeta em estudo traziam o nome *Sousa Andrade.* Mais tarde, na edição definitiva do *Guesa Errante,* aparecem os dois nomes ligados: *Sousandrade,* tendo o vate, segundo reza a tradição oral, acentuado a antepenúltima sílaba: *Sousândrade,* forma que até hoje é usada no Maranhão". Clarindo Santiago grafa o nome do poeta com "z" (*Souzândrade*), mas preferimos atualizar a ortografia. No mesmo sentido, ver Mário M. Meireles, *História do Maranhão,* DASP, Serv. Documentação, Rio de Janeiro, 1960, pp. 291, 297, 299, 346 (referências ao poeta).

merecia. Simplesmente escapava ao limiar de freqüências da sensibilidade de seus contemporâneos, que se definia pelas principais vertentes do Romantismo canônico, aquelas que acabariam, afinal, consagradas pelos nossos historiadores da literatura, com variação, apenas, aqui e ali, de uma hierarquia de preferências.

Sismo de vibração acima da curva acústica da época, a obra de Sousândrade, como ele próprio previra, ficou à margem:

"Ouvi dizer já por duas vezes que 'o *Guesa Errante* será lido cinqüenta anos depois'; entristeci — decepção de quem escreve cinqüenta anos antes." (Memorabilia, 1877 — introdução ao Canto VIII da edição nova-iorquina do *Guesa*.)

E à margem continua. Clandestina. Ou quase. Se se tem falado algo dela nestes últimos tempos, não se cogitou sequer de reeditar qualquer dessas raridades bibliográficas, de remotíssimo acesso, em que se converteram os seus livros. Este trabalho propõe-se a ser a primeira etapa para um estudo definitivo da obra sousandradina. Propõe-se a romper o "blackout da História". A repor em circulação alguns dos textos básicos do poeta maranhense, numa amostragem preliminar, sem pretensão de exaustividade, mas suficiente para dar uma idéia das extraordinárias surpresas que o mundo do cantor do *Guesa* reserva para a mente moderna.

Além da barreira de silêncio que urge quebrar, outro aspecto existe a reconsiderar no caso Sousândrade. Impõe-se o reexame de certas colocações daquela crítica de exceção, que, fugindo à regra geral de omissão pura e simples, tem tomado conhecimento do poeta e contribuído, em maior ou menor escala, com pistas e indícios, para que sua obra não seja cancelada pela desídia coletiva de uma obliteração total. Simultaneamente, porém, essa crítica minoritária, de uma ou de outra forma, por uma espécie de compromisso ritualizante na reiteração de alguns pontos de vista preconcebidos, tem, pode-se dizer, favorecido mais a configuração de um esotérico "mito" sousandradino do que a sua iluminação. A esse fenômeno, parafraseando a expressão do crítico norte-americano James Blish a propósito de caso semelhante ocorrido, não faz muito tempo, com a obra de Ezra Pound[2], gostaríamos de chamar "Rituais em torno de Sousândrade". Aqui é preciso dizer que essa crítica tem admitido gradações de compreensão e sensibilidade para com a obra sousandradina: no passado, desde a opacidade de um José Veríssimo, que repudiou sobranceiramente Sousândrade no mesmo texto em que malcompreendeu o simbolismo brasileiro[3], até a franca simpatia, assaltada de perplexidade, de um Sílvio Romero, responsável em essência pela visão que ficou até hoje de um Sousândrade irregular, capaz de audácias que o projetam fora da "toada comum" do tempo, mas de escassa inteligibilidade[4]. Cite-se, ainda, o interesse de

2. James Blish, "Rituals on Ezra Pound", *The Sewanee Review*, Sewanee, Tennessee, vol. LVIII, n.º 2, abril-junho 1950, pp. 185-226.
3. José Veríssimo, *Estudos de Literatura Brasileira* (*Primeira Série* — 1895-1898), Rio de Janeiro, Garnier, 1901, p. 95: "Os nefelibatas puros — escreve ele, depois de caracterizar o movimento simbolista no Brasil como 'forma estéril e manca de esnobismo' " (p. 93) — "achariam, talvez, não muito longe, senão os mestres com quem aprender, pelo menos antecessores que lhes legitimassem a prosápia, o Sr. Joaquim de Sousa Andrade, em cujos livros *Guesa Errante* e *Harpas Selvagens* não faltam trechos com todos os característicos da escola, e o Sr. Luís Delfino, que é acaso o mestre do orientalismo de pacotilha e do frasear pomposo e vazio daqueles poetas".
4. Sílvio Romero, *História da Literatura Brasileira*, Rio de Janeiro, Garnier, 1888, vol. 2, pp. 1161-1165. Nesta primeira edição de sua *História*, o autor, não sabendo como conciliar com seu conceito de forma as audácias de Sousândrade, mas, de outro lado, intrigado e atraído por elas, resolve o impasse negando ao poeta "quase inteiramente desconhecido" a "destreza e a habilidade da forma": só de quando em quando repontaria em sua obra "algum verso, alguma estrofe excelente". Já na segunda edição (1902-1903), pode-se ler a seguinte nota: "Ultimamente apareceu, em edição especial, completo, o *Guesa Errante*. Convém ser lido por inteiro". O que não deixa de ser uma amorosa contradição, uma retificação indireta do juízo anterior, pois não se manda ler por inteiro um longo poema em 13 Cantos apenas por causa de uns raros versos, de umas poucas estrofes ... Sílvio conhecia a relatividade de seu julgamento diante de uma obra tão singular e por isso advertira desde aquela 1.ª edição: "A função da crítica é em tal caso simplesmente mostrar, apontar o caminho".

Camilo Castelo Branco, no *Cancioneiro Alegre*, obra polêmica, onde nomes mais afamados não escaparam à pena mordaz do escritor português, que considerou Sousândrade "o mais extremado, mais fantasista e erudito poeta do Brasil na atualidade"[5]. Neste século, há os depoimentos de Humberto de Campos e João Ribeiro[6]. Numa outra pauta, pois não se trata propriamente de profissionais da crítica, mas de literatos coestaduanos empenhados em preservar a memória do poeta, há os estudos de Clarindo Santiago ("Sousa Andrade: o solitário da *Vitória*"), Astolfo Serra ("O Guesa Errante") e Raimundo Lopes ("O *Guesa* de Sousa Andrade"), que além de lançarem alguma luz sobre a sua fascinante biografia, revelam-nos aspectos de sua obra[7]. Destaque especial merece o primeiro, cujo trabalho, embora se ressinta das convencionalidades do panegírico, acusa uma surpreendente receptividade para com as leis do mundo sousandradino, na recusa em subscrever a pecha de ilegibilidade atirada contra o poeta e no esboço de um roteiro-chave do *Guesa* e do *Novo Éden,* seus dois poemas mais controvertidos. Recentemente, Fausto Cunha, em *A Literatura no Brasil,* redigiu um breve estudo sobre o poeta maranhense, ao qual é justo

---

5. Camilo Castelo Branco, *Cancioneiro Alegre de Poetas Portugueses e Brasileiros,* 2.ª ed., Porto, Chardron, 1887, vol. 1, pp. 141-146.
6. Humberto de Campos, *Crítica (3.ª Série),* São Paulo, W. M. Jackson, 1951 (obra póstuma), pp. 16-20. Trata-se de artigo publicado em 1930 e que faz remissão a um outro, escrito em 1921, na "alvorada do movimento modernista". João Ribeiro, *Crítica,* Rio de Janeiro, edição da Academia Brasileira de Letras, 1952 (obra póstuma), vol. 1, pp. 158-160. Trabalho originariamente publicado em 1932, no *Jornal do Brasil,* Rio de Janeiro.
7. Clarindo Santiago: estudo cit., cf. nota 1. Astolfo Serra, "O Guesa Errante", em *Revista da Academia Maranhense de Letras,* São Luís (Maranhão), vol. III, janeiro-abril, 1935, pp. 100-129. Raimundo Lopes, "O *Guesa* de Sousa Andrade", *Revista das Academias de Letras,* vol. V, n.º 15, 1939, reproduzido por Joaquim Vieira da Luz em *Dunshee de Abranches e Outras Figuras,* Rio de Janeiro, Ed. do Autor, 1954.

considerar-se uma primeira tentativa de avaliação, nos termos de uma crítica moderna, da obra do autor das *Harpas,* com uma contribuição de relevo especialmente no tocante à estilística sousandradina; já em anterior oportunidade chamara a atenção para a "tremenda importância histórica" de Sousândrade, assinalando uma de suas precursoras insurreições gramaticais no emprego proclítico do pronome átono[8].

Isto não obstante, não foge o crítico a certas constantes do "Ritual", repisando nas pegadas de Sílvio Romero os prejuízos de ininteligibilidade e desnivelamento estético (chega mesmo a falar em "aberração" e "desarrazoado patológico" e insiste, contra toda a evidência, numa suposta "carência de poemas ou trechos representativos no plano do valor poético"). Edgard Cavalheiro, pouco antes de falecer, achegou-se, pela sedução da biografia, ao mundo do maranhense. Percebeu com acuidade a importância de suas inovações e traçou mesmo um paralelo entre o cantor do *Guesa* e Oswald de Andrade[9], onde assinalou a diferença entre o estro sousandradino e o de seus contemporâneos, frisando que a obra do poeta ainda aguardava um julgamento crítico apto a apreender-lhe o sentido. Fez mais: incluiu-o, com dois poemas, no volume dedicado ao Romantismo, por ele organizado, de um recente *Panorama da Poesia Brasileira*[10]. Já o crítico Antônio Cândido, na sua *Formação da Literatura Brasileira*[11], não demonstrou maior interesse pelo poeta, tratando-o como um romântico menor, conven-

---

8. Fausto Cunha, "Sousândrade", em *A Literatura no Brasil,* obra de uma equipe dirigida por Afrânio Coutinho, Rio de Janeiro, Editorial Sul-Americana S.A., 1956, vol. I, t. 2, pp. 829-833; "Sousândrade e a Colocação de Pronomes no Romantismo", *Letras e Artes,* de 17.8.54.
9. Edgard Cavalheiro, "O Antropófago do Romantismo", *O Estado de S. Paulo,* 10.11.57.
10. Edgard Cavalheiro, *Panorama da Poesia Brasileira – Vol. II – Romantismo,* Editora Civilização Brasileira, São Paulo, 1959, pp. 140-143.
11. Antonio Candido, *Formação da Literatura Brasileira — Momentos Decisivos,* São Paulo, Livraria Martins Editora, 1959, vol. 2, pp. 207-208, 377, 409.

cionalmente; prejudicou-lhe a visão, sem dúvida, o conhecimento incompleto da obra de Sousândrade, pois circunscreve sua apreciação apenas ao primeiro livro do poeta, *Harpas Selvagens* (conforme revelam as notas bibliográficas do volume), omitindo toda a evolução subseqüente dessa obra, sobretudo o *Guesa,* poema em XIII Cantos, a empresa mais ambiciosa do maranhense, à qual foram dedicados cerca de trinta anos de trabalho.

Pode-se dizer que uma das características do movimento de renovação literária que se consolidou neste século é a de ser ele acompanhado pelo redescobrimento de poetas e fases literárias boicotados e obscurecidos pela rotina de uma tradição petrificante. Nossa época assistiu à reabilitação de Góngora, posto de lado durante séculos como responsável por uma poesia rendilhada e oca. O Góngora anatematizado por gramáticos e retóricos eminentes, que García Lorca, em 1927, via "solo como un leproso lleno de llagas de fría luz de plata, con la rama novísima en las manos esperando las nuevas generaciones que recogieran su herencia objetiva y su sentido de la metáfora"[12]. Coisa semelhante aconteceu com os chamados "poetas metafísicos" ingleses, reavaliados em 1924 por T. S. Eliot, em famoso ensaio[13]: era a recuperação, para a poesia de hoje, de poetas como Donne, Crashaw, Marvell, etc., incompreendidos durante muito tempo como fúteis cultores do *wit* e do torneio verbal exasperado. Os exemplos se multiplicam. Poetas marginais de épocas mais recentes, como Nerval, Lautréamont, Corbière, são hoje "monstros sagrados" do patrimônio poético universal. Pound "colhe no ar uma tradição viva", desde o *trobar clus* provençal de Arnaut Daniel e desde as baladas de Guido Cavalcanti até o *Sordello,* de Robert Browning, suprimido de edições acadêmicas sob a pecha de obscuri-

---

12. García Lorca, *Conferências,* em *Obras Completas,* vol. VIII, Buenos Aires, Editora Losada, 195, pp. 115-144.
13. T. S. Eliot, *Selected Essays* (1917-1932), London, Faber & Faber, 1934.

dade[14]. Herbert Read[15] dá uma posição toda especial de destaque a Gerard Manley Hopkins (1844-1889), cujo primeiro editor (1918), o "poeta laureado" Robert Bridges, ao resgatá-lo postumamente do olvido quase por um pacto de amizade, sem embargo e simultaneamente, acusava-o de "afetação metafórica, perversão do sentimento humano, exagerado marianismo, desenfreamento puramente artístico, faltas definidas de estilo, inacreditável puerilidade nas rimas — por vezes desagradáveis, vulgares e mesmo cômicas — e, de um modo geral, de obscuridade deliberada e desnecessária", concedendo-lhe apenas "algumas raras e magistrais belezas"[16]. Segundo Read, o Dr. Bridges nada mais fez do que julgar o acusado por um código errado, nisto evidenciando no fundo simplesmente sua "carência de simpatia — não de simpatia pessoal — mas de simpatia em ideais poéticos". E Hopkins, mais conhecido a partir de uma 2.ª edição de 1930 (prefaciada compreensivamente por Charles Williams), ressurge nas ousadias formais de Dylan Tliomas, cujos primeiros poemas aparecem em 1934[17].

14. Ezra Pound, especialmente *The Spirit of Romance,* London, Peter Owen, 1952 (1.ª ed., 1910); *ABC of Reading,* Norfolk (Connecticut), New Directions, 1951 (1.ª ed., 1934); *Make it New,* London, Faber & Faber, 1934.
15. Herbert Read, *Form in Modern Poetry,* London, Vision Press, 1948, pp. 49-59 (1.ª ed., 1932). No mesmo sentido, leia-se o penetrante capítulo dedicado a Hopkins por F. R. Leavis, *New Bearings in English Poetry,* London, Chatto & Windus, 1950, pp. 159-193 (1.ª ed., 1932). Mostra o crítico inglês como as qualidades da poesia de Hopkins emergem justamente do seu *indecorum* — daquelas "máculas" com que o estigmatizavam os "infatigáveis defensores de um permanente decoro literário". "O que o Dr. Bridges denomina de *máculas*" — prossegue — "é essencial aos propósitos e à realização de Hopkins."
16. Ver *The Poems of Gerard Manley Hopkins;* 1.ª edição, com notas de Robert Bridges, 1918; 2.ª edição, com introdução crítica de Charles Williams, 1930; várias reimpressões, London, New York, Toronto, Edição Oxford University Press.
17. Ver Henry Treece, *Dylan Thomas* (cap. V, "The Debt to Hopkins"), London, Lindsay Drummond, 1949, pp. 58-71.

A poesia moderna acaba sendo em grande medida, conforme se pode estabelecer com base no estudo do Simbolismo feito por Edmund Wilson, uma resultante da contribuição prenunciadora de "alguns românticos que, de certa maneira, levaram o Romantismo muito mais além do que jamais o fizeram Chateaubriand ou Musset, ou do que Wordsworth e Byron, e que se tornaram os primeiros precursores do Simbolismo e, mais tarde, foram colocados entre os seus santos"[18].

No Brasil, Sousândrade — justamente um desses românticos projetados para além da compreensão de sua época — espera a revisão de seu processo de olvido. Uma revisão que, superados os limites da língua, há de situá-lo em nível internacional no plano dos pioneiros, da poesia que hoje aceitamos como contemporaneamente válida: as *Harpas Selvagens* são de 1857, ou seja, do mesmo ano das *Fleurs du Mal*, de Baudelaire; dos primeiros Cantos do *Guesa*, datados de 1858, consta uma edição já em 1866.

---

18. Edmund Wilson, *Axel's Castle,* New York, London, 1950, pp. 1-25.

II. ESTILÍSTICA SOUSANDRADINA
(ASPECTOS MACROESTÉTICOS)

1. *Barroquismo e Imagismo*

A obra de Sousândrade oferece um panorama extremamente sedutor para análise estilística e o comparatismo. Nela se pode distinguir o traçado nítido de um *work in progress*, no curso de mais de três décadas de uma contínua experimentação com a linguagem, desde as *Harpas* até o *Novo Éden* (de 1888-1889, publicado em 1893). Neste mais do que trintênio, houve uma radicalização e uma renovação crescente de processos estilísticos, alguns apenas esboçados no primeiro livro e que acabaram atingindo seu apogeu no *Guesa* (edição definitiva sem data, publicada na penúltima década do século passado)[1] e em certos trechos do *Novo Éden*, composição alegórica que o poeta dedicou à República recém proclamada.

Os textos sousandradinos, considerados, estruturalmente, como processos de signos estéticos, desbordam dos quadros do Romantismo. Já salientara Sílvio Romero, embora sem dar ao fenômeno a exata empostação crítica: "o poeta sai quase inteiramente fora da toada co-

---

1. Raimundo Lopes, *op. cit.*, data, interrogativamente, de 1884 esta edição, impressa em Londres por Cooke & Halsted, The Moorfield Press, E. C.

mum da poetização do seu meio; suas idéias e linguagem têm outra estrutura". Trata-se, realmente, de uma linguagem que apresenta níveis estilísticos vários, uma linguagem sincrética por excelência, abrindo-se num verdadeiro feixe de dicções, que tanto vai se alimentar nos clássicos da língua, quanto se projeta em invenções premonitórias do futuro da poesia. Ela se opõe mesmo aos clichês da sensibilidade e aos afrouxamentos da dicção romântica tal como se fixou entre nós (retoricismo sentimental, platitude discursiva etc.).

Uma das grandes linhas que se podem discernir nessa linguagem é o *barroquismo*. Não se cogita, aqui, do conceito de Barroco como "estilo histórico", que deve ser limitado no tempo entre os fins do século XVI e o século XVII, e no Brasil, segundo Afrânio Coutinho, penetraria no século XVIII e atingiria mesmo "o começo do XIX, sob um mimetismo de decadência"[2]. A obra sousandradina, que se constituiu a partir de 1857, no bojo da "2.ª geração Romântica" portanto, está obviamente fora desses limites históricos. Empregar-se-á aqui um conceito de Barroco, ou melhor, de *barroquismo,* como "estilo abstrato"[3], por meio do qual se podem distinguir elementos tipológicos dessa natureza em obras de períodos que lhe são posteriores, inclusive modernas (nesse sentido, vejam-se Amado Alonso sobre Pablo Neruda; Murilo Mendes e João Gaspar Simões sobre Jorge de Lima; Cavalcanti Proença sobre Guimarães Rosa etc.)[4]. Na obra de Sousândrade este

---

2. Afrânio Coutinho, *Introdução à Literatura no Brasil,* Rio de Janeiro, Livraria São José, 1959, p. 88.
3. Ver Helmut Flungerland, *Sugestões para a Crítica de Arte e Outros Ensaios,* trad. Catharina Baratz Canabrava, Rio de Janeiro, Serviço de Documentação do MEC, 1959, pp. 81-84.
4. Amado Alonso, *Poesia y Estilo de Pablo Neruda,* Buenos Aires, Editorial Sudamericana, 1951, pp. 52-53. Murilo Mendes, João Gaspar Simões: textos em *Invenção de Orfeu,* de Jorge de Lima, Rio de Janeiro, Livros, de Portugal, 1952. Cavalcanti Proença, *Trilhas no Grande Sertão,* Rio de Janeiro, Serviço de Documentação do MEC, 1958, p. 68.

caráter barroquista se manifesta nos cultismos léxicos e sintáticos (palavras raras e arcaizantes, neologismos, hibridismos; hipérbatos, elipses violentas, elusões e alusões etc.); no arrojado processo metafórico, que não hesita ante a *metáfora pura* e a catacrese; na recarga de figuras de retórica; no requinte da tessitura sonora, que incorpora os entrechoques onomatopaicos e a dissonância, enfim, na opção por um fraseado de torneio original e inusitado, que se lança à importação constante de recursos sintáticos e morfológicos de extração estrangeira (greco-latina, francesa, anglo-germânica), além de eventuais interpolações idiomáticas (de palavras ou sintagmas) que vão beber ainda em outras fontes, como o tupi, o quíchua, o espanhol, o italiano, o holandês. Até o *pathos* sousandradino oferece certas analogias com o claro-escuro do espírito barroco, conflitante e pluralista: no poeta maranhense, seus arrojos formais tinham um lastro emocional em sua vida acidentada e peregrinante, e um lastro intelectual na sua experiência de civilizações variadas e na sua vasta e multilíngüe área de leitura. Ao lado do *barroquismo,* há a considerar na poética de Sousândrade uma componente por assim dizer *imagista,* voltada para um tipo de imagem visual menos eriçada de intelectualismo e de *wit* e toda feita de impactos olho-coisa, luz-movimento. É um Sousândrade que lembra a *fanopéia* poundiana *("the throwing of an image on the mind's retina", "the moving image")* de poemas de *Personae* e de muitos *Cantares*[5]. Um rápido cotejo será suficiente:

    Aqui cumpre registrar que o crítico Franklin de Oliveira, numa passagem de artigo publicado no *Correio da Manhã* do Rio de Janeiro, em 1.º de dezembro de 1956 (Edeologia da Canção Romântica), levantou, a propósito de Sousândrade, a "hipótese do barroco tardio".
    5. Ver Ezra Pound: *Cantares,* tradução em equipe de Augusto e Haroldo de Campos e Décio Pignatari, Rio de Janeiro, Serviço de Documentação do MEC, 1960.

Pound:

Crescent of blue-short waters, green-gold in the shallows
(Foice de água azul-cambiante, verde-ouro nos baixios)
    — Canto IV

Black, azure and hyaline
    glass wave over Tyro

(Negro, azul e hialino,
    onda de vidro sobre Tiro)
    — Canto II.

Sousândrade:

Em sempre-móvel íris, verde-neve
Azul jacinto e as abrasadas rosas
    — *Guesa,* Canto X.

Dos areais o espelho te reflete
O nimbo áureo-diáfano-cinzento.
    — *Guesa,* Canto VII (referindo-se à lua no deserto africano).

Pound:

The valley is thick with leaves, with leaves, the trees,
The sunlight glitters, glitters a-top,
Like a fish-scale roof,
    Like the church roof in Poictiers
If it were gold.
    Beneath it, beneath it
Not a ray, not a slivver, not a spare disc of sunlight
Flaking the black, soft water;

(O vale é espesso de folhas, folhas, árvores,
O sol brilha, brilha em seu topo,
Como um telhado de escamas,
    Como o telhado da igreja em Poictiers
Se fosse de ouro.
    Sob, por sob

Nem raio, nem lasca, nem parco disco de sol
Franja a branda água negra;)
 — Canto IV.

Sousândrade:

Os derradeiros fogos do ocidente
Jorram lâminas de ouro sobre a massa
Da viva treva, líquida, luzente —
O Rio-Negro sussurrando passa
 — *Guesa,* Canto II.

Móveis noites d'estrelas que fagulham
 — *Guesa,* Canto I.

Por vezes, já é um *imagismo* de *shots* cinematográficos, que operam com a imediatidade de um *haikai*:

 ... vêde a tremente
Ondulação das malhas luminosas
Num relâmpago, o tigre atrás da corça
— Sousândrade, *Guesa,* Canto V;

ainda como o de Pound, quando apresenta, em rápidas tomadas visuais, a cena de Actéon atacado pelos cães de Diana:

Gold, gold, a sheaf of hair,
 Thick like a wheat swath,
Blaze, blaze in the sun,
 The dogs leap on Actaeon
(Ouro, ouro, um maço de cabelos,
 Denso como estriga de trigo,
Arde, arde no sol,
 Os cães assaltam Actéon).
 — Canto IV;

ou a de João Bórgia, assassinado e lançado no rio Tibre:

> Tiber, dark with the cloak, wet cat gleaming in patches
> (O manto escurece o Tibre, gato molhado de malhas luzentes).
> — Canto V.

Entre este Sousândrade e o barroquista, a diferença é de gradação (como é de grau a diferença entre a simples imagem-impacto visual e a metáfora elaborada de tipo gongorino), e, às vezes, num mesmo trecho, eles se alternam e se dão as mãos:

> Nos portos do oceano, setinosas
>   Azuis-luzentes velas se ferrando,
>   Os salvados das costas procelosas
>   Desembarcavam. No ar circunvoando,
> Vivo-escarlatas indolentemente
>   Os guarazes à luz dos céus traçavam
>   Coroas de sangue. À praia transparente
>   Viridantes os mares se quebravam.
> Como as cem mamas naturais da vida
>   As arenosas dunas, alvejantes,
>   Selvagens, virgens, pontiagudo-erguidas,
>   Altos riçavam muros de diamantes:
> Era a ilha sempre-Éden, sempre-verde,
>   Onde abria o rosal à natureza,
>   Crescia a palma que nos céus se perde —
>   Ao Sol dos Incas s'incantava o Guesa!

(Do *Guesa Errante,* Canto VIII; mantivemos a ortografia original de "s'incantava" no último verso, porque mais funcional, tendo em vista a paranomásia com a palavra "Incas".)

2. Estilo Metafísico-Existencial

Outra das dimensões que assume a dicção sousandradina é a que definiríamos como *estilo metafísico-existencial*. Caracteriza-se esta dicção por um uso especial e surpreendente da "logopéia" (aquela esfera do fazer poético que, distintamente da "fanopéia" e da "melopéia", opera com a "dança do intelecto entre palavras" — segundo Ezra Pound)[6]. Sousândrade desenvolve-a de modo a captar a qualidade toda própria de sua "Angst", que, se tinha algo da empostação geral do Romantismo, daquele conturbado complexo de sentimentos que Mario Praz descreveu admiravelmente como "a agonia romântica"[7], com suas apóstrofes à divindade e à crueldade da natureza (em que há a sombra de Byron e, talvez, o perfil de Sade) alternando com relâmpagos de êxtase místico e visionário, encontrou ainda motivações de uma inquietação metafísica e existencial extremamente moderna, projetando-se para além do "mal do século". As vivências, introspecções e meditações do poeta, o seu "estar-aqui" perturbado de inconformismo e

---

6. Ezra Pound, *ABC of Reading,* Norfolk, Connecticut, New Directions, 1951, pp. 37-38; *Literary Essays,* London, Faber & Faber, 1954, p. 25, *A Visiting Card (Money Pamphlet* n.° 4), London, Peter Russel, 1952, p. 23.
7. Mario Praz, *The Romantic Agony,* (2.ª ed.), London, New York, Toronto, Oxford University Press, 1951. "Há muita coisa no pessimismo, no satanismo hodierno que tem ali suas predecessoras", escrevia Sílvio Romero, em 1888, sobre a poesia de Sousândrade. E de fato, bastaria citar um poema como a *Harpa XXXIV*, repassado do que Mario Praz chama de "necrofilia romântica", para atestá-lo. Nesse poema, é ideada com requintes de minúcia a putrefação do corpo da amada, assassinada pelo poeta-amante (algo no gênero do "Une Martyre" de Baudelaire, da mesma época). Preside à cena a imagem de um Deus-canibal — "Réptil criador comendo os filhos" — que estaria na linha do *Canto 2 do Maldoror* (1868-1869, posterior) de Lautréamont. Com razão Fausto Cunha fez aqui uma aproximação com Augusto dos Anjos (o célebre poema em que é descrita a decomposição do cadáver do pai) e falou numa forma de *realismo*. Realismo *mágico*, acrescentaríamos, servindo-nos de uma designação que esteve em voga, não há muito tempo, no romance sul-americano.

desajuste (ele se considerava um *maudit*, um *guesa*: — peregrino destinado ao sacrifício, na mitologia dos muíscas colombianos), se resolvem em profundidade na linguagem, numa "ontologia direta", que confere às palavras uma dignidade e uma contenção pouco usuais na época:

> Unidade o poeta absoluta
> Sem depender dos astros nem da terra,
> Canta por natureza como o pássaro
>   — Da *Harpa XLV.*

> ...... Giro dos ventos!
> Círculo eterno que descreve o sol!
> Saímos de uma noite, entramos noutra,
> Nós somos um só dia, e nós contamos
> Nossos minutos pelas nossas dores
>   — Da *Harpa XXXV.*

> Olhei — Meus dias vi do sol caindo
> Escutei ... Foi meus lábios estalando
> Em maldições ao ser dessa existência,
> Ao Ser que sobre o sol conta os meus dias!
>   — Da *Harpa XXXVI.*

> E aquele sol covarde vai fugindo
> A voltar-me o seu rosto! se eu pudesse
> Pelos cabelos arrancá-lo ó ocaso,
> E destes braços o suster imóvel
> Lá no meio do espaço, e frente a frente,
> Fender-lhe o peito, que uma voz soltasse
> Em fumo envolta! ...
>   — Da *Harpa XXXV*[8].

---

8. Notar, no terceiro verso da transcrição, a violenta sinalefa, que, numa colisão fisiognômica de *oo*, consegue criar uma imagem fonética da visão do poeta. Aspectos de microestrutura, como este, serão estudados com mais demora na III seção deste trabalho.

Oh, majestade do oceano! eu vi-te
Ampla fronte de céu de Deus: sobre ela,
Como ante o sol nevoeiro transparente,
O pensamento em ondas infinitas
Passar... passar! e calmo o rei do sec'lo
Nem toscaneja ou estremece a testa
— Da *Harpa XXVI*.

Por que fujo dos homens? por que eu amo
Vagar pela montanha e pelas praias,
Qual doutra essência, qual d'areia ou d'onda
Formado, e como espectro, e como sombra,
Errante uma hora e desaparecendo,
Para nascer de novo e inda perder-se,
Figura hebraica que os desertos formam
Pela face arenosa escorregando? ...
— Da *Harpa XXXV*.

Deus morrera, seu mundo aniquilando:
Perdida a voz da natureza e os astros
O mar e os homens, quem seu nome ouvira?
Quem dissera que ele é? Cedro infinito
Seus frutos somos nós aos céus olhando
— Da *Harpa XXXV*.

É aqui que a poesia de Sousândrade, diferentemente dos lacrimatórios e dos estereótipos da sensibilidade em que tantos de seus contemporâneos se extravasavam, transforma o *pathos* romântico em "fundação do ser mediante a palavra", franqueando o páramo muito mais essencial e substantivo onde um Hoelderlin — o "poeta do poeta", na já célebre expressão de Heidegger[9] — inscrevera o seu hori-

9. Martin Heidegger, "Hoelderlin and the Essence of Poetry" (translated by Douglas Scott), *Existence and Being*, London, Vision Press, 1949, pp. 293-315. Refira-se que Hoelderlin foi redescoberto e reavaliado na década de 1910, por Norbert von Hellingrath, do círculo de Stefan George e amigo de Rilke.

zonte. A *temática existencial* das *Harpas* (e que permeia o *Guesa*) tem mesmo mais de um ponto de contacto com a cosmovisão hoelderliniana (panteísmo, hipóstase Sol-Deus, implacabilidade do destino —

Hoelderlin:

Das Schicksal,
das will heissen:
der Sonne Peitsch und Zuegel
(O destino,
quer dizer:
freio e açoite do sol)
Sousândrade:

O sol fendeu-me o dorso como açoite
Da Providência, e amei p'ra sempre o sol
   — Da *Harpa III* — "Ao Sol");

— e, de um modo geral, com certa linha *moderna* do Romantismo germânico, de que também Novalis, com os seus *Hymnen an die Nacht* (*Hinos à Noite*), é outro expoente; veja-se a noturnidade de muitas *Harpas* (uma das secções do livro se denomina mesmo "Noites") e de tantas passagens do *Guesa:*

Silenciosa noite! um céu apenas
Adiante eu vi raiar: mostrou-me a terra
Dos meus pedaços espalhada, e eu só,
A dor me contraiu: oh! como é longo
O caminho que eu vou! — por este monte
Eu tenho de passar: cada uma pedra
Que eu ergo, e sinto atrás de mim cair,
Um passo eu dou — de menos este sol
Me deixa respirar. Cansado e morto,
Na minha tumba eu já me deito: noite,
Oculta-me em tua sombra! ... Já branqueia
Abertas margens do horizonte a aurora:

Ave de Juno desplumando estrelas
Nas saias ondulantes, tudo mentiste!
O perfumado mel que dás à abelha,
Com a mão d'ouro espremendo dos cabelos;
Tão mimoso sorrir com que te inundas
E faz poesia aos pássaros e ao vento,
De que valem p'ra mim? Na terra onde
Não há vegetação, tua luz de lua
Que vem fazer? nasci perto da morte,
O meu nascente escureceu no ocaso.
— Julguei a noite eterna! e desdenhoso
O céu mostra-me ainda o dia d'ontem,
Que mata-me de novo em cada dia ...
A noite do infeliz não tem manhã.
Leito da vida, morte, leito da alma,
Seca a fonte de mim, que inda esperais?
Acabei de viver — nem soube o mundo.
Meu incógnito adeus somente à noite,
Com quem tenho vivido, ao monte, às praias!
— Da *Harpa XLI*.

Esta temática projeta-se em densidade na semântica sousandradina e exige do poeta correspondentes arrojos sintáticos. Pareceriam justas, se aplicadas ao autor das *Harpas,* as palavras com que Geneviève Bianquis descreve a evolução formal de Hoelderlin, este romântico *à rebours,* perseguido pelo ideal clássico e pelo mundo helênico:

Sua forma, sempre arcaizante, direta e límpida a princípio, tende a se complicar pela necessidade de dizer tudo de uma só vez, sinteticamente, ou de tudo sugerir a lances de elipses cada vez mais audaciosas e obscuras. Quando a inspiração hínica o assalta, tudo é levado de roldão, sintaxe e lógica, nada subsiste a não ser grandes imagens, ilhas descontínuas, entre as quais é preciso reconstituir o traço de ligação[10].

---

10. Geneviève Bianquis, *Introduction* aos *Poèmes/Gedichte* de Hoelderlin, Paris, Aubier-Éditions Montaigne, 1943, p. 55.

Em nossa língua, certos achados desta dicção só seriam reencontrados num Fernando Pessoa ou num Sá-Carneiro:

Meões do nada, desaparecei-me![11]
— Da *Harpa XXXII*.
Sombria morte me acompanha, eu sinto
Seu faminto alentar: cada um meu passo
Abre um sepulcro, e me desaparece
— Da *Harpa XLVI*.

Note-se, aqui, a introjeção da *temática existencial* na própria sintaxe do poema, realizando-se a dialética sujeito/objeto. (do "sujeito", o poeta, que passa a ser "objeto", a ser "desaparecido", "morrido", "expirado", ao invés de "desaparecer", "morrer", "expirar") através da imposição de transitividade a um verbo intransitivo e do ricocheteamento da ação sobre o "sujeito" da construção normal implícita ("que eu desapareça por obra dos meões do nada") convertido agora em objeto direto pronominal ("me"). Assim, Sá-Carneiro:

P'ra que me sonha a beleza

Nada me expira já, nada me vive,

motivando o seguinte comentário de João Gaspar Simões: "Este emprego do pronome reflexo junto a um verbo intransitivo é uma das maiores audácias da sua obra. E nada explica melhor esta audácia do que o drama a que o vemos condenado ... Ele objeto, ele, instrumento, estaria sujeito *a ser sonhado pela beleza, a ser expirado, a ser vivido*"[12].

---

11. *Meões* (de *meiões*) = que estão no meio, interpostos, intermediários, cf. Cândido de Figueiredo.

12. João Gaspar Simões, "Estudo Crítico", *Poesias* de Mário de Sá-Carneiro, Lisboa, Edições Ática, 1953, pp. 31-32.

Construção até certo ponto semelhante encontra-se também em Fernando Pessoa (ambigüidade sujeito/objeto):

O que eu sonhei, morri-o.

Mas não se limita a este acontecimento sintático a aproximação. Observe-se o *tonus* sousandradino nestes versos, entre os muitos que se poderiam citar:

... nasci perto da morte,
O meu nascente escureceu no ocaso
    — Da *Harpa XLI.*

Caiu a noite em mim...
    — Da *Harpa XXVI.*

.... anoitecido,
A noite empresta-me as sombrias formas:
E nem espero amanhecer mais nunca ...
    — Da *Harpa XLVI.*

Antes da vida eu morro ...
    — Da *Harpa XLVI.*

Vê-se, como tão rápido anoiteço,
Como de sombra e solidão me enluto
    — Do *Guesa,* Canto I.

A noite eu sou, consumo a minha treva
    — Do *Guesa,* Canto I.

Minha alma foi de mim. Rangeram pedras,
Bem como outrora na cidade santa.
    — Da *Harpa XXXV.*

Me enlouqueceste de uma vida eterna!
    — Da *Harpa XLV.*

..... Deus, dá-me outra essência,
Muda o meu ser, substitui minh'alma
— Da *Harpa XXXIV.*

As luzes do prazer mentem que há céu,
Atrás dos prismas da ilusão jogando
— Da *Harpa XXXIII.*

E agora, como pedras-de-toque da comparação, tomem-se estas duas outras amostras, respectivamente de *Sá-Carneiro:*

É só de mim que ando delirante —
Manhã tão forte que me anoiteceu

e de *Fernando Pessoa:*

Sonho sem quase já ser, perco sem nunca ter tido
E comecei a morrer muito antes de ter vivido.

É bem de ver que ocorre freqüentemente em Sousândrade um entrecruzamento de vertentes estilísticas e, dessa maneira, interferem em muitos dos poemas representativos da dicção que denominamos *metafísico-existencial* elementos barroquistas. Assim por exemplo, no excerto da *Harpa* XLI transcrito à página 32 pode-se identificar uma "perífrase alusiva" tipicamente gongorina: *Ave de Juno* por *pavão;* e, ainda, uma construção gerundial — *desplumando estrelas* — que, além de evocar a predileção do grande cordovês pelos giros sintáticos à base de ablativos absolutos, não deixa também de recordar o *vestido estrellas* (aqui um "acusativo grego de coisa vestida") característico do mestre do Barroco[13].

13. Dámaso Alonso, "La Lengua Poética de Góngora" (Parte Primeira), *Revista de Filologia Española* — Anejo XX, Madrid, 1950, pp. 165-167 (acusativo grego de "cosa vestida o calzada") e 172-173 (ablativo absoluto gerundial); idem, *Ensayos sobre Poesía Española* ("Alusión y Elusión en la Poesía de Góngora"), Revista de Ocidente,

3. Estilo Conversacional-Irônico

Há ainda em Sousândrade, sempre do ponto de vista da manipulação logopaica, uma outra linha a considerar. É uma antecipação do ramo "coloquial-irônico" do Simbolismo, identificado por Edmund Wilson[14] em poetas como Corbière (1845-1875; Les Amours Jaunes, 1873) e Laforgue (1860-1887), e que poderia remontar ao Théophile Gautier de poemas como Le monde est méchant (1852) e Carmen (1863). Trata-se de uma dicção deliberadamente empostada, de uma afetação de "vers de societé", crispada de inflexões mordazes e de jogos de palavras, que se projetaria modernamente em certas peças da primeira fase de Eliot e de Pound.

Numa composição como "Mademoiselle", das Eólias sousandradinas datadas de 1868 ("poesia que não faz rir, mas descerra uns sorrisos discretos, sem mostrar os dentes", na pitoresca imagem de Camilo), pode-se divisar uma contribuição precursora a essa linha, nas sutis justaposições de tomadas conversacionais, nas estudadas interpolações de termos franceses, no fraseado que contrasta o sentimentalismo convencional com a irreverência, fazendo assim a crítica ao moralismo de salão e ao pieguismo.

Algo semelhante seria desenvolvido por Cesário Verde (1855-1886) em poemas de O Livro (iniciado em 1873, publicado postumamente em 1887).

Buenos Aires, 1946, pp. 217-239. Sobre os rastros gongorinos na poesia de língua portuguesa, consulte-se José Ares Montes, Góngora y la Poesía Portuguesa del Siglo XVII, Madrid, Editorial Gredos, 1956.

14. Edmund Wilson, op. cit., p. 96.

4. Estilo Sintético-Ideográmico

Deste *estilo "conversacional-irônico"*, poderemos transitar naturalmente para o estudo dos epigramas crítico-políticos, crítico-históricos, crítico-biográficos do *Guesa*, que corporificam nova dimensão do estro do poeta maranhense: o *estilo sintético-ideográmico*.

4.1. O Guesa: *arcabouço geral*

Para situar a dicção que lhe corresponde, e que envolve o horizonte social do poema, é mister antes dar uma ligeira idéia do arcabouço geral do *Guesa,* onde se inserem os dois episódios característicos desse estilo, que denominaremos, a partir de expressões do próprio autor, o "Tatuturema" e o "Inferno de Wall Street".

O *Guesa Errante* é um poema composto de XIII Cantos, dos quais permaneceram inacabados os de n.ºs VI, VII, XII e XIII. Nessa obra, da qual o próprio poeta afirmou nada ter do dramático, do lírico ou do épico, mas simplesmente da narrativa, é lícito reconhecer, não obstante, uma interpretação de todas essas linhas, num sentido muito próximo da moderna concepção do poema longo. Assim, por exemplo, nos *Cantares* de Ezra Pound, vislumbram-se momentos líricos contrapondo com outros dramáticos ou puramente narrativos, sobre o pano de fundo intertemporal da história, da lenda e do mito; se o poema é épico, não o será na acepção tradicional do gênero, mas apenas no sentido de que "incluí história", como observa Pound; trata-se, pois, de uma "plotless epic", de um verdadeira épica da memória, sem uma sucessão cronológica de eventos, mas segundo o delineamento de focos de interesse. Também no *Guesa* isto de certo modo já ocorria; por esta razão, talvez, sentia o poeta a rebeldia de seu poema a uma classificação ortodoxa de gêneros de composição, preferindo apelar para a idéia de narrativa, à falta de outra mais exata. Narrativa, porém, que não tem um desenvolvimento lógico-linear, mas que, tal como nos *Cantares*, evolui mais propriamente no plano da memória, tendo como esquema geral a lenda indígena do *Guesa Errante*.

O poema foi livremente esboçado todo segundo à natureza singela e forte da lenda, e segundo à natureza própria do autor. Compreendi que tal poesia, tanto nas ásperas línguas do norte como nas mais sonorosas do meio-dia, tinha de ser a "que reside toda no pensamento, essência da arte", embora fossem "as formas externas rudes, bárbaras ou flutuantes" (*"Memorabilia"*, 1874).

O poeta traveste-se da "persona" do *guesa*, uma personagem lendária, colhida no culto solar dos indígenas da Colômbia (muíscas), que bem poderia figurar entre as recenseadas por Frazer em *The Golden Bough*, esta moderna fonte antropológica de inspiração poética. O *guesa* — cujo nome significa *errante, sem lar* — era uma criança roubada aos pais e destinada a cumprir o destino mítico de Bochica, deus do sol. Educavam-no no templo da divindade até os 10 anos de idade, quando deveria repetir as peregrinações do deus, culminando com o percurso da "estrada do Suna" e o sacrifício ritual, aos 15 anos: numa praça circular, o *guesa* adolescente era atado a uma coluna (marco equinocial), cercado pelos sacerdotes ("xeques") e morto a flechadas; seu coração era arrancado em oferenda ao sol e seu sangue recolhido em vasos sagrados. Completada a cerimônia, abria-se nova *indicção* ou ciclo astrológico de quinze anos, com o rapto de outra criança — novo *guesa* — que deveria suceder à vítima imolada. (São fontes da lenda a seção "Colombie" da enciclopédia *L'Univers*[15] e a obra de Humboldt, *Vue des Cordillières*, cujos textos figuram como epígrafes na

---

15. Trata-se da obra *L'Univers* (*Histoire et description de tous leus peuples. Brésil*, par Ferdinand Denis. Colombie et Guyanes, par M. C. Famin), Paris, Fermin Didot Frères, 1837.

edição definitiva do poema.) Sousândrade identifica o seu destino de poeta e a sua biografia (a incompreensão de seus contemporâneos e de seus próprios familiares, motivo em parte de suas contínuas andanças pelo mundo) com o fadário de um novo *guesa*; no plano histórico e social, assimila a esse destino o do selvagem americano, o ameríndio, sacrificado pelo conquistador branco. O poema move-se, assim, simultaneamente, em pelo menos dois níveis, que se entrecruzam no seu corpo geral. Essa trilha central, de motivação lendário-biográfica, dramática, não se esgota portanto num ensimesmamento subjetivista, numa pura alienação "maudit" (embora o herói seja, de certa forma, um "poeta maldito"). Ao contrário, o novo *guesa*, hipostasiando seu destino no dos povos aborígines da América destruídos ou colonizados pelo europeu, transfere seu inconformismo para uma cosmovisão reformadora, na qual propõe uma hierarquia de valores, como perspectiva de uma nova civilização americana. Ao invés do isolamento e da marginalidade, *"ele na tempestade s'envolvia / social..."*, fazendo assim *"o corpo de delito / do seu tempo"*. De um lado, condenava as formas de opressão e de corrupção, profligando o colonialismo e satirizando as classes dominantes (a nobreza e o clero); de outro, preconizava o modelo republicano, greco-incaico, colhido na República social utópica de Platão e no sistema comunitário dos Incas, ou ainda numa livre interpretação das raízes do cristianismo. Alternam-se assim, na trama do *Guesa*, momentos de paraíso ("visões d'íris") e de inferno, de heróis e anti-heróis. Celebra, por exemplo, os fundadores do Império Inca (Canto XI) e os pais da República Norte-Americana (Canto X), canta os Libertadores das Américas e verbera os conquistadores, os monarcas e os déspotas. Não se limita, porém, a simples oposições epidérmicas. Vislumbra o movimento dialético da história. Vai apanhar as contradições da própria República:

> Oh! como é triste da moral primeira,
> Da República ao seio a corrupção.
> Ao seio de pureza — se dissera
> De Cristo o corpo em decomposição!,

e no seu próprio paradigma à época, a recente República Norte-Americana — "*o jovem povo de vanguarda*" — cuja revolução contra a metrópole inspirava os povos colonizados do continente. E chega a descobrir no coração da grande república do norte o câncer de Wall-Street, investindo sua poética de uma visada ideológica que a projeta em cheio na problemática de nosso tempo.

Aqui é interessante registrar outro fator de modernidade estrutural do *Guesa*: o poema é escrito ao sabor do périplo[16]. A viagem está sempre presente nele e dá unidade a seu projeto. É um périplo transcontinental, com um prolongamento pela África e Europa, obedecendo ao seguinte esquema: *Cantos I a III* — descida dos Andes até a foz do Amazonas; *Cantos IV e V* — interlúdios no Maranhão; *Canto VI* — viagem ao Rio de Janeiro (à Corte); *Canto VII* — viagem de formação à Europa; África (este Canto ficou apenas iniciado); *Canto VIII* — novo interlúdio no Maranhão; *Canto IX* — Antilhas, América Central, Golfo do México — viagem para os EUA.; *Canto X* — Nova Iorque; viagens pelos EUA.; *Canto XI* — Oceano Pacífico, Panamá; Colômbia, Venezuela, Peru; *Canto XII* — ao longo do Oceano Pacífico para o sul, até as águas argentinas; cordilheira andina; incursões pela Bolívia e pelo Chile; *Canto XIII* — retorno ao Maranhão.

Estas viagens, cumpridas em *tempos* diversos, são interpenetradas num único périplo mental, intertemporal, alimentando o contexto do poema com referências históricas e geográficas, que se mesclam às intervenções pessoais do poeta-guesa-errante, às suas reminiscências e

---

16. Antonio Candido, *op. cit.*, a propósito das *Harpas Selvagens*, salientou, com propriedade, a importância que a viagem assume para Sousândrade "como estímulo da emoção".

reflexões. O Maranhão (a Quinta da Vitória, na Ilha de São Luís) é a Ítaca desse novo Ulisses e, simultaneamente, o termo da "estrada do Suna", da longa peregrinação ritual; o poema permaneceu inacabado, com o Canto-Epílogo (XIII) não concluído: a morte solitária do poeta, incompreendido por contemporâneos e familiares, alvo por vezes da chacota pública, providenciou-lhe no plano biográfico um desfecho não-escrito, paralelo ao da lenda, como repara Clarindo Santiago...

Pelo seu temário panamericario, que já chamara a atenção de Sílvio Romero ("de nossos poetas é, creio, o único a ocupar-se de assunto colhido nas repúblicas espanholas") e ainda pelo barroquismo que o impregna, o *Guesa,* cabe também assinalar, antecipa-se a essa moderna experiência de epopéia que é o *Canto General,* do chileno Pablo Neruda.

4.2. O *"Tatuturema"* e o *"Inferno de Wall Street"*

Do ponto de vista da versificação, o *Guesa* foi moldado, predominantemente, sobre uma estrutura homogênea: quartetos decassilábicos, rimas cruzadas (*abab*) ou enlaçadas (*abba*). Este rígido arcabouço métrico não é, porém, absoluto: permite-se liberdades e variantes, e mesmo algumas alterações, ainda que em poucos momentos. Se tais passagens, breves e transitórias, não chegam a afetar a integridade do projeto geral, criando pequenas zonas de distensão na monodia solene-selvagem da concepção sousandradina, o mesmo não se pode dizer das duas longas e estranhas séries de estrofes que surgem inopinadamente nos Cantos II e X, correspondendo aos *momentos de inferno* do poema. Mais do que simples contraste, aportam estas formações — de 104 e 176 estâncias respectivamente — qualidades estilísticas autônomas, constituindo blocos coesos e conseqüentes. Escritas com intervalo de tempo de pelo menos 15 anos, segundo fazem entrever as datas expressas da edição definitiva — Canto II: 1858; Canto X: 1873-188... —, guardam entre si, não obstante, profunda interdependência[17]. Sua estrutura rítmica é tensa e rápida. Em geral, estrofes de 5 versos, de metros desiguais, variando de 2 a 6 (Canto II) ou 8 (Canto X) sílabas. Esquema de rimas: *a-b-c-c-b;* a do quarto verso, sempre curto (2 ou 3 sílabas), funciona como rima interna, à guisa de eco, prestando-se excelentemente a efeitos de deformação expressiva, muitas vezes burlesca.

É possível que este tipo de estrofe, na experiência sousandradina, tenha derivado do *limerick,* forma fixa típica da poesia de língua inglesa e da qual se encontram variantes em Ben Johnson, Shakespeare e outros poetas isabelinos do século XVI. Edward Lear vulgarizou o *limerick* sob a forma de quadras (1846), cujo 3.º verso, desdobrável, contém uma rima interna. Integrado no populário anglo-americano, o *limerick* se manifesta, freqüentemente, no gênero *nonsense,* com exemplos como este, anônimo, que aqui nos interessa particularmente por envolver o nome de um dos personagens sousandradinos — o milionário Astor:

> An amorous M. A.
> Lays that Cupid, that C. D.,
> Doesn't care for his health
> But is rolling in wealth;
> He's the John-Jaco-B. H.

17. Do "Tatuturema" (pertencente ao Canto II) contam-se, no mínimo, três versões: a constante dos *Impressos* (São Luís do Maranhão, 1868), a das *Obras Poéticas,* editadas em 1874, em Nova Iorque, e a da edição londrina (188 ?). Do "Inferno de Wall Street" há duas versões, a primeira das quais, com 106 estrofes, na edição nova-iorquina do Canto VIII (1877), que passou a figurar como Canto X na edição de Londres. Nesta, aparece a segunda e última versão do "Inferno de Wall Street", agora com 176 estrofes e numerosas alterações. Salvo quando há menção expressa às versões anteriores, as citações contidas neste estudo foram extraídas, num e noutro caso, das derradeiras versões. Para efeito de referência, II indica a seção. "Tatuturema", do Canto II; X, a seção "Inferno de Wall Street", do Canto X; VIII, a mesma seção na edição nova-iorquina. Os algarismos arábicos se reportam às estrofes, dentro de cada uma dessas seções.

(As iniciais encerram uma pequena charada tipográfica. Devem ser lidas assim: M.A. = master of arts; C.D. = caster of darts; John-Jaco-B. H. = John Jacob Astor of hearts). Em *Mother Goose (Mamãe Ganso)*, famosa coletânea de canções infantis norte-americanas (1719), há diversos exemplos de *limerick*. Assim:

>   Danty baby diddy
>   What can a mammy do wid 'ee,
>   But sit in a lap
>   And give 'un a pap,
>   Sing danty, baby, diddy?

No "Inferno de Wall Street" ocorre, aliás, uma alusão, bastante críptica, à *Mother Goose* e, provavelmente, a uma de suas canções — "Tom, Tom, the Piper's Son":

>   — Só o leal, nunca o Loiola
>   Conquista um nobre coração:
>   Vulcânico monte,
>   Aqueronte ...
>   '*Water-head?*'*s mother-Goose* Ton'-Tão!
>
>   (X, 91)

(Na primeira versão lia-se a última linha: '*Water-head*'? — *mother-Goose* Tão-Tão!)

A hipótese não exclui a afinidade da estrofe sousandradina com certos esquemas rítmicos da própria tradição portuguesa. Veja-se este exemplo, colhido no *Cancioneiro Geral de Garcia de Resende* — um epigrama em que Álvaro de Brito Pestana descompõe o magistrado Jam Gill (personagem a que também parece aludir, por sinal, o poeta maranhense, com a expressão "gil-Jam", na estrofe 123 do "Inferno de Wall Street") e que, não só pelo recorte estrutural mas pelo acento satírico-social e pela dicção sintética, se aproxima do *tonus* sousandradino:

Outra sua ao provisor Joam Gil perante quem
andava em demanda

> Que ryygor & que primor
> de prouysor?
> que rregallos de Jam Gill
> sobre rrustyco sotyll
> & sobre vil,
> sem saber & sem sabor,
> seruidor de seruidor
> del rrey, contradiz el rrey.
> que lhe farey?
> se fizer, desfazer-lh'ey
> & chamar-lh'ey:
> gram Jam Gill emperador.

Também pelo aspecto tipográfico estas duas seções — "Tatuturema" e "Inferno de Wall Street" — destacam-se desde logo no bojo do poema. As estrofes são impressas em corpo menor em relação ao restante da obra, e precedidas, cada uma delas, de linhas em prosa, grifadas no Canto II e compostas em corpo tipográfico ainda menor no Canto X. Grifos e caixa alta comparecem, outrossim, para interpolações de palavras estrangeiras e nomes próprios. Curioso "achado" é o uso do *duplo travessão* para indicar a intervenção de uma segunda personagem nos diálogos (isto na edição londrina, definitiva):

> *(Políticos fora e dentro:)*
>
> —Viva, povo, a república,
> Ó Cabrália feliz!
> = Cadelinha querida,
>   Rendida,
> Sou monarco-jui ... i ... iz.   *(Risadas)*.
>
> (II, 63)

Note-se ainda a interpontuação de reticências, acompanhando o tom hilariante, nesta grotesca disputa entre políticos da época[18]. Repare-se agora na progressão funcional dos pontos de exclamação no segundo verso da estrofe seguinte, em que se entrecruzam os pregões de corretores e especuladores na Bolsa de Nova Iorque:

> (Xeques surgindo risonhos e disfarçados em Railroad-*managers*,
> Stockjobbers, Pimpbrokers, etc., etc., apregoando:)
> — Harlem! Erie! Central! Pennsylvania!
> = Milhão! cem milhões!! mil milhões!!!
> —Young é Grant! Jackson,
>   Atkinson!
> Vanderbilts, Jay Goulds, anões!
>
> (X, 2)

No primeiro verso, alusões a companhias ferroviárias; nos três últimos, a agentes-corretores (Young, Atkinson), a presidentes dos EUA (Grant, Jackson), invectivas aos capitalistas (Vanderbilts) e aos especuladores (Jay Goulds).

Outro exemplo: o movimento progressivo e regressivo dos aa e hh no terceiro e no quarto versos da estrofe abaixo:

> (NORRIS, Attorney; CODEZO, inventor; YOUNG. Esq., *manager*; ATKINSON,
> *agent*; ARMSTRONG, *agent*; RHODES, *agent*; P. OFFMAN & VOLDO,
> *agents*, algazarra, miragem; ao meio, o Guesa:)
> — Dois! três! cinco mil! se jogardes
> Senhor, tereis cinco milhões!
> = Ganhou! ha! haa! haaa!
> Hurrah! ah!..
> — Sumiram ... seriam ladrões?..
>
> (X, 5)

18. Segundo Raimundo Lopes, *op. cit.*, o "monarco-juiz" é o próprio Dom Pedro II. Lida a estrofe em conjunto com as duas que a precedem no poema, as

É inegável que, no plano tipográfico, devem ter atuado sobre Sousândrade manchetes e recursos compositivos dos jornais da época, que tanta influência exerceram no seu espírito (como de resto, e não por coincidência, sobre Mallarmé). Lembre-se o que, a propósito do Canto X (então Canto VIII), escrevia o poeta: "No Canto VIII agora, o Autor conservou nomes próprios tirados à maior parte de jornais de Nova Iorque e sob a impressão que produziam" ("Memorabilia", 1877); jornais como *The Sun, The New York Herald* e *O Novo Mundo* (editado pelo brasileiro José Carlos Rodrigues e de que Sousândrade foi secretário) comparecem como interlocutores na secção "Inferno de Wall Street" deste Canto.

Mas não é só na configuração externa — versificação e tipografia — que estas partes se destacam de todo o resto. O estilo, como se disse, sofre radical mudança. Vinculam-se ao poema pela temática geral, mas esta passa a ser trabalhada por processos e táticas inusitados. Segundo testemunha Astolfo Serra (a respeito do episódio do Canto II): "Foram esses versos esquisitos e vasados em forma de diálogo, os que concorreram para formar a convicção, em nosso meio, de ser o poeta maranhense um precursor do futurismo". Sousândrade parece ter imaginado estes dois episódios, realmente, como peças inteiriças, pequenas farsas poéticas, que corresponderiam programaticamente às duas "Noites de Walpurgis", do *Primeiro* e do *Segundo Fausto* de Goethe:

> Românticos vos vi, noite bailando
> Do Brocken no Amazonas, antigamente.
> Eis clássica Farsália em dia algente
> No Hudson. Pára o Guesa peflustrando.
>
> (Canto X)

reticências podem ganhar a função expressiva de sublinhar a embriaguez ou entorpecimento provocados pelo *curare* ou *urari*.

levadas, porém, estilisticamente à última potência[19]. O *sabbat* das bruxas do Monte Brocken (primeiro *Fausto*) é substituído, no primeiro episódio (Canto II), pelo "Tatuturema", a dança-pandemônio dos indígenas decadentes na Amazônia, corrompidos pelos colonizadores, e que envolve, no seu rodopio infernal, personalidades autênticas da história brasileira e americana[20]. A segunda *Walpurgisnacht* sousandradina (Canto X), ao invés da Farsália clássica do segundo *Fausto*, tem como cenário nada menos que Nova Iorque, Wall Street, e toda a peripécia da República Norte-Americana na década de 1870, para onde convergem, por via dos jornais da época, ecos de sucessos, incidentes e conturbações internacionais, tais como a proclamação da Rainha Vitória — Imperatriz das Índias; a Guerra Franco-Prussiana; a Comuna de Paris. Tudo isto numa burlesca mascarada intemporal, onde perso-

---

19. Modernamente, James Joyce, no episódio "Circe" do *Ulysses*, constrói, por seu turno, uma *féerie* fantástica, com técnica semelhante, aplicada à prosa. A cena, conhecida como "a Walpurgisnacht ou Pandemônio do *Ulysses*", se passa no quarteirão dos bordéis de Dublin, onde as personagens do romance se metamorfoseiam em figuras históricas e mitológicas ou com elas contracenam, e até objetos inanimados ganham vida e participam da farsa grotesca e alucinante. Como observa Stuart Gilbert, "o salão imundo do prostíbulo é transformado numa seqüência desnorteante de mutações cênicas. De fato, *o background* deste episódio, o mais *teatral* do *Ulysses*, é uma série de números de transformismo" ("Circe", *James Joyce's Ulysses*, London, Faber & Faber, 1952, pp. 311-313 especialmente).

20. Anota Raimundo Lopes, *op. cit.*, que a cena da festa selvagem parece ser "a própria origem ou motivo determinante da obra, em vista de ser esse Canto II provavelmente o núcleo da parte mais antiga, senão o primeiro a ser elaborado, já porque a sua publicação foi antecipada na imprensa periódica (*Semanário Maranhense*, 1867), já porque o Canto I é uma espécie de introdução ou protofonia". Acentua, ainda, o mesmo autor a importância documental desses versos relativamente aos ritos, de Jurupari, de que "Tatuturema", "apesar de todas as criptonímias e facécias", seria uma das primeiras revelações, anterior mesmo às dos amazonistas Coudreau e Stradelli que entre si disputaram a primazia da descoberta. Observe-se que o tema continua a preocupar os modernos etnólogos. Egon Schaden dedicou às "Festas de Jurupari" um capítulo do seu livro *A Mitologia Heróica de Tribos Indígenas do Brasil,* Rio de Janeiro, Serviço de Documentação MEC, 1959.

nagens e eventos históricos ou mitológicos se alternam, se sobrepõem, à revelia de um processo lógico de narração, mas justapostos por um critério de ordenação analógica, sintético-ideogrâmica. Como um sismógrafo a registrar as convulsões político-sociais de seu tempo, o poema se comunica por notações nervosas, quase-telegráficas, extremamente sensíveis, e de uma sensibilidade moderníssima, capaz, por exemplo, de fundir num rápido *flash* os movimentos proletários da Comuna de Paris e das greves norte-americanas (em 1877 ocorreu a sangrenta greve das ferrovias, que paralisou grandes companhias como a Erie e a Pennsylvania, referidas na estrofe X, 2; o *striker* Arthur aparece também na estrofe X, 8 e aos *railroad-trikers* alude explicitamente a introdução à estrofe X, 106):

(Comuna:)

— *Strike!* do Atlântico ao Pacífico!
= Aos Bancos! Ao Erário-tutor!
— *Strike,* Arthur! Canalha,
Esbandalha!
Queima, assalta! (Reino de horror!)

(X, 38)

Contrastando com a frouxidão retórico-sentimental da época, o estilo de Sousândrade nunca foi tão crispado de reduções e elipses violentas como nestes episódios:

('OLD-PARÁ-POND zeloso da sua sapucaia; a VOZ:)

— Borracha ... tanto! alma-cachaça ...
Tanto! tanto ... cada mulher!
De qual natureza
É o Guesa? ...
= Deu mais à 'Brief' que Webstér! ...

(X, 133)

Nesta autodefinição, o poeta parece comparar a extrema concisão de suas tomadas críticas de pessoas e eventos com o labor sumarizante (*brief*, em inglês, *sumário*, subst.; *conciso*, adj.) do dicionarista Webster, cujo famoso *The American Dictionary* apareceu em 1828, depois de 20 anos de trabalho. Neste passo, ao mesmo tempo que atualíssimo, remonta a uma linhagem anti-retórica que poderia ser encontrada em nosso idioma num Sá de Miranda, de quem disse Rodrigues Lapa: "Estamos habituados aos escritores fáceis e chamamos obscuridade ao que é muitas vezes uma estranha e maravilhosa operação de síntese. Sá de Miranda, ao invés de outros escritores, procura dizer o máximo com um mínimo de palavras; a expressão adquire assim valor elíptico, sugerindo muito mais do que diz. Esta contorção ascética dos meios expressivos não está nos moldes da nossa tradição de tagarelas e afigura-se-nos como obscuridade e desarticulaçao do pensamento"[21]. Aqui, sob uma superfície aparentemente críptica, opera um realismo que não hesita ante a expressão crua, o fraseado popular, a violência escatológica: trata-se, como o próprio poeta diz, de um *canto verídico e grosseiro / em toada monótona alternado* (Canto II). É onde se poderia detectar, ainda em nossa língua, a presença de um Gil Vicente (de certos autos irreverentes) e do estro desabusado de Gregório de Matos. Fora dela, na tradição provençal, o "trobar clus" de um Arnaut Daniel ou de um Marcabru, forma de trovar na qual Robert Briffault vislumbra "uma concisão que penetra até a medula, uma elipse ousada, nada de termos inúteis" e o emprego da "palavra, do fraseado vulgar, grosseiro mesmo"[22].

Falamos de *momentos de inferno*. E, realmente, se a idéia de farsa dialogada em verso, como já se acentuou, recebe a influência das noites de Walpurgis goethianas e de autos medievais, intervém ainda na

---

21. Rodrigues Lapa, "Prefácio", a uma seleção de Poesias de Sá de Miranda, Lisboa, Editorial Organizações Ltda., 1942, pp. XII-XIII.

22. Robert Briffault, *Les Troubadours et le Sentiment Romanesque*, Paris, Les Éditions du Chêne, 1945, p. 16.

concepção desses verdadeiros "círculos" infernais o modelo dantesco, sugerido já no Canto II:

> (BRUTUS *do último círculo do Inferno de* DANTE:)
> — Oh, será o mais sábio
> Cæsar, que inda há de vir,
> Quem, descendo do trono,
>   A seu dono
> Diga, ao povo, subir!

(II, 66)

e reafirmado num decassílabo que segue, quase em posfácio, como um comentário, o episódio do "Tatuturema":

> Dissolução do inferno em movimento.

No Canto X, logo a primeira estrofe surge sob a invocação de três visitadores das regiões inferiores — Orfeu, Dante, Enéias — trazendo mesmo em seu bojo, adaptado ao esquema rítmico, famoso verso no Canto III do *Inferno* dantesco:

> (O GUESA tendo atravessado as ANTILHAS, crê-se livre dos XEQUES e penetra em NEW-YORK-STOCK-EXCHANGE; a VOZ, dos desertos:)
> — Orfeu, Dante, Æneas, ao inferno
> Desceram; o Inca há de subir...
>   = *Ogni sp'ranza lasciate,*
>   *Che entrate* ...
> — Swedenborg, há mundo porvir?

(X, 1)

Paradoxalmente, a incursão do poeta-guesa — o Inca — neste novo círculo infernal importa numa *subida,* do ponto de vista geográfico, pois aqui o Inferno — Wall Street — se localiza no momento do périplo sousandradino em que, após a subida ao longo das Antilhas e do Golfo do México, são alcançados os Estados Unidos da América. Finda a derradeira estrofe desta 2.ª Seção, comenta o poeta, volvendo à andadura apaziguada dos decassílabos:

> Mas voltemos os olhos desgostosos
> Deste circ'lo: ...

e, pouco adiante, escreve textualmente:

> E voltava, do inferno de Wall Street,
>   Ao lar, à escola, ao templo, à liberdade;
> De Vássar ou de Cooper ao convite
>   Voltava-se p'ra os céus — Que linda tarde!

num diapasão que faz lembrar o *"e quindi uscimo a riveder le stelle"*, com que Dante emerge do mundo subterrâneo.

4.3. *O inferno financeiro. Sousândrade e Pound*

A cosmovisão do Inferno sousandradino apresenta numerosos pontos de contacto com a que Ezra Pound veio a desenvolver na atualidade em seus *Cantares*. Postas de parte as soluções extravagantes que Pound preconizou para os temas econômicos de sua obra, e as equivocadas vinculações políticas que assumiram, são irrecusáveis as afinidades entre a perspectiva de Sousândrade e a visão central poundiana de "um mundo devorado pela usura", da "dinheirolatria" e da "usurocracia" capitalistas.

Para o cantor do *Guesa*, o "Stock Exchange", a Bolsa, alimento perpétuo da lucromania, com seu macabro frenesi de especulações, é o símbolo de uma sociedade que se desmorona, abalada pela avidez do dinheiro:

> ... Pára o Guesa perlustrando.
> Bebe à taberna às sombras da muralha,
> Malsólida talvez, de Jericó,
> Defesa contra o Índio — E s'escangalha
> De Wall Street ao ruir toda New York.

(versos que servem de preâmbulo ao *Inferno,* no Canto X). É algo que nos traz à mente as apóstrofes de Proudhon, no *Manual do Especulador da Bolsa* (1853), quando exproba "uma época que tomou por Decálogo a Bolsa e suas obras, por filosofia a Bolsa, por moral a Bolsa, por pátria e por igreja a Bolsa"[23]. As contradições e perplexidades entre a formação puritana herdada dos primeiros colonizadores e as seduções corruptoras do *Stock Minotauro* (híbrido monstruoso, da casta de *Usuria,* a besta de cem pernas do Inferno de Pound, ou de *Gerion,* o dragão dantesco) são postas a nu:

> A Bíblia da família à noite é lida;
> Aos sons do piano os hinos entoados,
> E a paz e o chefe da nação querida
> São na prosperidade abençoados.
> — Mas no outro dia cedo a praça, o *stock,*
> Sempre acesas crateras do negócio.
> O assassínio, o audaz roubo, o divórcio,
> Ao *smart* Yankee astuto, abre New York.

Veja-se como, numa vinheta farpada de ironia, o poeta fixa o problema das relações amorosas nessa sociedade:

---

23. *Apud* Robert Schnerb, "O Século XIX — O Apogeu da Civilização Européia", em *História Geral das Civilizações,* sob a direção de Maurice Crouzet, São Paulo, Difusão Européia do Livro, 1958, p. 174.

(O GUESA escrevendo *personals* no HERALD e consultando
as SIBILAS de NEW-YORK:)

— *Young-Lady* da Quinta Avenida
Celestialmente a flirtar
Na igreja da Graça ...
— Tal caça
Só mata-te *almighty dollár.*

(X, 35)

O século XIX é, para Ezra Pound, o "século da Usura". Para ele, a história econômica dos Estados Unidos, a partir da Guerra de Secessão, consistiria "numa série de manobras das Bolsas de Nova Iorque e Chicago":"tentativas de impor monopólios, *corners,* variações nos preços das ações das indústrias novas e dos meios de transporte", especulações inflacionárias, sobre o valor da terra e, a seguir, sobre os valores das ferrovias, tendo em vista a dificuldade do transporte dos produtos dos campos distantes para o mercado etc.[24]. O conceito poundiano da *Usura* remonta ao inferno de Dante. Diz o poeta norte-americano:

> Vejo ... claramente a gradação dos valores de Dante, e especialmente como todo o Inferno tresanda a dinheiro. Os usurários estão lá, contra a natureza, contra o desenvolvimento natural da agricultura ou de toda obra produtiva. O Inferno profundo é alcançado via Gerion (Fraude) ... e por dez cantos a seguir os penitentes são todos eles condenados por causa de dinheiro[25].

Também o Inferno sousandradino põe a ênfase nos poderes nefastos do dinheiro. Crítica semelhante, aliás, se pode vislumbrar ainda em textos de Shakespeare e Goethe, comentados por Karl Marx no excerto sobre o dinheiro visto pelo prisma da "inversão e confusão de

---

24. Ezra Pound, *An Introduction to the Economic Nature of the United States, Money Pamphlets, n.° 1,* London, Peter Russell, 1950, p. 8.
25. *Apud* Peter Russell,"Introdução" à coletânea de ensaios *An Examination of Ezra Pound,* New York, New Directions, 1950, p. 16.

todas as qualidades humanas e naturais", o dinheiro como "poder alienado da humanidade"[26]. Argentários, banqueiros, homens da alta finança, aventureiros, negocistas, políticos venais são habitantes do Inferno sousandradino, da mesma estirpe dos usurários de Pound (ver especialmente os *Cantares* XIV e XV)[27].

Mas não é só na ideação de um Inferno financeiro que se assemelham Sousândrade e Pound. Aproximam-se, como já fizemos notar em outros pontos deste trabalho, por diversas características estilísticas: — como a técnica imagista, atrás examinada, e a dicção sintético-ideogrâmica, que ora abordamos, e que por sua vez envolve vários procedimentos: compressão da história, montagens de citações coloquiais ou literárias ou de *faits divers* da época, *pot-pourri* idiomático, enumerações críticas e fusões de *personae*, tudo isto constelado de maneira aparentemente desordenada, mas na verdade coerente dentro de uma hierarquia bem definida de temas e arquétipos.

O crítico Fausto Cunha entreviu até certo ponto essa afinidade, quando disse de Sousândrade: "Antecipando-se à lição de Ezra Pound e de Joyce, corrompe os vocábulos à sua conveniência criadora. Versos como — "sobre-*rum*-nadam *fiends, rascals*", com um emprego moderníssimo da tmese, situam-no na vanguarda da mais exigente técnica poundiana". Não logrou, porém, equacioná-la com precisão. "Corrupção de vocábulos", "emprego da tmese", absolutamente não caracterizam a poética poundiana, que, ao contrário, se distingue pelo respeito fundamental à integridade da palavra, encarada pelo poeta

---

26. Karl Marx e Friedrich Engels, *Sur la Littérature et l'Art*, textos escolhidos, Paris, Éditions Sociales, 1954, pp. 242-243 (Shakespeare et Goethe sur l'argent).

27. Ezra Pound, *The Cantos*, London, Faber & Faber, 1954. Tenha-se também presente o programa de E.P., tal como ele o expõe logo às primeiras linhas do panfleto citado na nota 24: "Durante quarenta anos eu me preparei, não para escrever a História Econômica dos EUA ou de qualquer outro país, mas para escrever um poema épico que começa na 'Floresta Negra', atravessa o Purgatório do erro humano, e termina na luz, 'fra i maestri di color che sanno'".

norte-americano através da perspectiva estética do *mot juste*. Sob aqueles dois aspectos, o cotejo só seria válido se limitado exclusivamente a James Joyce, este sim, emérito violentador do léxico (veja-se, por exemplo, no *Ulysses,* uma tmese semelhantíssima: "*underdarkneath* the night")[28]. Outros são os pontos de contacto entre o autor do *Guesa* e o poeta de *The Cantos.*

Muito do fragmentarismo conversacional, daquela espécie de jornalismo atemporal que viria tipificar os *Cantares* de Ezra Pound já está presente nos dois círculos infernais sousandradinos. *The Cantos* foram definidos pelo próprio Pound como "conversa entre homens inteligentes". Allen Tate, em 1936, advertia: "Não há apenas uma pessoa a falar, trata-se de um monólogo a muitas vozes"[29]. Para o "Tatuturema" e para o "Inferno de Wall Street" isto também é válido. Desaparece a idéia de solilóquio. As personagens — como as *máscaras* poundianas — assumem a iniciativa do discurso. E se interpelam. E se interpolam. Tudo é matéria dialogada: travessões simples ou duplos, em quase todas as estrofes, assinalam as falas das *dramatis personae.* Os breves textos em prosa que precedem as estâncias — títulos na expressão do autor — funcionam à maneira de resumos da ação ou marcações cênicas. É um teatro minimizado, caleidoscópico, onde tudo cambia vertiginosamente como num fantástico palco giratório. Já vimos como, no plano tipográfico, isto vai determinar um verdadeiro projeto visual para estas seções do poema.

28. James Joyce, *Ulysses,* New York, The Modern Library, 1942, p. 137. Trata-se da seção "Aeolus", do romance, na sinopse de Stuart Gilbert (*op. cit.*, nota 19), cena passada numa redação de jornal, na qual a prosa de Joyce se compraz numa verdadeira parada de figuras retóricas. Curioso é que Gilbert, ao levantar um minudente elenco desses recursos, às pp. 191-195 de seu livro, não tenha recenseado a tmese tão evidente a que nos reportamos.

29. Allen Tate, "Ezra Pound" (na coletânea de ensaios, *An Examination of Ezra Pound,* organizada por Peter Russell, referida na nota 25), pp. 67-68.

4.4. Temas e arquétipos. Personagens

As personagens e situações são arquetípicas. Fundem-se umas nas outras. Alternam-se. Constituem temas e *Leitmotive*. Pode-se falar em montagem de *shots* ou tomadas, em *collage*. Há mesmo algo das fusões poundianas (Actaeon/Vidal; Helena/Eleonora de Aquitânia; Itys/Cabestan, etc.). O *affair* grotesco de uma *freelove* (adepta do amor livre), provavelmente extraído do noticiário periodístico, associado à idéia da poligamia mórmon (Brigham Young, 1877, fundador da colônia de Utah), justapõe-se à evocação bíblica da cidade de Gábaa, castigada com a destruição, por terem os homens daquela tribo violentado a mulher do levita de Efraim (inverte-se a equação, nesta cena sousandradina, ou seja: da poligamia preceitual mórmon, passa-se a uma "poliandria" forçada — "Gábaa"; ou, talvez, consentida — "*free love* e seus *beaux*"). Referências a Belial (gênio do mal no Antigo Testamento) e a Vênus-Pandemos (do grego), "pública", patrona das cortesãs) imiscuem-se ainda no contexto; a tudo isso se ajunta uma cutilada satírico-política à mundanidade do Grão-Duque Alexis (1845-1894), filho do Czar Alexandre II e seu futuro sucessor no trono russo, que visitara os Estados Unidos pouco antes de Dom Pedro II:

(DUQUE ALEXIS recebendo *freeloves* missivas; BRIGHAM:)

— De quantas cabeças se forma
Um grande rebanho mormão?
= De ovelha bonita,
    Levita,
Por vezes s'inverte a equação.

(X, 20)

(*Free love* moribunda em Newark ensinada por vinte e três *beaux*:)

— Hui! Legião, Venus-Pandemos,
De filhos cristãos de Belial!
Paleontologia!
Heresia
Preadã! Gábaa protobestial!

(VIII, 21)

(*Pretty-girl* moribunda em NEWARK '*stupefied with liquor* nos bosques e visitada por vinte e três' sátiros:)

— Hui! Legião, Venus-Pandemos!
Picnic, O! Cristãos de Belial!
Paleontologia!
Heresia
Preadã! Gábaa protobestial!

(X, 21)

(As duas versões da estrofe 21, que acima apresentamos, documentam, inclusive, a tendência sousandradina para reelaborar constantemente muitos de seus textos, introduzindo variantes autônomas, entre as quais é por vezes difícil optar. Na edição nova-iorquina, a seção "Wall Street" — então Canto VIII — tinha 106 estâncias; na londrina — Canto X aparece com 176 e inúmeras alterações.)

Outro exemplo de fusão e montagem combinadas:

(Feiticeiras de MACBETH e vidente FOSTER em WALPURGIS de dia:)

— *When the battle's lost and won* —
— *That will be ere the set of sun* —
— *Paddock calls: Anon!* —
— *Fair is foul, and foul is fair:*
Hover through the fog and filthy air!

(X, 107)

Nesta *collage* de versos extraídos da cena inicial de *Macbeth,* as bruxas shakespearianas são introduzidas, aliás com muita propriedade, no *sabbat* de Goethe, extrapolado para a Bolsa de Nova Iorque. Stephen Symonds *Foster* (1809-1881), político revolucionário; pregou o abolicionismo, a paz mundial, os direitos da mulher e da classe operária, chegando a atacar a Constituição dos Estados Unidos e a recomendar a dissolução da União. É um dos caracteres positivos que se contrapõem aos especuladores do inferno sousandradino; notar que é apresentado com o epíteto de "vidente"[30].

Ainda dentro desta técnica cinematográfica — e tenha-se presente a análise da montagem em termos de ideograma feita por Eisenstein[31] — veja-se como uma interpelação inicial a Swedenborg:

— Swedenborg, há mundo porvir?

(Canto X, verso terminal da 1.ª estrofe) é, muito mais tarde, na 108.ª estrofe do mesmo episódio, retomada e respondida:

(SWEDENBORG, respondendo *depois*:)

— Há mundos futuros: república,
Cristianismo, céus, Loengrim.
São mundos presentes:
Patentes,
Vanderbilt-North, Sul-Serafim.

(X, 108)

---

30. Será curioso cotejar esta estrofe com o seguinte excerto da peça *O Homem e o Cavalo* (1934), de Oswald de Andrade, p. 44:
SÃO PEDRO — Agora, passam as feiticeiras videntes de Macbeth.
ICAR — E as fúrias de Walpurgis montando aspiradores elétricos.
31. Serguéi Eisenstein, "The Cinematographic Principle and the Ideogram", *Film Form,* London, Dennis Dobson, 1949, pp. 28-44.

Emanuel *Swedenborg* (1688-1772), filósofo místico sueco, que se proclamava em relação com o mundo dos espíritos; influenciou — repare-se de passagem — românticos e simbolistas, figurando em citação no pórtico das *Chimères* (1854) de Gèrard de Nerval. Na estância-resposta, o tema de uma republica ideal (Loengrim, o "Cavaleiro do Cisne", filho de Parsifal, é um dos heróis do ciclo das legendas do Graal) se contrapõe à realidade presente do frenesi capitalista instalado na América do Norte (Vanderbilt-North), com alusão a uma Sul-América ainda incipiente e imbele (Sul-Serafim).

Finalmente, este estupendo *flash-back,* que, na versão inicial, constituía a última estrofe do "Inferno de Wall Street", e, na definitiva, integra-se no corpo do poema, sucedendo a acima transcrita:

>   (Ao fragor de JERICÓ encalha HENDRICK-HUDSON; os
>   ÍNDIOS vendem aos HOLANDESES a ilha
>   de MANHATTAN mal-assombrada:)
>
>   — A Meia-Lua, proa p'ra China,
>   Está crenando em Tappan-Zee ...
>   *Hoogh moghende Heeren ...*
>   Pois tirem
>   Por *guildens* sessenta ... Yea! Yea!
>
>   (X, 109)

Aqui a cena, inesperadamente, com profundo seccionamento do tempo, retrocede à descoberta de Nova Iorque: o navegante Hudson encalhando na baía em sua pequena embarcação *Meia-Lua* (1609); simultaneamente, imbrica-se neste o episódio da barganha da Ilha de Manhattan (1626), comprada aos nativos pelos holandeses, em troca de bugigangas e colares no valor de sessenta *guilders (cerca* de vinte e quatro dólares). Notar o hibridismo fraseológico, dando cor local à narração: *Hoogh moghende Heeren,* holandês para "Mui poderosos senhores". O quadro é simbólico e tributário da temática geral do Inferno sousandradino, posto sob o signo da fraude e da especulação e, ainda, da espoliação do índio pelo colonizador. Na estrofe 43 do mesmo episódio, há um prelúdio a esta cena, aparecendo como interlocutora a *Tammany Society* (sociedade político-nativista, inspirada no modelo índio, que exerceu poderoso papel na vida pública norte-americana):

> (TAMMANY entre as tribos:)
> — Bisões! Águias! Ursos! Gorilas!
> Ao fundo lá vai Manhattan!
> Sitting-Bull! perdida,
>   Vendida
> Ao *rascal*, ao *rum*-Arimã!
>
> (X, 43)

Na *Tammany*, as seções estaduais recebiam nomes como "Águia" ("tribo" de Nova Iorque); "Urso" ("tribo" de Connecticut) etc. Intervém na estância a *persona* de Sitting-Bull, chefe dos Sioux (1837-1890), talvez o maior líder da resistência dos peles-vermelhas contra o branco (*rascal*: velhaco; *rum-Arimã*, compósito sousandradino, reunindo as idéias de bebedor de rum e de gênio do mal — Arimã, na mitologia persa).

O cortejo de figurantes que comparece nesse teatro sintético — ora simplesmente referidos, ora intervindo como *personae* nos diálogos — é impressionante. Dá-nos uma idéia das "enumerações caóticas" identificadas por Spitzer na poesia moderna, e que encontram seus antecedentes no "modo literário tipicamente enumerativo ... da *Divina Comédia*, dos *triunfos, danças da morte* etc., visões, em suma, de uma infinidade de personagens que desfilam diante de nós, cada qual destinada, de acordo com o *gradualismo* medieval, a uma sorte preestabelecida pela Providência"[32]. Basta que se transcreva a estrofe 106 do Canto X (Seção "Wall Street"):

---

32. Leo Spitzer, *La Enumeración Caótica en la Poesía Moderna*, Universidad de Buenos Aires, 1954, p. 49.

(Procissão internacional, povo de Israel, Orangianos, Fenianos, Budas,
Mórmons, Comunistas, Niilistas, Farricocos, Railroad-Strikers,
All-brokers, All-jobbers, All-saints, All-devils, lanternas, música,
sensação; Reporters; passa em LONDRES o assassino da RAINHA
e em PARIS 'LOT' o fugitivo de SODOMA:)

    No Espírito-Santo d'escravos
    Há somente um Imperador;
      No dos livres, verso
        Reverso,
    É tudo coroado Senhor!

(X, 106)

Neste aparente *caos*, as personagens mais díspares, extraídas de vários estratos da história, giram em torno de pólos atrativos correspondentes às motivações principais do poema. Noutra seqüência de estrofes — esta no Canto II — vultos e fastos da Colônia e do Império são trazidos à baila, numa ronda satírica[33].

(D. JOÃO VI, *escrevendo a seu filho:*)

Pedro (credo! que sustos!)
Se há de ao reino empalmar
Algum aventureiro,
   O primeiro
Sejas ... toca a coroar!

(1.º Patriarca:)

— Quem que faz fraca gente,
Calabar-Camarão?
Ou santelmos delírios,
   Ou sírios
Das gargantas do Cão?

33. Notar, na 3.ª estrofe transcrita (II, 42), a alusão à estátua eqüestre de Dom Pedro I, inaugurada em 30-3-1862 no então Largo do Rocio (Praça Tiradentes, Rio de Janeiro) no lugar do antigo pelourinho, e contra a qual também investiram outros

(2.º *Patriarca:*)

— Brônzeo está no cavalo
Pedro, que é fundador;
É! ê! ê! Tiradentes,
    Sem dentes,
Não tem onde se pôr!

(O GUESA, *rodando:*)

— Eu nasci no deserto,
Sob o sol do equador:
As saudades do mundo,
    Do mundo...
Diabos levem tal dor!

(II, 44-47)

Este trecho foi citado por Humberto de Campos, no aceso da polêmica modernista, como "futurista" por antecipação. E de fato tem muito a ver com as revisões do convencionalismo histórico levadas a efeito na primeira fase do nosso modernismo, em especial com os comprimidos da "poesia pau-brasil" oswaldiana.

No "Inferno" do Canto X, República e Monarquia dialogam através das figuras do Presidente Grant e de Dom Pedro II, tendo como cenário a Exposição do Centenário da Independência Norte-Americana (1876, Filadélfia). O colóquio imaginário, que se prolonga por várias estrofes, é permeado por vozes de outras personagens subsidiárias (Gladstone, Disraeli — ministro da Rainha Vitória) e assume o aspecto de um "desafio" poético-satírico, onde são encarnecidas as galas do Império e também não deixam de ser verberadas as mazelas que assolam a República. Episódio obscuro da nossa História, só há

poetas da época, como o mineiro João Salomé Queiroga ("Piparotes na estátua") e Pedro Luís ("À Sombra de Tiradentes"). A estátua foi cognominada "a mentira de bronze".

bem pouco iluminado através do levantamento feito por Argeu Guimarães[34], a viagem de Dom Pedro II aos Estados Unidos está aqui documentada ao vivo, com o sabor das reportagens dos principais jornais de Nova Iorque, sob o prisma da característica "redução poética" sousandradina. Detenhamo-nos sobre um extrato desse bloco:

(Salvados passageiros desembarcando no ATLÂNTICO; HERALD deslealmente desafinando a imperial 'ouverture':)

— Agora o Brasil é República;
O Trono no Hevilius caiu ...
But we picked it up!
— Em farrapo
'Bandeira Estrelada' se viu.

(X, 44)

(THE SUN:)

— Agora a União é império;
Dom Pedro é nosso Imperador:
'*Nominate him President*';
Resident ...
Que povo ame muito a Senhor.

(X, 45)

34. Argeu Guimarães, em seu recente livro, *Dom Pedro II nos Estados Unidos*, Rio de Janeiro, Civilização Brasileira, 1961, reconstituiu, palmo a palmo, o itinerário do imperador, através das notícias diárias do *New Yonk Herald*, que fez a cobertura completa da viagem, para isso tendo enviado ao Brasil o jornalista James J. O'Kelly e construído, para seu uso exclusivo, um cabo submarino entre a América e o Brasil. Escreveu Argeu Guimarães: "O noticiário de 1876 gira em torno da visita imperial e do centenário da Independência norte-americana. Nem só o *Herald*, mas outros famosos diários de Nova Iorque, o *Star*, o *Sun*, o *Time*, o *Tribune*, o *Witness*, o *World*, durante meses, escrevem variações sobre os mesmos temas, sueltos e comentários editoriais sobre a Exposição de Filadélfia e os mais notórios dos seus visitantes". Já se

(Um rei yankee desembarca entre os imigrantes nas BATERIAS, bebe águas
republicanas na fonte de BOWLINGGREEN e desaparece; o povo saúda
os carros de CESARINO e ANTÔNIO pelo de JULIUS-CAESAR:)

— *Off! Off!* para São Francisco *off*,
Sem primeiro a Grant saudar!
Só um *spokesman*
Disse *amen* ...
Que a Deus deve e não a Cæsár.

(X, 49)

(Comissários em Filadélfia expondo a CARIOCA de PEDRO
AMÉRICO; QUAKERS admirados:)

— Antedilúvio 'plesiosaurus,'
Indústria nossa na Exposição ...
= Oh Ponza! que coxas!
Que trouxas!
De azul vidro é o sol patagão!

(X, 50)

(*Detectives* furfurando em MAIN-BUILDING; telegrama
submarino:)

— Oh! cá está um Pedro d'Alcântara!
O Imperador stá no Brasil.
— Não está! Cristova
É a nova,
De lá vinda em Sete de Abril!

(X, 51)

pode comprender como é importante para a compreensão deste trecho do poema expressamente baseado nas notícias do *Herald* e do *Sun*, o levantamento histórico levado a cabo por A. Guimarães. Dele nos valemos para a exegese das estrofes a seguir apresentadas, no que se relacionam com o episódio.

(PRESIDENTE GRANT com impassibilidade e seus ministros
BABCOCK, BELKNAP, etc. lendo o *Sun* e cumprimentando
a DOM PEDRO:)

— De *greenback* as almas saúdam
Ao ventre de oiro Imperador!
= *Bully Emperor,* incrente
Em sua gente,
É tal rei tal reino, Senhor?

(X, 54)

(DOM PEDRO com impaciência ao GENERAL GRANT:)

— Por que, Grant, à penitenciária
Amigos vos vão um por um?
Forgeries, rings, wrongs;
Ira's songs
Cantar vim no circo Barnúm!

(X, 55)

(GENERAL GRANT e DOM PEDRO:)

— Fazeis-nos os cabelos brancos ...
Um filho das leis do amanhã!
= Com Romanos ... Papa;
Satrápa,
Com Gregos; *Napóleon,* com Grant!

(X, 56)

(GLADSTONE pagando à tesouraria de WASHINGTON os
milhões da arbitração de GENEBRA:)

— *Very smarts!* Ô! Ô! *Very smarts!*
Mas pôs o Alabama p'ra trás
Aos *puffs*-Puritanos
Cem anos!
Sobre-*rum*-nadam *fiends, rascáls,*

> *Post war Jews*, Jesuítas, Bouffes
> Que decidem de uma nação
> A cancã! ... e os ἥρως
> Homeros
> De rir servem, não de lição!
>
> (X, 57-58)

> (Disraeli "ordenando a Tennyson a ode da volta do
> Príncipe de Gales, das Índias, e fazendo fogos
> de vista", que a Rainha não queira
> vir vê-los ao Centênio:)
>
> ("*Honni soit qui mal y pense*")
> "To his return our bosom burn! "
> Cada Inglês é dois, mais feliz!
> Vezes duas súdito,
> Súdito
> D'angla Rainha e índia Imperatriz![35]
>
> (X, 59)

> (Dom Pedro rindo-se e o General Grant sorrindo:)
>
> — Desde Christie, a Grande Bretanha
> Se mede c'o Império que herdei ...
> Rainha-imperatriz ... !
> = Os Brasis
> Vos farão Imperador-Rei ...
>
> (X, 60)

Na estrofe 44, uma "tomada" do desembarque real, com alusão chistosa à "queda do Trono" ocorrida no *Hevelius* (Sousândrade grafa: *Hevilius*, pronunciando à inglesa), o vapor que levou Dom Pedro, do

---

35. Cotejar com *O Homem e o Cavalo*, de Oswald de Andrade, p. 64: Mister Byron — Viva a Rainha Vitória! (entoa com Lord Capone o "God save the gracious Queen!" acompanhado pela orquestra do *dancing*).

Rio de Janeiro a Nova Iorque. Conforme o repórter James O'Kelly, assim foi batizado, jocosamente, o pequeno acidente que sofreu o Imperador, a bordo daquele navio, ao cair de uma cadeira no dia 28 de março. Conta, também, o correspondente do *Herald* que Dom Pedro II, desde o começo da viagem, manifestara o desejo de traduzir o hino nacional americano (*Star Spangled Banner*); nenhum dos norte-americanos que se achavam no navio (nem mesmo o repórter, pelo visto) era capaz de reconstruir a letra, de memória. Finalmente um passageiro nova-iorquino, que embarcou no Pará, pôde propiciar, ao que parece com muitas lacunas e imprecisões, o almejado texto a partir do qual se fez a "tradução imperial" que, sob o título de "Bandeira Estrelada", chegou a ser transcrita no *Herald*. O *affair* Pedro II-Bandeira Estrelada reaparece nas estâncias 75 e 142, nesta, como veremos, com acentos menos histriônicos.

Estrofe 45: a Candidatura de Dom Pedro II à sucessão de Grant foi lançada ironicamente pelos jornais norte-americanos. Sousândrade se refere, aqui, ao *The Sun*. Pedro Calmon, todavia, atribui o gracejo ao próprio *Herald,* onde se teria escrito: "... designamos Dom Pedro do Brasil e Charles Francis Adam, da cédula do Centenário, para Presidente e Vice-Presidente. Estamos cansados de gente comum e dispostos a mudar de estilo ..."[36]

Estrofe 49: Outra perspectiva do desembarque. Dom Pedro — que um editorial do *Herald,* de 22 de abril, saudaria com o título "O Nosso Imperador Ianque" — desembarcou, afinal, como um simples particular, do *Hevelius,* enquanto a comissão oficial de recepção seguia para a Battery (toponímico de Nova Iorque), na corveta *Alert,* recebendo as continências das outras embarcações e baterias terrestres e as saudações do povo aglomerado no cais, na persuasão de que esta conduzia o Imperador. Já nos Estados Unidos partiu Dom Pedro em visita

---

36. Pedro Calmon, "O Imperador nos Estados Unidos", artigo publicado na revista *O Cruzeiro,* de 10.3.62, p. 75, a propósito do livro de Argeu Guimarães, já referido.

ao Oeste (dirigindo-se a São Francisco) sem cogitar de ir primeiramente cumprimentar o Presidente Grant, em Washington. O fato provocou reparos, de caráter protocolar, de um jornal norte-americano. José Carlos Rodrigues, que naquela época redigia em Nova Iorque o jornal *Novo Mundo* — onde Sousândrade colaborava, fazendo principalmente crítica literária —, enviou ao *Herald* uma carta (18 de abril) em defesa do Imperador.

Estrofe 50: O certame de Filadélfia serve de pano-de-fundo para outros lances de *verve* sousandradina. Aqui põe em confronto malicioso o puritanismo norte-americano, no momento de sua afirmação industrial, e o tropicalismo brasileiro, representado pela exuberância do nu *A Carioca* de Pedro Américo, "indústria nossa na Exposição", como se lê no texto impregnado *avant la lettre* de humor *antropofágico*. Na edição nova-iorquina, em lugar de *plesiosaurus,* estava *paleosauro.* Em qualquer das variantes, o verso oferece um curioso antegosto oswaldiano ("Transcontinental ictiosauro", escreveria o poeta paulista numa passagem do seu *Cântico dos Cânticos para Flauta e Violão* — 1942 — se se quiser puxar a comparação até o detalhe do texto).

Estrofe 51: Segundo o repórter O'Kelly (ed. de 16 de abril), Dom Pedro recusou delicadamente a recepção oficial que lhe oferecia, à chegada, a Comissão do Gabinete de Ministros, afirmando desejar ser considerado como um particular, com estas palavras: "Sua Majestade ficou no Brasil. Aqui sou um simples viajante". Outra frase ouvida pelo repórter do próprio Dom Pedro: "Não me trate de Vossa Majestade — chame-me *Monsieur d'Alcántara*. É o nome sob o qual faço as minhas viagens e não gosto de ser conhecido por outro". Comenta um editorial do *Herald,* de 8 de maio:

> O Imperador está no Brasil, como disse ele próprio, e quer também, por sua própria determinação, tomar assento entre os comissários do seu País, tendo sido emitido um bilhete de convite em nome de Pedro d'Alcântara, exatamente como poderia ser Joe Smith.

Na estrofe 54, alude-se a dois ministros de Grant, Orville E. *Babcock* (1835-1884) e William Worth *Belknap* (1829-1890), afastados em 1876 sob a acusação de fraude e corrupção, mas posteriormente absolvidos; *greenback:* lit. dorso verde, papel-moeda corrente nos EUA; *bully:* tirano, fanfarrão.

Estrofe 55: *forgeries, rings, wrongs:* adulterações, camarilhas, injustiças; *Ira's songs: Ira* David Sankey (1840-1908), pregador e compositor norte-americano que, com o evangelista Moody, compôs os *Gospel Hymns;* Phineas Taylor *Barnum* (1810-1891), charlatão norte-americano cujo nome passou para todas as línguas como sinônimo de aventureiro ambicioso, de empresário excêntrico.

Nas estrofes 57-58 o tema é o *affair Alabama:* o arbitramento de Genebra (1872) pôs fim ao litígio entre os Estados Unidos e a Inglaterra, mandando pagar a indenização reclamada pelo primeiro país como reparação dos prejuízos causados na frota nortista pelo navio-corsário *Alabama,* construído e armado na Grã-Bretanha por conta dos Estados do Sul; *Gladstone* era então o Primeiro-Ministro inglês; seu constante adversário, *Disraeli,* valeu-se do *affair* para derrubar o Gabinete, que caiu em 1874. Evocam-se também as especulações do período de após Guerra de Secessão, enumeradas pelo interlocutor (*Gladstone*), numa espécie de revide irônico, ao passo em que comenta a decisão de Genebra; *pufis-Puritanos:* composto sousandradino, no qual *puff* quer dizer "basófia"; *Bouffes:* (fr.) cantores de ópera-bufa; *heros:* heróis, grafado em caracteres gregos no original.

Estrofe 59: *Disraeli,* reassumindo o poder em 1874, sugeriu ao Príncipe de Gales uma viagem oficial às Índias (1875), efetuada com sucesso. No ano seguinte, para reforçar o domínio britânico, imaginou outorgar à Rainha Vitória o título de Imperatriz das Índias, dando-se a proclamação em 1877.

O "poeta laureado", *Tennyson,* é "encarregado" dos versos sobre o acontecimento. No contexto, é citada a divisa da coroa britânica, com sentido dúbio: o novo título, segundo restrição contida na aprovação parlamentar, valeria apenas para "uso externo" ... A repetição da palavra *súdito*, substituindo a habitual rima interna, reitera ao nível visual a informação do verso anterior ("Cada Inglês é dois"), dando-lhe uma ênfase fisiognômico-burlesca, funcional. Um dado da biografia de Sousândrade, fornecido por Clarindo Santiago, vem aqui a propósito: o poeta, que se tornara conhecido nos círculos brasileiros da Europa por suas idéias republicanas, não pôde demorar-se em Londres, tendo sido compelido a retirar-se da Inglaterra pelas autoridades, em virtude, segundo se afirmava, de artigo publicado na imprensa contendo críticas à Rainha Vitória.

Na estrofe 60, uma alusão à "Questão Christie", conflito internacional entre o Brasil e a Inglaterra (1863), que causou o rompimento das relações diplomáticas entre os dois países até 1865. O composto *Rainha-Imperatriz* sintetiza e sublinha, por si só, a carga contra os propósitos expansionistas do "Império Britânico".

Dentre as estrofes que Sousândrade acrescentou ao "Inferno de Wall Street" na edição londrina, uma retomaria o tema Dom Pedro II-Bandeira Estrelada, marcando-o com uma nota grave e premonitória, de *humor negro*. Dom Pedro, aqui associado a Baltazar, o último rei babilônico, recebe, com este, a predição dos misteriosos caracteres legendários: *Mane* (Deus contou os dias do teu reinado e marcou-lhes o fim), *Tessel* (foste posto na balança e achado leve demais), *Fares* (o teu reino será dividido). Realmente, não tardaria muito para que o advento da República pusesse termo ao reinado do segundo e último Imperador do Brasil:

    (*Sílvios* dedos rutilando ao tipografar em vernáculo da 'BANDEIRA
        ESTRELADA'; POETA extático; a VOZ:)

        — Grandes são graças e tesouros
        De Baltasar-Imperador! ..
            = Que treme aí *sans-culottes*
            Quijotes?..
        — Manè-Tessèl-Farès, Senhor! ..

    (X, 142)

A brevidade deste estudo — que se pretende apenas um *trailer* do complexo mundo sousandradino — não comporta o exame exaustivo das *personae* dos dois círculos infernais do *Guesa*. No que respeita ao "Inferno de Wall Street", remetemos o leitor ao Glossário anexo, elaborado nos moldes do que J. H. Edwards e W.W.Vasse prepararam para os *Cantares* de Ezra Pound[37]. Às vezes as referências a personagens têm que ser identificadas sob verdadeiras mutações léxicas de tipo joyciano (quer-se aludir às transformações dos nomes próprios em Joyce, cujo recenseamento foi feito por Adaline Glasheen)[38]. Observe-se o conjunto de alusões a James Gordon *Bennet* (1795-1872), o potentado do jornalismo norte-americano, fundador de *The New York Herald,* constantemente fustigado por Sousândrade. Suas encarnações onomástico-metamórficas vão a seguir relacionadas, por estância e verso do "Inferno de Wall Street": Bennet, 4/1; Bennbennesses, 114/1; Bennetas, 118/4; Jam'-Benne'-Gord, 123/3; gil-Jam, 123/5; Jam'-Benn', 141/5; Gord-Jan-Benn, 143; Bennette, 144/3; *Chinois*-Bennet, 150/5. No "Tatuturema", já comparecia como Bennettetão (29/2).Ainda na secção "Wall Street", aparece na invocação *Herald-o-Nero* (129/3), personificado no seu jornal, que é também freqüentemente mencionado (Herald, 35; 44; H'rald, 113/1; heráldeo, 114/5; 121; 128/5 etc.).

4.5. *Dimensão crítico-estética*

Importante indicar que há também uma dimensão crítico-estética nas intervenções de algumas personagens do Inferno sousandradino, lembrando a tática poundiana de exercer uma crítica via poesia. Assim

---

37. J. H. Edwards e W. W. Vasse, *Annotated Index to the Cantos of Ezra Pound,* Berkeley e Los Angeles, University of California Press, 1957.

38. Adaline Glasheen, *A Census of Finnegans Wake,* London, Faber & Faber, 1956. Suplementado, em 1959, por "Out of my Census", *The Analyst,* n.º XVII, publicação da Northwestern University, Evanston, Illinois, dirigida por Robert Mayo.

como Pound, no Canto II, assinalando o seu reconhecimento ao *Sordello* de Robert Browning, estabelece ao mesmo tempo as suas diferenças de perspectiva frente a seu precursor:

> Hang it all, Robert Browning,
> There can be but the one *Sordello*.
> But Sordello, and my Sordello?
> Lo Sordels si fo di Mantovana.
>
> (Para o diabo, Roberto Browning,
> Só pode haver um único *Sordello*.
> Mas Sordello, e o meu Sordello?
> Lo Sordels si fo di Mantovana),

também Sousândrade, depois de localizar Dante, Shakespeare, Goethe e Byron entre os Amautas — os sábios do Império Inca — lança por seu turno a sua saudação-desafio ao *Childe Harold* de Byron:

> Pois há, entre o Harold e o Guesa,
> Diferença grande, e qual é,
> Que um tem alta voz
> E o pé *bot*,
> "Voz baixa" o outro, e firme o pé.
>
> (X, 79)

"Pé *bot*" do francês "pied-bot": manco; alusão ao defeito físico de Byron. Colhendo no *Childe Harold's Pilgrimage* (1812-1818), talvez por uma identificação natural de destino, a idéia de peregrinação, Sousândrade levou-a em seu poema a soluções formais totalmente diversas, fugindo à frouxidão retórica que caracterizou o byronismo romântico. Isto está expresso, ao que se pode presumir, nas entrelinhas de sua colocação.

Também no cenário nacional, artistas contemporâneos de Sousândrade surgem num contexto crítico. Veja-se este "Coro dos

Contentes", onde, num tom bufo semelhante ao que seria desenvolvido por Mário de Andrade nas "Enfibraturas do Ipiranga", se põe em questão a subserviência das artes do tempo ao patrocínio imperial:

(Coro dos contentes, TIMBIRAS, TAMOIOS, COLOMBOS, etc., etc.;
música de C. GOMES a compasso da sandália d' EMPÉDOCLES:)

— "A' mui poderosa e mui alta
Majestad do Grande Senhor"
Real! = "Semideus"!
— São Mateus!
= Prostrou-se o Himavata, o Tabor!

(X, 61)

Há aí referências a Gonçalves Dias (*Os Timbiras*), Domingos José Gonçalves de Magalhães (*A Confederação dos Tamoios*), Manuel de Araújo Porto Alegre (*Colombo*) e às dedicatórias altissonantes de seus poemas a Dom Pedro II. Carlos Gomes, a quem o Imperador, por telegrama, encomendara a composição de um hino ao Centenário da República Americana, para ser executado na abertura da Exposição de Filadélfia, é também envolvido na sarabanda[39]. A simples justaposição ideogrâmica de alguns típicos fragmentos dessas louvações, transliterados ou arremedados, cria a atmosfera geral de burla e engodo, reforçada

---

39. Segundo Argeu Guimarães (*op. cit.*, p. 297), a página de rosto da partitura (edição da Casa Ricordi de Milão), transcrita no *New York Herald,* ostentava os seguintes títulos em inglês:

"AO POVO AMERICANO
Hino dedicado ao Primeiro Centenário
da Independência Americana comemorada em Filadélfia
composto por ordem de S. M. Pedro II, Imperador
do Brasil
por
A. CARLOS GOMES"

pela alusão às sandálias vomitadas, segundo a lenda, pelo vulcão Etna, para desmascarar a falsa ascensão de Empédocles, o filósofo de Agrigento, levado ao suicídio pelo desejo de glorificar-se.

No círculo infernal do Canto II, Sousândrade intenta uma crítica ao Indianismo literário, de tipo heróico-idealista, praticando uma espécie de Indianismo às avessas, de feição herói-cômica e realista[40]. Nas estrofes abaixo:

>> *(Alvissareiras no areial:)*
>
>> — Aos céus sobem estrelas,
>> Tupan-Caramuru!
>> É Lindóia, Moema,
>>> Coema,
>> É a Paraguaçu;
>
>> — Sobem céus as estrelas,
>> Do festim rosicler!
>> Idalinas, Verbenas
>>> De Atenas,
>> Corações de Mulher;

---

40. Note-se que a revisão do Indianismo iria ser um dos temas do nosso Modernismo. Basta ler alguns tópicos do "Manifesto Antropofágico" de Oswald de Andrade (*Revista de Antropofagia*, n.º 1, ano 1, maio de 1928):

> "Nunca fomos catequizados. Fizemos foi Carnaval. O índio vestido de Senador do Império. Fingindo de Pitt. Ou figurando nas óperas de Alencar cheio de bons sentimentos portugueses. [...] Já tínhamos o comunismo. Já tínhamos a língua surrealista. A idade de ouro.
>> Catiti Catiti
>> Imara Notiá
>> Notiá Imara
>> Ipeju
> [...] Antes dos portugueses descobrirem o Brasil, o Brasil tinha descoberto a felicidade. Contra o índio de tocheiro. O índio filho de Maria, afilhado de Catarina de Médicis e genro de Dom Antônio de Mariz."

> — Moreninhas, Consuelos,
> Olho-azul Marabás,
> Palidez, Juvenílias,
>   Marílias
> Sem Gonzaga Tomás!
>
> (II, 55-57)

as heroínas concebidas pela nossa literatura pre-romântica de temário indígena (Lindóia, do *Uraguai,* de Basílio da Gama; Moema, Paraguaçu, do *Caramuru,* de Santa Rita Durão) e as sublimadas posteriormente em protótipos pelo nosso Romantismo da fase indianista (a "Marabá", mestiça de "olhos garços", "cor das safiras", do poema de Gonçalves Dias, aqui objeto de uma violentação sintática — *olho-azul Marabás* — por si mesma já uma crítica, no nível estilístico, ao jargão romântico); como também a musa consagrada pelo lirismo árcade (*Marília de Dirceu*) ou ainda figuras femininas celebrizadas em nossa ficção romântica (*A Moreninha* de Macedo) são postas em contraste com as personagens do "canto verídico e grosseiro", índios e índias apanhados na sua decadência, corrompidos e aviltados pelo branco, agora confraternizados com seus corruptores nos "paroxismos do amazôneo sarau", no "canicular delírio". Aquelas heroínas da idealização árcade ou romântica são "angelizadas" no contexto sousandradino, sobem aos céus — *starlets* de uma festa rosicler — enquanto roda a farândola do "Tatuturema", sob o signo de Jurupari:

> *(Antropófago* UMÁUA *a grandes brados:)*
>
> — Sonhos, flores e frutos,
> Chamas do *urucarí!*
> Já se fez *cae-a-ré,*
>   Jacaré!
> Viva Jurupari!   *(Escuridão. Silêncio).*
>
> (II, 113)

4.6. *Mosaico idiomático*

Como já se deve ter notado, o uso de interpolações ou de citações em várias línguas é outra das características que tornam extremamente modernos os episódios infernais sousandradinos, em premonição mais uma vez a linha Pound-Eliot da poesia atual. Bem representativo desta técnica é o seguinte diálogo polilíngüe entre dois renegados — um católico, outro protestante — em torno do *affair* Reverendo Beecher versus Theodore Tilton:

> (Dois renegados, católico, protestante:)
>
> — Confiteor, Beecherô ... l'Épouse
> N'eut jamais d'aussi faux autel!
>   — *Confiteor ... Hyacinth*
>   *Absinth,*
> Plymouth was barroom, was bordel!
>
> (X, 12)

Latim, francês e inglês se entremeiam. Henry Ward *Breecher* (1813-1887), um dos mais famosos pregadores dos EUA, irmão de Harriet Beecher Stowe (autora de *A Cabana do Pai Tomás*) e chefe da igreja de Plymouth. Um jornal da época, dirigido pelas célebres feministas irmãs Claflin, divulgou com grande sensacionalismo a denúncia de Theodore *Tilton,* jornalista e companheiro do Rev. Beecher, segundo a qual este último mantivera relações ilícitas com uma sua paroquiana, a esposa do próprio denunciante (Mistress Tilton). O ofendido exigia uma indenização por adultério ("Tilton gemendo e reclamando $ 100,000 por *damages* à sua honra Minerva" — escreve Sousândrade noutro passo: X, 17). O julgamento, que abalou o país, prolongou-se por seis meses, sem que o júri chegasse a um acordo. Por fim, o Reverendo foi absolvido, ficando porém com seu prestígio seriamente abalado perante a opinião pública⁴¹. Uma síntese expressiva do equívoco episódio está na permuta entre as palavras *hyacinth* (jacinto, símbolo de pureza) e *absinth* (bebida alcoólica, aqui tomada como símbolo de degradação).

No "Tatuturema" o hibridismo idiomático assume a natureza de um verdadeiro *tupilatim,* ou seja: enxertias de frases latinas e nheengatu num contexto macarrônico. Dessa miscigenação lingüística se vale o poeta para caricaturar a corrupção de costumes que grassava entre os europeus nos primórdios da colonização brasileira, e da qual não escapavam nem mesmo os religiosos, como já denunciava o Pe. Manuel da Nóbrega em suas *Cartas do Brasil* (1549-1560). É o *oremus-tatu,* missa negra do "Tatuturema"⁴², onde bailam em promiscuidade índios e corruptos catequistas, num clima antecipadamente "antropofágico", oswaldiano:

>   (Neptunus Sanctorum *entrando pestilente:*)
>
> — *Introibo*, senhoras,
> Templos meus, flor em flor,
> São-vos olhos quebrados,
>   Danados
> Nesta noite de horror.
>
>   (*Padre* Excelsior, *respondendo:*)
>
> — *Indorum libertate*
> *Salva*, ferva *cauim*
> Que nas veias titila
>   Cintila
> No prazer do festim!

---

41. O Rev. Beecher, assinale-se de passagem, aparece nos *Cantares* de Ezra Pound, Cf. *The Cantos of Ezra Pound,* London, Faber & Faber, 1954, XL, p. 206, e ainda a recente seção *Thrones, Cantos* 96-109, London, Faber & Faber, 1960, C. 103, p. 87.

42. Observar que a expressão *oremus-tatu* que ocorre no "Inferno de Wall Street" (X, 23, variante da 1.ª versão), funciona com uma verdadeira corruptela anagramática de *tatuturema*, reforçando a idéia de corrupção ao nível da linguagem.

(*Coro das Índias:*)

— A grinalda teçamos
Às cabeças de lua:
Oaca! yaci-tatá!
    Tatá-yrá,
Glórias da carne crua!

(*Velho* UMÁUA *prudente:*)

— Senhor padre coroado,
Faça roda com todas ...
A catinga já fede!
    De sede
Suçuaranas 'stão doudas!

(II, 11-14)

(*Coro cínico dos vigários:*)

— *Macaxera! Oucha! Quaqua!*
Coracî! que perder
Nestes tons tão noturnos!
    Alburnos
Do olho morto sem ver!

(II, 16)

(*Coro das Índias*)

— *Stsioei,* rei de flores,
Lindo Temandaré,
Ruge-ruge estas asas
    De brasas ...
Cuidaru, cerêré.

(II, 52)

(KONIAN-BEBE *rugindo:*)

— Missionário barbado,
Que vens lá da missão,
Tu não vais à taberna,
   Que interna
Tens-na em teu coração!

(II, 39)

(*Vates sumos:*)

— São as Negras-Agulhas,
São, *secundum Mattheum*.
(Tupungatos[43] três tombos)
   Colombos,
Tamoios*que que-meum*.

(II, 72)

As experiências lingüísticas com o nheengatu preparam futuras preocupações da geração modernista[44].

---

43. Tupungatos — a expressão pode sugerir um termo tupi, mas, na verdade, se refere a *Tupungato*, montanha dos Andes.
44. Basta citar o uso do tupi no *Macunaíma* de Mário de Andrade e no *Cobra Norato* de Raul Bopp.

III. ESTILÍSTICA SOUSANDRADINA (ASPECTOS MICROESTÉTICOS)

Examinados os principais níveis da estilística sousandradina, resta abordar com destaque especial dois aspectos formais que estão presentes no curso de toda a obra do poeta maranhense, como verdadeiras constantes de pesquisa. Um deles diz respeito à sua maneira de conceber os problemas da sonoridade do poema. Outro, pertinente ao léxico, reside nas invenções vocabulares, sobretudo na criação de inusitadas palavras compostas.

A estes aspectos chamaremos de microestéticos — valendo-nos de uma sugestão do arsenal terminológico de Max Bense[1] — para distingui-los daqueles outros, macroestéticos, que se referem à organização geral e à motivação temática da obra, ao seu arcabouço arquitetônico e ideológico enfim. Os aspectos microestéticos concernem à textura da obra na sua topicidade; são, portanto, ligados à microestrutura lingüística. Embora correlatos, de modo a aqui e ali se interpenetrarem no curso da análise estética, ambos os aspectos, micro-e-macroestéticos, podem, pelo menos didaticamente, ser sepa-

---

1. Max Bense, *Aesthetische Information*, Aesthetica II (Capítulo III — "Makroästhetik und Mikroästhetik"), Krefeld e Baden-Baden, Agis-Verlag, 1956. A aplicação que aqui fazemos é um livre desenvolvimento dos conceitos bensianos, que, na teoria estética do filósofo de Stuttgart, têm um âmbito semântico próprio.

rados, para o efeito de uma descrição metódica e o mais possível abrangente de uma obra, como a de Sousândrade, plúrima pela riqueza de suas características.

1. *Insurreição Sonora*

Para se compreender o alcance da revolução sonora intentada por Sousândrade em seus poemas, é preciso ter em mira certas colocações programáticas do próprio poeta. Adverte ele no Canto V do *Guesa:*

> Ele afinou as cordas de sua harpa
> Nos tons que ele somente e a sós escuta;
> Nunca os ouviu dos mestres — se desfarpa
> Talvez por isso a vibração d'inculta
>
> No vosso ouvido. Que aprender quisera,
> Sabem-no todos. — Lede letras sestras
> Quando fora das leis também; quem dera
> Que o fizésseis! e os belos *sons* da orquestra
>
> Não vos levaram ao desdém tão fácil
> Pelos *gritos,* que estão na natureza:
> Desacordes, talvez; d'esp'rança grácil,
> Talvez não; mas, selvagens de pureza!
>
> E porque o sejam, palmas que arrebentem
> De si mesmas nos cumes aos espaços,
> Resulta *insurreição,* que as desalentem
> Céus e que a raios quebrem-lhes os braços?

Na introdução ("Memorabilia") à edição nova-iorquina dos Cantos V a VII do poema, de 1876, o autor já deixara assinalado:

> O Guesa nada tendo do dramático, do lírico ou do épico, mas simplesmente da narrativa, adotei para ele o metro que menos canta, e como se até lhe fosse

necessária, a monotonia dos sons de uma só corda; adotei o verso que mais separa-se dos esplendores de luz e de música, mas que pela severidade sua dá ao pensamento maior energia e concisão, deixando o poeta na plenitude intelectual — nessa harmonia interna da criação que experimentamos no meio do oceano e dos desertos, mais pelo sentimento que em nossa alma influem do que pelas formosas curvas do horizonte. Ao esplendoroso dos quadros quisera ele antepor o ideal da inteligência.

Estas afirmações pareceriam paradoxais num poeta que tantos e tão ricos efeitos melopaicos obtém na sua poesia, se não valessem antes como um programa contra a noção romântica de "musicalidade", que se resumia freqüentemente na martelação dos ritmos, no embalo métrico, na facilidade e no pauperismo do rimário. O poeta conhecia seu auditório. Sabia que, para o gosto de seus contemporâneos, condicionado por uma falsa idéia de "cantabile", de poesia "cantante" e superficialmente "melódica", seus esquemas fonéticos muito mais complexos e sutis poderiam assumir o aspecto de "vibração inculta", ou correr à conta de bizarrias de um estro bárbaro e indisciplinado.

A arte sonora sousandradina responde a um conceito aberto de musicalidade, que tanto pode incluir uma calculada alquimia de vogais e consoantes, num sentido de harmonização pré-simbolista, de "poesia pura", como incorporar a dissonância e o contraste, o choque e a aspereza. É uma arte que não se volta apenas para o *acorde,* mas se deixa torturar até a ruptura ou a explosão pelo sentimento do *desacorde.* René Wellek e Austin Warren, estudando o problema da *qualidade fônica* da poesia em sua *Teoria Literária*[2], observam desde logo que o termo *eufonia* é insuficiente para descrever os fenômenos que a crítica formalista russa — esse movimento pioneiro do criticismo contemporâneo — designava como *orquestração*. Isto porque "dentro da *orquestração* deve

---

2. René Welleck e Austin Warren, *Teoria Literária* (versão castelheana), 2.ª edição, Madrid, Biblioteca Românica Hispánica, Editorial Gredos, 1959, pp. 188-189.

ser considerada a *cacofonia* em poetas como Browning ou Hopkins, que se propõem a criar efeitos sonoros expressivos, deliberadamente ásperos". É o caso de Sousândrade, tão lucidamente exposto pelo próprio poeta, que não hesitava em perturbar a morosa tranqüilidade dos ouvidos do tempo com uma insurreição sonora.

Desde as *Harpas* o leitor se surpreenderá com insólitas elaborações fonéticas, onde as sinéreses, as sinalefas, as onomatopéias, as aliterações, as coliterações, etc., concorrem para a dinamização do verso. Efeitos dessa natureza, aferidos pelos critérios da época, é que inspiraram contra o poeta a reserva já quase centenária, mas ainda repetida, de falta de destreza e habilidade formal. Examinados mais atentamente, porém, e por uma crítica isenta de restrições preconcebidas, revelar-se-ão como ousadias precursoras daquela "expressão por estampidos", que na imagem precisa de Manuel Bandeira[3], caracterizaria a poética de Augusto dos Anjos, ainda há pouco objeto sob este aspecto de um ensaio em profundidade de Cavalcanti Proença[4]. Por outro lado, manifesta-se aqui, ainda uma vez, a vocação barroquista do cantor do *Guesa*.

Vejamos um exemplário das soluções a que chega Sousândrade, movido por este seu rico e amplo conceito de *musicalidade:*

Onomatopéia:

> ... Espasma os gritos
> O urutuí na umbaubeira alvar.
>
> Repercutindo o oceano oco e regougo.
>
> Esta é a catedral — dandão caótico.

---

3. Manuel Bandeira, *Apresentação da Poesia Brasileira*, 3.ª edição, Rio de Janeiro, Editora da Casa do Estudante do Brasil; p. 125.
4. M. Cavalcanti Proença, "O Artesanato de Augusto dos Anjos", *Augusto dos Anjos e Outros Ensaios*, Rio de Janeiro, José Olympio Editora, 1959, pp. 83-149.

Aliteração:

> Mordido o corpo em tênebros rosnados.
>
> Sempre veneno as víboras vomitam.
>
> Hartos fjords, ora às rochas rodeando.
>
> No sangue puro o impuro e venenoso
> Pus derrama-se em corrupção-exemplo.
>
> Vale-Dula o crepúsc'lo? Lala? Estela?

Ou estas outras, que antecipam efeitos simbolistas:

> Bela e lúbrica e ôndula, indolente.
>
> Dos brancos braços, brandos, longos, lentos.

Sibilação:

> 'Scurecidos nevoeiros caos e surdos
> Térreos ares ...
>
> O sol ao pôr do sol (triste soslaio).
>
> Aceleradas sombras das palmeiras.
>
> Qual da jacina o azul saudoso de asas.

Assonância (funcionando como rima interna).

> Sim, por vida inda dar-vos, leopardos.

Sinalefa:

> Pelos cabelos arrancá-lo é ocaso.
>
> Prisma, dos íris em que ígnea arde aurora.
>
> Torna-a ao leito Ut-allah:'Heleura! Heleura!'.
>
> (Trata-se de decassílabos, nos três casos).

Acumulação de átonas:

> Neste infinito desmoronamento.
>
> No eterno edito do aniquilamento.

(Versos que lembram uma das constantes de Augusto dos Anjos: "Anunciando desmoronamentos", por exemplo.)

Proparoxítonas:

Dentro do *pattern* do decassílabo, seu metro preferido, Sousândrade joga constantemente com proparoxítonas, tirando os mais variados efeitos rítmicos e aproveitando ainda as virtualidades fônicas destas palavras para suas combinações melopaicas. Dámaso Alonso demonstrou como Góngora obtinha força expressiva em muitos de seus endecassílabos mediante a colocação de um "cultismo esdrúxulo no ápice da intensidade rítmica"[5]. Assim também Sousândrade:

> Era alba-candidíssima e na alvura.
>   ... o cérebro glorioso
> D'Eva brilha punctiúnculos diamantes.

Há mesmo no poeta maranhense surpreendentes acumulações de proparoxítonas, como é o caso deste verso composto de três substantivos (o último, antropônimo):

> Triângulos! Triângulos! Semíramis!

Mas não é apenas em posição de coincidência com a 6.ª sílaba (cesura) que surge o vocábulo esdrúxulo. Veja-se este caso de correla-

---

5. Dámaso Alonso, "La Lengua Poética de Góngora", *op. cit.*, pp. 117-119.

ção em que proparoxítonas aparecem em posições extremas (1.ª e 10.ª sílabas), como que balizando o verso:

> Mínimo em corpo, em ser cruel grandíssimo.

Note-se agora como uma palavra esdrúxula, completamente excêntrica em relação à pausa do decassílabo, prepara foneticamente a imagem salto que nele se deflagra (2.º verso da citação):

> O torto Escorpião! ... e a linda moça
> Que lhe da úngula salta, os crespos lauros.

Outros exemplos, estes evocando construções ao gosto de Augusto dos Anjos:

> Do misantropo, a lágrima-pantera.
>
> Coleridge! o de agouro lívido álbatross.
>
> Vastos salões se abrem solitários
> De arquitetura esplêndida e fantástica:
> São-lhe bromélias rubros lampadários,
> Pórtico os troncos da sifônia-elástica.

(Neles há verdadeiras concentrações explosivas de esdrúxulas).

Correlações:

Correlações bimembres, apoiadas sonoramente em coincidências quase-paronomásticas, ocorrem também, numa clara linhagem barroca:

> Astros dourados! Fogo de Zoroastro.
>
> Turbando a mente, deturpando os músculos.

Parequese:

Sousândrade tira partido auditivamente de palavras de etimologia comum (ou derivadas de um mesmo radical), dentro de um esquema aliterante:

'Spectros espectadores que surgiam
Vindo ao espectac'lo horrendo, horríveis de palor!

(Mantivemos a grafia "espectac'lo" do original, que acentua o efeito desejado pelo autor.)

Outros efeitos:

Outras vezes usa da apócope para obter uma extrema constrição semântica no verso, resultando um eriçamento rítmico (no caso, trata-se de um alexandrino):

Ond' tókay, champanh', flor, copos cristal-diamantes.

Ao lado das onomatopéias, de elevado grau de iconicidade, o poeta procura efeitos mais sutis, abstratamente dinâmicos, verdadeiras "imagens fonéticas" do movimento:

Do oceano a torcer os puros músculos
De seus ombros profundos ...

É preciso que se esteja atento à microestrutura de seus textos, a fim de que não escapem à leitura crítica soluções como esta:

Eu contemplava o céu no pôr do sol,
Olhando para o sul ...

Três monossílabos de três letras, situados estrategicamente nas tônicas dos versos (*céu, sol, sul*), polarizam a semântica e substantivam a emoção. Não foi por um critério sensível diverso que Oswald de Andrade chegou à concreção de:

América do Sul
América do Sol
América do Sal.

É ainda o estro melopaico de Sousândrade que explica sua predileção por antropônimos e topônimos, cujas faculdades timbrísticas encantatórias são especialmente estudadas por Matila Ghyka no seu *Sortilèges du Verbe*[6]. No Canto X do *Guesa*, observe-se este quarteto constituído integralmente pela enumeração dos 13 Estados norte-americanos que compunham a União:

Massachussetts, Connecticut, Rhode-Island,
New York, New Jersey, New Hampshir', Virginia,
Delawar', Pennsylvania, Maryland,
Georgia, a Sul e a Norte-Carolina.

No Canto XI, são os nomes incas, quíchuas, que proliferam:

E o deserto assombroso de Atacama,
Ao Deus-Desconhecido — Pachacâmac!

Do Sol não recolhera o andino monte
Mais, as lágrimas de ouro em Coricancha.
Cândida heliolatria! Chasca; Quila
A d'Ínti esposa e mãe de Mama-Oclho.

6. Matila C. Ghyka, *Sortilèges du Verbe*, Paris, Gallimard, 1949 (Capítulo IV: "Les Noms Propres").

Deste recurso, e ainda da interferência no texto de palavras e frases estrangeiras, resulta um rimário insólito, híbrido, onde o poeta exercita seu virtuosismo combinatório:

Inglês/português: miss/meiguice; odes/Railroads; santas-de-pau/anyhow; Katy-Dids/vides; up/farrapo; Lord Howe/sou; Sacred-Heart/dar-te; perdão/go dam; mastros/álbatross; Judas/burglars; sol/waterfall; Newfoundland/expande; rouxinol/ Court-hall; trás/smarts; rascál/jornal; ninguém/gentlemén; pagar/dollár[7].
Holandês/português: Heeren/tirem.
Holandês/inglês: Tappan-Zee/Yea.
Inglês/latim: spokesman/amen.
Português/francês: bebeu/Dieu.
Grego/português: héros/Homeros[8].
Espanhol/português: chicha/fixa; futre/rude.
Quíchua/português: Mama-Oclho/olho; Cotopaxi/encontrasse; Iupânqui/helianto.
Tupi/português: Caraíbabé-tim/assim.
Tupi (lexicalizado)/*tupi*: tapera/rupi cô c'uera. Etc.

1.1. *Arte sonora nos episódios infernais*

Nos dois episódios infernais, a arte sonora sousandradina, com seu leque aberto de possibilidades, é posta a serviço da extrema síntese

---

7. Como se nota, o poeta opera alterações do acento de alguns dos termos ingleses que emprega.

8. No texto (X, 58) "héros" está grafado em caracteres gregos e, pela construção da frase, nos permite supor que se trata da forma contracta do nominativo plural de *héros, oos*, que vem assinalada no *Dictionnaire Grec Français* de A. Bailly, significando portanto "os heróis". Já "Homeros" vem em letras romanas, e tanto pode indicar o plural português do antropônimo Homero, como a transcrição do nominativo singular do nome grego correspondente, *Homeros, ou*.

e dos intuitos críticos-epigramáticos que caracterizam estas secções do *Guesa*. Falar-se-ia com propriedade no uso sistemático da dissonância como dimensão aural peculiar a estes episódios. O que o autor chama de *toada monótona e grosseira*, para prevenir-se contra a incompreensão de seus contemporâneos, não é senão um agílimo sentido de ritmo funcional, comensurado aos propósitos do texto: síncopes, contraponto de versos curtos, ecos e contrastes, algo como um "estilo staccato" enfim. Alguns exemplos:

X, 31: Jogos aliterativos, à base de sibilantes (*zz* e *ss*) e vibrantes (*rr*), e coliterativos (*pb* e *dt*) sublinham o retrato vivíssimo de prisioneiros ("raposas") em Sing-Sing, no 1.º verso da estrofe abaixo:

(Em Sing-Sing:)

— Risadas de raposas bêbadas;
Cantos de loucos na prisão;
Desoras da noite
O açoite;
Dia alto, safado o carão ...

X, 39: Aqui as aliterações *(rr)* e coliterações *(kg)* são desenvolvidas de modo a produzir, já no segundo verso, uma verdadeira *pantorrima*[9] em torno da palavra "Hurácan" (paroxítona no texto), divindade caraíba das tempestades, cujo nome passou para várias línguas como designativo do fenômeno ("furacão", "hurácan", "uragano", "ouragan", "hurricane", "Orkan") justamente devido a seu poder de "sugestão dinâmica"[10]. Sousândrade propõe uma curiosa *falsa etimologia* sonora para a palavra ("o raio ora cai"):

---

9. Matila C. Ghyka, *op. cit.*, Capítulo VII: "Divertissements Sémantiques". No exemplo, a *pantorrima* (ou rima integral) é interna: "Hurácan/ora cai"; os demais elementos do verso (*o raio*) funcionam, ainda, dentro da mesma faixa sonora.

10. *Idem, op. cit.*, pp. 59-60.

(McDonald, Schwab, Donahue; *Freeloves*-Califórnias
e *Pickpockets* pela universal revolução:)

— De asfalto o ar está carregado!
= Hurácan! o raio ora cai!
— Canículo mês,
De uma vez,
Vasto *Storm-god* em *Fourth-July*!

X, 74: Outro exemplo de livre interpretação fonética do étimo, nesta disputa entre Colombo e Américo Vespúcio sobre o batismo do Novo Continente:

(Columbus perdendo e Vespucci ganhando, pelas formas:)
— Em Cundin-Amarca, El Dorado,
O Zac em pó de ouro a brilhar ...
= Amarca é América,
Am-éri-ca:
Bom piloto assim sonda o mar!

(Cundinamarca designa o Departamento da Colômbia onde está situada a capital do país, Bogotá.)

II, 24: Desarticulações estocásticas, i. é, aproximativas da linguagem inteligível[11], ocorrem no final desta estrofe afetando as palavras *ladrão* e *malandro*:

---

11. A aplicação estética da *série estocástica* organizada por Shannon *(The Mathematical Theory of Communication,* Urbana, The University of Illinois Press, 1949, pp. 13-15) pode ser feita com base numa indicação de G. A. Miller (*Langage et Communication*, Paris, Press Universitaires de France, 1956 — tradução do inglês, p. 120), que repara na semelhança entre o último estádio dessa seqüência, estatística, aproximativa do idioma inglês, obtida pela manipulação de letras segundo sua freqüência relativa no contexto, e a linguagem *Jabberwocky* de Lewis Carroll, elaborada segundo critérios puramente artísticos.

(DESALMADO *negociante passando lavouras para a Praiagrande;*
JOÕES-*sem-terra cantando à viola:*)

— 'Suprimentos, madamas,
Desta casa terão;
Paguem desconhecidos
Maridos! ...'
— Do, lan, dro, la, don, drão.

II, 114: Um anagrama, remanejando as letras da palavra *titular,* caricatura à compra de títulos de nobreza por certas personagens do Império (há um evidente trocadilho com *tatu:* talvez uma alusão àqueles mesmos "descendentes do sangue de tatu", já satirizados por Gregório de Matos na época do Brasil-Colônia)[12]:

(*Egipcíaca* ESFINGE *do deserto:*)
— (Pessoal, não *res publica,*
Titular ... lar-*titu*:
Só em vós crendo o povo:
Deste ovo
Que fazeis? .. Hu! Hu! Hu!)

Neste ponto, somos levados a um retrocesso aos aspectos macroestéticos, para registrar que a pseudonobreza dos "titulares" brasileiros constitui um dos temas reiterativos do círculo infernal do Canto II. Vejam-se estas estrofes onde se fustiga a desenfreada corrida atrás dos títulos nobiliárquicos pelos endinheirados candidatos a fidalgo de então:

12. Cf. Gregório de Matos:
    Há coisa como ver um paiaiá,
    Mui prezado de ser caramuru,
    Descendente do sangue de tatu,
    Cujo torpe idioma é copebá! ...

*(Ministro português vendendo títulos de honra a
brasileiros que não têm:)*

— Quem de coito danado
Não dirá que vens tu?
Moeda falsa és, esturro
    Caturro,
D'excelência tatu!

(II, 31)

(Comitentes dando graus em disparates:)

Ora, Simão-Samário
Compra apóst'lo-poder
De curar, pondo a mão,
    Maranhão
De sol, lua e mulher.

(II, 35)

(Titulares em grande gala:)

— De ema o beijo, trombejo;
= No agro, o flagro, o barão!
— Toirarias no globo,
    Do lobo,
Da onça, o cabro, o cabrão!

(II, 106)

(Inocência real; maliciosa populaça:)

— Faço-os condes, viscondes,
Fazer mais eu nem sei;
Tenho muita piedade!
    = Saudade
Temos só de ser rei.

(II, 67)

Ou esta outra, pondo a descoberto o primarismo solerte desses "novos nobres", através de uma caricatura que começa pela própria transposição da linguagem oral, apanhada em suas deformações:

> *(Damas de nobreza:)*
>
> — Não precisa prendê
> Quem tem pretos p'herdá
> E escrivão p'escrevê;
>   Basta tê
> Burra de ouro e casá.
>
> (II, 27)

X, 28: Nesta estrofe, uma das mais elípticas da secção "Wall Street", monossílabos se entrechocam ("Bod", "God", "Cod") e ressoam em outros vocábulos ("cobra", "acode", "mob"), para efeitos de bufoneria fonética:

> (OSCAR-BARÃO em domingo atravessando a TRINDADE, assentando o binóculo, resmirando, resmungando de *tableaux vivants,* cortejando; o povo leva-o a trambolhões para fora da igreja:)
>
> — Cobra! cobra *(What so big a noise?! ..)*
> Era o meu relógio ... perdão! ..
>   São 'pulgas' em Bod ...
>   Me acode!! ...
> = God? Cod! Sir, we mob; you go dam!

(A tradução do verso final é a seguinte: "Deus? Bacalhau! Senhor, nós nos amotinamos; vá para o diabo!". *Cod*: bacalhau, termo usado durante certa época nos EUA para designar a *Cod-fish aristocracy,* enriquecida na pesca do bacalhau.)

X, 29: Nesta estância, ligada à precedente, um visionário *(Pathfinder:* guia, desbravador de caminhos) antevê a multidão enfurecida levando de roldão, como a catarata do Niágara, o aristocrata da estrofe anterior, que é atirado para fora da igreja. O poeta, para explicitar seus propósitos temáticos, de sátira à nobreza, joga com o fonema *bar* nas palavras *bárbaros, desabar, roubar e Barão*, acabando por expulsar desta última, iconicamente, o *ão* final:

> (PATHFINDER meditando à queda do NIÁGARA:)
>
> — Oh! quando este oceano de bárbaros,
> Qual *esta* cat'rata em roldão,
> Assim desabar
> A roubar ...
> Perdereis, Barão, até o *ão*!

X, 176: A secção "Wall Street" termina com este exemplo de quase *sonorismo:*

> (Magnético *handle-organ; ring* d'ursos sentenciando à pena-última
> o arquiteto da FARSÁLIA; odisseu fantasma nas chamas
> dos incêndios d'Álbion:)
>
> — Bear... Bear é ber'béri, Bear... Bear...
> = Mammumma, mammumma, Mammão.
> — Bear... Bear... ber'... Pegàsus....
> Parnasus...
> = Mammumma, mammumma, Mammão.

Trata-se de um verdadeiro hino à divindade infernal, *Mammão* (do grego *Mamonas),* personificação da riqueza, onde as palavras são grotescamente deformadas, como por um fanhoso realejo (*handle-organ)*. Mantivemos a duplicação dos *mm,* tal como na ortografia original do poeta, porque contribui para a fixação visual do jogo aliterativo. Ao som deste coro fantástico de louvação ao deus do *Stock Exchange,* o poeta (arquiteto da Farsália de Wall Street, como Lucano da Farsália épica e Goethe da Farsália fáustica) é condenado à pena capital por *um círculo de ursos,* que substitui o *círculo dos sacerdotes-Xeques* dos quais o

Guesa, na lenda índia, deveria receber a morte ritual (aqui, faz-se alusão a um dos círculos da sociedade secreta Tammany, cf. X, 43).

Bear: no jargão da Bolsa de Nova Iorque, (por volta de 1840), — especulador que provoca uma queda artificial dos preços (do provérbio: "vender a pele do urso antes de tê-lo capturado", vender o que não se possui); *Bear* é também usado nesta seção como designativo do Ianque (Urso-Yankee, X, 146), posto sob o signo das constelações boreais das Ursas (cf. várias alusões: X, 25/118/132/134/136/156); o termo acaba gerando um outro: *beribéri* (a especulação produzindo a doença, o flagelo); de *Bear* — *ber'* passa-se por coliteração a *Pegàsus,* rimando na outra linha com Parnasus: neste Inferno financeiro a fantasia do poeta serve-se jocosamente de um *Pégaso-Bear.* O espectro de Ulisses, confundindo-se também com a *persona* do poeta-Guesa, novo Odisseu, assiste ao pandemônio, invocado expressamente na introdução desta estrofe-epílogo (Ulisses que, convém lembrar, faz, no Canto XI da *Odisséia,* a sua *Nékuia* — descida aos infernos).

1.2. *Sonoridade grega*

Valem os exemplos que demos para se ter uma idéia da riqueza e diversidade das soluções auditivas na poética sousandradina.

Nos últimos tempos de sua vida, o poeta, segundo refere Clarindo Santiago, alimentava "a extraordinária ambição de dar aos seus versos a sonoridade dos ritmos homéricos". Ezra Pound considera que "os gregos atingiram o máximo de habilidade na melopéia" e, a propósito de Homero, escreve: uma de suas qualidades intraduzíveis é a "magnífica onomatopéia", como no verso: *para thina polyphoisboio thalasses,* que reproduziria o "ímpeto das ondas sobre a praia e seu refluxo)"[13]. Para se perceber como este ideal de uma sonoridade grega perseguiu a

---

13. Ezra Pound, *ABC of Reading,* Connecticut, New Directions, Norfolk, 1951, pp. 42-43; *Make it New,* New Haven, Connecticut, Yale University Press, 1935, p. 127.

Sousândrade (entre outras coisas, helenista consumado), basta atentar para um verso já citado como amostra de suas criações onomatopaicas:

> Repercutindo o oceano oco e regougo,

onde as aliterações *(rr)* e coliterações *(td, kg)* e o esquema vocálico à base de vozes surdas servem à reprodução do marulho das ondas.

Mas o poeta não se contenta com isto; vai mais adiante: adota palavras gregas, "grecismos", para tirar partido de sua sonoridade. Leia-se este trecho do *Novo Éden* (1893), derradeiro poema que publicou:

> Alta amarela estrela brilhantíssima;
> Cadentes sul-meteoros luminosos
> Do mais divino pó de luz; véus ópalos
> Abrindo ao oriente a homérea rododáctila
> Aurora! ...

Rhododactylos = dos dedos cor-de-rosa, é o epíteto homérico para a Aurora = *Eos*. Pound impressionou-se também pela palavra, interpolando-a nos seus Cantares[14].

Em outro passo do *Novo Éden,* Sousândrade obtém a melopéia grega fazendo com que a personagem, *Heleura,* ouça seu próprio nome repetido pela brisa, escandido, como que através de um delírio de febre:

> ... etérea aura
> Parecia chamando: Heleura! ... Heleura! ...
> Que ela escutava; e nuns baixinhos ecos
> A febre arremedando: *He — lê — u — rous ...*
> *Heliéiou-urion ...*

---

14. Ezra Pound, *The Cantos*, London, Faber & Faber, 1954, LXXIV, pp. 472 e LXXX, p. 546.

Em grego se usa uma expressão onomatopaica, "eleleû" ou "eleleleû", para indicar "grito de guerra" ou "de dor". (Ésquilo, Prometeu) ou, ainda "de alegria" (cf. *Dictionnaire Grec-Français*, A. Bailly).

2. Invenções Vocabulares

2.1. Os compostos sousandradinos

No léxico de Sousândrade chama logo a atenção, pela alta incidência e pelo inusitado dos efeitos obtidos, um procedimento morfológico: a composição de palavras. Desde as *Harpas Selvagens,* onde ocorre com pouca freqüência, até o *Novo Éden,* onde pode ser recenseado em quase todas as páginas do livro (e às vezes com dois ou mais exemplos por página).

Trata-se, pois, na microestética, de uma constante sousandradina.

Muitos desses compósitos surgem como projeção da linha "imagista" do poeta. Há, por assim dizer, o encontro de planos cromáticos e luminosos que, ao invés de se desdobrarem um de cada vez, se integram nas irisações de um unico prisma semântico. Partem de construções lexicalizadas ou semilexicalizadas (*verdenegro, verdemar, verde-neve, verdevivas, claro-azul, ferrete-azul*), nas quais a inversão, com a precedência do termo determinante em relação ao determinado, pode já ocorrer como um primeiro fator de perturbação da normalidade lingüística (comparem-se os dois últimos exemplos citados com o alemão *hellblau* ou o inglês *deep-blue,* idiomas onde esta ordem na justaposição é de regra). Daí seguem para composições mais livres e arrojadas, até mesmo de três palavras (*bruno-lúcidas, negro-nítido, luz-negrores, luz-negro, luzenegros, escuro-límpidas, alva-umbrosa, plúmbeo-luzidos, lúcido-polida, polar-argêntea, perúleo-azuis, pureza-anil, púrpuro-amarela, eléctron-douradas, cristal-diamantes, verdemar-helianto, negro-azul-áurea, áureo-diáfano-cinzento, luz-diântearosa*).

Outras vezes, é a dimensão "sintético-ideogrâmica" da estilística sousandradina que se reflete na microestrutura léxica. Vamos encontrar então *palavras-montagem* (muitas com função de verdadeiras *palavras-metáfora*), operando reduções sintáticas e produzindo a compressão do conteúdo semântico; condensando em cápsulas e resumindo em tomadas instantâneas matéria que daria margem a longa e complexa elaboração discursiva. Exemplos: *nuvens-sonhos, firmamento-adeus, moças-aves, Angelus-ave, raios-dardos, sorriso-dardos, risos-alma, riso-tristeza, desejos-coroas, espuma-vida, fronte-talismã, astro-alegria, alvor-mistério, alvor-paraíso, olhar-paraíso, olhos-quebranto, olhos-alma, relâmpagos-olhares, relâmpagos-luz, sono-luz, lírio-luz, açucena-luz, céu-luz, anjo-luz, fraqueza-luz, verso-luz, luz-verdade, dor-humanidade, intermédio-homem, deus-coração, coração-amor, abismo-amor, corrupção-amores, corrupção-exemplo, terra-céus, seios-céus, sonos-véus, fênix-corvo, lágrima-pantera, vermes-abrolhos, esfinges-ataúdes, brancura-força-sentimento, negrume-luz-esquecimento, frase-aroma, vaga-Palor, torre-hinos, Bezerro-egoísmo, orquestra-horror, igreja-inferno, tragédia-carnaval, laços-serpentes, lucros-venenos, face-ledice, meiguice-morte, lúcido-insano, liberdade-libertinagem, liberdades-vícios, liberdade-orgia, apóstolo-poder, sons-apóstolos, castelo-túmulo, treva-túmulo, noturno-diurno, nascente-poente, ocaso-aurora, náiade-aurora, tardes-auroras, antenoite-alvor, órfã-manhã, alvorada-helianto, pó-nevoeiro, aterros-alvores, lírio-sírio, limões-diamantes, camas-fogo, camas-ratoeiras, hieroglifos-mosaicos, cris-sensação, pantins-espíritos, cachimbo-Conselho, bananeira-ciência, alma-cachaça, tórrida-zona-sabiá*. Notar que nestas montagens Sousândrade, via de regra, justapõe dois substantivos, mas pode também jungir adjetivo e substantivo (*cris-sensação*, de *cris*, adjetivo arcaico para *eclipsada*) ou dois adjetivos (*lúcido-insano*); faz variar em número ambos os elementos (*nuvens-sonhos*), ou apenas o primeiro (*olhos-quebranto*), ou ainda só o último (*sorriso-dardos*). A função do composto resultante no verso pode ser substantiva:

> Desejos-coroas lhe resplandeciam
> Que de si verte a fronte-talismã.

ou adjetiva:

... e pó-nevoeiro
Noite escurece!

(ou seja: noite enevoada, coberta da poeira da névoa).

Mas o poeta, na sua forja de compostos, trabalha além disto com verbos: *florchameja, floresencham, terra-inundam, fossilpetrifique, vago-ecoa, grande-ecoavam, grande-abriam, grand'estrelejam, luz-refrata-se, gil-engendra, entre-estavam, reporters-provarás.* Nesta classe figuram alguns dos mais felizes compostos cromáticos: *negro-cintilam, auro-opalizam, claro-umbrava.* Formas gerundiais (*rubro-ardendo, límpido-luzindo, longe-olhando*) e participiais (*ponteagudo-erguidas, altivo-empinado, undoso-enovelados, almo-abrandada, argênteos-arreados, cristáleo-lagrimados, vago-encantado, nevoento-congélidas, grande-abertos*) são freqüentes.

O poeta lança mão ainda de adjetivos indefinidos (*todas-chama*: "As velas *todas-chama* aclaram todo o ar"), de advérbios, preposições ou conjunções *(longe-ignotos, longe-adejos, longe-olhando, quase-etéreas, quase-olvido, sempre-longes, sempre-noivos, sempre-Fênix, sempre-formosura, sempre-Éden, qual-populoso, qual-poder, riso-sem-rir, virtude-sem-amor, sem-chuva sem-sono, já-celestiais),* isolando sintagmas a que dá projeção especial no verso.

Finalmente, outros exemplos há, e numerosos, de compostos híbridos, ou ainda só de palavras estrangeiras, ou com nomes próprios: *Freeloves-Califórnias, Hudson-manbusiness, rum-Arimá, puffs-Puritanos, Bull-furacão, attorney-Cujás, Ring-negro, safe-guardando, Yunka-Yankee, free-burglars, All-brokers, All-jobbers, All-saints, All-devils, Vanderbilt-North, Robber-Índio, Hall-bruto, Roma-Manhattan, Sul-Serafim, Hércules-Guttenbergs, Satan-dobadora, Vênus-cadela, Honra-Minerva, idéas-Palas, Lazarus-leprosa, Chasca-alvor, Tellus-Coelus, vigílias-Deus, imagem-Deus, alma-Deus, Deus-deserto, copo-d'água-Deus, Curumis-guesas, oremus-tatu, Tatus-Tupinambás, Tupã-Caramuru, Tupana-estrela, Jeová-grande-abrir, Alexandre-Sumé, Macu-Sofia, Hoyer-alma, Sá-canavial, Luísa-C'reca-Fi-Fu, Calabar-Camarão, Simão-Samário, Baco-Lusíada, Ápis-deus, Pará-engenheiro.*

Estes exemplos incidem principalmente nas seções infernais do poema ("Tatuturema" e "Wall Street"), servindo na maioria dos casos a propósitos crítico-satíricos.

Deve-se assinalar que esses compostos não atuam como meras extravagâncias, mas têm função expressiva no contexto respectivo, correspondendo geralmente a momentos de especial intensidade criativa na poética sousandradina. Acionam a linguagem, substituindo-lhe as partes fracas ou gastas, nominalizando adjetivos, introjetando substantivos no bojo de ações verbais, rompendo enfim a morosa expectativa do fluxo de signos regido pela convenção preestabelecida do discurso, com verdadeiros blocos autônomos: palavras-ilhas, palavras-coisas, carregadas de eletricidade. Eis como, do ponto de vista do que se poderia chamar uma *teoria artística da informação*[15], um processo de signos perfeitamente previsível no seu desenrolamento e, portanto, altamente redundante, passa finalmente a atuar como gerador de *informação estética*.

Verifica-se também, da análise mais detida desses compósitos e dos contextos onde operam, que Sousândrade, no seu empenho de síntese, recorre a processos formais extraídos de línguas estrangeiras, principalmente do inglês. Segundo observa Sapir, o inglês, neste passo se aproximando de uma língua isolante como o chinês, tende à criação de palavras compostas, que se constituem em unidades mais complexas, em partes de um novo e único organismo verbal; assim, para expressar a idéia de *aguadeiro,* o chinês diz *shui fu* (*água homem*), e o inglês, para significar *máquina de escrever,* diz *typewriter* (ou, literalmente, *tipo escritor*[16]. Esta faculdade deriva do fato de que o chinês é uma lingua-

---

15. Cf. Max Bense, "A informação estética transcende essencialmente a semântica (e pois, naturalmente, também a documentária), no que concerne à imprevisibilidade, à surpresa, à improbabilidade da ordenação dos signos" (*Das Existenzproblem der Kunst* em *Programmierung des Schoenen, Aesthetica IV,* Agis-Verlag, Baderi-Baden u. Krefeld, 1960, p. 42; *idem, Augenblick,* 1/58; Darmstadt, Verlag J. G. Blaeschke, p. 8.)

16. Edward Sapir, *Language,* New York, Harcourt, Brace & Co., 1949, pp. 64-65.

gem *puramente relacional,* não flexionada, cuja estrutura se baseia exclusivamente sobre a *ordem* das palavras; o inglês tem sido comparado, também sob este aspecto, com o chinês, se bem que não atinja o caráter *absoluto* deste último[17]. No chinês, a simples posição do vocábulo na frase pode permitir que o mesmo funcione como substantivo, verbo ou adjetivo, sem necessidade de um morfema especial. Pode-se dizer que nessa língua a própria ordem das palavras já é um morfema[18]. Exemplo: *ming* (ou *mei*): sol + lua = brilho; copo sol + lua = o copo brilha; sol + lua copo = copo brilhante[19]. No inglês, que não chega a este extremo (trata-se de idioma *relativamente* não-flexionado), podem-se obter construções até certo ponto semelhantes (*mountain wheat* = trigo da montanha, literalmente: *montanha trigo*), onde substantivos funcionam, por exemplo, como adjetivos, mediante a simples anteposição na frase; construções que facilmente se convertem em compostos e se lexicalizam (*daylight* = luz do dia, literalmente: *dia luz*). Sousândrade, além de se inspirar, em muitas de suas criações, em processos morfológicos desta índole: *Chasca-alvor* (alvor de Chasca, da estrela da manhã inca); *Pará-engenheiro* (engenheiro do Pará); *Deus-deserto* (deserto divino); *terra-amor* (amor terreno ou telúrico); *face-ledice* (ledice que se estampa na face, alegria superficial ou enganosa); — lança mão de uma sintaxe típica de línguas isolantes ao manipular seus compostos dentro dos contextos respectivos: "copos *cristal-diamantes*" (com dois substantivos justapostos em função adjetiva) é a sua construção para copos cristalino-adamantinos); mais freqüentemente ainda usa da anteposição, que implica uma hipérbase (inversão) em português:

---

17. Ernest Fenollosa, *The Chinese Written Character As a Medium for Poetry,* Washington, Square Dollar Series, s/data, pp. 62-63. Ernest. Cassirer, *The Philosophy of Symbolic Forms,* Vol. 1: *Language,* New Haven, Yale University Press, 1953, p. 305.

18. Ou mais exatamente, faz as vezes de um morfema, para ficarmos dentro da acepção técnica deste termo:"elemento lingüístico desprovido de significação, que serve para relacionar os semantemas na oração, e delimitar-lhes a função e a significação" (*apud* F. L. Carreter, *Diccionario de Términos Filológicos,* Madrid, Editorial Gredos, 1953).

19. O exemplo é de Fenollosa, *op. cit.*, p. 68.

> Tal é o índio verão, a *fênix-corvo*
> Fugaz visão final do estio ...

(aqui o composto — dois substantivos — funciona como adjetivo qualificativo de visão). Curiosíssimos são os seus compostos verbais, em que o substantivo anteposto ao verbo age como um verdadeiro prefixo radical, completando a ação verbal como objeto ou adjunto:

> Quando vem Fomagata,
> Em cascata
> Terra-inundam tatus!
>
> (II, 37)

— neste exemplo do "Tatuturema", *tatus* (pseudonobres, os "descendentes do sangue de tatu") *inundam a terra* à passagem de Fomagata (monstro alado, espírito do mal para os muíscas da Colômbia, que transformava os homens em animais; originariamente, seria um príncipe cruel; no inferno sousandradino, encarnação de Dom Pedro II). Outra amostra, esta do "Inferno de Wall Street":

> (Sentimentais *doctoras* carbonizando o coração do GUESA:)
> — Que escorra sangue, não veneno ...
> = Um 'morango'! — Oh ... todo ouro e dor ...
> = Fossilpetrifique!
> — Ai ... não fique
> Sem glória o Inca e o astro sem flor ...
>
> (X, 138)

Aqui, mulheres livres, caça-dólares, cumprem uma espécie de paródia burlesca do sacrifício ritual do poeta-Guesa ao deus-sol: o coração do poeta — reduzido a um "morango" ou a uma peça de ouro —

é carbonizado e *petrificado como um fóssil,* por obra dessas "cirurgiãs" sentimentais, peritas na "ars amandi" ...

Outros exemplos: *floresencham-lhe* = "encham-lhe de flores"; *florchameja* = "chameja em flor" ou "como flor"; etc. Observem-se agora estes versos, em que intervêm compostos, e que parecem ter sido "pensados" em inglês:

> Vai à *sem-sono noite* do sepulcro:
>
> ... a magia / Das *sem-chuva regiões* ...
>
> *Olhos-azuis ancião* de barba branca.

Assim também expressões como *longe-olhando* (que lembra imediatamente *farseeing,* salvo o sentido idiomático — "prudente", "presciente" — desta última); ou *todas-chama* ("velas todas-chama"), que poderia ser equacionada com *all-fire*[20]. *Grande-aberto* e outros compostos à base de *grande* evocam o francês *grand'ouvert:*

> ... grand'estrelejam / Seus olhos verdes-mares ...

Fonte específica dos compostos sousandradinos é, de outra parte, o *grego clássico,* no qual Sapir registra "uma notável tendência para formar termos compostos", apesar da "relativa liberdade de que goza quanto à ordem das palavras"[21], o que o diferencia dos idiomas de tipo isolante. Sousândrade era helenista e latinista exímio, na grande tradição humanista maranhense de um Odorico Mendes, do qual certamente conhecia as traduções de Virgílio e Homero. Odorico (a quem

---

20. Composto cunhado por G. M. Hopkins no contexto *"all-fire glances",* muito semelhante ao do verso sousandradino citado. Em inglês, como é sabido, *all* serve de prefixo, normalmente, em muitos compostos.

21. Edward Sapir, *op. cit.*, p. 65.

o cantor do *Guesa* chama de "pai rococó") criou em suas traduções neologismos para reproduzir sinteticamente os compostos greco-latinos, valendo-se inclusive de soluções análogas dos tradutores árcades italianos que o precederam. São de Odorico composições como *olhicerúlea, olhitáurea, glaucópide, criniazul, crinipulcro, bracicândida, bracinívea, auritrônia, claviargêntea,* etc.[22]. Sousândrade, que compõe termos como: *cristáleolagrimadas, eneofibradas,* etc., chega até a converter pura e simplesmente em vernáculo uma das mais célebres metáforas fixas de Homero, o epíteto para a Aurora — *rododáctila* — que Odorico vertera como *dedirrósea*.

Inúmeras vezes a fabricação de compostos em Sousândrade não decorre de nenhuma importação ou aclimatação de processos morfológicos de outras línguas, mas antes constitui uma redução extrema da cadeia metafórica, resumida apenas a dois apoios básicos: *lágrima-pantera* (a lágrima do misantropo e comparada a uma pantera, assim como Augusto dos Anjos, em verso famoso, porém menos conciso, viu uma pantera na "ingratidão").

Se se quiser, por outro lado, ter uma idéia de como opera o pensamento do poeta em suas sínteses, atente-se para estes versos em que seu método de compor é apresentado quase didaticamente:

... — Adeus! Um riso! / O riso-adeus!

Em longo, eterno, longo-eterno beijo.

2.2. *Compostos na literatura comparada*

No campo das palavras compostas, principalmente das palavrasmetáfora, Sousândrade tem um companheiro de ideário estético em

---

22. Traduções de Odorico Mendes publicadas em vida de Sousândrade: *Eneida Brasileira*, Paris, 1854; *Virgílio Brasileiro*, compreendendo, além da *Eneida*, as *Bucólicas* e as *Geórgicas*, Paris, 1858; e *Ilíada*, Rio de Janeiro, 1871, ed. póstuma.

Gerard Manley Hopkins (1844-1889). Este, aliás, lhe é posterior, pois escreveu seus primeiros poemas, ainda incipientes, em 1862 (aos 18 anos), registrando-se entre 1876 e 1882 o corpo principal de sua obra poética, só publicada postumamente, em 1918.

Hopkins tinha a seu favor a índole do idioma inglês, acentuada por uma germanização do vocabulário, o que torna mais arrojado ainda o empreendimento de Sousândrade em nossa língua. "Muitas das inovações de Hopkins" — escreve Herbert Read[23] — "têm o caráter de novas combinações de palavras já existentes, algumas vezes contrações de símiles, ou metáforas, e, sob este ângulo, seu vocabulário tem uma similaridade superficial com o de James Joyce." Charles Williams, o prefaciador da segunda edição dos poemas de Hopkins, descreve seu método em palavras que se aplicariam à maravilha ao poeta maranhense: "É como se a imaginação, procurando expressar-se, tivesse encontrado verbo e substantivo simultaneamente num mesmo impulso, e começado quase que a dizê-los de uma só vez, e os tivesse separado unicamente porque o intelecto convertera a unidade originária em sons divididos embora relacionados"[24]. Hopkins, como demonstra Henry Treece[25], exerceu uma influência marcante sobre Dylan Thomas, justamente quanto à técnica de palavras compostas. Partindo, como Sousândrade, de tomadas cromático-"imagistas" (*plum-purple, crimson white, blood-light, vermeil-rain, onyx-coronals, rosy-floating, gold-vermilion*) e de construções semilexicalizadas (*quickgold, daredeaths, moonmarks*, oriundas das lexicalizadas *quicksilver, daredevils, birthmarks*), Hopkins chega a compostos inauditos (*martyr-master, heaven-haven, thunder-purple, tatter-tassel-tangled downdolphinry*) e cada vez mais complexos, unidos por hifens (*dapple-dawn-draw* Falcon; *brown-as-dawning-*

---

23. Herbert Read, *op. cit.*, p. 56.
24. Charles Williams, *op. cit.*, p. XI.
25. Henry Treece, *op. cit.* Ver especialmente o quadro comparativo "Compound Words of Hopkins and Thomas".

skinned; dapple-with-damson west; sodden-with-its-sorrowing heart; *very-violet-sweet; drop-of-blood-and-foam-dapple* bloom) ou meramente justapostos (*Amansstrenght, fallowbootfellow*) e ainda interpostos, em tmese (*wind-lilylocks-laced*). Finalmente, blocos de sintagmas são reduzidos a uma só unidade, como neste exemplo, onde as palavras que precedem o substantivo *air* funcionam como um adjetivo (the *rolling level underneathe him steady* air); ou neste outro, em que, segundo repara W. H. Gardner, o "uso de compostos originais permite (ao poeta) fundir numa imagem complexa toda uma série de ações ou estados"[26]:

> The heaven-flung, heart-fleshed, maiden-furled
>   Miracle-in-Mary-of-flame,
> Mid-numbered He in three of the thunder-throne!
> (O céu-lançado, coração-carnado, virgem-casulado
>   Milagre-em-Maria-de-flama,
> No-meio-numerado Ele em três do trovão-trono!)

Convém transcrever aqui o elucidativo comentário de Gardner[27]:

> A segunda linha contém uma tmese: "milagre-de-flama *em Maria*" é reestruturado de modo que a posição de "em Maria" sugere o encasulamento da criança na mãe e também que a própria Maria é uma parte intrínseca do milagre. Observe-se ainda que todas as palavras antes e depois de "Ele" constituem uma longa descrição caracterizadora de Cristo, Segunda Pessoa da Santa Trindade.

A digressão, talvez um tanto longa, sobre as técnicas de Hopkins pareceu-nos necessária para precisar uma comparação que se revela esclarecedora na medida em que permite situar, no mesmo processo revolucionário, dois poetas contemporâneos entre si, geograficamente distantes, mas próximos e solidários até mesmo pelas injustiças críticas de que foram vítimas as suas obras.

---

26. W. H. Gardner, *Gerard Manley Hopkins — A Selection of his Poems and Prose* (c/ introdução e notas por), London, Penguin Books, 1958, pp. XXXI-XXXII.
27. W. H. Gardner, *op. cit.*, p. XXXIV.

Outro poeta que poderíamos aproximar do cantor do *Guesa,* no setor da composição de palavras, é Arno Holz (1863-1929), cujo revolucionário *Phantasus* (1898) está sendo atualmente reavaliado pela jovem poesia de língua alemã[28]. Holz emprega verdadeiras massas de compostos, por vezes longuíssimos, como *rubintraumlichtkarfunkelndste Purpurgrotte* (a mais rubissonho-luscofaiscarbúncula cavernapúrpura), do poema "Barocke Marine" (Marinha Barroca). Daremos uma idéia de como trabalha Holz os seus contextos (tendo sempre a seu favor a índole do idioma, é bem verdade, o que facilita a empresa), adaptando ao português a primeira estrofe do poema citado:

Mar,
mar, o mais solar,
mirar o
mar!

Sobre águas rolantes, eis
brumantes, jubilogritantes, alacreberrantes, lubrigargalhantes,
estuantes, grunhespojando-se, voltevolteando, se
retrolançando,
se
ensolarando,
mãos-em-concha-rugindo, mãos-em-concha-clamando, mãos-
em-concha-ululando,
algaverdecomados, escamiventreprateados, esturjãocaudulantes,
nadimergulímpidos, nadirresfolfúlgidos,
nadibufsoprando
como
loucos, soando buzioconcavastrompas
trilhões de tritões!"

28. Ver Eugen Gomringer, "Von Vers zur Konstellation — Zweck und Form einer neuen Dichtung", na revista *Spirale* n.º 5, Berna, Suíça, Spiral Press, 1955. "Do Verso à Constelação — Função e Forma de uma nova Poesia", tradução de Haroldo de Campos, *Jornal do Brasil*, Suplemento Dominical, Rio de Janeiro, 17.3.57.

>   (See
>   See, sonningste See,
>   soweit
>   du ... siehst!
>
>   Über die rollenden Wasser hin,
>   lärmend, jauchzjohlend, wonnejubelnd, lustlachend, schwärmend,
>   sich grunzwölternd, sich wälzwerfend, sich
>   rückenschleudernd,
>   sich
>   wärmend,
>   sich hohlhandzurufend, sich hohlhandzuschreiend, sich
>   hohlhandzugröhlend,
>   tanggrünhaarig, schuppenglitzleiberig, störschwanzflossig,
>   schwimmtauchblinkend, schwimmfauchflinkend,
>   schwimmpustpfasend
>   wie
>   rasend, Drommetenschneckenhörner blasend,
>   tausend ... Tritonen!).

Na poesia de língua portuguesa, aguardaríamos por um Sá-Carneiro (1890-1916), cujos poemas foram escritos entre 1913-1915[29], para ter o equivalente de certas criações sousandradinas: *voz-Estátua, Luar-ânsia, Luz-perdão, Olor-brocado, Orquídeas-pranto, Horas-platina, tempo-Asa, Noites-lagoas, Bizâncios-Alma, Zimbórios-panteões, Íris-abandono, cidade-figura.*

2.3. *Outras inovações léxicas*

Outros tópicos do léxico de Sousândrade, além da composição de palavras, merecem atenção. O forjamento de neologismos verbais, à base de substantivos verbificados: *hidrofobou, turemizam* (de tatu/*turema*), numa linha de precursão ao futurismo, cuja estética daria entre nós

---

29. Ver *Poesia,* Mário de Sá-Carneiro, Lisboa, Edições Ática, 1953, Coleção Poesia.

criações como: *domingaliza, turcavam, monoculava, beiramarávamos, bandeiranacionalizavam* (Oswald de Andrade). Neologismos extraídos de nomes próprios: *chamberlainizando* (do estadista inglês Joseph Chamberlain, 1836-1914), *Breck'nrídgica* (do político americano John Cabell Breckinridge, 1821-1875). O emprego de termos técnicos, que refletem o jargão da nascente civilização industrial *(fotófonos-estilógrafos,* p. ex.). Trocadilhos: *conde-acende tatu* (acender + conde + condescender + ascender, este último sentido por homofonia), ou seja: a *condescendência* imperial *acendendo* a vaidade dos compradores de títulos nobiliárquicos que *ascendem* à nobreza:

> *(Titulares protestando:)*
>
> — Compra-tit'lo azeiteiro
> Conde-acende tatu:
> Todos 'stão com inveja
>   Da vieja
> Luiza-C'reca-Fi-Fu!
>
> (II, 30)

IV. PRESENÇA DE SOUSÂNDRADE

E, futuro, ao futuro ele corria

Guesa; Canto VI

Tem-se procurado lançar contra Sousândrade a pecha de "obscuro". No entanto, a propalada obscuridade do poeta é principalmente um problema de referência, podendo ser removida com um trabalho de pesquisa das fontes da obra, no que tange aos dois círculos infernais (dos Cantos II e X), seções do *Guesa* que mais perplexidade costumam causar. Uma investigação desta natureza, com o levantamento dos principais temas e personagens, revelará por outro lado a coerência e a consciência sobre as quais repousa o universo sousandradino, que só na epiderme pode desorientar[1]. Outro tipo de dificuldade — e não de "obscuridade" propriamente — é a de cunho barroquista, que emerge de uma sintaxe por vezes labiríntica, mas que traduz as evoluções quase matemáticas de um pensamento rigoroso, e, no fundo, *claro* dentro de suas leis, como demonstrou Dámaso Alonso no caso exemplar de Góngora. Neste sentido, um estudioso sem maiores pretensões, como Clarindo Santiago[2], soube abordar pelo ângulo certo o mundo do poeta maranhense. A propósito do *Novo Éden* (1893), último trabalho do poeta, dado por muitos como ininteligível, escreve: "é um curioso labirinto de forma, mas com um

1. Vide Glossário anexo, circunscrito ao "Inferno de Wall Street".
2. Clarindo Santiago, *op. cit.*

pouco de paciência pode-se encontrar o fio de Ariadne do conceito que ele encerra". E, realmente, embora se trate de um poema de circunstância, dedicado à comemoração do advento da República, e menos realizado como todo, nele se encontram alguns dos momentos-ápices da criação verbal do poeta do *Guesa*. Seu tema, reduzido a um simples fio condutor, fragmentado e minimizado, pode ser perfeitamente estabelecido (como o faz Clarindo Santiago no seu estudo), e lembra neste passo o processo barroco de esquematização do conteúdo em prol de uma recarga de temas de beleza, de um conteúdo que é a própria forma, sonoridade e metáfora (recorde-se a análise do "contenido novelesco" das *Soledades* de Góngora, paradigma do barroco, levada a efeito por Dámaso Alonso)[3].

Fala-se também dos *desníveis* de Sousândrade. A este respeito, bastaria dizer que desconhecemos um romântico brasileiro que mantenha sempre o mesmo nível em poemas longos, para não se ter em mira uma obra das proporções do *Guesa*. *Longueurs,* platitude derramada, monotonia oratória parecem mesmo ser vícios do Romantismo nas suas vertentes canônicas, Desnecessário, repisar a facúndia folhetinesca de Byron, os rompantes perorativos de Victor Hugo, os lacrimatórios de Lamartine, modelos de toda uma geração. Muito ao contrário, Sousândrade, com os naturais desníveis que possa ter (e realmente tem), consegue elevar a tensão estrutural e semântica de sua poesia a níveis raramente atingidos entre nós. Para a sensibilidade moderna, na verdade, a obra de Sousândrade apresenta-se com um alto teor de legibilidade do ponto de vista da realização estética, sem paralelo entre seus contemporâneos brasileiros, mesmo aqueles a que nossos historiadores da literatura reservam o panteão consuetudinário dos "poetas maiores".

Numa perspectiva internacional, é preciso que se diga que a obra sousandradina recua bruscamente o marco de independência da lite-

---

3. Dámaso Alonso, "Claridad y Belleza de las *Soledades*", *Ensayos sobre Poesía Española,* Buenos Aires, Revista de Occidente, 1946, pp. 189-216.

ratura brasileira para a nossa segunda geração romântica (1857), marco este que estaria nominalmente com os modernistas de 22, assim mesmo atrasados de mais de uma década em relação ao futurismo italiano (1909). Sousândrade foi contemporâneo síncrono de Baudelaire. Sua obra, além disto, aporta uma contribuição original, que não se confunde com a do pai do simbolismo francês, cujas *Fleurs du Mal* (1857) estão na ponta da meada da poesia moderna. Realmente, os dois círculos infernais sousandradinos (o primeiro, no Canto II, datado de 1858), fazem-no credor de uma posição precursora de importantes linhas de pesquisa da poesia atual, e em particular, temática e estilisticamente, dos *Cantares* de Ezra Pound. Nenhum dos antecessores de Pound, nem mesmo Robert Browning, poderia exibir algo tão chegado à concepção do autor de *The Cantos* como o "Inferno de Wall Street" do poeta maranhense. Não temos dúvida de que, fosse o poeta brasileiro divulgado internacionalmente, este reconhecimento não tardaria, tão flagrantes são as afinidades existentes. De outro lado, a contribuição de Sousândrade no domínio das inovações do léxico (sobretudo na criação de compostos e sínteses metafóricas) é pioneira em seu século. Surpreendentemente, o poeta alia seu arrojo estético a uma atilada perspectiva social. Poeta participante, pregou a República e, desde seu primeiro livro, as *Harpas Selvagens* (1857), insurgiu-se contra a escravatura, tomando assim posição frente aos grandes temas sociais do Brasil na época. Mas não circunscreveu aos problemas internos seu alistamento. Lançou-se a uma problemática internacional, à luta anticolonialista, buscando uma consciencialização da americanidade em termos continentais e denunciando premonitoriamente as contradições do capitalismo. Que poeta de seu tempo soube traçar a visão dantesca da Bolsa de Nova Iorque — epicentro do mundo capitalista — como um círculo infernal? Pode-se dizer que Sousândrade conseguiu encontrar o difícil equilíbrio entre conteúdo revolucionário e forma revolucionária, realizando em sua época o ideal que Maiakóvski preconizaria, em nossos dias, para uma poesia simultaneamente engajada e de vanguarda: "sem forma revolucionária não há arte revolucionária"[4]. Sousândrade viveu efetivamente, pois viveu com a informação adequada, no sentido da colocação fundamental de Norbert Wiener[5]. Que isto possa ter acontecido no Brasil, numa literatura incipiente e dependente, há mais de um século, é algo que se propõe às conjecturas: produto de uma intuição prodigiosa ou informada pela própria experiência variada e múltipla do poeta, ou mais certamente uma confluência de ambas, sua obra aí está[6]. A literatura brasileira poucos poetas possuiu na sua história capazes de uma criação original. Não se compreende portanto, e justamente em nossa literatura, a marginalidade de um poeta como Sousândrade. Mas isto ocorreu. Está ocorrendo, ultrapassando mesmo as previsões mais pessimistas do poeta, que dava 50 anos de prazo à inteligência de seus leitores para a compreensão de sua obra. Um escândalo de insensibilidade que se perpetua por mais de um século.

Que este trabalho valha como um brado de alarme. E que desencadeie outros, pois não se pretende mais do que um atalho amoroso na "selva selvagem".

4. A frase de Maiakóvski encontra-se numa carta de 1.9.1922, recolhida em 1959, junto com outros inéditos, no volume *Nova Luz Sobre Maiakóvski,* editado em Moscou pela Academia Soviética de Ciências, cf. K. S. Karol, "Scoppia la bomba Maiakovski", *L' Europeo* 697, de 22.2.1959 e "A Outra Face de Maiakóvski", *O Estado de S. Paulo,* 1.3.1959.

5. Norbert Wiener, *The Human Use of Human Beings — Cybernetics and Society,* New York, Doubleday & Co. Inc., 1954.

6. Com relação à formação de Sousândrade, não deixa de ser significativa esta observação constante do resumo biográfico do poeta, na *Antologia da Academia Maranhense de Letras,* São Luís, Maranhão, 1958, obra organizada por Mário Martins Meirelles, Arnaldo de Jesus Ferreira e Domingos Vieira Filho: "Ao contrário de seus contemporâneos, não foi a Coimbra ou a Olinda buscar seu título universitário: conquistou-o em Paris, de onde tornou engenheiro de minas e bacharel em letras pela Sorbonne. E talvez por isso, se não mesmo pela originalidade extravagante de sua personalidade, escapou à formação coimbrã que caracteriza o Grupo que integrou no tempo; foi um poeta diferente, tão estranho e revolucionário em sua arte que muitos o apontam o mais remoto precursor do modernismo atual". Ver também o "Panorama Cultural" do Maranhão no império, traçado por Mário M. Meirelles em sua *História do Maranhão, op. cit.,* pp. 289-292.

ANTOLOGIA

---

1. HARPAS SELVAGENS

2. EÓLIAS

3. O GUESA

3.1 O TATUTUREMA

3.2 O INFERNO DE WALL STREET

4. NOVO ÉDEN

1. HARPAS SELVAGENS

HARPA III — AO SOL

Tímida e bela e taciturna virgem
Pelos campos, na zona solitária,
Do mar no isolamento, lá do azul
Banhando a terra de uma luta argêntea,
À matinada sobressalta e foge:
Chama aos seios o manto, os pés retira
Da terra e voa, descobrindo os bosques
Que estremecem, do monte a sombra arranca
Toma à pressa os vestidos que vão soltos
E as grinaldas d'estrelas, fugitiva.
Roda o plaustro de um príncipe, os cavalos
Vêm nevados nos vales do oriente;
Cobre os ares a poeira do caminho
Alva como o pó d'água; se arrepiam
No ninho as aves desatando o bico;
Brisa fresca e geral passa acordando
Os vegetais, o oceano; belas nuvens
De marinho coral, nuvens de pérola
Como a face de um lago os céus abriram;
Estende o colo o pássaro cantando
Por detrás da palmeira, qual pergunta

Aos pastores, ao gado apascentando
"Quem fez este rumor?" desliza o orvalho
Na flor, derrama o vento, o vento leva
Ondulações d'incenso; a natureza
Nas barras da manhã respira amores:
A noiva docemente bocejando
N'alva da noite da esperança longa
Embalada nos berços conjugais.

Sol! idéia de meu Deus, me aquenta
Gelada a fronte pálida, sulcada
Do ceticismo horrendo; sol, m'inspira
Um cântico de paz, que a musa afeita
Neste cantar selvagem, rude, aspérrimo,
Que o temporal da sorte ao peito ensina,
Como ao rochedo a vaga, ao monte o raio,
Como a torrente às sombras da espessura,
Duro golpe ao carvalho, ave enfezada
Jamais cantou de amor: abriu-me a boca
Esta sede eternal, que eu mesmo ignoro,
De um desejar ... que seca-me a existência,
Que minha alma lacera, como ao peso
Dum áfrico samum sem fim rolando!

Abre um lado da abóbada celeste,
Amostra o rosto, só, centoclo e belo,
Rege de lá seu mundo: apaga os círios
Do seu altar da noite; arrasta a nuvem
E embalança nos ares, sombreando
O vale do pastor e das boninas;
Encarna de mil cores o arvoredo;
Pousa um raio na pétala das flores

Como virgens abrindo alegremente;
Espalha almo chuveiro. Sol! ó sol,
Deus dos meus olhos, meu caminho franco
A unidade invisível, me suspende
Deste lodo da terra onde hei manchado
A alma de meu Deus! rios, montanhas,
Levantai minha voz; aves, favônios,
Não pergunteis que nasce de alegria
Em vosso seio que vos move os ecos:
Cantai, cantai de amor, subi louvores,
Batei as asas, penetrai os ventos:
É nosso pai! enchendo os nossos campos
Da terra de mil dons; as nossas veias,
Como do pensamento Deus nossa alma,
Banha de sangue e vida. A borboleta
Sobre as folhas dormindo, a água passando,
A beira da corrente, a ti se eleva
Em turbilhões de luzes centelhando,
Deslaçando seus vôos, que um raio fura
De cada vez que brilha, matizando
Do pó das asas d'íris; a velhice
Arrasta a ti seus passos; minha vista
Amo cobrir de lágrimas te olhando,
Falar contigo, consultar-te o que és:
Embora a minha voz nos teus fulgores
Tu percas desdenhoso, e não respondas.

Quantas vezes passava a contemplar-te
Solitário no mar! sem pai nem mãe,
Teus raios ensopei com minhas lágrimas,
Que os teus raios secaram: então contigo
Somente e o mar, meu pensamento errava

Ante os meus olhos, mas sem ver abertos,
Nem despertava me roçando a fronte.
Amigos mendiguei, meu peito aos homens,
Meus braços, minha fronte, abri minha alma;
Como os homens vi rindo-me um momento!
Me odiavam depois, logo amanhã:
Outros buscava; mas, as mesmas ondas
Do mesmo oceano mentiroso e amargo;
Corri — terras em fora e passei mares,
Vi novos climas — sempre os mesmos homens!
Nem um só! ... nem um só achei que o nome
Santo de amigo merecesse ao menos!
Ah! se um ente nascera, que eu amasse
Deste amor todo que meu peito espaça!
. . . .
Sublime erupção, nasceu minha alma!
. . . .
Desde então, na descrença ressequido
Murchou, caiu meu coração, e os homens,
Que minh'alma tão rude calcinaram,
Nunca mais pude amar... vou solitário
Pelas praias sombrias da existência.
Às vezes recostado num penhasco,
A minha criação faço ideal:
Formo um coro de virgens de anos d'ontem
Nuas e puras; me rodeiam, cantam,
Eu adormeço ... mas, desperto, rujo!
Tu, deus imóvel, subalterno, seiva,
Despertador da terra, ergues meus sonhos,
Material hipérbole dos céus!
Mentira, ou não sei que vejo em sua frente
Que não entendo, e me repugna ... eu fujo

Às minhas solidões, não posso amá-los:
Ah! se eu pudesse, bem feliz que eu fora!
— Mesmo de um Deus descri ... perdão, Senhor!
E mirrado na dor, pelos desertos
Buscava sombra: — as árvores murchavam,
Desfolhavam! da fronte que eu sustinha
Descansar pelo colo de seus troncos,
Tocar meus pés sua leiva! exposto ao clima,
O sol fendeu-me o dorso, como açoite
Da Providência, e amei p'ra sempre o sol.

Ó tu, dia primeiro, em que no espaço
A fogueira de ouro o sopro eterno
Acendeu: quando a terra estremecia
Em pasmo se revendo, e tudo em vozes
Naturalmente! Ó tu, dia vindouro,
Em que a mão, que a ergueu, desça apagá-la —
Que bela cena! quanto denso fumo
Não há de se exalar dentre os seus dedos,
Da tocha imensa no morrer! Quisera
Sentir ranger meus ossos, perturbar-me
Nessa emoção de horror! ver-te apagando,
Qual ver-te ao mundo, vindo, eu só quisera
Esses dois dias vida, entre eles morte.
Sol esplêndido e belo! deus visível!
Tu, corpo do meu Deus, queima o meu corpo;
Vá minh'alma à tua alma, ao Deus somente!

Silêncio. Passa o vento em meus ouvidos,
"Emudece!" disseram-me: quem foi? ...
Rios, montanhas, íncolas do bosque,
Cegos nascemos, meus irmãos da morte,

Sem saber quem nós somos, onde vamos ...
Para cantar? ... Cantemos harmonias
Ao sol que se levanta do arvoredo,
Lá das terras de além, fruto d'estio:
Enchamos nossos olhos de seus raios,
Nosso peito de fé — Deus é mais longe!

HARPA XXIV — O INVERNO

São lágrimas, são lágrimas fecundas
A chuva no arvoredo carregado
Arrastando no chão sua flor e os ramos:
Exala o campo os mádidos aromas
Às borboletas esmaltadas, belas,
D'asas largas e azuis, aos mil confusos
Insetos de ouro: lá no bosque longe
O lago berrador. Fresca roseira
Toda aberta de rosas encarnadas,
Como um anjo da guarda se arripia,
Sussurra ao beija-flor que ruge as asas,
Defendendo suas filhas: e amoroso
Ele pia e faz círculos, defuma
Suas penas em seus bafos virginais;
Porém, respeita a voz materna e maga,
Mimosas folhas, e os botões que inclina
O viço esplêndido e o cristal — humanas
Donzelas, que verteis na mocidade
A rúbea seiva que de excesso monta.

Salve! felicidade melancólica,
Doce estação da sombra e dos amores —
Eu amo o inverno do equador brilhante!
A terra me parece mais sensível.
Aqui as virgens não se despem negras
À voz do outono desdenhoso e déspota,
Ai delas fossem irmãs, filhas dos homens!
Aqui dos montes não nos foge o trono
Dessas aves perdidas, nem do prado
Desaparece a flor. A cobra mansa,
Cor d'azougue, tardia, umbrosa e dúctil,
No marfim do caminho endurecido
Serpenteia, como onda de cabelos
Da formosura no ombro. À noite a lua,
Qual minha amante d'inocente riso,
Co'a face branca assenta-se nas palmas
Da montanha estendendo os seus candores,
Mãe da poesia, solitária, errante:
O sol nem queima o céu como os desertos,
Simpáticas manhãs é sempre o dia.

Geme às canções d'aldeia apaixonadas
Mui saudoso violão: as vozes cantam
Com náutico e celeste modulado.
Chama às tácitas asas o silêncio
Ao repouso, aos amores: as torrentes
Prolongam uma saudade que medita:
Vaga contemplação descora um pouco
O adolescente e o velho: doce e triste
Eu vejo o meu sentir a natureza
Respirar do equador, selvagem bela
De olhos alados de viver, à sombra
Adormecendo d'árvore espaçosa.

O touro muge; a ondulação passando
Deita o junco, que torna a levantar-se,
E de novo se acama e s'embalança.
A filha das soidões e dos mistérios
Do meio dia e da tarde desmaiada,
A mãe dos ais, a rola desgraçada
Geme, geme! — se cala a natureza,
Tudo se despovoa e se deserta,
Entrando a revocar reminiscências,
Que a lembrança perdida ela desperta.
Vê-se um gênio a vagar por toda a parte
De mãos no rosto, de pendido colo
E os ébanos compridos em desfios —
Eu amo o inverno! — e o gênio que divaga
Desce a colina pelo vale às praias,
E lá perante as águas pára e chora,
Irmãs tão belas que se simpatizam;
E os seus prantos consomem-se nas fendas
Enegrecidos pela encosta parda.
Cai a tarde dos serros emanando
Os vermelhos vapores do ocidente.
Não teve sol o dia, suspendido
Da chuva por detrás, vento nem houve:
Grosso orvalho se escoa na espessura:
O céu dum azul vasto se evapora.
Sai da varanda do casal a filha,
Tão cheia da amplidão que está na tarde;
Pura e cândida e vaga, tudo amando,
Chega ao pé de uma flor, afaga-a e passa,
Como quem disse "não és tu": se nascem
Das ervas que a rodeiam com suas flores
Borboletas de prata, se estremecem

E vêm suas asas lhe encostar nos braços,
Pousar em seu vestido e seus cabelos
Dos seios almos umectando a alvura.
Virgem das brenhas, eu no teu regaço
Dormirei plácido? eu nesses teus olhos
Longos esquecerei meu pensamento,
O coração de amores s'inflamando ...
Vai distraída pela estrada nova,
Do caju rubro e o limoeiro em fruto
No manto florescido se encobrindo.
Eu amo o inverno! ó mata silenciosa,
Onde suspira a nambu-preta, e canta
Salmos o sabiá d'íntimas harpas!

Deu mais um passo a natureza, e nasce
A viração mimosa do crepúsculo:
Quando a canoa do anajá se abrindo
Da parte do poente a flor miúda
D'ebúrnea fenda pelo tronco entorna,
Como a pérola corre perfumada
Dos lábios de urna esposa; se desprende
Um coco e faz a vibração no solo.
A cigarra se esvai penosa, e morre.
— Dá mais um passo a natureza, e s'ergue
Noturna brisa pelos negros ramos;
E já somente senhoreia a noite
Juncada de luar. Espasma os gritos
O urutauí na umbaubeira alvar,
Tão conchegado a se perder no tronco,
Como se o tronco que desconcertasse
Uma voz vegetal pelas soidões.
Qual d'estrelas em pó que os céus filtrassem,

Treme o horizonte de folhame argênteo,
Dorme aos piados de desagasalho
Do caboré friento. Agora estende-se
Uma nuvem de chumbo: e n'alta noite
Gemia a chuva: a madrugada é bela,
Linda menina a amanhecer na fonte.

Estrala a ave no bosque, aves ignotas
Rompem alegre matinada: o rio
Enlaça o pé da lânguida juçara,
Onde o tucano embala-se engasgado
Cantando sobre os cachos: zumbe a abelha,
A silvestre uruçu se envermelhece
Nos úmidos matizes, se revolve
Na dourada resina que destila
O bacuri-panan de amenos bálsamos
E amorenada fruta. O sol fechou-se.

Doida acorda a avezinha que dormia,
Anjo da tempestade, ela a conhece,
E começa a gritar voando inquieta:
Os ramos fervem: fogem se abrigando
Pela barreira os róseos trovadores;
E ela só tempera-se estridente
D'ígneos carmes! o cedro range e os montes,
E entre os pólos vanzeia a tempestade:
Vai lançada tinindo pelas nuvens
Contra os trovões que se arrebentam; guincha
Seguindo o raio, e, no cruzar dos ares,
Das asas solta elétricas faíscas!
Como ela, também prezo os balanços
Do vendaval furioso e do relâmpago,

E minha alma agitar na voz dos céus.
Eu amo o inverno! aqui durmo de amores,
Redobrando a galharda seriquara
Nos bamburrais do rio; a espreguiçar-se
Na montanha a palmeira ao doce fluido
Do áureo dedo do sol, dourada fênix
A renascer-se da cinérea noite —
Ou minh'alma agitando à voz dos céus.

Maranhão.

DA HARPA XXVI — FRAGMENTOS DO MAR*
A. L.

Paris

1.

Adeus, ó Luxembourg d'árvores grandes,
D'estátuas belas e marmóreo lago,
Eu não vos verei mais! Chorai comigo,
Eu só não vos amei, também me amastes,
No estrondo vegetal ouvi meu nome —
Adeus, Luxembourg! Tronco d'outrora,
Frondoso castanheiro, a cuja sombra
Meditava as lições d'alta Sorbona,
Meu velho amigo aonde eu recostei-me
Cheia a cabeça dessa vida d'alma
Que as sonoras paredes exalavam,
Qual feridas do eco da eloqüência
Do Lévêque e Saint-Marc, senti meu peito
Abraçar-vos! da casca onde eu vos beijo
Rebente um galho, e nele um nome viva.

---

* Os fragmentos escolhidos foram numerados na ordem em que aparecem no original.

Inda ontem, dos ramos d'esmeralda
Cheirosa e fresca e doce primavera
Escorríeis em mim: hoje somente
Estremeceis à minha voz, adeus!
Brisas do Luxembourg e as flores dele.

6.

Eu parto, a torre já marcou meu tempo,
Adeus, Luxembourg! Inda as muralhas
Passando eu vou bater co'as minhas mãos
Da longeva Sorbona, a mãe das letras,
Inda uma vez eu vou mirar-lhe as ondas,
Como a desoras ao luar do Sena
Sobre a ponte das artes debruçado
Indo à pátria, indo à pátria às vozes d'água.

8.

Elo vasto de vozes grasnadoras
O horizonte cingiu, se enrouquecendo,
O vento alevantou; gritaram aves
Pelo em torno da nau; procura abrigo
A andorinha nas velas; meio corpo
Erguem-se os peixes; enfurece o mar;
Cruzam raios no céu em vez d'estrelas,
Pousam nos montes de suspensas nuvens,
Raios nos mastros pousam: tudo horrores
E raiva, tudo ameaça! o claro verde,
O puro azul das águas florescidas,
Como campo murchou, que sangue anegra,
Amo viver no seio compulsado

Do vendaval, batendo impuras asas
De nócteo corvo; os ares corta o bosque,
Uiva o mar à sua sombra fugitiva:
E minha alma estremeça muito embora,
A morte os ombros a calcar-me, amigo
Minha face afagando à fala, ao menos
Não dorme no ócio de cansada paz.
— Encastelam-se as ondas: qual cidade
D'homens, que no orgulho vão suspendem
Seus ricos tetos sombreando os vales
E a casa humilde do pastor, que os raios
Aqueciam do sol subindo os montes.

9.

Dá sinal de perigo, leva rota
Bandeira de socorro ao mastaréu:
Librados todos vão, ninguém socorre,
Nas asas infernais da tempestade.
Nem olha Deus à terra, o céu fechou-se.
A voz do oficial apenas se ouve
Lúgubre, como o vento que falasse,
Ou, da vela que rasga-se e desfralda
Antes de ser colhida. Homens tão fracos,
O que fazeis agora murmurando
Debaixo do convés, mudado o rosto? ...
— E a nau que passou desarvorada,
Qual ferido tapir salvando abismos,
Lá quebrou-se na ponta do rochedo —
Dormindo, mudo! e os mares levantaram
Sua voz noturna à voz da ventania,
Aves, que no cair da presa morta

Soltam em desordem triunfante grito.
Lamentações humanas, tudo a morte
Respirou, consumiu em si, somente
Esparsos restos do naufrágio ondeiam:
Sanguinárias coroas tem na fronte,
O medonho livor mais carregando.
E as vagas toam, e túmidas se atiram
Sobre as vagas — mulheres desgraçadas,
Perdidos filhos, seus esposos mortos.

11.

Densas nuvens de fumo doloroso
Fazem-se em tiras, despregadas caem
Através do horizonte: a lua franca
Abre seus seios de donzela, e despe
Seus vestidos no mar, como estas ondas
Ardentia de prata espanejando;
Cândidas pombas vaporosas voam,
Tecem com as asas por seu rosto um véu —
Menina rubra pondo a mão nos olhos
Um'hora se escondeu, um'hora os astros
Amostram seu brilhar, depois se apagam.
A lua feminina é fresca noiva:
As brancas nuvens que a rodeiam manso
Os enxovais de sedas ondulantes;
O céu cheio d'estrelas o seu templo
Onde espera o amante, incensos auras;
E o oceano os órgãos levantando
Em doces, divinais epitalâmios.

12.

Na batida em que vai, fareja e rosna
Alado negro cão mordendo as ondas.
Eu só medito, a Deus só me alevanto;
Confusa multidão povoa errante
O convés, e da terra os homens falam:
Para eles é mudo o isolamento
Do mar, caindo a tarde fria e triste.
E o mar sombrio despenteia a grenha,
Descrente e sem esp'rança, de loucura,
De frenesi, que o desespero arrasta:
Engulie-nos dum golpe, os nossos ossos
Despedaçar o vejo num momento!
E os homens reúnem-se, amontoam
Ouro sanguinho e jogam; se enraivecem
Uns contra os outros, sôfregos de sangue.
Na voz da natureza o Deus nem ouvem!
Amo-te, ó mar, em louca tempestade,
Mais do que os homens com bonança n'alma;
Com as coisas do mundo eles procuram
O Eterno esquecer! são condenados
Cerrando ouvidos, sacudindo a fronte
À justiça que fala-lhes da vítima,
Que geme ainda ensanguentada e quente.

14.
Serras de Sintra

. . . .
Oh! majestade do oceano! eu vi-te
Ampla fronte de céu de Deus: sobre ela,

Como ante o sol nevoeiro transparente,
O pensamento em ondas infinitas
Passar ... passar! e calmo o rei do sec'lo
Nem toscaneja ou estremece a testa.
Eu senti-me nascer, e tu me viste
Turbado nos teus olhos, era um raio
Que mais lúcido raio engole e apaga:
Calor vital correu-me pelas veias
De prisioneiro que por muitos anos
Fechado em negros cárceres a vista
Abre ao dia, e de júbilo pranteia,
Delira o coração, de vida exulta!

16.

Pensador solitário, órfão, proscrito,
Poeta! ei-lo assentado; estão com ele
Somente os seus dois cães, junto à lareira,
Brancos como a candura; mansos, tímidos
Como a fidelidade. E não encontras
Nos homens um amigo? e os animais
Amam-te mudos e naturalmente.

21.

Oh, minha alma s'expande! ampla se exala
No céu! e o corpo que terreno à terra
Lânguido cai, ainda é belo ver-se
Sacudido das nuvens que o rodeiam.
— Meus olhos inda a vêem — lá vai minh'alma
Pelas torres de Mafra resvalando,
Pelo horizonte, além, no mar azul,

No éter puro e sem fim, mais longe, em Deus,
Na minha pátria, que é de Deus tão perto!
Grandioso espetac'lo! cena imensa
Que o pensamento ávido percorre!
Eu amo a vida assim ... assim eu vivo ...
Eu amo a vida assim! lidoso vento
Oco varrendo sufocado estrondo,
A desramar o castanheiro anoso,
O basto pinheiral, a mim se lança
Como águias etéreas, com suas asas
Agitando, espertando-a langue e lassa,
Pobre minh'alma em sono: em rijos gritos
Sinto me suspenderem, meus cabelos,
Meus braços arrancando! — E a nuvem passa
Pelo vale com o gado dos pastores;
E o mar escuma além, se encruza e brama
Se perdendo no céu; levanta o éter.

29.
Ilha de São Vicente

À Palavra de Deus caía o mundo:
Foi um gigante o que surgiu no espaço!
D'homem que era, abrindo os olhos ávidos
E a garganta inflamada, hiante — ri-se,
Julgando seu irmão defronte dele —
E sobre o Criador, à imagem humana
Enquanto sua obra contemplava um pouco,
Lança-se! — Deus se retirou de um lado:
E devorando o viu sua própria sombra,
Veloso coração rangendo, um monte
Nas cavernas do peito! de cansaço

A língua pendurava, imensa serpe,
Como espada de sangue fumegando
Que de dentro dos ombros arrancasse!
Horrendo berro, como o vendaval,
As nuvens separou — no desengano:
E de novo a cabeça suspendendo,
Ondulante muralha se antepunha,
E o monstro gira por detrás mugindo.
Então contra esse filho o Deus dos astros
Seu raio d'indignado fulminando,
O fez despedaçar: diz "Do teu sangue
O oceano se forme, e dos teus membros
A dura terra, que produza vermes
Como tu és": e novos homens nascem,
Nasce a serpe e germina a morte deles;
E este mar de verdete é sangue humano
Acre, e sempre a ferver polutas fezes;
A mais árida rocha, onde se quebram
Ventos, naufrágios cobrem, e nunca treme,
Vem do seu coração; e os outros órgãos
São essas outras terras, mato, abrolhos;
E o homem que do cérebro lhe sai,
Pior do que ele foi aqui respira,
Como essência volátil deletéria,
Mínimo em corpo, em ser cruel grandíssimo!

30.

Por que não repousais uma hora, oceano?
Como o espírito do homem, que não dorme
Até morrer! um eco indo passando
Pela esfera: "quem sou? quem deu-me o ser?

Onde me levam? donde eu vim?..." perdeu-se.
Vos espera também o fim do homem?
Quão grande não será, solene e bela,
De vossa morte a hora! num momento
Sulcando o céu, qual raio luminoso,
Do aceno da mão divina a sombra,
Contraíreis, d'imenso estremecendo,
E como a vacilar da voz que ouvistes,
Levantando um gemido — e depois .... nada!
E como o homem, sem saber que fostes,
Vossas cinzas varrendo o vento leva
Pelas soidões sem fim. Que sois, oceano?
Eterna agitação, suspiro eterno
Tendes no seio: emudecei, dormi...
Não podeis, qual minha alma, e força oculta,
Que sempre contra mim se ergue e me quebra
Como hástia resistente, vos ameaça:
Além a tempestade se revolve
Para açoitar-vos. Já, como eu, convulso
Rugis, lutais; como eu vós pereceis,
Dessangrado caís: inda expirando
Somos irmãos, oceano, inda o buscamos —
Embalde! e sem viver nós morreremos.
— Erguei, erguei a voz! ide entre os astros,
Batei as praias, sacudi os montes,
Despertai o universo, que responda,
Como depois do estrebuchar de um sonho
Em sublime acordar, terrível, forte —
Que nós somos, por que, Deus onde existe,
O que é ... Na penedia negro sulco
De fogo um raio fez, rio de fumo
Sussurra e serpenteia; os céus tremeram! ...

Silêncio! A sombra de meu pai me olhava ...
Fechou suas nuvens, e se ergueu nos ares.

32.

À tarde, quando o sol da esfera atira-se
E no ocidente, qual guerreiro, morre
D'além funéreas nuvens que suspensas
Mil bizarras figuras, mil castelos,
Selvas, ruínas pelo céu desenham,
Iludindo de maga fantasia
Rubras campinas, solitárias, amplas,
Como juncadas de sanguínea relva,
A sombra de um combate que ficara,
Que pelas fendas deixam ver as nuvens
Tão longe! sobre o sol pousa minh'alma,
Juntos naufragam. Então amo perder-me
Na soledade etérea, e divagando
À discrição da minha imagem, eu erro.
Mas a tarde s'esvai, os céus s'estrelam,
A meditar cansado ora me assento
Noturno e triste na sonora proa,
Solitário co'o mar e a fresca brisa;
O pensamento aberto, mas torvado
Da grandeza ideal, pasma somente,
Admira e não sente o que compreende,
Como de amor embrutecido, cai.
Errante, agora me debruço à borda,
Vendo as ondas passar embranquecidas
Como plumas de cisne, minha fronte
A umedecer de pó. De noite eu vejo
Povoado de sombras, de florestas,

De fogos de pastor o mar deserto,
E rodeado de mudez, acordo.
Ana roçou-me o braço: fria, trêmula
Pelas sombras procura-me: "que eu vejo
Tanta tristeza e solidão na tua alma!
Enche-a de mim ... Tua fronte desdobrada
Ao longo pensamento, o que tens nela
Que a faz tão pálida e piedosa e doce
Como a luz do crepúsculo longínquo?
Que frieza te banha o coração!
Murchando como a voz d'ave agoureira ...
Amanhã inda há sol ... não morres hoje.
Oh! desperta, brinquemos nesta idade
Da risonha manhã, nevada e pura,
Borboletas do campo, a flor colhamos!"
. . . .
E eu sonhava e eu vi-me solitário,
Olhando o espaço balançando estrelas.

35.

Manga esbelta das nuvens se despenha
Farejando o mar, penoso e longe
A voz da vaga se embateu no ocaso:
Um braço de gigante monstruoso
D'etérea serrania se alongando
Penetra as águas, famintando presa
As entranhas revolve; longas ondas
O rodeiam e bravejam, como feras
Seus irmãos defendendo: lentamente.
De um pulso cheio, convulsivo, igual,
Indiferente vai colhendo, engole-as,

E se recolhe, e sobre o peito encruza.
E o chuveiro passou, desfez-se a tromba,
A onda que a beijava ao mar se aplana
De recentes rosais: assim da torre
O preso se debruça e estende o corpo
Por a amante chegar, que se suspende
Nas pontas do alvo pé, que as mãos se tocam
Duma invisível atração chegadas.
Volta às sombras da torre o prisioneiro;
Pelas paredes resvalou saudosa
Qual raio fugitivo, e desparece.

36.

Meneia a larga cauda e as barbatanas
Limoso leviatã cheio de conchas
Com dorso de rochedo que ondas cercam;
Cristalinos pendões planta nas ventas,
De brilhantes vapores, que em bandeiras
Íris enrolam de formosa sombra.
Negra fragata lá circula as asas
Sobre a nuvem dos peixes voadores.
Agora rompe a nau lençóis infindos
Que o mar tépido choca, e vindo a Aurora
Já salta a criação d'escamas belas.

37.

Vem formosa galera a largos panos
Arquejando ansiosa; silva o apito,
A cortesia náutica responde-se.
Já ia bem monótona a viagem

Nesta mortificante calmaria:
Tristes campinas da água, se não foram
Essas novas surdindo-vos dos flancos,
Fazendo de alegria estes semblantes,
Ou torva tempestade a desfazê-los.
De novo já nos vamos isolando:
Apenas desta ilha sobre ess'outra
Que vai ficando atrás do pó que erguemos,
Os olhos inda estão; e os meus somente
Procuram naufragar, morrer... quem dera
Porto de salvação onde ancorassem!
— Um mar tempestuoso eu tenho dentro,
Como este mar desesperado eu ando:
Estes raios da noite almo-fluentes
Não me afagam. A lua cor das alvas
Atravessa o ocidente matutino,
Hóstia cristã nas sacrossantas aras;
Em fogos de rubim fronteira rosa,
Luzente cálix se suspende no ar
Pela mão invisível criadora
Do sacerdote rei, do Deus dos astros.
Nem as horas do sol são minhas horas,
A noite para mim perde o seu sono,
Nem é meu nem sou dele o mundo — eu amo!

38.

Quem foi que t'ensinou tão triste pouso,
Ó solitária virgem? onde vagueiam
Teus pensamentos? que um suspiro corta
Nesse mimoso, cândido, tenuíssimo
Arfar — teus seios límpidos se erguendo

Igualmente, e de ti mesma esquecida,
Teus olhos onde vão? quanto és do céu
Pousada assim! de claro-azul vestida,
Esbelta e simples, singeleza toda,
Desmazelada e virginal e infante,
No braço longo reclinada, n'haste
Botão pendido ao cristalino peso
Da aromosa manhã. Vezes s'enrugam
Tua fronte e os olhos, sob o pensamento
Que numa ave passou na face d'água.
Um doce encanto, amores espontâneos
Correm como onda do teu 'rosto, e o corpo
Quebrado pelo meio! E tu nem pensas,
Pobre inocente, o ar que tu respiras
É minha vida derramada em torno.
. . . .
. . . .

HARPA XXXII

Dos rubros flancos do redondo oceano
Com suas asas de luz prendendo a terra
O sol eu vi nascer, jovem formoso
Desordenando pelos ombros de ouro
A perfumada luminosa coma,
Nas faces de um calor que amor acende
Sorriso de coral deixava errante.
Em torno a mim não tragas os teus raios,
Suspende, sol de fogo! tu, que outrora
Em cândidas canções eu te saudava
Nesta hora d'esperança, ergue-te e passa
Sem ouvir minha lira. Quando infante
Nos pés do laranjal adormecido,
Orvalhado das flores que choviam
Cheirosas dentre o ramo e a bela fruta,
Na terra de meus pais eu despertava,
Minhas irmãs sorrindo, e o canto e aromas,
E o sussurrar da rúbida mangueira —
Eram teus raios que primeiro vinham
Roçar-me as cordas do alaúde brando
Nos meus joelhos tímidos vagindo.

Ouviste, sol, minh'alma tênue d'anos
Toda inocente e tua, como o arroio
Em pedras estendido, em seus soluços
Andando, como o fez a natureza:
De uma luz piedosa me cercavas
Aquecendo-me o peito e a fronte bela.
Inda apareces como antigamente,
Mas o mesmo eu não sou: hoje me encontras
À beira do meu túmulo assentado
Com a maldição nos lábios branquecidos,
Azedo o peito, resfriada cinza
Onde resvalas como em rocha lôbrega:
Escurece essa esfera, os raios quebra,
Apaga-te p'ra mim, que tu me cansas!
A flor que lá nos vales levantaste
Subindo o monte, já na terra inclina.

Eu vi caindo o sol: como relevos
Dos etéreos salões, nuvens bordaram
As cintas do horizonte, e nas paredes
Estátuas negras para mim voltadas,
Tristes sombras daqueles que morreram;
Logo depois de funerais cobriu-se
Toda amplidão do céu, que recolheu-me.

As flores da trindade se fecharam,
E já abrem no céu tímidos astros;
Apenas se amostrou marmórea deusa.
Que sossego! me deito nesta lajem,
Meus ouvidos eu curvo, o pensamento
Penetra a sepultura: o caminhante
Assim vai pernoitar em fora d'horas,

E bate ao pouso, e descansando espera,
Belos túmulos, verde ciparisso,
Dai-me um berço e uma sombra. Como invejo
Esta vegetação dos mortos! Rosas
Meu corpo também pode alimentar.
Além passa o sussurro da cidade,
E nem quero dormir neste retiro
Pelo amor d'ócio: mais feliz o julgo
Quem faz este mistério que me enleva,
Deus somente alumia este caminho.

Nasce de mim, prolonga-se qual sombra,
Negra serpe, crescendo-se anelando,
Cadeia horrível: sonoroso e lento
Um elo cada dia vem com a noite
Rolando dessas fráguas da existência
Prende-se lá no fim — a morte de hoje
Que procurava a de ontem; a de amanhã
Virá unir-se a ela ... e vai tão longa!
Como palpita! E eu deste princípio,
Mudo, e sem poder fugir-me dele,
Já estou traçando com dormentes olhos
Lá diante o meu lugar — oh, dores tristes!
Todos então ao nada cairemos!
E o ruído do crime esses anéis
Não, não hão de fazer: num só gemido,
Fundo, emudecerão sono da paz.

Oh, este choro natural dos túmulos
Onde dormem os pais, indica, amigos,
Perda ... nem as asas ao futuro
Não sei voar: a dor é do passado

Que se esquece na vista enfraquecida,
Como fica o deserto muito longe.
Senão a morte me trazendo a noite,
Nada mais se aproxima: solitário
Às bordas me debruço do horizonte,
Nutro o abismo de mágoas, de misérias!
Porto de salvação, não há na vida,
Desmaia o céu d'estrelas arenoso ...
Eu fui amado ... e hoje me abandonam ...
Meões do nada, desaparecei-me!

DA HARPA XXXIV — VISÕES

Varre aquilão: frondoso etéreo bosque
Despe as folhas do dia; sazonado
Cai através da tarde o fruto de ouro,
Entre nuvens de aroma o sol vermelho;
Noturno prado de matizes cheio
Roça a lua com as asas prateadas;
Encostado no sul pende o cruzeiro;
Vai d'estrelas Urano rodeado.

Tudo perdi na vida ... hei muito ama
Todavia, e sem fim! meus dias, noites,
Meus anos todos, todas minhas horas
A amor eu dei: bem vezes soluçando ...
Minha alma é secas folhas em pedaços
Partidas pelo vento; pelo espaço
Perde-se estéril som meu pensamento
De quebrado alaúde. Em teu sossego,
Sombra da tarde, fugitivo guarda-me:
Só tu sabes calar-me a voz dos lábios
Amargosos, descrentes; branda calma
Estender sobre mim no desespero

Me roxeando em contusões de morte —
Eu não sei o que eu sou, por que amo e choro:
Delírio, esforço vão! Sombra da tarde,
Faze cair a noite na minha alma
Para um sono sem sonhos. Como és bela,
Falecendo entre coros de suspiros
Indo por toda a parte! é melancólico
Silencioso o bosque, a voz do vento;
Melancólico o mar, nos seus desertos
Embalando a canção dos marinheiros;
A montanha palmosa, o rio mudo,
Os campos melancólicos, gemendo
À lenta voz do gado, e dos pastores
Pelas cortinas tristemente e baixo,
Ou sentados à porta da choupana.
Horas da tarde, quem vos fez tão frias
Para me adormecer? ... Mau pesadelo,
Foge, noite, de mim; tuas sombras   caiam,
Quero ver inda o sol! Oh! malfadada
Sorte do homem: quanto mais fadigas,
Quanto mais existência — mais um   dia,
Para ainda sofrer na mesma terra
Onde em vão desesperas, tu mendigas!
Um só dia é tua vida, o mesmo sol
T'o repete contínuo, o mesmo sempre
Co'a mesma noite e aurora, e os sonhos mesmos
Só promete a esperança; ela só mente.

Meu destino fatal! de meu não tenho
Nem uma hora sequer: esta em que eu falo,
Julguei-a minha, quis d'esgoísmo tê-la,
Para dá-la ao meu túmulo ... passou,

E perdeu-se. Meu Deus, como eu te vejo
Presidindo o teu orbe, e a mim no leito
Do sofrimento que me dás, e a terra
Em mil formas — de frutos, d'homens, d'aves —
Hoje a fazer-se, por comer-se inda hoje,
De tão má, tão faminta que a fizeste!
E ris deste espetáculo, impassivo
Lá no teu céu dormindo ao nosso pranto!
E ris mofando ao moribundo em vascas,
Quando em berros estorce o corpo e os braços,
Debaixo do carrasco em negra luta,
Em sinistro brandear ringindo o leito!

Réptil criador comendo os filhos,
Quis comparar-me a ti! fui assassino,
Por ver a dor, que tu amas, no meu peito.

Amei a formosura: mansa e tímida
À minha voz seguiu-me ... como inda amo,
Que estremeço de ouvir-me a negra história!
Amando por amar, toda ela amores,
Um desmazelo virginal, infante;
Meu amor, minha escrava, minha filha,
Cândida mãe senhora, que adorava;
Sua vida minha só, vida que eu dei-lhe;
Que ela soube me dar, sua minha alma:
Criação de nós ambos nós somente.
Depois que dentro dos desertos vi-me,
Só com ela e contigo, Deus, ferindo
Essa corda afinada ao som mais alto;
Quando a vi delirante a desalmar-se
Se envergando em meus braços, d'inocente

De um choro natural, senti-me fera,
Enfezada e com sede, aos teus encárneos!
E um deus me vendo (como tu, criei-a,
Única esfera sua, em mim te via;
Quis matá-la também, nem criminoso
Eu sou, qual tu não és, tu, enlevado
Nos dolorosos gritos de teus filhos),
Ave branca, rompi-lhe o liso colo
Nas minhas mãos de ferro! Ela expirava ...
Inda o meu nome doce em seus suspiros
Formava, e desfazia-se; inda uns olhos
Líquidos, lentos, trêmulos voltavam
Nos meus olhos d'inferno! Tão piedosa,
Duvidar parecia do meu peito
Ferino e monstro! como em sonhos, busca
Feliz realidade, ouvir-me ainda
A voz do caro amante: repudiada ...
Numa comprida esp'rança esvaecendo
Em lágrimas em ondas, desfalece
Pendente aos braços pálidos da morte,
Que o homem bruto lhe estender não soube,
Cândido lírio vivo. Eram meus olhos
Lançando um fogo ... e o que lançavam era alma!
Ave branca! ondulou morrendo, e a terra
Onde fria caiu foi no meu peito.
Quero a morte deter: tomo-a nos braços,
Sacudo-a, grito — que me digam antes
Do alento final esse mistério
Que faz desesperar ... Somente um nome
Achei, meu nome lhe passou nos lábios:
Negra morte nos meus, quando eu dizia,
Predispondo os sentidos miseráveis,
"Espera — espera — agora — morre — morre!"

Os teus fiéis a ti no passamento
Bradam também, também mandas que morram.
Ali tudo ficou, gelou no sangue
O ar que é nossa vida enquanto ondula
Quente e agita o coração e as veias,
Faz o peito sonoro e as faces tintas.
Onde a alma? ... Eu vi! seu corpo à terra
Tudo arrastou, se consumiu com ela.

Como eu era, Senhor, te encontro sempre
Sem ter descanso, pelos teus domínios.
Uma vítima só dor deu-me eterna;
Mil em cada momento apenas podem
De suspiros formar o ar que respiras!
Uma só voz extinta a mim gritava,
Uns olhos só me olharam: Deus somente
De uma criatura, uma só vida
Minha foi, acabei-a, exausto eu morro.
Porém tu viverás: quando este mundo
Já não der-te alimento, crias mundos.
Do teu rebanho os últimos balidos
Dizem teu nome, como t'exprobando;
Espasma-se nos teus o derradeiro
Branquear dos seus olhos, tão mendigos
E tão fiéis à prometida esp'rança ...
Tal nas mãos do pastor agno mimoso,
Que deu tantos carinhos, que dormia
Entre os seus pés, nos rastos seus andava —
O sangue derramando, espera ainda
(Material esperança!) e crê na vida.
Porém, juro-te, Deus — farto p'ra sempre,
Sinto minha alma de remorsos cheia!
E tu? ... Com a vista me rodeio: as aves,

Que no entrar da espessura nos saudaram,
Tinham fugido; pelos ramos inda
Seus desplumes seu medo me disseram;
E os meus cabelos eriçados, grossos,
Se alisavam co'a fronte; o rio, os ventos,
O tronco vegetal tinham parado
Me vendo! Eu despertava em meu delírio
Ante a realidade! a virgem morta,
Pálida e fria a reconheço, eu rujo!
E de homem ver-me, comecei chorar.
— Quis seu corpo aquecer sobre o meu corpo;
Uni sua boca à minha, a voz lhe dando,
Que o túmulo não guarda. Em verdes folhas
Nua deitei-a, as mãos postas, e as tranças
Escorreram-lhe em torno. Dias, dias
Preso a seus pés levei a contemplá-la!
Grandes e abertos sobre mim ficaram
Seus olhos fixos e vidrados, longos
Como a meditação de uma sentença!

E a terra animada desfigura-se:
Grão de poeira que o vento ergueu numa hora,
Passeou sobre a massa de que é parte,
E sobre si caiu, se envolve e perde.
Eu vi! — seu corpo transparente inchando;
Perderem-se os seus olhos nas suas faces;
Humor fétido escoa-se da carne,
Tão pura e fresca, tão cheirosa inda ontem,
Que ela amou apertar em mim, d'insonte
Frenética de amor, nervosa e trêmula!
Formosa ondulação das castas ancas,
Dos seios virginais, da alva cintura
Bela voluptuosa ... disformou-se

Em repugnante, (quem a vira e amara!)
Em nojenta, esverdeada, monstruosa
Onda de podridão! Zumbiam moscas,
Famintos corvos sobre mim se atiram,
Recurvas unhas regaçando e abrindo
Negras asas e o bico, triunfantes
Soltando agouros! Eu a defendia
Da ave e do inseto, que irritados vêem-me.

Presenciei desfazer-se esse mistério,
Que foi meu céu na terra, onde eu pensava
Existir e morrer! Homem o que és? ...
De dia vinha o sol ferir sobre ela,
E como a lua o nítido cadáver
De azulado ambiente rodeou-se;
Vapores levantavam-se em coroas
S'inflamando, perdendo-se: de noite
Branco fogo pairava docemente
Como as roupas de um anjo sobre as pontas
De verdoso juncal, no espaço aonde
Enfraquecia a exalação na aragem
Vaporoso espalhando-se. E depois,
Vermes internos que espontâneos nascem
Vem rompendo-lhe a pele se delindo ...
Os lábios pudibundos rebentaram ...
Seus olhos! ... se fendiam seios, faces
E os castos flancos! ... um soroso líquido
Correndo pela terra ... Eu quis limpá-la
Desses monstros horríveis, que a comiam
Diante mim! porém, tudo era imundícia,
Oh! quantas vezes me lancei sobre ela,
Julgando tudo amores, tudo encantos
Dela emanando em límpidos arroios!

Fujo de nojo ... de piedade eu volto ...
Depois, como as enchentes pluviais
Escoando, que os troncos já se amostram,
Seus ossos vão ficando descobertos.
Oh! mirrado eu fiquei do sofrimento,
De tanta dor curtir! E tu, ó Deus,
Que tudo acabas, sofrerás também?
Porque tão miseráveis nos fizeste,
Deus d'escárnio? teus filhos nós não somos ...
Que sorte de alimento ou de deleite
Encontras na desgraça desumana?
Belo horror da existência — formosura
Filha da natureza engrandecida
No seu pecado e morte, meteoro
Enganoso da noite, flor vermelha
Em veneno banhada, mulher bela!
— Tudo ali 'stá! — ó mundo! mundo ... mundo ...

Inda é meu amor esse esqueleto,
Vive comigo: dou-lhe cor às faces;
Muito sorriso à boca descarnada;
As órbitas sombrias moles olhos,
Como de nuvens rodeado o sol;
Melífluas tranças à caveira branca,
Errando os crespos na aridez do peito
Que encho de frutos, de suspiros, vozes,
De um terno coração vibrando amante!
Mas ... essência imortal não saiu dela:
Embalde interroguei mudo cadáver,
E os ossos amarelos nem respondem!
Mas, aqui a mulher não é perjura:
Só lembrança de amor santo evapora —
A beleza se forma ao pensamento,
À saudade suas véstias se derramam.

DA HARPA XXXV — VISÕES

Sobre o mar, procurando o céu, se eleva
Em colunas de sombra e de ar e d'água
Um templo: vejo um ser baixar sobre ele,
Que as colunas brandeiam, o mar se arqueja,
Humildemente geme, e o mar indômito!
Mais puro do que a noite, eu mal o enxergo,
Como o sol ... não, não é, que o sol num disco
Encerra as formas de ouro: não tem forma,
Parece a eternidade e o infinito!
Disseras qual uma ave transparente
Que com as asas envolve a imensidade!
Uma luz, que concentra-se a extinguir-se,
Dando mais claridade ao pensamento,
Quanto a tire aos sentidos; que tão pura
Estende-se dali por toda a parte,
A terra, os astros e os celestes ares
Sem refração seus raios trespassando,
Embebendo de vida e de piedade;
Que tudo anima e faz amor tão santo,
Que de um só pulso inteiro este universo
Uma respiração palpita eterna

A ela só! Nela só tudo desperta:
As aves vivem mais a ela cantando;
As plantas quando o zéfiro as agita;
O mar quando mugindo balbucia,
Infante o nome de seu pai, mais vive;
O bosque amigos não teria e os ventos
Se fossem mudos, não dissessem — Deus!
Eu também vivo mais, morrendo nele;
Oh, tudo vive mais nele vivendo!

Sai minha alma de mim, ante os altares
Não subiu: filho ingrato, arrependido,
Que aproxima seu pai timidamente;
Cão que mordera seu senhor, que humilde
Se arrasta e esconde-se em lugar sozinho,
A vista lenta, e doce como a crença,
Espiando-o por ver se ele o perdoa —
Assim piedosa por detrás das ondas
Pede sombra às colunas ... Mas, quem tudo
Afugentou, cobriu de horror do mundo? ...
Geme a festa nos flancos do castelo,
Impura ondulação d'infrenes vozes
Tolda o espaço: minha alma recolheu-se
Trêmula e fria a emudecer de susto;
E da poeira sonora que ergue a terra
Eu não vejo mais nada, os olhos turvos.

E depois outras vozes me perguntam:
"Se fosses um caminho, onde encontrasses
Salteadores mil e um homem preso,
E te dissessem: este homem vai morrer:
Se queres passar livre, mata-o; ou morres:

És simples instrumento. O que farias?"
Respondi: eu sou livre, não matara,
Me perseguira a sombra do assassino;
Morresse agora. Riram-se de mim.
Perguntei-lhes: se fosse o prisioneiro
Vosso amigo mais íntimo? "Matávamos;
Porque ele ia morrer, e nós somente
Nossa vida salvávamos, podendo
Ser úteis inda a ele e aos que ficassem.
Se fosse vossa amante, vossa filha,
Se fosse vossa mãe? "Inda matávamos;
Assassinos não éramos, da morte
Sendo o punhal por mãos d'outrem vibrado."
Ri-me deles então. Mas, vossa mãe!
Com um semblante de céu pelo seu rosto;
Com seus olhos de lágrimas olhando
Seu filho que ela amou, beijou na infância,
Com seu canto da tarde sobre o leito
Embalou e adormeceu — seu filho
Que ela abençoava ao sol nascendo,
Nas estrelas da noite, e à flor do campo,
Ao vento quando move a natureza;
Sua alma da existência era o seu filho,
Seu filho os seios lhe romper, sangrá-los
De morte! donde a vida em lácteas ondas
Corria-lhe, num rio espontâneo
Do céu por climas divinais passando!
Ela piedosa vos pedira a morte,
Sim, por vida inda dar-vos: leopardos!
E a maternal doçura feminina
O peito d'homem não brandira — egoísmo!
Por um dia talvez já só no mundo,

Que se passa a dormir, que nada vale,
Déreis a morte ao que teria inda anos
De vivo ter-vos na moral do amor ...
Um cão já vi morrer salvando um homem.
— E eu matar minha mãe ... meu Deus! viessem
Raios do inferno sobre mim, serpentes
D'asas e olhos de fogo, com mil mortes
Todas 'sfaimadas, com mil deuses, todos
Unhas e dentes regaçando em fúria
Para acabar-me — ainda eu me sorrira —
Os monstros friamente desdenhando,
Nos pés de minha mãe eu suspirara
Meu último suspiro; e ela morrera,
Nós ambos morreríamos! Ó homens,
Deixai-me com meus sonhos, com minh'alma,
Não vinde perturbá-la; diferentes
Vós não sois meus irmãos, vos tenho horror!
Naqueles ares, vê-de, há pouco estava
Edificado um templo: eu sossegado
À sombra de meu Deus parava uma hora:
Falastes, tudo se sumiu! deixai-me
Co'a minha noite e as minhas ondas, tendes
O dia inquieto para vós e o mundo.

* * *

Pelos vales do espaço a vista eu solto
Por detrás do horizonte, quando as nuvens
Ao céu limpo não traçam seus limites;
Tão amplo e tão vazio o firmamento
Só adormece e eleva: então me sinto
Túmido o cérebro, esquecer meu peito

Meu coração, duma alma entorpecida,
E de um pesado pensamento as sombras
Abatem-me: Senhor, dá vida e força
Que eu possa compreender-te para amar-te.
Dizem-mo os homens; mas a voz dos homens
Estéril para mim, ouvir nem posso:
Sou como eles; me fala tu somente!
— Tu vens no galopar da tempestade?
Vens no pavor da noite e sobre o sol?
No tempo derribando nos seus passos
Tão largas gerações e gerações?
Com pés de fogo a terra verdejante
Fazer passando adusta, esses impérios,
Cidades em pedaços palpitantes? —
Mas os meus olhos materiais não bastam:
Vem tu mesmo, a verdade e o infinto,
Refletir na minh'alma, que se esmaga
Sob o impossível no estupor que fazes!
— Como tu fazes delirar e matas
O que em terra se arrasta ínvio às tuas portas!
Oh! que pai que tu és! oh! maldição!
Se eu pudesse dormir sono de um morto,
Por não sonhar em ti, dera esta vida!
Balar de vaga humilde, és só às praias.

E aquele sol covarde vai fugindo
A voltar-me o seu rosto! se eu pudesse
Pelos cabelos arrancá-lo ó ocaso,
E destes braços o suster imóvel
Lá no meio do espaço, e frente a frente,
Fender-lhe o peito, que uma voz soltasse
Em fumo envolta! ... A lua desmaiando

Se encobre por detrás dos arvoredos,
Uns olhos timoratos da donzela
Dissimulando a idéia, e detençosa
Fez dois passos no azul, tremeu de mim.
E este vento, que há pouco nos meus ombros
As elásticas asas meneava,
Escapou-se também, me ouvindo — eu só! ...

* * *

....
Mas, o rio que passa azul, vermelho,
Conforme a cor do céu, quem foi que o fez?
Quem é que do despenho alcantilado
Leva-o saudar os campos e esses vales?
E este vento que me açoita as faces
De condenado e arranca-me os cabelos?
E este coro florestal da terra,
Solene e cheio, como dos altares,
Vozes, órgãos, incensos todo o templo?
Este meu pensamento pressuroso
Rolando dentro em mim? este meu corpo
Ninho dessa ave de tão vastas asas? ...
Quanto é sublime todo este universo!
Quem te negara o ser? — quando houve tempo
Quando nada existiu, que tudo fez-se!
Mas, o infinito compreender não posso.
Donde saíste, Deus, onde vivias,
Rodeado do espaço? ele gerou-te
Por dominá-lo sol onipotente?
Mais ele fora. Não. Acaso o caos,
Revolvido incessante às tempestades,

Estalado em lascões, lavas brilhantes,
Outras térreas, librando-se embaladas
Nas asas da atração fraterna entre elas,
Qual presas pelas mãos por não perderem-se,
Ordenou-se por si? ou fora acaso
A criação fatal, tudo se erguendo
Segundo as circunstâncias? Oh, inferno
Da obscura razão — mofa, ludíbrio
Com que Deus pisa o homem! Um Deus fez tudo!
Um Deus ... palavra abstrata, incompreensível ...
Mas a sinto tão ampla, que me perde!
— E então, quem aos mares suspendidos
A verdura defende, e que se atirem
Uns astros sobre os outros? Deus ... um Deus
Ao sol dá cetro e luz, asas ao vento,
Leito às águas dormir, delírio ao homem
Quando queira abraçá-lo. Dorme o infante
Sob os pés de sua mãe, que ama e não sabe:
A natureza ao Criador se humilhe.
Não tenho alma infinita, porque é cega
À verdade imortal: visse ela o eterno —[1]
Quanto eu amara! quanto — Eu sou bastardo,
Não sei quem são meus pais ... se amar não posso,
A existência me enfada: enjeito-a, e morro!

* * *

1. No original está "A verdade imortal", mas o sentido do contexto indica que a leitura correta é a adotada por nós.

Eu estava num mar de calmaria
Amplo e cheio de sol, meu peito o esquife
Mudo arquejava; as velas da minha alma
Não arredonda nem um vento — descem,
Pelo coração se escorrem; durmo
No meio das soidões de minhas mágoas.
Senti na minha face um doce alento
Trazer os meus cabelos: fria e tímida
Mão seráfica a testa levantou-me
Com liberdade fraternal; meus olhos
De pranto escuros não puderam vê-la.
Duvidava uma voz de sensitiva,
De flexível luar, longínquo incerto,
Porque era virgem e amante; mas, coragem
Deu-lhe a piedade, o amor: "eu tenho ouro,
"Muito ouro p'ra dar-te; ergue a tua vista
"Da terra, qual meditas que ela guarda
"Tantas riquezas, te denega escassa
"O teu pão de amanhã   ... sê meu esposo ...
"Meu esposo feliz! — além desta alma,
"Uns anos alvorais e os meus amores
"Castos, muito ouro para dar-te eu tenho."
Os meus olhos na terra pelo ouro! ...
Não, pesados de morte descaíam:
Um só meu pensamento ao ser mundano,
Ao sanguíneo motor nunca eu dei,
Eu andava bem longe! Se eriçava
A longas dobras de um espanto belo
E de nervosas comoções minha alma
Sobre as bordas do nada: lá nascia
O mundo, os campos se estendiam, os montes
Sobrepunham-se, e logo o bosque, as ervas

Coroam e cobrem de folhagem e sombra;
Eu sentia esmagarem-se na esfera
Os astros seu caminho procurando,
Rebanho alvoroçado em campo estranho,
Depois se acomodavam; o sol despede
Seus raios primogênitos; mais fracas
Estrelas às mais fortes se rodeiam,
Como o rei do Oriente está no meio
De mulheres tão brancas, tão mimosas,
Porém sem luz, que o seu amor reflete
Em distância. Eu choro, virgem moça,
O amor, porém não o amor da carne;
Eu choro a dor que o corpo não conhece
Nem teu ouro não cura. — De repente
O mar tremeu; as ondas sepultavam-se
Assim, perto de nós, como se a terra
Debaixo as devorasse, nos ouvindo;
Surdo estrondo banhou todo o horizonte,
Terremoto passou submarino.
As mãos prende nos seios assustados,
Respirando perdão nos olhos belos
No rosto meia-cor, tal pousalousa
Folheia as asas que de sol se orvalham
Por céus de brando, d'inocente azul.

Não te aterres de mim, fala um defunto
À virgem longos braços amorosos.
Eu já não vivo mais: vês, como eu fujo
De ti, mugindo às solidões e às noites,
De monte em monte, como a fera errante?
Amo abraçar a rocha sonorosa,
Quanto amava a mulher inda ontem mesmo:
Meu peito aquece a pedra, e destas mãos

Afago as ondas suas que me cercam.
O bardo d'ilusões, que ia cantando
Mimosos carmes do equador esplêndido
Pelas margens risonhas da esperança,
Acabou: tenho ódio aos céus, aos homens,
Troco a luz pela sombra, e só respiro
Destruição e tempestade e morte!

Como ia tão fresca a primavera!
E eu me sinto cair do verde cume
Qual fruto apodrecido pelo inverno,
O velho d'alvas cãs d'embira branca
Que de viver cansou; nem tenho inveja
Ao homem que em seus cálidos estios
Contempla o vasto da existência. Ai dele
O que desesperou deste mistério!
Deste silêncio estúpido nos céus!
O pavoroso assombro de natura
Em vago e néscio sussurrar! Ai dele ...
Desprezo ao mundo, e maldição a esta alma,
Que os olhos abre para ser mais cega!

Uma onda no mar levando o eco,
Meu coração é campa solitária
Errante pelas naves ruinosas
De túmulos desfeitos, rotas sombras
Do peito meu; é como ave ferida,
Que somente estrebucha, entesa as asas
Para os gemidos no estertor da morte:
Nem Líbano sagrado eu sou, e a gleba
Da eternidade os cedros meus não plantam;
Nem olho para o longe, envolta a fronte
Em negros braços de ataúde, eu durmo.

DA HARPA XLI

Noite silenciosa! único abrigo
Que ficou-me no mundo! nesta praia
Tão solitária me lançaram: triste,
Indiferente, mudo, nada encontra
Minha vista por longe — murchas ervas
E o tronco desfolhado me rodeiam.
Não sai deste rochedo veia d'água
Para o vale sem flor; e a onda amarga
Um choro estéril nos meus pés derrama.
O cipreste espiral dá-me somente
Sua mão de túmulo! túmulo piedoso
E a sombra frouxa, moribunda à fronte
Pendida minha, branca e sem esp'rança:
E no deserto dela eu sinto errante
A nuvem da alma ... ó musa desgraçada!
Apagam-se os meus olhos friamente,
Sem uma onda de luz, sem raio extremo,
Em fundo ocaso pálido,— minha alma
Nem mais corre de amor, de amor os gritos
Nem mais a chama do meu peito espertam.
Minhas asas caíram, como outono

Vem despindo o meu corpo; folhas mortas
A crepitar se escoam ... tudo em torno
Nada tenho de mim! dorme o silêncio
No caminho deserto, e só palpitam
Meus rastos apagados pelo vento:
E mugibundo ao longe o mar contando
Os meus desgostos às sonoras plagas,
Ao peito meu sonoro d'oco tronco,
Que o vapor fraco do meu pranto exala,
Fendido ao coração que se convulsa
Sem verter uma seiva! Eu sou cadáver
À mão divina estremecendo — chora! —
E minha alma começa nos meus olhos
Desfazer-se e cair, se esvaecendo.

Silenciosa noite! um céu apenas
Adiante eu vi raiar: mostrou-me a terra
Dos meus pedaços espalhada, e eu só,
A dor me contraiu: oh! como é longo
O caminho que eu vou! — por este monte
Eu tenho de passar: cada uma pedra
Que eu ergo, e sinto atrás de mim cair,
Um passo eu dou — de menos este sol
Me deixa respirar. Cansado e morto,
Na minha tumba eu já me deito: noite,
Oculta-me em tua sombra! ... Já branqueia
Abertas margens do horizonte a aurora:
Ave de Juno desplumando estrelas
Nas saias ondulantes, tu mentiste!
O perfumado mel que dás à abelha,
Com a mão d'ouro espremendo dos cabelos;
Tão mimoso sorrir com que te inundas

E faz poesia aos pássaros e ao vento,
De que valem pr'a mim? Na terra onde
Não há vegetação, tua luz de lua
Que vem fazer? nasci perto da morte,
O meu nascente escureceu no ocaso.
— Julguei a noite eterna! e desdenhoso
O céu mostra-me ainda o dia d'ontem,
Que mata-me de novo em cada dia ...
A noite do infeliz não tem manhã.
Leito da vida, morte, leito da alma,
Seca a fonte de mim, que inda esperais?
Acabei de viver — nem soube o mundo.
Meu incógnito adeus somente à noite,
Com quem tenho vivido, ao monte, às praias!

DA HARPA XLV

Eu careço de amar, viver careço
Nos montes do Brasil, no Maranhão,
Dormir aos berros da arenosa praia
Da ruinosa Alcântara, evocando
Amor ... Pericuman! ... morrer... meu Deus!
Quero fugir d'Europa, nem meus ossos
Descansar em Paris, não quero, não!
Oh! por que a vida desprezei dos lares,
Onde minh'alma sempre forças tinha
Para elevar-se à natureza e os astros?
Aqui tenho somente uma janela
E uma jeira de céu, que uma só nuvem
A seu grado me tira; e o sol me passa
Ave rápida, ou como o cavaleiro:
E lá! a terra toda, este sol todo —
E num céu anilado eu m'envolvia,
Como a água se perde dentro dele.

Ingrato o filho que não ama os berços
Do seu primeiro sol. Eu se algum dia
Tiver de descansar a vida errante,

Caminhos de Paris não me verão:
Através os meus vales solitários
Eu irei me assentar, e as brisas tépidas
Que os meus cabelos pretos perfumavam,
Dos meus cabelos velhos a asa trêmula
Embranquecerão: quando eu nascia
Meu primeiro suspiro elas me deram;
Meu último suspiro eu lhes darei.

2. EÓLIAS

MADEMOISELLE

"Rien de plus beau que Paris"
                Provérbio

Fujamos, vida e luz, riso da minha terra,
Sol do levante meu, lírio da negra serra,
Doce imagem de azuis brandos formosos olhos
Dos róseos mares vinda à plaga dos abrolhos
Muita esperança trazer, muita consolação!
Virgem, do undoso Sena à margem vicejante
Crescendo qual violeta, amando qual errante
Formosa borboleta às flores da estação!

Partamos para Auteuil, é lá que vivo agora;
Vê como o dia é belo! ali há sempre aurora
Nas selvas, denso umbror dos bosques de Bolonha.
— Ouve estrondar Paris! Paris delira e sonha
O que realiza lá voluptuar de amor —
Lá onde dorme a noite, acorda a natureza,
Reluz a flor na calma e os hinos da devesa
Ecoam dentro d'alma ais de pungido ardor.

Aos jogos nunca foste, às águas de Versailles?
Vamos lá hoje! ... ali, palácios e *convalles*
Do rei Luís-catorze alembram grande corte:

Maria Antonieta ali previa a sorte
Dos seus cabelos d'ouro em ondas na *bérgère*. —
Tu contarás, voltando ... inventa muita coisa,
Prazer de velhos pais, — que viste a bela esposa
Das feras! com chacais dançando La Barrère!

Oh! vamos, meu amor! costuras abandona;
Deixa por hoje o hotel, que eu ... deixo a Sorbona —
E fugitivos, do ar contentes passarinhos,
Perdidos pela sombra e a moita dos caminhos
Até a verde em flor *vila* Montmorency!
De lá, és minha prima andando séria e grave;
Entramos no portão: eu dou-te a minha chave
E sobes, meu condão, ao quarto alvo e *joli!*

Hesitas? ou, senão, sigamos outra via;
Do trem que vai partir a válvula assobia,
O povo se acumula, aqui ninguém a ver-nos:
Fujamos para o céu! que fosse p'ros infernos
Contigo ... — "oui" —. Não deixes estar teu colo nu!
Há gente no *vagon* ... sou fúria de ciúme —
Desdobra o véu no rosto ... olhos com tanto lume ... —
Corria o mês de agosto; entramos em Saint-Cloud.

DÁ MEIA-NOITE

Alb.........

Dá meia-noite; em céu azul-ferrete
Formosa espádua a lua
Alveja nua,
E voa sobre os templos da cidade.

Nos brancos muros se projetam sombras;
Passeia a sentinela
À noite bela
Opulenta da luz da divindade.

O silêncio respira; almos frescores
Meus cabelos afagam;
Gênios vagam,
De alguma fada no ar andando à caça.

Adormeceu a virgem; dos espíritos
Jaz nos mundos risonhos —
Fora eu os sonhos
Da bela virgem ... uma nuvem passa.

3. O GUESA

O GUESA:

DE

JOAQUIM DE SOUSANDRADE.

LONDON:
PRINTED BY COOKE & HALSTED,
THE MOORFIELDS PRESS, E.C.

DAS *MEMORABILIA* QUE INTRODUZEM OS CANTOS V A VII

(datadas de New York, 1876, e assinadas: J. de Sousândrade)

Pareceu-me sempre que eu nada devera dizer em defesa do *Guesa Errante,* transcrevendo apenas a opinião contemporânea, que o justificasse ou condenasse. O poema foi livremente esboçado todo segundo à natureza singela e forte da lenda, e segundo à natureza própria do autor. Compreendi que tal poesia, tanto nas ásperas línguas do norte como nas mais sonorosas do meio-dia, tinha de ser a "que reside toda no pensamento, essência da arte", embora fossem "as formas externas rudes, bárbaras ou flutuantes".

O *Guesa* nada tendo do dramático, do lírico ou do épico, mas simplesmente da narrativa, adotei para ele o metro que menos canta, e como se até lhe fosse necessária, a monotonia dos sons de uma só corda; adotei o verso que mais separa-se dos esplendores de luz e de música, mas que pela severidade sua dá ao pensamento maior energia e concisão, deixando o poeta na plenitude intelectual — nessa harmonia íntima de criação, que experimentamos no meio do oceano e dos desertos, mais pelo sentimento que em nossa alma influem do que pelas formosas curvas do horizonte. — Ao esplendoroso dos quadros quisera ele antepor o ideal da inteligência. Na modéstia pois do *Guesa Errante,* as "galas e formosuras do artista, a enfeitar a idéia" tanto, seria nocivo à sua mesma idéia. Além disso o autor creu sempre que todo poeta, sob pena de escravidão e morte, deve ser o que ele é, e não o que o aconselham para ser. Nocivo à nudez, ao sentir profundo, à longa harmonia de uma lenda em doze cantos, fora esse deslumbramento das formas, que tão necessário é, tão belo é nos poemas-romances de V. Hugo — sombras e clarões fascinadores, melodias de Bellini, que nos arrancam a alma; porém, momentâneas.

O Guesa das primitivas eras, Senhores, tem direito à calma, à velharia dos tempos de Salomão; e por forma do seu ser, que é sua, fala em voz baixa e, quando muito, grita ou geme, por vezes; e mesmo porque nada há de novo embaixo do sol, tem o direito de ir antes natural do que sobrenaturalmente; filho varonil das terras virgens do equador, e não régio-dourado Oriental: ele é solitário e verdadeiro.

A palavra *nudez* vê-se que foi acima empregada no sentido moral, pois o Guesa andara vestido, e até revestido, como vítima que era do Sol.

Amo a calma platônica; admiro a grandiosidade do Homero ou do Dante; seduz-me a verdade terrível shakespeareo-byrônica; e a celeste lamartiniana saudade me encanta. Ora, todas estas generosas naturezas não me ensinaram nunca a fazer verso, a traçar os contornos da forma, a imitar *vox faucibus* o seu canto, porém a uma coisa somente: ser *individualidade* própria, ao próprio modo acabada — enamorada e crente em si própria.

Ser absolutamente *eu* livre, foi o conselho único dos mestres; e longe de insurrecionar-me contra eles, abracei de todo o coração os seus preceitos. Pode, aquilo que for feito, ficar imperfeito, e será, talvez; mas tenho que estes adorados mestres nunca amaldiçoarão ninguém por lhe haverem os céus dado asas de ferro em vez de asas de ouro — contanto que voem elas em firmamento distinto e não derretam-se aos raios solares. Deixem-nas pois à sua forma original: forma, que é o traço deixado pelo pensamento, e que vereis ainda ser a única absolutamente verdadeira: 'poetry is the only verity — the expression of a sound mind speaking after the ideal, and not after the apparent ... the fault of our popular poetry is that it is not sincere ... In a poem we want design, and do not forgive the bards if they have only the art of enamelling. We want an architect, and they bring us an upholsterer'.

É porque me quer parecer a falta de ciência e de meditação o motivo da nossa literatura não ter podido ainda interessar o estrangeiro. Até a nossa ortografia portuguesa não se entende entre si; a nossa escola não é nossa e nada ensina aos outros; estudando os outros, tratamos então de *elegantizá-los* em nós, e pelas formas alheias destruímos a escultura da nossa natureza, que é a própria forma de todos. A nossa música e os nossos literários esplendores decerto que transportam e deslumbram os sentidos, mas também adormentam o pensamento, afrouxam a idéia do homem. Sons e perfumes, flores e fulgores, roupagens e adornos, graças e tesouros, são sem dúvida grandes dotes de muitas princesas; porém de poucas será o corpo belo, sadio, forte, e a alma com a dor da humanidade e com a existência do que é eterno.

Deixemos os mestres da forma — se até os deuses passam! É em nós mesmos que está nossa divindade. Não é pelo *velho mundo* atrás que chegaremos à idade de ouro, que está adiante além. O bíblico e o ossiânico, o dórico e o iônico, o alemão e o luso-hispano, uns são repugnantes e outros, se o não são, modificam-se à natureza americana. Nesta natureza estão as próprias fontes, grandes e formosas como os seus rios e as suas montanhas; ela à sua imagem modelou a língua dos seus Naturais — e é aí que beberemos a forma do original caráter literário qualquer que seja a língua diferente que falarmos. O Guesa, tendo a forma inversa e o coração natural do selvagem sem academia, aceita-o assim mesmo — por espírito de liberdade ao menos, e porque ele vos ama, e porque ele tem um *fim* social e porque "eu cantarei um novo canto, que ressoa em meu peito: nunca houve canto formoso ou bom que semelhasse a nenhum outro canto".

Sendo então impossível de mim o que reclamam, e apenas possível o que ofereço à minha pátria, acrescentarei para terminar este assunto, que: eu continuo. Continuo; ainda que sem a ciência do bem-agradar, o que me fora gratíssimo, e tão-só com a consciência de que todas as forças úteis da minha existência aí serão empregadas — pudessem os melhor dotados seguir o meu exemplo! — Não faz mal. Nem as coroas deixam de ser coroas pelos espinhos que trazem; e o pungir destes como que até aumenta a frescura das rosas, que com eles vêm de envolta.

Àqueles a quem pareceu a narrativa não ir de acordo com a lenda, por via do Suna, direi, pois deve-se uma palavra de crença a cada dúvida, que só a diferença é ter sido a antiga estrada talvez de poucas milhas apenas e na planície, e ser a moderna estrada ao em torno do mundo, sem que a verdade do assunto nada sofra com isso. E de mais, qualquer poderá seguir cientificamente a linha itinerária que é o Suna da peregrinação; e o poema há de ser no fim acompanhado do seu mapa histórico e geográfico.

. . . .

DAS *MEMORABILIA* QUE INTRODUZEM O CANTO VIII*

(datadas de New York, dezembro de 1877, e assinadas J. de Sousândrade)

Esquecendo-se de si próprio, o Autor escuta com cuidado quando ouve do poema, venha da crítica ou venha do coração; procura *melhorar* sempre o verso por causa do pensamento, ainda que de mais em mais prejudicando as formas.

Ouvi dizer já por duas vezes que 'o *Guesa Errante* será lido cinqüenta anos depois'; entristeci — decepção de quem escreve cinqüenta anos antes. Porém se — *Life, not form; work, not ritual, was what the Lord demanded* — diz um swedenborguiano pregador, falando da Religião: não poderíamos dizer o mesmo da Poesia?

Homero o autoriza.

Por motivos particulares não foi ainda impresso o canto VI do poema; escritos estão também os dois que percorrem as costas do Brasil, faltando apenas o do Pacífico e o dos Andes, e o que do Cabo Horn irá até o Rio da Prata — e o epílogo, que está além dos doze cantos do Guesa. No Canto VIII agora, o Autor conservou nomes próprios tirados à maior parte dos jornais de New York e sob a impressão que produziam. Ele vai ouvir a voz de cada natureza; e trata o gênio de cada lugar à luz do momento em que por ali passa; e se lhe fossem como o benévolo Longfellow — *not a carping critic, but a friendly and sympathetic reader* — melhor teria sido para ele.

* Canto X da edição londrina.

DO CANTO PRIMEIRO

1858

(fragmento inicial)

Eia, imaginação divina!
                        Os Andes
   Vulcânicos elevam cumes calvos,
   Circundados de gelos, mudos, alvos,
   Nuvens flutuando — que espetac'los grandes!
Lá, onde o ponto do condor negreja,
   Cintilando no espaço como brilhos
   D'olhos, e cai a prumo sobre os filhos
   Do lhama descuidado; onde lampeja
Da tempestade o raio; onde deserto,
   O azul sertão, formoso e deslumbrante,
   Arde do sol o incêndio, delirante
   Coração vivo em céu profundo aberto!

   "Nos áureos tempos, nos jardins da América
   Infante adoração dobrando a crença
   Ante o belo sinal, nuvem ibérica
   Em sua noite a envolveu ruidosa e densa.
   "Cândidos Incas! Quando já campeiam
   Os heróis vencedores do inocente
   Índio nu; quando os templos s'incendeiam,

Já sem virgens, sem ouro reluzente,
"Sem as sombras dos reis filhos de Manco,
Viu-se ... (que tinham feito? e pouco havia
A fazer-se ...) num leito puro e branco
A corrupção, que os braços estendia!
"E da existência meiga, afortunada,
O róseo fio nesse albor ameno
Foi destruído. Como ensangüentada
A terra fez sorrir ao céu sereno!
"Foi tal a maldição dos que caídos
Morderam dessa mãe querida o seio,
A contrair-se aos beijos, denegridos,
O desespero se imprimi-los veio, —
"Que ressentiu-se, verdejante e válido,
O floripôndio em flor; e quando o vento
Mugindo estorce-o doloroso, pálido,
Gemidos se ouvem no amplo firmamento!
"E o Sol, que resplandece na montanha
As noivas não encontra, não se abraçam
No puro amor; e os fanfarrões d'Espanha,
Em sangue edêneo os pés lavando, passam.
"Caiu a noite da nação formosa;
Cervais romperam por nevado armento,
Quando com a ave a corte deliciosa
Festejava o purpúreo nascimento."
Assim volvia o olhar o Guesa Errante
   Às meneadas cimas qual altares
   Do gênio pátrio, que a ficar distante
   S'eleva a alma beijando-o além dos ares.
E enfraquecido o coração, perdoa
   Pungentes males que lhe estão dos seus —
   Talvez feridas setas abençoa
   Na hora saudosa, murmurando adeus.

Porém, não s'interrompa esta paisagem
  Do sol no espaço! misteriosa calma
  No horizonte; na luz, bela miragem
  Errando, sonhos de dourada palma!
Eia, imaginação divina! Sobre
  As ondas do Pacífico azulado
  O fantasma da Serra projetado
  Áspero cinto de nevoeiro cobre:
Donde as torrentes espumando saltam
  E o lago anila seus lençóis, d'espelho,
  E as colunas dos picos dum vermelho
  Clarão ao longe as solidões esmaltam.
A forma os Andes tomam solitária
  Da eternidade em roto vendaval
  E os mares compelindo procelária,
  Condensa, altiva, indômita, infernal!
(Ao que do oceano sobe, avista a curva
  Perdendo-se lá do éter no infinito,
  Treme-lhe o coração; a mente turva
  S'inclina e beija a terra — Deus bendito!)
Ou a da noite austral, co'a flor do prado
  Comunicando o astro; ou a do bronco
  E convulsivo se anelar dum tronco
  De constritor, o páramo abrasado!

* * *

Meia-Noite! O Guesa Errante
(Na selva os berros do jaguar fragueiros,
  Nas plúmbeas praias da deserta Ronda
  Colhendo o lanço os ledos marinheiros),
  Do seu banho noturno agora da onda

Se separava. Assobiando os ventos
   Nas encostas sonoras, lhe enxugavam
   Os seus negros cabelos, que agitavam
   Qual odulam sombrios movimentos
Sobre o Solimões pálido. Ele escuta:
   Auras surdas; diáfanas alfombras
   No espaço; o ressonar da pedra bruta;
   E entristeceu.
                  Contemplação nas sombras:
"Não foste ainda o Letes ... Aqui, donde
   Veloz gavião-real prendendo a cobra
   Que esfuzia e debate-se, desdobra
   No ar as asas serenas e responde
"Com grita ovante ao s'escorjar violento
   Do réptil, sobre o espaço ora o soltando
   Em convulsão brilhante, ora sedento
   E lívido o seguindo e o retomando —
"À dor sua abraçado, no martírio
   Do que dobra ao bater do pensamento
   E não pressente vir-lhe o esquecimento
   Nem dos céus, nem da morte ou do delírio,
"O homem descansa. Uma ave se desata
   E desdenha ao rochedo; e ele aí, preso
   Pelas cadeias do seu próprio peso
   Une-se à terra ... condição ingrata!
"Oh, ironia! o fazem miserável
   E abrem-lhe os olhos! para quê? —
                            Estrelas,
   Cintilai! cintilai! —Vermelhas velas
   Passando pela sombra permeável,
"O pescador, ficando mudo, as toma
   Pelo vulto fantástico descendo

Da mãe do rio, fluida estendendo
As formas na onda móvel. Puro aroma
"Exalam os seios naturais! se cria
Um filho neles. A maior aurora
Que precedeu ao sol, foi nesta hora
Que s'encarnou nos braços de Maria!
"Descei, raios da noite! O dia é claro,
E pode mesmo ser talvez mais belo!
Porém a noite etérea traz o selo
Do coração ao sentimento caro.
Quanta augusta mudez! Oh! é verdade,
Não é uma ilusão, que está-se ouvindo,
Penoso deus, ao tempo dividindo
Lento o horário fatal da eternidade!

            *   *   *

Vê-se, como tão rápido anoiteço,
Como de sombra e solidão me enluto.
"Entretanto horas há, qual as que expiram
Neste instante através da minha vida,
Em que sinto correr grata e querida
Lágrima, orvalho de saudade...
                          Giram,
"Talvez, sentem-se os círculos divinos
De asas no ar inefáveis — Santo Espírito!
Sobre o raio diáfano e sopito
Descei da noite de formosos hinos! ...
"Do mundo despedi-me, está despido
O manto social que me trajava:
Eu direi a razão por que hei partido
Para longe de quanto eu mais amava.

"Esta alma acostumando-se às estrelas,
Às soidões aniladas, a exilar-se
Nas montanhas umbrosas, a embalar-se
Qual as aves do céu nas vascas belas
"Do oceano a torcer os puros músculos
De seus ombros profundos, — que se riam
Os fátuos meteoros que desfiam
A face de noctâmbulos crepúsculos,
"Rompem-se as relações e (não odeio,
Que não possam ouvir-me) discordante
Só não fica esta Voz d'eterna amante,
Que dá sofrer e amar co'o mesmo enleio.
"Anda-se qual eu ando, sem conforto,
Vendo a verdade nas divinas dores,
E nestes astros, neste abril de flores,
Somente espinhos — como no Mar-Morto
"Cingiam a onda e a desmaiada fronte,
Coroa única... Eu que sou? quem era?
Ramo estalado ao sol da primavera,
Olhando os cumes do teu sacro monte,
"Filha eterna dos céus! Oh! ninguém queira
Saber o quanto pode ter passado
Um mudo coração que chega ao estado
Solitário, em que estou nesta ribeira!
"Eu não conheço as afeições queridas
Da família e do lar: as minhas mágoas
Qual os sons destes rios, destas fráguas
Neste silêncio morrem, vão perdidas,
"Sem a tão doce inclinação que leva,
Qual a veia dos vales, aos ouvidos
O puro mel de lábios conhecidos —
A noite eu sou, consumo a minha treva.

"Mas, qual no exílio d'alma o vão suspiro
Parte-se, e as ilusões abandonando
Do mundo sai, direito ao seu retiro
O jogador suicida, praguejando
"Contra os deuses e os homens, não me queimo
Da Fortuna e do Amor... cândida presa
Que um filho d'águia no doidar despreza
Dos delírios ao sol — em que inda o deixo.
"Porém, vós, que não tendes a serpente
Escamosa a morder-vos enrolada
No coração em sangue, quanto amada
Não será vossa vida d'inocente!
"Também fruí no engano destes sonhos
D'alvejantes visões — asas radiosas
Velando em meu abismo, mariposas
Nortes do errado mar ... Dias risonhos,
"Que não fazem senão que se ressinta
Mais do negrume a sombra! Ainda eu amo:
Bem vês que ao meu inferno te não chamo;
Deixa-me só, na lágrima retinta
"Banhar a bela tarde, que se apaga
Dos olhos meus. — Atrás ficava a França,
Qual um lume saudoso; d'esperança
Novo lume eu seguia sobre a vaga,
"Onde eu era a tormenta! Eis o passado.
Quanto ao presente ... o gelo, a morte existe
Fria entre mim e o mais, e mudo e triste
O céu, qual de minha alma repassado.
"Porém, que importa tudo isso? — quando
A ação divina desce, e com o que erra
Ser orgulhoso, vem se unir na terra,
Sempre é infeliz o misto resultando.

"Corro ao túmulo; as crenças namoradas
Venho esquecer aqui ... nunca s'esquecem!
Surgem neste horizonte interno aladas
As formosas saudades, aparecem
"Qual ledas aves d'Óssian voltejando
Sobre o escudo sonoro do guerreiro
Que seguiam ao vale. O desespero,
A alma livre imortal dilacerando,
"A indiferença cria, irmã da morte,
Cega a esses lises de que amores falam
Com saudosa magia, em que s'exalam
Os seios das paixões da virgem forte,
"E a tarde sideral ... cinza deixei-os,
Sem s'inflamarem, nem dos ventos serem;
Da saciedade lívida a s'erguerem
Num presente isolado, os belos seios!
Trêmulos eram, eram travesseiros
Magos do sonho, e solidões formosas
Dos bem-queridos crimes feiticeiros
Do coração, que às chamas enganosas
"Endoidece. Dos céus que então se digam
Os mil romances de virtude, clamam
As coragens por estes seios que amam,
Que eternizam desejos, que se ligam
"Ao sacrifício, e dos anelos ternos
Se desencantam no aborrecimento,
Céus! de desgosto e frio tédio, infernos!
Do que nos deram de melhor ..."
                                       O vento
Murmurou, qual satânica risada
   Que estalasse na treva.
. . . .

"Será pela leviana, quão formosa
Do amor e da discórdia estrela, entrando
No céu, que se alvorota a harmoniosa
Ordem dos astros, que me está turbando? ...
"É com tácito horror que à noite mádida
Contempla-se esta morta, pelos poros
A vida transudando em lindos, louros
Vermes, em que se transfigura esquálida;
"Sublimes Prometeus encadeados
Dos rochedos no trono, ao largo olhando,
E o pensamento em vôos desvairados
Glórias vãs da existência reclamando!
"E eu também nasci, e enquanto queres,
Meu negro fio tece — ai! desconcerta
Teu manto vivo, que se andraja e esperta
Neste mistério eterno — *reverteris*.
"Lei dolorosa... terra! terra! fora
Tua esta divindade! mas, te vejo
Brinco das mãos de um sol, que em mudo beijo
No teu berço de sombras te devora:
"E a mosca, o sábio, a virgem planta altiva
Servindo nas delícias execradas,
Ó terra! umbroso e único conviva,
Do banquete infinito! degradadas
"São tuas criações! quando as consomes,
Nesse teu desespero revolvida
Triste e no próprio seio a fartar fomes,
Dize, não sentes fundo a dor da vida?
"Mas, esqueço; me perco em vãos pensares,
E eu não posso parar: a Voz me brada
— Não é 'í tua pálida pousada! —
De toda parte, de através dos mares,

"De através dos desertos! E que importa
A Asavero acenar, negro de poeira,
Que suspirando passa e não aporta,
A rama de pacífica oliveira,
"Correr a fonte límpida? Entretanto,
Quero ainda, Senhor, ver sobre a terra
O sol que acompanhava-me na serra,
Que eu já subi, que já *subimos* tanto! —
"E gotejam as lágrimas profundas;
Também a noite chora —

                              Que amanheça!

Perfez-se da diabólica cabeça
A rotação sombria: as sombras mudas
"Movem-se com o embalo flutuoso
De seus mantos etéreos. Belas brisas!
Assim s'expandem d'inocência e gozo
Os céus nascentes de umas faces lisas."

DO CANTO SEGUNDO

1858

Opalescem os céus — clarões de prata —
Beatífica luz pelo ar mimoso
Dos nimbos d'alva exala-se, tão grata
Acariciando o coração gostoso!
Oh! doce enlevo! oh! bem-aventurança!
Paradíseas manhãs! riso dos céus!
Inocência do amor e da esperança
Da natureza estremecida em Deus!
Visão celeste! angélica encarnada
Co'a nitente umidez d'ombros de leite,
Onde encontra amor brando, almo deleite,
E da infância do tempo a hora foi nada!
A claridade aumenta, a onda desliza,
Cintila co'o mais puro luzimento;
De púrpura, de ouro, a c'roa se matiza
Do tropical formoso firmamento!
Qual um vaso de fina porcelana
Que de através o sol alumiasse,
Qual os relevos da pintura indiana
É o oriente do dia quando nasce.

Uma por uma todas se apagaram
   As estrelas, tamanhas e tão vivas,
   Qual os olhos que lânguidas cativas,
   Mal nutridas de amores, abaixaram.
Aclaram-se as encostas viridantes,
   A espreguiçar-se a palma soberana;
   Remonta a Deus a vida, à origem d'antes,
   Amiga e matinal, donde dimana.
Acorda a terra; as flores da alegria
   Abrem, fazem do leito de seus ramos
   Sua glória infantil; alcion em clamos
   Passa cantando sobre o cedro ao dia
Lindas loas boiantes; o selvagem
   Cala-se, evoca doutro tempo um sonho,
   E curva a fronte ... Deus, como é tristonho
   Seu vulto sem porvir em pé na margem!
Talvez a amante, a filha haja descido,
   Qual esse tronco, para sempre o rio
   Ele abana a cabeça co'o sombrio
   Riso do íris da noite entristecido.

DO CANTO TERCEIRO
1858

As balseiras na luz resplandeciam —
   Oh! que formoso dia de verão!
   Dragão dos mares, — na asa lhe rugiam
   Vagas, no bojo indômito vulcão!
Sombrio, no convés, o Guesa errante
   De um para outro lado passeava
   Mudo, inquieto, rápido, inconstante,
   E em desalinho o manto que trajava.
A fronte mais que nunca aflita, branca
   E pálida, os cabelos em desordem,
   Qual o que sonhos alta noite espanca,
   "Acordem, olhos meus, dizia, acordem!"
E de través, espavorido olhando
   Com olhos chamejantes da loucura,
   Propendia p'ra as bordas, se alegrando
   Ante a espuma que rindo-se murmura:
Sorrindo, qual quem da onda cristalina
   Pressentia surgirem louras filhas;
   Fitando olhos no Sol, que já s'inclina,
   E rindo, rindo ao perpassar das ilhas.

— Está ele assombrado? ... Porém, certo,
Dentro lhe idéia vária tumultua:
Fala de aparições que há no deserto,
Sobre as lagoas ao clarão da lua.

Imagens do ar, suaves, flutuantes,
　Ou deliradas, do alcantil sonoro,
　Cria nossa alma; imagens arrogantes,
　Ou qual aquela, que há de riso e choro:
Uma imagem fatal (para o ocidente,
　Para os campos formosos d'áureas gemas,
　O sol, cingida a fronte de diademas,
　Índio e belo atravessa lentamente):
Estrela de carvão, astro apagado
　Prende-se mal seguro, vivo e cego,
　Na abóbada dos céus, — negro morcego
　Estende as asas no ar equilibrado.
E estende, abrindo-as, asas longas, densas
　(Alvar boquinha, os olhos de negrores,
　Lumes de Sátan e os que são traidores,
　De Lusbel morte, já sem luz, sem crenças),
Vibra, acelera a vibração de açoite
　Da asa torva com que fustiga os ares;
　Qual a palpitação vasta da noite,
　Oscila a esfera, vanzeando os mares.

DO CANTO QUARTO
1858

Noite, — noite. — Das trevas o fantasma
　　Levantou-se no espaço. Brisa vária
　　Chora em torno das grotas, e s'espasma
　　Dos bosques no ar a rama solitária.
Piam na serra as aves da tormenta,
　　Toda estrondeia a lôbrega floresta;
　　O vento assopra, acalma; aflita e mesta
　　A terra ao largo, ao longe se lamenta.
Nas asas do tufão gralha e lufada
　　Voa rota folhagem; braço a braço
　　Travam luta feroz, dentro do espaço,
　　O tronco secular co'a nuve' alada.
E o vegetal brandido ao vento corso
　　É clava, é lança, é bárbaro guerreiro;
　　Dentre o geral clamor, lascado dorso
　　Fulge na sombra elétrico luzeiro!
O vale anseia à noitidão profunda;
　　Erriça o cume a tempestade, o raio;
　　Embaixo vos atrai, vos prende e inunda;
　　Seduz *em cima* ao coração — soltai-o...

Desce a vaga deserta da montanha
    E a torrente dos céus, turbando a fonte;
    Remugidos trovões, abre-se e banha
    O relâmpago os plainos do horizonte.
E o cavaleiro, clareadas selvas
    Qual aos fulgores de byrôneo verso,
    Passa, qual fora o coração das trevas
    Agitado no meio do universo!
Passa co'os ventos estalando as asas
    Aos vagabundos vôos ave incerta —
    Jorrando espumas da guedelha inquieta,
    Dos pés cintilas e dos olhos brasas,
Levam ecos o assopro do cavalo
    Pela estrada sonora e pelos campos;
    Nas barreiras profundas e nos valos
    Bordam fadas na luz dos pirilampos.
Dos trópicos na noite tenebrosa
    Fantásticas as matas s'iluminam
    Qual se abatesse a abóbada estrelosa
    Dos céus à terra — os gênios peregrinam,
Vê-se — ao fundo dos quadros de negrume
    Entreamostram-se as louras hamadríadas,
    Seus véus abrindo de madeixa e lume;
    Luzeluzem de Pã ao peito as híadas;
Da onda negra hibernal enormes vultos,
    Qual mercúrio nativo reluzidos,
    Vão nos vales rolando — à treva ocultos,
    Aos clarões momentâneos estendidos.
E as pálidas visões dos cemitérios
    Se apresentam, circulam, e se apagam;
    Sobre os braços da cruz gemem saltérios;
    Uivam 'spíritos que nas sombras vagam.

E os fogos-fátuos, qual esp'ranças, tocam
   O sagrado pavor das sepulturas;
   Na montanha as esferas se entrechocam
   E povoam de pranto as espessuras.

* * *

Sobre seu coração abandonada,
   Branca estátua da grande formosura,
   Mirava o Guesa Errante à namorada,
   Como quem se temesse da ventura.

"Ó bela, ó bela terra de alabastro,
   Formidável poder da natureza!
   Dás paixão — qual à refulgência do astro
   Eleva-se a crepuscular tristeza.
"E a paixão cansa; do ideal a sede
   Jamais saciada, cansa; muito embora
   Punjam-se os seios na alvejante rede,
   Viçosos, nus; na coifa luzidora
"A fronte se mergulhe endoidecida
   Embora, embora — apenas o desgosto
   Dentre o desmaiamento alembra à vida
   Que a onda ondula e a flor seca do rosto."
Nas mãos tinha-a, mirava-a, possuía,
   Quão taciturno agora! qual se os beijos
   Esse altar profanassem dos desejos —
   Uma asa negra esvoa na alegria.
Aos céus escuta? os ares são gementes;
   À terra? olvida os céus. E ele escutando
   As de púrpura em chama áureas correntes,
   Das doces formas através rolando,

Qual ouvindo-as rolar, tão cintilantes
   Do alvo corpo através — nas criadoras
   (Que deuses são os ávidos amantes),
   Nas pudibundas encantadas horas!
E Virjanura toda fulgurava,
   Qual na risonha, angélica ardentia,
   Flor de iúca ao luar — s'iluminava
   A grande flor, o grande luar ardia!
Porque no ombro mimoso d'açucena
   Cintilação estranha se levanta,
   Quando amor a vibrar na alma serena
   Perturba-a, cega-a, e na cegueira a encanta:
E qual em céus levantes se anunciam
   Os fulgores divinos da manhã,
   Desejos-coroas lhe resplandeciam
   Que de si verte a fronte-talismã.
Via o Guesa à tez branca s'erriçando,
   Veludosa e quão branca! e luz-negrores
   Melífluas tranças se desanelando —
   "Oh! consomem, devoram teus amores!"
E ele a ouvindo, ele mudo, co'o mistério
   Dos que a si se desarmam no combate,
   Co'o palor de clarão do cemitério
   Quando erram sombras, quando o vento
Palor de noite matinal do pólo,
   Noite e sendo manhã de, meiga luz,
   Mudez, d'estátua cândida de Apolo,
   Que desadora à dor e que seduz.
Era vencido o vencedor de abismos,
   Do amor agora adiante e da piedade,
   Rosas do coração da mocidade
   Sempre florindo. Que fatal mutismo!

Que adoração! que sacrifício eterno
   No desgraçado amor! Pobres amantes,
   Não acordem! se vai destes instantes
   O encantamento e vem remorso, o inferno!

Harmonias de Deus — lá fora, estalam
   Selvas à força fúnebre dos ventos;
   Cá dentro, seios que em amor se exalam
   Se erguendo nus, ansiosos, sonolentos.
E dos gênios que estão na tempestade
   Se ouvem grandes risadas pelos ares;
   Mais vigorosa a vida à noite tarde,
   Há mais viver aos ecos dos palmares.
E a morte além, com lutuosos mantos
   A miséria a cobrir do que suspira
   Por um raio de sol; e o que tem prantos,
   Chorando-os pelo que tão cedo expira!
Harmonias de Deus — lá ribombadas
   Nuvens, trêmulos céus; cá dentro, gritos
   Dos que *flechados* vêem — descancaradas
   As gargantas de fogo e os olhos fitos
Da cobra, que vibrando está magnética
   Estendida luzente na cumieira,
   Dos lares protetora, hospitaleira
   Sobre a casa a velar mansa, doméstica;
E as flores tropicais, rubras e ardentes,
   Nos vasos se movendo, se animando
   De sangue e luz, e as alvas inocentes
   Nas sanefas das sombras se ocultando;
E os gênios vários, que lá vão nos ventos
   Dando grandes risadas pelos ares —
   Esses lá, porque os outros são mui lentos,
   Custa-lhes muito a alevantar os mares —

Harmonias de Deus! e a morte, e as flores,
    E os brados procelários, e os delírios
    Dessa luta incessante dos amores
    Em que a vida se gera entre martírios ... —
Tão branda, quase dolorosa, olhando,
    "Oh! consome e devora o teu amor!"
    Perdida ela dizia, desmaiando
    Qual as douradas noites do equador.

                  * * *

É surdo o amor. E n'alma estremeceram,
    Em seu princípio as mágoas germinando!
    A esperança morreu nos que viveram
    Dela. Estava-se a lâmpada apagando.
Ninho odorante! À luz do firmamento
    Não vieram espectros; brando sono,
    Os olhos enrouxando e lento e lento,
    Os corpos lhes deixara ao abandono:
Tal ficam dois cadáveres formosos,
    Frescos, dos corvos ainda não tocados,
    De adolescentes náufragos rojados
    Dos mares sobre os bancos arenosos.
Oh quem pudera ser indiferente
    À beleza dos anjos decaídos!
    Quanta miséria cândida, inocente
    Nos membros alvos empalidecidos!
Ao silêncio da noite abre-se à terra
    O seio maternal, onde repousa
    Quem ao raio solar levanta-se e erra
    Da existência ao labor — procria e goza.

Pois se apascenta amor na formosura,
　　Mais bela e mais feliz quando vorada
　　Sente-se, alimentando da doçura
　　De si ou doce filho ou essência amada.
Dorme abrevado — porque amor se nutre
　　De fruto ingrato e frutos proibidos,
　　Palmas do vencedor; ou voa abutre,
　　Se os encantos s'esvaem pervertidos.
Que tem ele co'as lágrimas que ficam
　　Chorando corações? à flor vermelha
　　De mel e aromas, quando os céus a indicam,
　　Desce, alimenta-se e além voa a abelha.
Amor se nutre; e lá de longe quando
　　Olha, é um campo de devastação!
　　É vida, come; é chama e vai lavrando,
　　Que não destrói —procura a nutrição.

Eram exaustas do prazer as fontes;
　　Calado o ar, que à madrugada esfria;
　　Cessara a tempestade além; fazia
　　Brisa suave o círculo dos montes.
Qual d'umbrosa espessura na clareira
　　Raio estendido de luar, a imagem
　　De Virjanura pávida s'erguera
　　Toda num braço, esplêndida e selvagem.
Das vozes do arvoredo, que bradavam
　　A Romeu e Julieta 'aurora! aurora!'
　　As ainda dúbias notas s'escutavam —
　　'Talvez — talvez — mas ouvi bem agora ... '
Separação! é quando amor se alegra
　　Que és a hora triste e malaventurada!
　　— E os olhos pardos dentre sombra negra
　　Co'os reflexos brilharam da esmeralda.

E qual aos olhos o fulgor, a lua
　Cheia de solidão aos céus voltara
　Límpidos, qual um seio que se enua,
　Quando a noite d'inverno trovejara.
E dos leitos medrosa (oh quanto bela
　Nas puras dobras do roupão!) a dona
　Alevantou-se —lânguida à janela,
　Ao ombro amado pende e se abandona.
E ficaram olhando. Ao oriente
　Qual lagoa seráfica, luzia
　A estrela d'alva, a mais resplandecente
　Filha dos céus, que tem da noite e o dia.

* * *

Veio o verão; passaram para os lagos
　Róseos cordões de colhereira etérea,
　A andorinha seus ledos vôos vagos
　Já de ao em torno do casal erguera.
A baunilha espalhou, por toda a estrada
　Dentre florestas, cálidos perfumes
　Qual ínvia chama errante, apaixonada,
　Que a amar excita, e mata de ciúmes.
Viu-se ao rio o seu curso enfraquecendo
　E atalhar; e não viu-se à pescaria
　Mais caravanas a cantar descendo,
　Fugindo à lapa a lontra luzidia.
Os corvos sobre os campos abaixaram,
　Nos montes não correram caçadores;
　Rugiu negra a discórdia entre os amores,
　E os moços a rugir se separaram.
— E os céus alvecem na alegria pura
　E dolorosa e doce e tão suave!
　As terras ermam-se aos trinares da ave,
　E o rosto tem pendido Virjanura!

DO CANTO QUINTO
1862

Noite. Está reclinado o Guesa Errante,
    Olhando, — as grandes selvas se aclararam
    À fogueira que acesa foi distante ...
    — Gritam das ruínas! as soidões gritaram!
E luzente na noite, para as chamas
    Voa longo sibilo, serpentinos
    No ar desatando laços repentinos,
    Fósfor nas bruno-lúcidas escamas,
E à fogueira lançou-se, do ar alado,
    Surucucu-de-fogo! — árido ouvidos
    Eram crebros funestos estalidos
    Dos seus dúcteis anéis, o incêndio ateado!
Oh! quanto a chama e a cobra, tormentosas,
    Uma à outra envolviam-se raivando
    Por mútua antipatia! e mais lutando,
    Mais, deslocando-se achas resinosas,
Em labareda as chamas se laceram,
    Que ao meio delas, rúbida, convulsa,
    Se esmalta a cobra e relampeia e pulsa,
    Desdobrada espiral! — Emudeceram

Do Guesa os servos, que dispersos foram
    E bradando e bradando amedrontados;
    Grupam-se ao longe; enquanto os apagados
    Incêndios vêem braseiros que descoram.
Mas, desondeando pela terra o açoite,
    A cobra, em todo o orgulho de serpente,
    Alça o colo; e ciciando, e lentamente,
    O Guesa a vê passar través da noite;
E luminosa e qual se então se houvesse,
    Vencidas chamas, acendido nelas,
    Traço de luz, lhe nota as malhas belas
    Do vermelhão, que às iras resplandece.
Ora apagou-se; e dum brunido umbrio,
    Penetrou das ruínas na caverna:
    Lá, viva tocha o crânio, vela eterna;
    Os viandantes a vêem — quem nunca a viu?
Umbrosa e tarda, à do silêncio guarda,
    Oh! paz e amor ao gênio bom dos lares,
    Que a luz ofende, que importuna acende
    Pródigo filho, a dor destes lugares!

E esta Equidade eterna, que aos céus dera
    O raio serpentino, deu à terra
    A serpente radiante — açoite e açoite,
    Ou relâmpago, ou ação fugaz da noite.
A dor foi longa, viu-se a pausa que houve —
    E continua o Guesa, tristemente
    A fronte a alevantar, que tão pendente
    Taciturna caía —
    . . . .

            *   *   *

"É muito tarde. A lua está pendida,
Visivelmente a cor mudada; a chama
Bela da fronte, em lúcido-polida
Linfa, o cristal tão puro, qual a trama
"Cerúlea visse-se através. O de ouro
Luar, em luz de pérolas e lírios —
Oh! como o teto incende-se, e tão louro
Ao em torno se inflama o céu ... Delírios! ...
"Febre não tenho, não; zéfiro brando,
Brilha a amplidão dos ares; e mais sinto
O horizonte em redor cambaleando —
Oh! ao longo ondear vê-se distinto
"O teto do casal! ... Oh! oh! descombra!
Abre-se ao meio! os ang'los cedem, vão-se,
Hiante o golfo! a lacerada sombra
Enchem destroços, que uns nos outros dão-se,
"Que uns aos outros se abatem, se erguem, somem,
Surgem, dançam que rolam do ar, pendendo
Em seu dia final, que se consomem
No abalado sepulcro — que tremendo
"Estala, e range, e se esconjunta, e inteiro
Rui colossal por terra! Os céus reboam
No horizonte do mundo, e pó-nevoeiro
Noite escurece! Ruínas se amontoam."
Assim do coração quando baqueia
    Se derramam as sombras pela terra:
    Embalde a aurora do equador se ateia,
    Rasga-as de luz, que as sombras não descerra.
E nada deste canto se conserva:
    Já os viandantes últimos passaram;
    No deserto depois cresceu a selva;
    Sobre a Vitória os ventos ondularam.

DO CANTO SEXTO

1852-1857

"Longa estrada do Suna — doces horas!
Qual as migalhas do banquete etéreo,
Aos astros, com malédico impropério
Varrem dos céus as servas, as auroras.
"Se despedira o sol de Guanabara
Co'a saudade estival do quente clima;
Ora, alta noite estava ao longe em cima,
Qual um sagrado pensamento estara.
"E presenciei a noite: os ventos fundos
Rebramiam qual gênios da montanha;
As estrelas esvoavam, e da sanha
Sidérea delas claro-umbrava o mundo.
"Parou o sol fronfeiro, que eu subia
Nestes píncaros do ar por mil bizarras
Ermas aspas, titânea fantasia!
Doce alumiadas das manhãs às barras —
"Oh, quanta luz! Nos vales jaz mesquinha
A cidade, negra harpa, que recorda
Criações de Caim: jardins e vinhas;
Ruas sonoras são-lhe da harpa as cordas.
"Do bosque as virações, a ave das flor;
Sonolentas erguiam-se; as ramagens
Brandas se embalaçavam nas voragens
Tranças no ombro formoso; em resplendores,

Do penhasco estalavam, em torrentes
Que iam 'strondar do abismo pelas fráguas,
Vivos diamantes rubros e orientes
Do desespero em que espedaçam águas!
"Ainda vejo, tão bem! co'a doce pena
D'alma dolente à que nos deixa e parte:
Todos saudavam-me, a iaiá morena
Da porta o olhar e linda e meiga e mártir.
"Vagavam, longas pausas, longamente
Vozes, recomeçando, concertando,
E as alavancas, fúnebres vibrando
Noturnas, nas pedreiras e cadentes;
"Dos escravos as vozes, tristes, mestas,
Quão desgraçadas, Deus! quanto saudosas
Às calmas tropicais, do dia às sestas,
Da sebe ao aroma, ao s'encarnar das rosas,
"Aos brandos céus, aos tão cerúleos mares,
Quais nunca eu tinha visto! Oh, natureza,
Quanto ocultavas tu sem amostrares,
De luz, de sons e d'íntima beleza!
"Em seu dia final quanto é-se humano
D'alma sentindo as meigas relações
Que há entre os céus e o homem soberano,
Entre esta amante terra e os corações!
"Bendiz-se ao mundo, com piedoso encanto
Conciliador d'esp'rança já perdida,
E a esta misérrima, a esta espuma-vida,
Em qual abraço que estreitou-se em pranto."
Do Guesa o coração fora humilhado
Ao cruel desencanto de um delírio ...
Dos ecos vão, dos vales o martírio,
Longas ondulações — vaga o passado:
. . . .

CANTO SÉTIMO

1857-1900

Por alvoradas d'áureas madrepérolas,
  Qual a quando o casal todos deixaram,
  Quando os cavalos brancos relincharam,
  E os adeuses disseram-se ao palmar;
Descendo o Guesa as morrarias cérulas
  Atravessou na tempestade o oceano,
  Ibéria, ou África, ou Mediterrano —
  Órfão que anda à noitinha errando o lar.
Era que algum destino o compelia
  Ao grande antigo mundo, os nobres feitos
  Ver, escutar dos sábios os preceitos,
  Que nem sempre lhes hão sabedoria.
Cantou em Senegâmbia (produtora
  Do animal negro e escravo americano),
  Voz a ouvir do leão tão gemedora
  Tremendo a terra, a crer de um peito humano:
"Sol d'África, do azul dos céus vibrado
  Em luminoso vasto negro jogo
  O escudo teu, em sangue qual banhado,
"Chovem teus raios d'olhos e de fogo
  No val' que há sede, que arde e estala ao dia,

Repercutindo o oceano oco e regougo;
"Bebes tu da cacimba doentia —
Ai do baobá e da verdura e a sombra!
Ora, à ondada mortal da noite fria,
"No ocaso estás qual incendiada Roma;
Os raios teus metálicos luzentes
Nas sem albor manhãs de quando assomas,
"Ferem! Ao fundo do areal candente
Em vermelho-amarelo ocaso, atrista
Negra miragem — tu, águia sinistra,
Que nos deste a desgraça onipotente!"
E nas manhãs ignívomas lhe vinha
Dos dias d'África uma doce aragem
Rosas oferecer, parda, sozinha,
Criança escrava, da saudade a imagem.
Quem era? uma perdida, na inocência
D'alva dos anos. À moral consciência
Já consternando, o coração do Guesa
Vibrou; e erguendo-se à moral beleza,
Resgatou-a; de asilo religioso
Sagrou-lhe a educação co'a divindade
De quem traidor disciplo ama zeloso,
E diz: "Sê meiga flor e a liberdade."

"E ergueram-se os desertos
Aos gritos do siroco,
Do sol rasgadas velas,
Convulso alto o areal:
Ao meio a jovem palma
Em grande desespero,
Toda à gentil *saudade*
As sombras a estender.

"A que era a desflorada
É flor, duma vingança —
Eia, katá divino
O guia do rosal!
E rama à rama estala
Por esses ares — eram
Da palma as chamas, sombras
Fazendo à que a há de ter!
"E esvaem-se as miragens;
E cômoros que erriçam
Deserta areia, túmulos
De pálido alvejar:
E sempre a palma, a palma
Dando à *saudade* sombras;
E o mundo abismo, abismos
Negros a tumultuar!"

Eis do Guesa a afeição mais duradoura,
   O amor da boa serva, a serva-amante,
   Prática virgem, que só trai se adora:
   É negra flor dos vales do Levante,
Crepuscular *saudade*; é o mistério
   De lutas contra o mundo; é *luminosa*
   Vinda das trevas, *delas* mensageiro
   Inócuo, infeliz, contra a ditosa
Luz de Abel — Deus eterno! — é a vaidade.
   É d'estranhos punhal: faces-amenas
   Risos evanos meigos da *saudade*
   E flor de morte, américas morenas! ...
   . . . .

* * *

"E as caravanas que ao Saará partiram,
Descem, cantando ao luar, a Serra-Leoa;
O ouro ao comércio e as pedras reluziram.
"Ouve-se a voz de amor, a voz que entoa
A Dacarina luzidia, que erra,
Foge qual lindo pássaro que voa.
"Alevantou-se a lua além da serra —
Columba de asas prateadas, deixa
Minha fronte embeber-se, qual a terra,
"Da fresquidão dos raios de madeixa
Que desdobras, undando o firmamento,
Das feras ao rugir e às doces queixas
"Dos gênios do deserto! Sonolento
Dos areais o espelho te reflete
O nimbo áureo-diáfano-cinzento,
"Aonde vago todo eco se repete
Dos selvagens, que adoram-te da praia,
A quem mil coisas teu amor promete;
"Contigo o encanto nas choupanas raia,
Onde o gênio gentil do coração,
Imagem da saudade, se desmaia;
"Festeja-te a sagrada viração
Quando, do monte, aclaras o horizonte,
E estás dos céus, ó Isis, na amplidão!"
E na européia vida do presente
   Viu da ciência o lavor: armada a guerra,
   E sem sossego a paz; e um céu vivente,
   A longo eterno reviver da terra.
    .   .   .   .   .
    .   .   .   .   .

DO CANTO OITAVO

1857-1870

Nos portos do oceano, setinosas
   Azuis-luzentes velas se ferrando,
   Os salvados das costas procelosas
   Desembarcavam. No ar circunvoando,
Vivo-escarlatas indolentemente
   Os guarazes à luz dos céus traçavam
   Coroas de sangue. À praia transparente
   Viridantes os mares se quebravam.
Como as cem mamas naturais da vida
   As arenosas dunas, alvejantes,
   Selvagens, virgens, pontiagudo-erguidas,
   Altos riçavam muros de diamantes;
Era a ilha sempre-Éden, sempre-verde,
   Onde abria o rosal à natureza,
   Crescia a palma que nos céus se perde —
   Ao Sol dos Incas s'incantava o Guesa![1]

        * * *

---

   1. Mantivemos a grafia *incantar* do original, neste e em outros versos, para ressaltar a paronomásia com *Incas*.

Ele saltou em terra; foi seguindo
Num caminho d'estrelas; sons ouvia,
Vozes n'alma cantando; e lento e ouvindo,
Ele parou à doce melodia.
Veio o gênio insular às horas magas,
Disse: "da calma as sombras s'estenderam,
Os cajuais perfumes desprenderam —
Vem para as sombras, náufrago das vagas."
Era um gênio formoso — vendo-o o Guesa
Responde: "irei contigo ao fim da vida!"
Era a Ilha do Sol, sempre florida,
Ferrete-azul o céu, brando o ar pureza
E vias-lácteas sendas odorantes,
Alvas, tão alvas! E ia o lindo gênio
Acompanhando o náufrago às distantes,
As sombras puras do país edêneo.
E o gênio trouxe-o a afortunado umbror,
O alimentou dos dons dos frutos gratos;
Deu-lhe beber as ondas dos regatos
E disse-lhe: "da terra és o Senhor".

* * *

Musa da zona-tórrida! saudoso
Puro alvor, mago o olhar, sorrisos doces
Aos eleitos dos céus — gênio zeloso,
Que os desterras a virginal soidão
De martírio ideal, d'eterno gozo
Glória de amor, vencer na harpa as atrozes
Batalhas do interior abismo — as vozes
Inspira, inspira, ó musa, ao coração!

* * *

Ora, confusos ecos do passado
    Ao longe esvaeceram. Do presente
    Encantando o viver, ao gênio amado
    Pergunta o Guesa, e meigo e tristemente:
    "Quem são teus pais? — nasceste dos amores
    Que hão origem no riso da beleza
    E na paixão de um anjo? — vens das dores,
    Ou és um sonho desta natureza?
    "— Da centelha divina misteriosa
    Do amor primeiro, que é na mocidade,
    Glória num, noutro força poderosa,
    Quem és? — és tu a dor-humanidade? ..."
Então, olhando o gênio, e bom e brando,
    E sem nenhum recato à formosura,
    Da terra aos céus o braço alevantando:
    "Tellus ... Coelus" ... na sua voz murmura.
    Vejo as preclaras formas, do diamante
    De luz branca, oh! eu vejo a divindade
    Dentro de ti, qual raio do levante
    Num terreno cristal! vejo em verdade
    "O processo moral da natureza,
    Incolores princípios, a existência
    Absoluta da aquém e além beleza,
    Viva em ti s'encarnando a áurea inocência —
    "Oh, a inocência! a força desarmada
    Que é ela e solidão feliz, de um Deus
    A cândida, a melhor, melhor morada,
    Coelus, o lírio-luz, a terra-céus!"

        *   *   *

E o Deus que está na amante mocidade
  Qual o ideal num belo firmamento,
  Neles esteve e à plena liberdade
  Do divino amoroso sentimento.
"Há uma forma-símbolo, que interna
  Existe, sente-a eternizando a vida:
  Segue-a o homem na esp'rança que há-de a eterna
  Num deserto encontrar, nunca perdida,
"Sempre imutável, qual irradiasse
  E acompanhasse ao raio — estrela insana
  Que na luz, que de si pura dimana,
  Descesse ao mar e nele se apagasse.
"Te hei visto sempre, noiva, que a doçura
  Dela tens; a voz tua ouvi nas frautas
  Da livre brisa e da onda que murmura
  A proa dos formosos argonautas —
"Quando o filho d'Esão a amor querido,
  Ao concurso, de meiga feiticeira
  O tosão de ouro conquistado houvera,
  O belo vencedor foi o vencido —
"E ele aportara em praias tão distantes
  Qual estas mesmas encantadas tuas;
  Eram ali as rosas vicejantes,
  Ali de prata as namoradas luas —
"Lá era aqui... e és tu, és tu a maga...
  Filhos do amor cresciam-lhes risonhos
  Na alegria que os lares embriaga,
  Quando um demônio os despertou dos sonhos!
"Quebrados foram votos sacrossantos;
  E os corações, os reinos dos encantos,
  Murcharam, ou partiram do deserto,
  Ou... há no mundo tanto abismo aberto!"

* * *

E Coelus não compreendera nada.
   Cantavam sabiás nas grandes palmas
   Douradas pelo sol; profundas calmas;
   Denso o tamarindeiro, denso o umbror;
Sonoros mares, a onda d'esmeralda
   Pelo areal rolando luminosa;
   A terra ardente, do helianto a rosa
   Pendia, lento tropical langor.
Lira d'Orfeu ressoava: s'elevavam
   Dela os sons, ante os mares viridantes,
   Alvas colunas; no ar se acastelavam
   Torres; e à roda, os muros de diamantes;
Dentro, o edêneo rosal sempre esmaltado:
   Entrando ali, no peito se sentia
   Da fragrante existência e interno dia
   O coração ditoso ... Ao fresco umbrado
Mais do gênio as alvuras realçando
   Do candor dalgum túmulo divino,
   E da fronte açucena rematando
   Em luz, — uns lábios d'uva purpurinos
Vias e os negros olhos. Era a alvura,
   Qual produz por encanto a zona-tórrida,
   Sagrada e tão profundamente pura,
   A não tingi-la cor terrena ou flórida.
Sós do silêncio os olhos, que projetam
   Densas escuras sombras, neles tendo
   Gênios do fogo, que 'í a olhar aquietam,
   Tanto é grande o poder com que estão vendo!
D'albor sagrada alvura, o olhar umbroso,
   E externos pensamentos os cabelos
   Dum renegro diamante glorioso,
Era a flor-da-Paixão na terra ... Coelus.

Calmas — cerúlea Hanan! a incásia nhusta
    Sob o arvoredo; o oceano em torno ao largo;
    À hora equatorial solene-augusta,
    Gentil do umbrado cândido frescor;
Sângueo-ignívomas flores centelhando;
    Altas calmas; o celestial letargo;
    Do palmar as baunilhas exalando
    Cálido aroma a envenenar de amor; —
Pontos negros d'urúbis s'elevavam
    No firmamento azul do céu profundo;
    Brisas da sesta ao sono convidavam
    E sentia-se a embalançar o mundo,
Qual um glorioso coração erguido
    No Seio-Criador — donde perdido
    Outro tão temo, eterno ali dessa hora
    Caía, co'o valor de quando adora!
Coelus não ria nem sorrir sabia:
    Era ela, a vida de silêncio e alvura,
    Que não mente, o silêncio da alegria
    E os olhos co'o poder da formosura;
Vida-fé; luz ideal, da qual não há-de
    Mais separar-se quem prendeu-se a ela;
    E o só negro e o só branco, da verdade
    Tinha a pureza que é realmente bela.
Dirias, do princípio e o fim do mundo
    O divino mistério. Sendo amada
    Absorvia a existência, em qual jocundo
    Terror o amante preso da encantada.
E na sua voz de brisa benfazeja
    Do ar tépido dos ermos e da calma,
    Que não da humana música — deseja
    Ela saber... e da distância, a palma

Diz: diz-lhe donde vens!
             "Lá donde aos ventos
    (E eram todos dos céus os pensamentos)
    As velas todas-chama aclaram todo o ar:
        Cordagens de repente iluminadas
        E logo em longas fitas rebentadas,
    E em colunas de fogo os mastros a inflamar!
        "E os do incêndio fugindo, se tiravam
        No desespero às vagas que os voravam —
    Era o lutar, loucura, e o não lutar, horror!
        Roda ao vasto clarão, larvas se viam,
        'Spectros espectadores, que surgiam
    Vindo ao espectac'lo horrendo, horríveis de palor!
        "Quem seriam aqueles? Lhes gritávamos:
        Socorro! dos infernos em que estávamos;
    E eles olhando ali sem socorrer nem dor!
        E a água, e o fogo, e o ar — um cataclismo
        Cada qual tendo seu; qual mor abismo
    Ninguém dirá! de Deus era a impiedade, o amor!
        "Partiu-se a nau — Jesus! — de dentro e viva
        Rompeu fora ao convés, e negra e altiva,
    Labareda sinistra: ao fumo incorporou,
        Flutuando um vulcão por sobre os mares
        E escurecidos lampejando os ares —
    Salvaram só a mim; o mais tudo afundou!"

                  * * *

Ninguém ouça o narrar d'história havida
    De desgraças, ao triste que enamora:
    Coelus, do amante ao ombro tem pendida
    Qual dele glória, a fronte encantadora.

Dirias, que esperava a natureza
   Sem ter piedade dos mortais tão belos:
   Sangrava amor o coração do Guesa,
   Dos olhos sombra derramava Coelus.
Há um sinal, hei visto, às grandes horas
   Daqueles que os destinos têm dos céus:
   Qual ao estrondar das fozes nas auroras,
   Erguem-se e vão — para onde? — será Deus?
De viçosos, ficaram reluzentes
   Os seios estelíferos e brancos —
   Há no primeiro beijo, ó delinqüentes,
   A virtude da marca do punhal!
Sempre há num Éden áureos, róseos bancos,
   Ao, dos que amam, descanso harmonioso;
   E há no mar sempre um cômoro glorioso,
   Que as solidões alembra do casal.
Coelus! ó Coelus! das grandiosas calmas
   O gênio és tu ao imaginar tão puro!
   Nas esferas da luz ondeiam palmas;
   S'eleva o oceano ao derredor murmuro.
— A hora da Criação, que se apresenta —
   A calma do equador solene impera;
   O humano braço do labor se ausenta
   E a repouso convida a madre terra;
E o vale escuta que os ribeiros falam;
   E as montanhas esperam silenciosas
   Ao horizonte longes; e se calam
   Os que hão ninhos nas árvores frondosas;
E a viração co'a tarde se alevanta,
   Quando o Senhor pelo Éden passeava,
   Que o homem na queda já de si se espanta
   E a mulher da nudez se envergonhava —

Era divino! o colo branco, ardido,
   Terso, virgem, cristal; e toda atenta,
   Toda ouvia-se, toda aberto ouvido
   Psique na glória e à liberdade e lenta;
Tão lentos ambos! nunca tanto o foram
   Nas lagoas os cisnes mantuanos
   Quanto os gênios da calma e que se adoram
   Nas sombras, puros, sós, americanos!
Não eram tempestades dos olhares,
   Mas a só fixidez radiosa e calma;
   Oh, mais que os que sublevam terra e mares
   É tremendo o poder de uns olhos-alma!
Nem pode-se afirmar donde tão pura
   Tanta sombra magnética emanava,
   Do cílio veludoso que na alvura
   De uma face de luz a projetava,
Ou das escuro-límpidas centelhas
   Nas órbitas cinéreas; ou teria
   Ao coração raízes e tão belas
   Que o negrume à paixão de amor fazia;
Era a divina limpidez escura
   Da sombra ao sol candente nos desertos,
   Era alba-candidíssima e na alvura
   Deste silêncio os deuses seus despertos.
— Coelus, enlevos toda, tal pendia
   No amor dos que dão tudo e nada pedem:
   Vago estalir de pétalos se ouvia
   Da primeira açucena abrindo no Éden.
Cegos da vida interior, memória
   Pois não esqueça o edênico tratado,
   De quando os céus irisam toda a glória
   Sendo o cristal de luzes penetrado.

       *   *   *

Nenhum artista pintaria Coelus,
  Essa brancura-força-sentimento,
  Esse negrume-luz-esquecimento
  E o deserto ideal dos gozos belos
Do mais intenso amor, que é o amor puro
  Nessas formas dos lírios indianos,
  Do nunca incêndio e o sempre astros arcanos
  Iluminado, o angélico, o futuro!
Eram-lhe os ombros cândida alva plaga
  Silenciosa. Seres dos destinos,
  Andavam encantados, peregrinos,
  O moço deus e a toda graças maga.
Embalava-se a ilha dos verdores
  E os edêneos rosais, no firmamento,
  Na grande luz da calma e os resplendores,
  Nos seios d'alma-Deus o pensamento:
E sobre a onda de anil transluzidora,
  Na dourada falua coruscante,
  Horizontes de púrpura e de auroras
  Deles os dias grandeabriam diante.
Alvissareiro vulgo diz, que os via
  Das nuvens sobre a chama, lírio e rosa,
  Sempre do amor unidos na alegria;
  Ou ao fundo das ondas luminosas;
D'alvas espumas no marinho leito,
  E Coelus mesma uma onda viridante,
  Ao transparente puro-undoso peito
  Prendendo o jovem sedutor errante;
Ou das covas plutônicas da terra
  Nas camas de ouro e da safira honesta —
  Sendo que a terra os via quando à sesta
  Do amor os gênios cada um ninho encerra.

* * *

"Nem sei donde eles surdem nos formosos
Dias de ouro, os moscardos! Estonteiam
Elevam-se, e nos raios gloriosos
D'existência, que é doutrem, se recreiam,
"Atravessam, girando e rezumbindo,
Demônios!"
    Oh, guardai longe do mundo
Vossa felicidade que está rindo,
Que aplaude-a o mundo a aborrecer profundo!
Ocultai-a também porque a alegria
 Da fronte que se expande, não ofenda
 Aos que miséria íntima angustia
 E invejosos serão ... Ninguém aprenda
O quanto é mais custoso lançar fora,
 Do que a haver, afeição enganadora!
 E da terra ao rochedo separavam
 As ondas, que bramindo se elevavam.
— A social mentira veio; o humano
 Olhar; undou a nuvem de cabelos
 Do noturno fulgor em mundo indiano;
 E os dentes, frescas açucenas — Coelus
Teve de rir. Sorriu-se a natureza.
 E qual uma onda d'esmeralda viva,
 Trajando agora senhoril a diva,
 À luz dos céus zeloso olhava-a o Guesa.
— Nunca sentiste assim o coração
 Profundo de prazer, quando, os instantes
 Todos criando amores, os amantes
 Já temem, qual da fábula o dragão?
Viam-se ainda felizes, nos terraços,
 Co'a lentidão das magnas harmonias;
 A natureza na alma. Aos puros braços
 De Coelus nus, a solidão sentias

Coar-te ao coração.
                    Terra de amores!
    Pátria das brancas solidões, das praias
    Luminosas, dos meigos trovadores,
    E onde não morres tu, que ardente irraias,
Sol-deus! Na eterna calma deslumbravam
    Os cérulos abismos, os retiros
    Aonde ouvias dos peitos que se amavam
    Confundirem-se vivos os suspiros!
Nos cajuais cheirosos: peregrinos —
    Volvendo à lua o olhar Coelus, opressa
    Entre as pontas dos seios cristalinos,
    Prende a do amante divinal cabeça:
— Último sacrifício — era o luzente
    Cálix nu da açucena, enlevo e alvura,
    Candor em que o negrume se pressente,
    Prazer que leva ao pranto e à desventura
Sob incantados céus, os céus de Manco!
    Oh, a fronte quão doce de martírios
    À edenal solidão dos seios brancos
    De pureza a cegarem, duplos sírios
Que penetram nas têmporas, sentindo
    Quais magnetes de luz de parte à parte
    E vendo o transmudar celeste e lindo
    Do lírio iluminado em lírio mártir!
E mudamente umbrou-se-lhe o semblante
    Com a nefasta cândida tristeza
    De flor pendida.
                    Ali Coelus, do amante
    Nos braços, desincanta-se. A beleza

Celestial, foi a dor ... Mima-Esojairam!
   Raio creras de luar, que petrifica
   Nesse cristal, que a sepultura indica
   Nossa, dos que a alma em si nos encerram.

                 *   *   *

Como é doce ao luar a nossa amante
   Que entre outras vem, que passam e vão rindo!
   Ouve-se o som da voz, aura fragrante
   Da flor das laranjeiras desparzindo:
Do veludo fulgor e a luz do luto,
   (Céus! o abismo fatal dos raios brancos!)
   Viu ainda os negros olhos! E insepulto
   Erra o corpo infeliz, praia e barrancos.

DO CANTO DÉCIMO

1873-188 ...

No dia de anos bons a *lady* nobre,
   Recamados *drawingrooms* deslumbrantes
   Às recepções, radiosa de brilhantes,
   Deusa o colo alvo e cândido descobre
A que adornos desmaiam. Suntuosos,
   Bufetes e o *bouquet*. Sorrindo a *miss*
   No adorável serviço de meiguice,
   Que não dos escanções silenciosos,
Linda oferece na mãozinha branca,
   Dizem que beberagem para amor —
   Porém sorrindo of'rece, ingênua e franca,
   O ponche de champanha abrasador.
Entanto às *hops* não sendo, das montanhas,
   Sem dúvida que é este o mais propício
   Risonho dia ao doce compromisso
   Do coração, que a filtro tal se assanha:
São *callers* os papás; nem os consente
   Boa etiqueta em casa; e o soberano
   Cetro tem-no a mulher — Quão docemente
   Alvora o dia que é primeiro do ano!

Gelada a terra, o ar vivo, o sol brilhante,
Aos lagos, que ondas foram sonorosas
De margens d'ecos, o rapaz e as rosas,
Vêm ao baile do gelo: delirante,
Envolta em vestes de veludos quentes,
A menina, nos pés, viveza e graça,
O aro prendendo dos patins luzentes,
Letras sobre o cristal girando traça.
A Bíblia da família à noite é lida;
Aos sons do piano os hinos entoados,
E a paz e o chefe da nação querida
São na prosperidade abençoados.
— Mas no outro dia cedo a praça, o *stock*,
Sempre acesas crateras do negócio,
O assassínio, o audaz roubo, o divórcio,
Ao *smart* Yankee astuto, abre New York.

* * *

Lá está íris! — há de haver abismo...
Onde o arco vê-se da visão formosa
Dobrar-se luminoso, um cataclismo
Se deu, ou s'está dando. A linda rosa!
Dupla luz — sobre o que precipitou-se
E, diante, os precipícios amostrando —
Íris bendito! Tal o mundo achou-se,
Do Dilúvio através o íris estando.
Vem a onda correndo alegremente
Como à esperança e à glória; à queda perto,
Dá gritos, faz relâmpagos, e ingente
Atira-se ao golfão tranqüilo aberto!

E suspende-se a calma na grandeza
   Do amplo espetac'lo em cima dos abismos:
   Em profundo mistério, a natureza
   Sublime ecoa no Niag'ra os hinos!
Quem ouvir pode quando tu ressoas?
   Comandas a mudez — e dela à imagem
   Bizarras formações pelas coroas
   Dos abismos debruçam-se à voragem!..
Vens como do passado o sobrevindo
   Nessa ferocidade, que ao futuro
   Arremessa o presente, enorme, infindo ...
   — Estronda! estronda! E ao músico sussurro,
Ao sublime concerto, ermo, selvagem,
   Formam-se as avalanchas, dos vapores,
   E ruem como loucos na voragem —
   Cair, cair é a lei — "belos horrores"!
Porque fora não estais da natureza,
   E mas deste vulcão aos firmamentos
   Elevam-se os eternos pensamentos ...
   — Não se alucinem tanto da grandeza!

— As rosas e os jacintos do nevoeiro
   Aos raios floreteando do ocidente,
   Ao braço do formoso companheiro
   Rindo prende-se a amante meigamente.
Na Caverna dos Ventos, abalada
   Das águas ao fragor, náiade-aurora
   Ai! nunca foi do abismo enamorada
   Tão feliz, tão risonha e encantadora!
E quem não brinca ao meio da voragem
   Quando lhe está contente o coração? ...
   — Tende, Lottie! ...
                  "Aqui ... prende-te à lajem!
   Forte! ... sai da corrente! ... o braço ... a mão! ..."

Oh! lá vão-se co'as águas arrastados!..
Afundam-se no abismo! Deus! socorro!
— Contra os vórtices lutam... esforçados
Tomam-na os ombros d'Etelberto ... salvos! ...
Alcançaram o rochedo ... — Ao sorvedouro!
Desgraça! horror! lá foram-se e sumiram!
Lottie! ... Lottie! ... — Uns braços finos, alvos,
Crispos os dedos, hirtos ... giram, giram,
Giram... Oh! Cristo! — Desapareceram...
— E na aparência calmas, verdejantes
Volvem-se as ondas. Mas os dois amantes
Nunca mais volverão; nunca volveram.
Eles vinham ver íris, nesse esmalte
Que das névoas transluz mais lindo à tarde:
Oh! quão funesta do infortúnio bate
A hora, quando se alegra a mocidade!
E d'esmeralda luze veludosa
Do insondável abismo a superfície:
Prostituição do abismo! insidiosa
Luz! sepulcro infernal face-ledice!
A serpe que o rompeu por estas fráguas
Lá s'estende em seu leito sonolento —
O olhar evita-se às de Esquecimento
Fundas, resvaladias, verdes águas!
E do abismo vibrado os sons rebojam
Das rochas pelas cavas e geleiras,
Que rendadas ogivas no ar arrojam
Alvas, de templo em túrbidas esferas.
À noite relampejam nos abismos
Do Niágara as trevas em tormento —
Estronda! estronda! rola os cataclismos!
Vem ao combate! vence ao pensamento!

Como vasta muralha d'alva chama
    Dum bosque além de um campo, imóvel, lívido
    E noturno, o clarão, tal se derrama
    A vaga colossal! Cintilam vívidos
Os luzeluzes transparentes da onda
    Rindo, frontinhas inconstantes, doidas
    Mirando-se no abismo —Estronda! Estronda!
    Arranca os sons mais altos das tuas cordas!
Eternas, já de ti subiram almas
    Como o cisne de Sócrates aos céus:
    Como o d'Íris agora as brancas palmas,
    Meu espírito ergueu-se aos hinos teus!
Como a do Rei-Salmista, vem tua glória
    Da tua queda — a trovejar tu cantas!
    Venho as harpas ouvir-te de vitória,
    Atlas despedaçado, que me encantas!
Trovejada harmonia, em que o oráculo,
    As sombras d'ao em torno amplo oscilando,
    O espírito ao trovão sobrepujando,
    Amostra da existência o espetáculo.
Fumegam, quais incêndios, os geleiros:
    No Niágara à noite abrindo os braços
    Levanta-se o fantasma dos nevoeiros
    Entre a coroa dos astros dos espaços!
E terrível o Niag'ra resplandece —
    E único eu sou vivente, que neste hora
    Pára em frente do abismo que estremece,
    Qual se dele imortal o gênio fora
À tenebrosa sedução detido:
    Porque é preciso tempo ao pensamento
    Libertar-se ou do mundo, ou do estampido
    Deste infinito desmoronamento.

DO CANTO DÉCIMO PRIMEIRO
1878

Quando as estrelas, cintilada a esfera,
   Da luz radial rabiscam todo o oceano
   Que uma brisa gentil de primavera,
   Qual alva duna os alvejantes panos,
Cândida assopra, — da hora adamantina
   Velando, nauta do convés, o Guesa
   Amava a solidão, doce bonina
   Que abre e às douradas alvoradas reza.
Ora, no mar Pacífico renascem
   Os sentimentos, qual depois de um sonho
   Os olhos de um menino se comprazem
   Grande-abertos aos céus de luz risonhos.

* * *

Vasta amplidão — imensidade — iludem,
   Côncavos céus, profunda redondeza
   Do mar em luz — quão amplos se confundem
   Na paz das águas e da natureza!

Nem uma vaga, nem florão d'espuma,
   Ou vela ou íris à grandiosa calma,
   Onde eu navego (reino-amor de Numa)
   Qual navegava dentro da minha alma!
Eis-me nos horizontes luminosos!
   Eu vejo, qual eu via, os mudos Andes,
   Terríveis infinitos tempestuosos,
   Nuvens flutuando — os espetac'los grandes —
Eia, imaginação divina! Abraso
   Do pensamento eterno — ei-lo magnífico
   Aos Andes, que ondam alto ao Chimborazo,
   Aos raios d'Ínti, à voz do mar Pacífico!

                *   *   *

Ondam montanhas, rebentadas curvas
   Lançando umas sobre outras, êneas turvas,
   Ante o manto extensíssimo de prata
   De uma nuvem, quão límpida e quão grata!
Ondam ermos, rochedo alto e selvagem;
   S'estende o cortinado, a áurea teagem;
   Sempre véu-luz à cada negra vaga
   Desses abismos, onde até se apaga
Do dia o resplendor mais fulguroso
   De revérbero à ausência; e mais rareia
   Cerúleo, tão sagrado, tão saudoso —
   Névoa, espiritual, etérea areia!
Pureza criadora! ao pensamento
   O místico velame, que não arde,
   Doce qual as soidões do sentimento
   Ouvindo voz celeste que nos brade —

Ó Lamartine! os cândidos países
 Vejo, os longes além-mundos sonhados,
 Onde os fortes revivem, que felizes
 São da tribo e dos seus sempre lembrados.
As regiões formosas, onde as almas
 Habitam, dos guerreiros, que lutaram
 A existência, onde estão no Deus das calmas
 E 'í tranqüilos na glória descansaram!

* * *

Caem trevas dos céus; anfiteatros
 Vão densas nuvens removendo à proa;
 Do relâmpago as armas, nave e mastros
 E tudo, ameaçam co'o trovão que atroa.
Tarde estes céus despertam, que nos tomam
 Pelo imigo invasor, e as cataratas
 Rompem hiemais em Guaiaquil e assomam
 Ao Guesa, em vez de amor, sombras ingratas.
Diria-se que os gênios da revolta
 Apagam toda aurora, toda estrela
 Mesmo em céus do Equador —
                    "Satânea escolta,
 Sustai o corso em minha pátria bela!"
Quando em Colômbia lampejara a fronte,
 Que a dos vulcões dos Andes mais formosa
 Aclarou-se do Sul todo o horizonte
 Qual disco imenso de uma ardente rosa!
Os de Castela viso-reis pararam,
 Continuadores de Pizarro; e a história
 Os heróis de Bolívar começaram
 Do glorioso porvir. Honro a memória

De Lamar, Santander, Sucre, Abreu-Lima,
   Dos condores da chama e da fragura,
   Irmãos d'armas, e desse o mais d'estima
   Ao Libertador, de Páez. Na amargura
A este eu vi, já tão só rico dos louros
   D'octogenárias cãs e dos cuidados
   De alvas mãos, sós do céu meigos tesouros
   Que ao fim da vida amparam desterrados,
A oração escutei do moribundo,
   Que entoavam-lhe à hora d'agonia
   Entre o estertor que ao arrancar do mundo
   Aquela humana glória despedia.
   — Entrar? sair da eternidade? — Oh, quanto,
   Quanto não custa ao nosso Deus perder-nos
   Parecem, cada ansiar e cada pranto,
   Novo abraço de adeus, ternos! mais ternos!
Das belas armas recontava a história,
   Alimpando a ferrugem; soluçava
   Abraçado a uma lança, que foi glória
   Da Independência, e que ele mais amava.
Com ela em riste, horizontal deitado
   Do seu cavalo aos flancos, o lhanero,
   Qual meteoro rompendo, ao troço ibéreo
   Sobre os campos deixava fulminado!
Se alguém na pátria corda lhe feria,
   Todo aquele rochedo, qual se fora
   Tocado pelo raio, estremecia:
   "Avante! avente! à liberdade! à aurora!
— E olvidou tão amada Venezuela,
   Que orgulhosa o nomeara, ao descontente,
   Qual superabundasse alfaia dela,
   Ou fosse o exílio a múmia do presente.

* * *

Titã o celerado — Cotopaxi
   Lá das nuvens se eleva alevantado
   Tal um que, desviando, se encontrasse
   Não pertencer à terra, ou dela odiado:
É anel desertor, elo estupendo
   Rebelde da cadeia, negrejante
   Pelos céus infinitos: sente, vendo-o
   O espiritualista, o repto.
                        Nas distantes,
Eneofibradas cimas quase-etéreas
   Dos Andes, berço do Inca e monumento,
   Bela nação perdeu-se em idas eras,
   Que era um qual-populoso firmamento.
Na direção dos túmulos, o Guesa
   Ao longo vai das serras navegando
   Qual, delas à mudez, rendida presa,
   Dias, imensos dias, sempre olhando.

            * * *

E ondam montanhas, trovoar de crebros
   Montes, abarrancando o ândeo destroço,
   Desde o azul mar ao céu azul — vertebros
   Sobrepostos do mundo e mundo dorso —
Cordilheira eternal! eternos, grandes
   Altares! — alva transparente névoa!
   Há no assombroso pélago dos Andes
   íris estranho; e um qual-poder, sem trégua
Avultando no espaço — as aniladas
   Diáfanas soidões do nimbo andino,
   Onde sua alma habitará, sagradas
   Formas do Éter!

E sempre o algente, fino
Cortinado suspenso aos duros montes;
　E o vago, o fumarento, a profundeza
　Dos que são-lhes os próprios horizontes;
　E imensos dias sempre olhando o Guesa.

* * *

Assim navegou ele o mar Pacífico:
　Aprendendo o silêncio, da montanha;
　Das águas, esta calma; e que em véu místico
　Meio oculta-se a glória ândea, tamanha!
Modéstia dos rochedos: sós a imitam
　Os fortes de virtude e divindade,
　Que, resplendores se lhe' à fronte agitam,
　Guardam no peito a dor e a virgindade.

* * *

Por flóreas zonas d'equatóreas calmas,
　Da serra à sombra, há paz e força havida.
　Da Região-Desolada, longe. onde almas
　Morrem, 'ar, ondas sem sinal de vida' —
Por 'i veio Pizarro, ou vindo, oh, Zac!
　De Kuro-Siwo, Typhon lh'inspirara!
　Quem andou por aqui foi Manco-Cápac,
　Que um reino meigo paraisal fundara.

* * *

O homem forte: adorou silencioso,
    Cerrados olhos qual quem 'stá no templo
    Interno, eterno; e forte e tão piedoso
    De si mesmo, e a si mesmo sendo exemplo;
Sentiu-se, Ínti existindo, estando em Deus.
    Sentiu ser em Deus-Alma necessária
    Sua existência, nuvem que precária
    Era animada à limpidez dos céus,
Ao Coração — que ele ora contemplava
    Com a ciência, que vê mais claramente.
    Mais sonda o abismo seu, mais luz achava.
    Era na infância um homem-deus vidente.
Na deusa dos mortais não creu, na esp'rança;
    Creu fé, na gratidão que não esquece,
    Porque é a saudade, é a lembrança
    E o divo amor, que o outro é d'interesse.
Entanto, é da esperança um sentimento
    De justiça futura, que o encanta;
    Mas, antes que a visão do julgamento,
    Creu fé, e houve resignação, a santa.
Meditando, sentia terra o cérebro
    Onde a idéia, qual arvor', se lhe enfinca:
    E recém-nado, do terreno verbo
    Sentiu-se em Deus e ergueu a fronte d'Inca!

            *   *   *

Nevosa-nédia espuma, o lago-oriente,
    Brilhava em Titicaca o albor do dia.
    Ele partiu pr'a o oeste. O Sol ponente,
    Bem quando da coroa desprendia

Grandes, qual gloriosos pensamentos,
    Relâmpagos nos céus cerúleos ermos,
    Ali Manco, à jornada pondo termos,
    Lançou da capital os fundamentos.
E os sonhos todos, todos se cumpriram —
    Cumprem-se todos, todos! — do passado,
    Vê-se o porvir; os astros que sorriam
    Em nós, depois os vemos, encantados!

* * *

E é do Guesa a existência do futuro;
    Viver nas terras do porvir, ao Guesa
    Compraz, se alimentar de pão venturo,
    Crenças do Além, no amor da Natureza:
Fecundas terras, onde lhe chovia
    Eterno pensamento, irradioso,
    Cristalino, a que ao Sol ideal o dia
    Ortivo incásio abriu, doce e formoso!

* * *

Velemos, pois. Do Rímac, o sussurro:
    Na Cordilheira, os límpidos luares;
    Do rosto da Limeña, o cróceo, puro,
    Incantador[1] brancor — amo-lhe os ares
Graciosos, o ameno branco-fosco
    De angélica doçura, qual se sente
    No aroma as forma se este docemente
    Riso-sem-rir da flor. Amo convosco,

---

1. Mantivemos a grafia *Incantador* por conter, no verso, alusão a *Inca*.

Convosco ler as "Tradições" dos Incas:
   E os estrangeiros a estes arruinaram
   E arruinarão a vós — ai, que ainda vingas
   Em terra — prata e ouro, que exploraram,
Tu, moral floripôndio deste clima!
   O ouro andino da tua juventude,
   Quase exaurido; praça d'armas Lima;
   Sentinelas postadas, solitude
Criando a silvos; militar governo,
   Que forças há, tão só, que vêm da espada;
   Imprensa, *broma*; inglória igreja-inferno;
   De sangue a escola prática, a tourada.
Pois ... nada ensinam decepções da França,
   Que esmagada a sangrar viu-se debaixo
   Dos pés doutra nação, que não descansa
   De ciência e moral ...Vamos ao Acho:

               * * *

À luz dominical das tardes quentes
   Na arena andam, aos dois, aos três, aos quatro,
   Bandarilheiros auro-reluzentes;
   E do horizonte do amplo anfiteatro
Levam-se, espumam ondas populares,
   Nessa alegria atroz dos elementos
   Pelos naufrágios ao furor dos ares,
   Ou aos triunfos humanos e sangrentos.
— Surde um louco! da escuridão, o escuro,
   Ao flâmeo sol da arena, cego e fero,
   Nas cruzes encravado espinho duro,
   Porque é preciso dor e desespero —

Pára! os áureos espectros, à negaça
    Movem brilhantes véus: fixa-os o touro,
    Parte! e as fúrias e as forças, que espedaça
    Contra sombra falaz, veloz pelouro,
Estorce-se! Ei-lo, da ilusão primeira
    Das miragens, ficando-lhe pendentes
    Lindas setas do colo e uns tão luzentes
    Fios de sangue. Irisam-se bandeiras,
Daqui, dali; estrondos d'algazarra
    Endoidam-no! e ele parte, é raio! voa,
    Vai contra uma, contra outra! Ao muro esbarra;
    Um véu tomou; sua loucura o coroa.
Assim treslouca, por divertimento,
    Da cheirosa manada o nobre guarda,
    (Oh, covardia!) do homem o alimento,
    Do arado a força, a mansidão sagrada.
— De quanto vem d'Ibéria sois tão dignos,
    Semibárbaros povos? glórios, moços,
    Sem nacional futuro nem destinos
    Na americana comunhão ditosos? —
Dançam, passam fantásticos e vivos.
    Desatinado, tonto o touro, muge;
    Luze os cornos, abaixa, eleva altivos,
    Parte! setas lh'encrava o espectro e fuge
Mordida salta a vítima à ventura!
    Aplausos troam, todos véus se agitam;
    Escarva o chão; esbofa uma onda impura
    De sangue e de ódio; os membros lhe palpitam;
De ódio, oh! que inferno tenebroso dentro
    Não está daquele mudo! que aveluda,
    Que erriça hirsuto — vede o vago centro
    D'ermo vidrado olhar e a boca imunda

Que a língua pendurou! Cai um centauro;
   Jaz um morto no pó; não via-o o touro;
   Ventre roto um cavalo, esforço mauro,
   Derramando intestinos, tenta inglório
Fugir; trêmulo, cai (e a ferradura,
   Dos donosos corcéis fora de prata) —
   'Morra!'... o brado geral contra a candura
   Dum gladiador que, a matadores, mata!
E esmaltando-se o férvido horizonte
   Do íris dos véus — se é de vingança a fúria,
   Ainda o touro partiu! raiva do insonte,
   Força bruta à miragem 'xtinta, espúria.
E escarlate véu d'honra, o *caballero*
   Relampeja a visão do já perdido,
   Última e a mais brilhante do toureiro
   Gentileza — quão bela ao que é traído!
.... Eis vibrado o florete de concórdia...
   Ainda lutar.... e mal seguro nuta,
   Dobra os joelhos.... dão-lhe sobre a nuca
   A punhalada de misericórdia.
Oh, não há voz nem frase p'ra dizeres
   Aquela convulsão! Todos se achegam;
   Cumprimentam-se.
               Inspiram-se Gutierrez:
   Sua escola escolares raro negam.
Ó Ataualpa! na desleal conquista,
   No generoso indómito 'í prostrado,
   Sem do dextro iludir arte e antevista,
   Vê-se o cadáver do Inca do passado!

            * * *

Bela Limeña! flor, não que alevanta
O cálix, porque à terra o tem pendente
No amor, flor de pureza, como encanta
A que dos céus despenha-se! Candente
Negro olhar vos —transluz — no preto manto
O meio envolto rosto, alvo da alvura
Que há leite-mel, que há d'alvorada-helianto,
Doce-mortal candor! donde negrura
Ressai do olho formoso, o dos destinos
Astro mago, astro orac'lo e do mistério
Da luz e a negridão, força de — abismos
E do veludo o humor, do amor o império!
Não o desfeito rutilar tremente
Fascinador, d'ignívoma cantárida
Lâminas de punhal; mas, a vidente
Estelar fixidez almo-abrandada:
Porque tudo suaviza-se na América,
Do idioma os tons, os mimos das crioulas,
Onde as morenas tardes hão d'angélica
E à dolorosa queda ainda consolas,
Floripôndio inclinado no horizonte,
E de fragrância enchendo a natureza!
Vos diviniza o amor, vos beija a fronte,
Na doce terra divagando o Guesa.

* * *

Quão fácil a conquista onde há doçura!
— Como haver forças nesse edêneo clima
D'antenoites que são manhãs d'alvura
E num leito de aroma exposta Lima?

* * *

" 'Stava ele olhando a vesperal centelha
Áurea e tão jovem se apagar no ocaso:
É de Chasca o arrancar-se a trança bela
Ou d'olhos destruidora a luz, acaso?
"E cintilou nos céus, com a saudade
E o namorado adeus, oh! quão formoso
Da açucena do campo aberta à tarde,
Da noite ao modo, ao lar misterioso
"Branda, amorosa, os olhos co'os instantes
De morte que debate-se por vida —
Ó Kusi-Kkóillur! brilhos estelantes,
Alegria, que fazes tão querida
"A terra, por ti só! tanta é, tão forte
Meiga a doçura com que a ela inclinas
A face de antenoites matutinas —
Princesa e *nhusta* do Inca, onde o consorte?
De Olhantai nos rochedos, invisível
Na fortaleza sua, alto, fragueiro,
Revolto, ou contra o rei s'ergue terrível
Ou geme o doce amor. Teve-a o guerreiro
Quando Ínti-Súiu, na comarca oriente
Alva a luz de cegar, as alvoradas
Anunciando o Sol; vozes candentes
De túnqui a ouvir, do sangue consagradas.
— Fúlgur o manto, astral a mascapaicha,
Insígnia régia e resplendor da fronte,
Glorioso Tupac-Iupânqui baixa
Do áureo andor. Já saúda ao Sol desponte;
Já prosternado o ameno e grande povo,
Tomada a bênção paternal, eis logo
Toma do arado de ouro e em campo novo
(Lede-lhe as festas na moral do prólogo)

Vai o Inca lavrando. Rompem de hinos,
   Os salmos d'huacáilhi e o que memora
   Belicosas ações, e os tão divinos
   Coros das virgens ao rubor da aurora.
— Aclararam-se, tronos de ouro, os Andes!
   Já dentre raios de rubis em chama,
   Ínti-Deus assentou-se, e a eternas, grandes
   Mãos, as bênçãos de amor dos céus derrama!
Ele, o amado e senhor da terra, a veste
   De primores e a cobre irradiando,
   Muda em topázio o páramo celeste
   E vai no firmamento atravessando.

          * * *

Assim de Manco-Cápac, ao levante
   'Stando o dia, formoso amanhecera:
   Como espontânea a humanidade amante
   Floriu, da lei moral, glórias na terra!
E é doce o império do Inca, da doçura
   Que faz amar-se e mais querer divina
   A realeza naqueles, porventura,
   Que a fazem real, a um deus, tão só, condigna.
No berço vês da in-hiema natureza,
   Dentre Andes e o Pacífico oceano,
   Erguer-se a humana planta, na pureza,
   Da terra, ao Sol; do Sol, ao Todo-Arcano:
Da terra ao Sol, os Andes apontavam;
   Do amor as leis, as Plêiades ditavam;
   E o deserto assombroso de atacama,
   Ao Deus-Desconhecido — Pachacâmac!

          * * *

Jejuava Ataualpa, silencioso,
    De sua vasta corte rodeado,
    Marmóreo, calmo, andino, grandioso!
    Nem olha os cavaleiros que hão chegado,
Que, gineteando, a tímidos pavoram!
    — Em taças de ouro servem régia chicha
    Belas de negros olhos, buenadichas
    Do Inca. — Profanos, só de as ver, descoram.
Vasto o horizonte, à noite cintilavam
    Índios fogos, 'como astros'; e de dia
    As tendas, como mares, alvejavam;
    E um só audaz, que um basta, não tremia.

* * *

Do ibério chefe e o imperador andeano
    Amigas saudações, ricos presentes
    Foram trocados. Já o soberano
    Vem dos Andes descendo, aos ocidentes —
Glório descer do abismo! Ínti e seu filho,
    Viu-se na mesma estrada jornadeando,
    No último dia: e povo e deus, tal brilho
    Na terra, antes ninguém vira ostentando!
Raio seu, para o ocaso o seu império
    Glorioso o Sol levava entre esplendores:
    "Cadáver de ouro", que o etereal mistério
    Deixou destes crepúsculos-albores.

* * *

Luzem os pavilhões d'íris de Quito:
Dentre o exército e o Sol no firmamento,
Vem solene Ataualpa, os olhos fitos,
Qual setas, no espanhol acampamento.
Nada ele teme dentre seus guerreiros
Veteranos, que o seguem, que o rodeiam;
E dos céus sendo enviados estrangeiros —
Que no hóspede benvindo todos creiam!
Dupla amostra, de paz e de grandeza,
Quer ele honrar o encontro que aliança
Firma co'o branco, que há para defesa
Raios, trovões, corcéis, espada e lança.
O hailhi triunfal canta a vanguarda,
Querido ao povo, e que ressoa 'inferno'
Ao pérfido que espreita-lhe a chegada
E projeto infernal resolve interno.
O Inca vem pernoitar em Caxamarca
Entre amigos, na Casa-da-serpente
(Fascinação eterna!) — ai do monarca!
— Chegou. A praça entrou. — Oh! o imprudente
Bem via-se confiar em tanto raio
Que as esmeraldas suas rutilavam!
O Sol, ao pôr-do-sol, (triste soslaio!)
No áureo andor, que os mais nobres carregavam!
— Olha ao redor: se estão em seu domínio —
'Onde estão'?
             Religioso eis o vigário
Vem caminhando. Atroz encara o Andino.
Fala em Cristo e apresenta o breviário....
Nuvem que zomba dos destinos do astro!
Ínti, deixando o ocaso, o abandonou.
De Natura o gemer fundo e desastro,
Todo Tauantinsúiu penetrou.

Mas, estando o morrão fatal aceso,
  Tomados postos, pronto a desrolar-se
  O sinal branco ... — porque então excesso
  De zelosa perfídia a prolongar-se?
Deus! oh, Deus da consciência! a lealdade
  Era, do Inca, o terror de Dom Pizarro:
  E foi mister na flor de humanidade
  Cuspir tal meretriz solene escarro.
Ó Felipilho![2] atraiçoar aquele
  Coração índio, quando à liberdade
  Quer dos céus abraçar quanto os revele!
  Ser o Demônio em nome da Trindade!
  — Por onde anda Las-Casas com seu credo
  Tão doce doutros céus endoidecendo? —
  De Valverde e Pizarro tem segredo
  Negro minuto: não se convertendo ...
'Por Santiago! a los perros!'
                      Convertida
  Viu-se a missão de fé, na de fé única
  Do tosão de ouro. E do Inca, refletida
  Ao Sol final, cegueira fez a túnica! —
'Domine; exsurge!' ... um tiro! a aura visível ...
  Ô! Ô! surgem peões! ... surgem espectros!
  Ou matando, ou bailando, ao som de plectros
  Que o mundo horrorizaram! — Deus terrível!

2. Felipilho. Jovem índio da etnia Tallan submetida ao Império Inca. Os espanhóis fizeram que aprendesse sua língua e lhes servisse de interpréte. Foi batizado e levado por Pizarro à Espanha em 1529. Detestava os Incas. Tornou-se informante de Pizarro, distorcendo o sentido das palavras de Atahualpa e, assim, contribuindo para sua execução. Posteriormente, considerado traidor por Almagro, foi executado. (Carmen Bernand y Serge Gruzinski. *Historia del Nuevo Mundo*, México, Fondo de Cultura Económica, 1996. (Tradução do original francês, 1991).

Deus de Hurácan! em seara florescente
    Se é do elemento insano esta campanha,
    Já da espada o pudor retira, e assanha
    Da loucura a razão! Ai do inocente!
O Sol, de todo desaparecera.
    Ataualpa, dos céus desamparado,
    Tremeu vendo-se ao meio da cratera
    Qual um que assombra e está petrificado!
Tal despedaçam Andes, s'enovela
    O fumo e é negro verbo dentre a chama;
    Tal pensamentos o vulcão procela,
    De horror enchendo os plainos de Atacama!

* * *

Dos Andes sobre o trono de ouro, calmas
    Vejo as sombras dos Incas, êneo o aspecto:
    Manco-Cápac o gênio-deus, co'as palmas
    Benfeitoras do Sol, que são-lhe o cetro.
Sinchi-Roca, depois, o que zeloso
    Firma as leis e em províncias esquartela
    Tauantinsúiu. O canho glorioso
    Lhoque-Iupânqui, é a terceira estrela.
Depois, é Maita-Cápac o benigno
    Vencedor, que perdoa, que socorre,
    O Apurímac vence e é já divino
    Que, praticando a caridade, morre.
O filho, honra do pai, o continua
    Capac-Iupânqui. E Inca-Roca a este
    Honra e abrilhanta a longa vida sua
    Co'as reformas. Do reino tão celeste,

Não digno é Tauar-Huácac indolente.
    Porém, quão digno o filho, esse fragueiro
    Huiracocha, pastor, herói, vidente,
    Que a conquista prediz pelo estrangeiro.
Titu-Manco-Pachacutec a essa hora
    Há a mais vasta coroa e é qual um deus
    Reversor do universo. Iupânqui o honra,
    Ainda a mais glória conduzindo os seus.
Honra-o, continuador, Tupac-Iupânqui.
    Qual o Primeiro é o último, Huaina eterno.
    — E Huáscar e Ataualpa e o jovem Manco,
    Que não honraram o coração paterno —
Por quê? Como predisse-o Huiracocha;
    E Huaina-Cápac o sentia, vendo
    Já do Desconhecido a grande tocha,
    Mas, outro o modo de acendê-la crendo.

Oh, debalde os filósofos meditam
    Na infância altiva de um país tão belo,
    Se os apóstolos bons, que o Deus imitam,
    Viessem — o amor viesse do Evangelho!
Tinha vindo Moisés, que Manco o fora,
    Faltando vir Jesus; veio Castela
    Em nome dele: e desta vez agora,
    Quem é a Vida, foi a morte. A estrela
Do Sol, — o amor e a luz da natureza, —
    E a inocência comendo em pratos de ouro —
    Quanta miséria! O coração de um Guesa
    Encarnação de todos os tesouros,

De alegria, pureza, adolescência, —
    Era a of'renda dos céus! meiga virtude
    Do sacrifício de candor, e ciência
    De religião que ensina mansuetude!
— Sacro fogo dos templos, apagaram;
    Sacras virgens do Sol, prostituíram;
    Aos santos sacerdotes, dispersaram
    Nas serras — deles a seus cães nutriram.

DO CANTO DÉCIMO SEGUNDO

Crescido ao sol do Arauco belicoso,
　O Chileno o caráter tem da força
　Da paz, andina; ou deste proceloso
　Mar, que o firma, e parece que o destroça.
Índio fora ele único, o Araucano,
　Não vencido da Europa; e mas, pedia
　Tréguas a tal rei d'arco, o soberano
　De Castela, que a balas combatia.
Eis vencedor Caupolican trazendo
　Ao chefe hispano prisioneiro à sorte:
　Riso os lábios lhe espuma, o olhar revendo
　Quem trouxe, à pátria sua, dor e morte:
E lampejam-lhe lâminas luzentes
　Dos olhos loucos da vingança e cegos
　Do muito verem deuses seus pendentes
　Da destruição ... 'Que o tenham vós, ó meigos,
'Tão benfadado — rijo! as pernas prendam!
　'Rijo! arrochem-lhe os braços, qual nos faz!
　'Procurem ouro, muito! fogo acendam:
　'Derretam ouro: que o Índio se compraz

"Em prodigalizá-lo generoso
'E, sangue rubro de guanaco e ardente,
'Encha do branco o estômago sequioso:
'Que ouro farte a quem sede de ouro há ... tem-te!
'Eia a mãos! bem seguro da guedelha
  '(Não ser ele 'orelhão' ...) rijos! Agora
  'Cabeça atrás e escancarar a goela ...
  'Botem!' — Ô! Ô! — Ao morto se apavora,
De puma o olhar e donde foge a chama
  Qual relâmpago. Em bem! finda a carnagem
  Co'a morte farta: e de Bio-Bio à margem
  Para dormir se deita e se recama.
  . . . .
              *   *   *

Aqui finda o planeta; o eixo da terra
  Ringir se escuta no gelado pólo —
  Deus! que pavor que a fria zona encerra
  E o podre gelo ao macerado solo!
Pavor da sombra e os surdos negros ventos —
  Que, vale a glória que o futuro cria?
  Tantos perigos, tantos pensamentos
  Onde a terra naufraga e a Cordilheira
Rolando ao mar em confusão destroços —
  Naufrágio universal!
              Pois, se beijando
  Foi a um grupo encontrar, noivos esposos,
  Oh, Carolina e Henrique, mesmo quando
O mundo se acabava, tão contentes!
  Vantagem que há dos céus ... *Vale*, os perigos
  Passam ... pois, quando odeiam céus às gentes,
  Na terra como ser tão bons amigos?

Ama-os o Guesa nesse d'existência
   Riso feliz, de amor e juventude,
   Que, contra o inferno, opõe a resistência
   Divina do prazer em que há virtude.
Ao silêncio, entre a noite e os gelos, surco
   Da onda as marmóreas solidões velando;
   Vai à sem-sono noite de sepulcro,
   Lento o espectro da nau atravessando.
E qual do homem eterno as dores grandes
   Rugam a fronte quando ao peito dardam,
   Tal neste extremo sul, formas os Andes
   D'interiores tempestades guardam.

Lá, da Desolação a ilha, parece
   Um arcabouço náufrago — espelhada
   Em ondas flavo-azul, como perder-se?
     — Se é de luz o contraste, a esta jornada
Favorecem os céus. Bem hajam eles!
   Não é debalde que deixei de há muito,
   Amando-os, toda, toda a terra àqueles
   Por quem gemi: se o pranto eu tenho enxuto,
Devo às ondas, devo-o a estes puros lumes
   Que unem, qual na amizade, oceano a oceano;
   Devo aos rochedos, devo-os aos altos cumes
   Do firmamento. —
             O vulto soberano
De Magalhães! contempla a sua estrada
   Undosa aberta por visões celestes!
   Qual pela indústria, além outra cortada,
   De um prestígio ao condão, glória de Lesseps.

Túmulo — túmulo — o palor sagrado
  Dos ermos — sucedendo e transformando
  Co'a mutação fantástica dos quadros
  Noturnos — e a nau, lenta, atravessando;
Túmulos —
         Ora, em luz se transfigura
  Branco horizonte a um sol nascente-poente,
  D'ocasos e manhãs tendo a candura,
  Em céus de lindo verde transparente;
Alvo mundo, transluz, em fulgurosas
  Nuvens, pura esmeralda. E o breve passo
  Faz o sol rente aos gelos, que alvas lousas
  Acastelam à vastidão do espaço.
Vê-se a Terra-do-Fogo, reluzente
  Qual outro oposto incêndio, branca chama,
  Fumegando e movendo-se aparente,
  Donde, talvez, lhe o nome se proclama.
E eis o aborígine, eis o sempre caro
  Da natureza, o oriundo Americano:
  Sadio, altivo o Patagão bizarro,
  Deste lado; deste outro o Foguiano,
E qual mesmo do fogo surto e térreo,
  Que gesticula e grita e s'está rindo:
  Darwin! no seio-onipotente etéreo
  O ser vivo animando-se, existindo!

Oh, dos gelos eternos a brancura!
  Quão divino o sentir-se a eternidade
  Naquilo que morrer pode e mas dura
  Refletindo luz, dando claridade!
São os suspensos areais dulcíssimos,
  Os aterros-alvores à luz branca,
  Brancura feita montes candidíssimos
  E o sentimento e as gélidas barrancas!

São as violáceas nuvens: são a prata
   Rutilante, os desta onda longos cintos
   E cujo espelho líquido retrata
   Dos rochedos os ângulos, distintos,
Negros, veludos.
               E a magnificência
   Do sol, num tempo oriente e sol se pondo,
   Finda, co'o traço de resplendecência
   Do alvo globo de luz e sem o estrondo
Do relâmpago. Eterno de grandeza
   Foi o quadro hibernal do dia de horas:
   E ao crepusc'lo, à cinerea natureza,
   Turbado ainda da visão d'auroras,
O homem desperta: e sempre caminhando
   Qual pelo umbror de uma alma condenada
   Dos céus, do mundo.
               Claro reflexando
   O gelo d'alvas-trêmulas cumiadas,
Austrais estrelas têm do taciturno
   Destas polares noites, obscurantes
   Telúricas, palor noturno-diurno
   Que vão atravessando os navegantes
De vigília à vigília — e qual aportam
   (Tanta é a ilusão) ora a estaleiros,
   Hartos fjords, ora às rochas rodeando,
   Ou fugindo debaixo dos geleiros —
Neste silêncio, nas soidões remotas
   Das quase-eternas noites dos Estreitos,
   As vibrações s'escutam quase-ignotas
   De um piano encantado em mil afetos

Da pátria melodia: a este ar calado
　Das regiões magalhânicas umbrosas,
　Ó Carlos Gomes, como interpretado
　És tu da esposa-noiva, a tão ditosa!
E aos sons de amor, e aos sons de sentimentos
　Jardins s'infloram, abrem firmamentos
　De mais benignos céus e à profundeza
　Destes, que estão ecoando ao coração:
E os afetos, que estão na natureza,
　Sentem-se aí — dos lácios doces numes;
　Dos sentidos, violetas e ciúmes;
　Da hiacintina luz e da Paixão.
E qual parece ao norte, os céus amando
　Aos reflexos das neves luminosas
　Nas profundas soidões, tal tão saudosas
　As notas na alma ficam ressoando.

Tudo que vive, repousando, sonha —
　Está sonhando a natureza! a imagem
　Dos montes no ar balança-se risonha,
　Ideal da platônica miragem
D'Atlantis!
　　　　Fumegando a onda nevoeiros,
　Que são do oceano os vivas gloriosos,
　Pavilhões auriverdes brasileiros,
　Entre um cerrado d'iris luminosos
Rompe o *steamer* gentil. As nuvens alvas
　Perdem as leves formas transparentes,
　Tendo as do arbóreo gelo das escalvas,
　Na patagônea costa e estão pendentes
Sobre as vagas que elevam-se do Atlântico.
　— Porém, as aves que seguindo vieram,
　Nesse acompanhamento aéreo-romântico
　Do esteiro undoso, desapareceram.

Assim desaparecem da existência
    Os sonhos, que conduzem ao futuro:
    Desperta-se; e ante esta árida aparência
    Nossa alma ... — foi-lhe a vida, ao grande obscuro
Dos agitados ares sem sossego:
    Oh, são a esp'rança os dias turbulentos
    Do desespero, o homem bravo e cego,
    Não a posse d'egípcios monumentos!

E 'das marés no berço' austral arfando
    Em tangagem cadente a nau tão bela
    Nas argentinas águas, navegando
    À luz da oriente-sul melhor estrela,
A' tarde no convés os passageiros
    Formam parelhas (pela glória morrem!)
    Zunindo os ventos frígidos ponteiros,
    Jogando a nau, se equilibrando correm!

Neste vasto e magnífico estuário
    As sul e norte vagas oceânicas,
    Mareiras brisas e o tufão pampário
    Harmonias do mar guardam mecânicas.

O GUESA — SINOPSE TEMÁTICA

Canto I — *Andes*. Tema do culto ao sol. Conquista dos Incas pelos espanhóis. Descida dos Andes até o Amazonas. Tema da "brasileira esquiva" (a mulher americana). Excelências da natureza. A índia ("fogosa indiana"). Infância e solidão do Guesa (monólogo ao vento). O Guesa perante o Imperador. Tema da adolescência e da morte (noturnidade).

Canto II — Descrição da natureza amazonense. Aurora. Tema do selvagem sem porvir (submetido pelo colonizador). Danças (não as de guerra, mas ritos degradados). Recordação dos grandes tempos dos "formosos guerreiros reluzentes" (o "bom selvagem"). Apóstolos falsos (falsificação da religião). Dança lúbrica dos índios decadentes do Amazonas — o *"Tatuturema"* (criticas à justiça, à nobreza e ao clero).

Canto III — O jovem Guesa dormindo. Sonho de amores. *Lied* do luar e da princesa da onda. O Guesa em viagem: miragens e aparições no ar. O morcego. Falsos amigos. Descida do Amazonas. Tempestade no rio. Bonança na selva. Crepúsculo. Noites do Amazonas. Virjanura. A tapera. Os índios decadentes. Catequização. El Dorado: a cobiça do ouro. Servidão do índio e do africano. Marajó. Embocadura do Amazonas. O Guesa faz-se ao largo. Pororoca. Culto inca do sol. A noite e Virjanura.

Canto IV — Guesa (o selvagem puro). Orfandade. Chegada ao Maranhão. Retorno à terra natal e ao lar. Evocação de Gonçalves Dias. Queimada na selva. Orgia. Prostituição (Vênus-cadela). Tormenta. Primeiro amor do Guesa (Virjanura). Cena de amor. Separação dos amantes. Exílio do Guesa, cumprindo o seu destino.

Canto V — O jovem Guesa atravessa a mata, rumo à quinta da Vitória. Em lugar das tribos, os "vilões civilizados" (os "senhores" e os "cabras"). Descrição da mata. A aldeia natal festiva. Dulaleda (a mulata, a brasileira). O poeta se identifica com o destino do Guesa. Programa poético. Miragem (rosal). Ruínas da Vitória. O Benjamin-Romulus. O solar da Vitória. O "signo" (infância, predestinação). Lembranças das pessoas amadas. Calúnia. O mercador ou o Messias. Mãe d'água. Orfandade (juízes e tutores). Sombras dos antepassados (o Angelus; o pai à porta do casal). Os quilombos da Vitória. Noite (surucucu de fogo, o gênio das ruínas). Monólogo do Guesa ("Ouço as estrelas"). Solidão do Guesa (a esposa, a sociedade, o mundo). A irmã, A mãe, Dona Maria Bárbara. Cena de infância (o tifo, o delírio). O espectro materno. A linguagem do firmamento. A lua sobre as ruínas da Vitória.

Canto VI — Tema da Estrada do Suna. Baía da Guanabara. Rio de Janeiro. Descrição da natureza. Manco Capac e D. Pedro I. O carnaval carioca. Crítica ao "estrangeiro corruptor" (alienação). Homero e Camões. José Bonifácio. Educação do Guesa (conselhos do irmão; empréstimo negado pelo Imperador). Fomagata-Pedro II. Venda dos escravos da Vitória. Decadência da Corte. Meditação do destino do Guesa.

Canto VII — Ibéria, África. Mediterrâneo. Viagem de formação ao "grande amigo mundo". Senegâmbia. Saara. Serra Leoa. Dacar. A serva-amante. Lua-Ísis.

Canto VIII — Desembarque do Guesa, náufrago, na terra natal. Invoca a "musa da zona tórrida". Coelus, a esposa-amante. O éden na "Ilha do Sol". "Festas do esplendor do Guesa". Os moscardos (amigos falsos, destruidores do lar do Guesa), Extingue-se o amor de Coelus. Esojairam (Maria José). Resta uma filha ao poeta-Guesa.

Canto IX — Nova viagem, desta vez com a filha. Despedida da Quinta da Vitória. Águas amazônicas. Antilhas. Os inimigos (tema dos "Xeques"). O sacrifício do Guesa previsto pelo poeta. Cena a bordo: o Guesa e a filha. Massacre dos índios pelos espanhóis (Anacaona). Haiti (Bonaparte). Cuba. São Salvador (Evocação de Colombo). Gulf Stream (Cortez; Guatimozin; Montezuma; Juarez). Furacão no golfo do México. Aproximação das costas dos EUA.

Canto X — Entrada em Nova Iorque. George Washington. A pátria de liberdade. Central Park (A Norte-americana). Utopia do amor e da igualdade cristã na República. Meditação mística (Alma-Deus; Uno-Infinito). Evocação da Revolução norte-americana (Cornwallis; Washington). O Guesa às margens do Hudson. D. Pedro (adversidades do Guesa: o juízo, a lei, o foro; os falsos amigos; a educação negada). Lembrança dos amigos vivos e mortos. Saraus de Tarrytown (Hela). A Capital da República Norte-americana. O Capitólio. Morte de Lincoln. Mount Vernon. Os Estados da União. A filha no colégio (Sacred Heart). A "Vênus vulgar" (Fiskie). A Lady e a Miss (Ano Bom). O "*Inferno de Wall Street*". Corrupção no seio da República. O ouro. Saída do Inferno. O "jovem povo de vanguarda". A filha. Carrie. Paisagem de neve. A cidade dorme. O Guesa atravessa os plainos nevados de Buffalo. Niágara (episódio de Lottie e Etelberto). Alexandre (São Petersburgo) e Garfield (Washington). Catástrofes humanas respondendo à da natureza (o Niágara). Morte de Longfellow. Morte de Emerson.

Canto XI — Oceano Pacífico. Cortez (Queima das naus). Panamá, Hino às Américas. Recordação da mãe. Visão dos Andes (recorrência do Canto I). Libertadores americanos (Bolívar, Lamas, Santander, Sucre, Abreu Lima, Paez). Colômbia e Venezuela. Cotopaxi (serra). Região Desolada (Sombras de Pizarro, Capac, etc.). Titicaca (Fundação do Império Inca). Lima. Praça de Touros. Revolução (Sarau do Presidente Balta). Bela "Limeña". Princesa Inca (Chasca). Festa do arado de ouro. O Império Inca. Divisão: Ataualpa e Huáscar (morte de Huaina-Capac). Invasão espanhola e guerra civil. Ataualpa cai na cilada de Pizarro. Huáscar submete-se a Pizarro (pilhagem do ouro, profanação das virgens do sol, batismo e suplício de Huáscar). Pachacâmac (o deus desconhecido). O Guesa em Lima medita sobre a queda dos Impérios. Noite em Titicaca. República (San Martin; Bolívar). Túmulo de Pizarro. Sombras dos Incas. República edenal (socialista e cristã). Culto solar do Inca (Deus-coração). Alma-Deus cristã (vida eterna). Ataque à cristandade que destruiu os Incas. Crítica ao governo militar e clerical, aos cruentos jogos públicos. Voltaire (festas centenais de). Morte de Pio IX. A Igreja (Lazarus-leprosa). O novo Pigmalião (horror da estátua). O caráter peruano. Natureza andina (os "limeños aromas").

Canto XII — O Guesa desce ao longo do Oceano Pacífico para o sul. Cordilheira andina (antiga extensão do Império Inca). Colômbia. Bolívia. Canção à filha. Talita, acompanhada pela serva-liberta, a ama (a serva-amante do Canto VII?). Desertos de Atacama. Valparaíso. Tempestade no mar. Aconcágua. Elogio do Chile (Salvador-Donoso, glória do púlpito). O índio Araucano, não vencido por Castela (o chefe Caupolican faz o espanhol engolir ouro). Ercila. Hospitalidade chilena. O Guesa sobe as serras. Cidade de Valdívia (Santiago). Cabo Horn. Ilha de Robinson Crusoe. Tempestade no mar. Fim do planeta (Pólo Sul). Carolina e Henrique (episódio dos noivos). Ilha da Desolação. Estreito de Magalhães. Terra do Fogo. Patagônia. Paisagem hibernal. Águas argentinas.

Canto XIII (Epílogo) — O Guesa enfermo. Ínti envia Chasca-albor: órfãos-amantes (Chasca, a estrela da manhã e o Guesa). Chasca doente. O Guesa convalesce. Chasca parte. O amor puro do Guesa (o Guesa e Cristo). Recordação do drama familiar do poeta-Guesa. Lala, a atriz. Lembrança de mulheres amadas (Vale-Dula, Lala, Estela, Minnie). Lala (a meretriz) e o poeta. Findas as paixões mundanas, o Guesa volta ao equador, semeando revolta ideal. O ritual do Guesa derradeiro arruinado pelos "burglars". A "Vitória". Idacansas penitente nos vales de Iraca. Huitaca, a feiticeira. Íris.

OBSERVAÇÃO: Na edição londrina (Cooke & Halsted), a última do poema, estão expressas as seguintes datas: *Canto I* (1858); *Canto II* (1858); *Canto III* (1858); *Canto IV* (1858); *Canto V* (1862); *Canto VI* (1852-1857); *Canto VII* (1857-1900); *Canto VIII* (1857-1870); *Canto IX* (1871); *Canto X* (1873-188 ...); *Canto XI* (1878); *Canto XII* (1878); *Canto XIII* (1880-1884).

Ficaram interrompidos os cantos *VII, XII* e *XIII*, e, aparentemente, também o *VI*.

Em *Sousândrade: Inéditos* (ver Bibliografia), F. G. Williams e J. Moraes publicam uma continuação do Canto XII, estampada sob o título "O Guesa, o Zac", no jornal maranhense *O Federalista* (22, 24 e 29.3.1902).

3.1 O TATUTUREMA

Obras Poeticas

DE

J. DE SOUZA-ANDRADE.

Primeiro Volume.

New-York:
MDCCCLXXIV.

SEMANÁRIO MARANHENSE

14
(*Velho Umána.*)

«Graciosas potiras,
Fujam Jurupari:
Tão malino! suas festas
São estas
E preside ao urari.

15
(*Capildo Jonathas.*)

As acacias recendem,
Meia noite dormente,
Grita o gallo da serra,
Lá berra
Sapo-boi na corrente!

16

(*Fora.*) —Viva, povo, a republica
De Colombo feliz!
(*Dentro.*) —Cadellinha querida,
Rendida,
Aqui tens teu juiz.

17
(*Côro das cabeças.*)

Escanchada nos ramos
A Maccú dorme agora,
Porque os sonhos das flores
Amores
Lhe conduzam na aurora.

Fragmento do "Tatuturema". 1.ª versão.
Semanário Maranhense, n.º 5, São Luís, 29-9-1867, pág. 7.
(Reproduzido de *Semanário Maranhense*, edição fac-similar organizada por Jomar Moraes, SIOGE, São Luís, 1979.)

(VELHO PIÁUA.)

«Graciosas potiras,
Fujam Jurupari
Tão malino! suas festas
São estas
E preside ao hurari.

(TATH D'EGAS.)

«Pae Humboldt o bebe
Com piedoso sorrir;
Mas, se hervada taquara
Dispara,
Cáe tremendo o tapir.

(POLITICOS.)

(*Fora.*) «Viva, povo, a republica
De Colombo feliz!
(*Dentro.*) Cadellinha querida.
Rendida,
Sou monarcha-juiz!...

Fragmento do "Tatuturema". 2.ª versão.
Impressos — 1.º volume, São Luís, 1868, pág. 64.

OUSSA ERRANTE.

Olho-azul Marabás,
Pallidez, Juvenilias,
Marilias
Sem Gonzaga Thomaz!

(*Nautas no rio:*)

— Contradições do Eterno:
Luzes, do pantanal;
Do lodo, o homem; do guano,
O britano;
De Stercucio, o rosal.

(*Velho umáua, profundo:*)

— Fogo do Jurupá,
Caraibabé-tim,
Que malino faz festas
Como estas
E urari fez assim!

(*Vate d'Egas e Murucututé-oçamé:*)

(1º) — Pae Humboldt o bebia
     Com piedoso sorrir;
(2º, arredondan- — Mas, se hervada taquara
 do os olhos)   Disparn,
     Cae tremendo o tap.i...i...ir!   (*Risadas.*)

(*Politicos:*)

(*Fóra*) — Viva, povo, a republica
     De Colombo feliz!
(*Dentro*) — Cada llinha querida,
     Rendida,
     Sou monarcho-jui...i...iz. (*Risadas.*)

(*Fóra*) — Prole, subdito, herança
     De senhor Affonsim;

Fragmento do "Tatuturema". 3.ª versão.
Obras Poéticas — 1.º volume, Nova Iorque, 1874, p. 86.

CANTO SEGUNDO.

Olho-azul Marabás,
Pallidez, Juvenilias,
   Marilias
Sem Gonzaga Thomaz!

(*Arraia-miuda, nas malhas;* AGASSIZ-UYARA:)
—Que violentam-se ellipses,
Ora, na ode infernal!
=Venias... dias d'entrudo...
   Mais crudo
Foi do Templo o mangoal.
—Nús, desformes, quebrados,
Neos, rijos, sem dó!
=Venias... gyra, Baníua,
   A Caríua
Doce mócóróró.

(*Nautás pescando rhymas no rio:*)
—Contradicções do Eterno:
Luzes, do pantanal;
Do lodo, o homem; das ostras,
   As perolas;
De Stercucio, o rosal.

(*Velho* HUMÁUA, *profundo:*)
—Foge de Jurupá,
Caraibabé-tim,
Que malino faz festas
   Qual estas
E *urari* fez assim!

(*Vate d'*EGAS *e* MURUCUTUTÚ-GUASSÚ *arredondando*
   os olhos:)
—Pae Humboldt o bebia
Com piedoso sorrir;
=Mas, se hervada taquara
   Dispara,
Cae tremendo o tapi...i...ir! (*Risadas*).

(*Politicos fóra e dentro:*)
—Viva, povo, a república,
O'Cabralia feliz!
=Cadellinha querida,
   Rendida,
Sou monarcho-jui...i...iz. (*Risadas*).
—Prole, subdito, herança
De senhor Alfonsim!

D

Fragmento do "Tatuturema". 4.ª versão.
O *Guesa*, Cooke & Halsted, The Moorfields Press, E.C. (1888).

1   (Muxurana *histórica:*)

    — Os primeiros fizeram
    As escravas de nós;
    Nossas filhas roubavam,
        Logravam
    E vendiam após.

2   (Tecuna *a s'embalar na rede e querendo sua independência:*).

    — Carimbavam as faces
    Bocetadas em flor,
    Altos seios carnudos,
        Pontudos,
    Onde há sestas de amor.

3   (Mura *comprada escrava a onze tostões:*)

    — Por gentil mocetona,
    Boa prata de lei.
    Ou a saia de chita
        Bonita,
    Dava *pro-rata* el-rei.

4   (TUPINAMBÁ *ansiando por um lustro nos maus*
            PORTUGUESES:)

— Currupiras os cansem
No caminho ao calor,
Parintins orelhudos,
    Trombudos,
Dos desertos horror!

5   (*Coro dos Índios:*)

— Mas os tempos mudaram,
Já não se anda mais nu:
Hoje o padre que folga,
    Que empolga,
Vem conosco ao tatu.

6   (TAGUAIBUNUÇU *conciliador; coro em desordem:*)

— Eram dias do estanco,
Das conquistas da Fé
Por salvar tanto impio
    Gentio...
— Maranduba, abaré! ...

7   Do agudo ao grave, *mêmîchió* destoa,
        Entrando frei Neptunus ventania:
        Siu! macaca veloz, Macu-Sofia,
        Medindo-lhe o capuz, de um salto

8   E lá vão! e lá vão! pernas e braços
        A *revirar* Macu, que solavancos
        Que o frade leva, aos trancos e barrancos,
        Entre aplausos gerais, palmas, fracassos!

9   Olha o vigário! a face da Tecuna
Com que mãos carinhosas afagando!
Guai! como a véstia santa abre-se e enfuna
Lasciva evolução, se desfraldando!

10   Uma torceu o pé, junto à candeia
Sentada está, cantando ao seu profeta;
Outra ao Guesa arrebata, enlaça, enleia
Em voltas cintilantes qual a seta!

11   (NEPTUNUS SANCTORUM *entrando pestilente*:)

— *Introibo*, senhoras,
Templos meus, flor em flor
São-vos olhos quebrados,
Danados
Nesta noite de horror!

12   (Padre EXCELSIOR, *respondendo*:)

— *Indorum libertate*
Salva, ferva cauim
Que nas veias titila
Cintila
No prazer do festim!

13   (*Coro das Índias:*)

— A grinalda teçamos
Às cabeças de lua:
Oaca! yaci-tatá!
Tatá-yrá,
Glórias da carne crua!

14   (*Velho* UMÁUA, *prudente:*)

   — Senhor padre coroado,
   Faça roda com todas ...
   A catinga já fede!
      De sede
   Suçuaranas 'stão doudas!

15   (ABREU-LIMA *murmurando o væ victis romano:*)

   — São sagradas as fontes,
   Lede as leis, dom Vital:
   Vinte milhões de lebres
      Com febres
   Causa dum pantanal.

16   (*Coro cínico dos vigários:*)

   — *Macaxera! Oucha! Quaqua!
   Coraci!* que perder
   Nestes tons tão noturnos!
      Alburnos
   Do olho morto sem ver!

17   (*Perulera sacerdotisa matando reis de França:*)

   — *Cum* espírito *tuo*
   São Coatis sacristãos,
   Dea Elisa é vigária
      Yankária
   Das ... *magnetizaçãos!*

18 (*Vigários, ébrios saindo do tatuturema, insultam
 sagrados túmulos, a* Voz:)

— Escarremos imundos
Nestas trevas!
   — Jeová
Daí, o negro vampiro,
 Ao delírio
Teu em luzes fará!

19 (Gonçalves-Dias *falando dos mares:*)

—Vão nas conchas envoltos
Volver campa os tatus;
Vão dervichos aos banjos;
  Só anjos
Vão com flor a Jesus.

20 (*Falando dos sepulcros,* Gomes-de-Sousa,
   Dr. Vilhena e M. Hoyer:)

— Deus é X no horizonte? ..
— Governistas dão leis? ..
— Tendo à rama a ciência,
 A consciência
Da uva à queda vereis? ..

21 (*A que torcem o pé*:)

— Geme em Venezuela
Alexandre-Sumé;
Voz dos ermos, andando,
 Ensinando,
Com seu canto de fé.

22   (*Vate d'*Egas *e* Neptunus, *caretas e trocadilhos:*)

— Repartia São Pedro
Os tesoiros da Sé:
— *Deo date* quem pode,
　Promode
Dilatação da Fé.

23   (*Regatões negociando à margem:*)

— Há-de dar o compadre
Pelo espelho '*aruâ*
Trinta libras de goma
　Na soma...
— Não, *Caríua,* não dá.

24   (Desalmado *negociante passando lavoiras para a Praiagrande;*
　　　Joões-*sem-terra cantando à viola:*)

— 'Suprimentos, madamas,
Desta casa terão;
Paguem desconhecidos
　Maridos!'
— Do, lan, dro, la, don, drão.

25   (Lázaro de Melo *da sobredita escola:*)

Moedas trinta! e a cabeça
Quer de quem nos criou ...
Se dá mais capitão,
　Bequimão
Risca, ó Governadô!

26

    (*Desconsolados agiotas e comendadores:*)

      — De uns arrotos do demo,
      No *revira* se haver ...
      —Venha a nós papelório
          Do empório,
      E de Congo o saber.

27

    (*Damas da nobreza:*)

      — Não precisa prendê
      Quem tem pretos p'herdá
      E escrivão p'escrevê;
          Basta tê
      Burra d'ouro e casá.

28

    (*Escravos açoitando às milagrosas imagens:*)

      — Só já são senhozinhos
      Netos d'imperadô:
      Tudo preto tá forro;
          Cachorro
      Tudo branco ficou!

29

    (George e Pedro, *liberdade-libertinagem:*)

      — Tendo nós cofres públicos,
      Livre-se a escravidão!
      Comam ratos aos gatos!
          Pilatos
      Disse, lavando a mão.

30   (*Príncipes declinando do tesoiro em favor da instrução pública:*)

Tribos há que não pagam
Ao seu legislador,
Patriotas honrados,
    Amados,
Só da pátria ao amor.

31   (*Ministro português vendendo títulos de honra a brasileiros que não têm:*)

— Quem de coito danado
Não dirá que vens tu?
Moeda falsa és, esturro
    Caturro,
D'excelência tatu!

32   (Timon d'Atenas *lendo* Camões *e* Virgílio:)

— Morrer 'morte macaca'
Pelo 'engenho central'? ...
Careceis ... d'Hoyer-alma
    Áurea palma
E de Sá-canavial!

33   (*Moral educação prática:*)

— A mulher, é Jovita;
O homem, Bennettetão:
Oh! faz Hudson-*manbusiness*,
    Freeloves;
Amazonas, poltrão!

34   (*Titulares protestando:*)

Compra-tit'lo azeiteiro
Conde-acende tatu:
Todos 'stão com inveja
    Da vieja
Luiza-C'reca-Fi-Fu!

35   (*Comitentes dando graus em disparates:*)

— Ora, Simão-Samário
Compra apost'lo-poder
De curar, pondo a mão,
    Maranhão
De sol, lua e mulher!

36   (*Alvissareiras no areial:*)

— Tanto quorum concorre,
Que nem numbro já tem:
Medalhões, embolados
    Doirados,
Figas! ... vejam quem vem!

37   (*Ecos das nuvens:*)

— Há trovões no Parnaso,
São dos cumes a luz;
Quando vem Fomagata,
    Em cascata
Terra-inundam tatus!

38   (*Voz dogmática de fora:*)

— Luso-hispano-brasílio
Antro de Belzebus!
Lácio em fim! ... Reis, da raça
   Da graça;
Reis, dos antros ... da luz!

39   (K<small>ONIAN</small>-B<small>EBE</small> *rugindo:*)

— Missionário barbado,
Que vens lá da missão,
Tu não vais à taberna,
   Que interna
Tens-na em teu coração!

40   (R<small>ODRIGO</small>, *das naus de* C<small>OLUMBUS</small> *passando-se para outros deuses:*)

— A Cristóvão os escudos?
Com Mafoma me pus!
Era "a que marinheiro
   Primeiro
Visse terra", não luz!

41   (V<small>IOLA</small> *rindo:*)

— Deste mundo do diabo
Dom Cabral se apossou,
E esta noite d'Arábia
   Astrolábia
Desde então se bailou.

42   (*Novo coro, enternecendo*:)

— Nos rochedos ululam
Na sazão dos cajus,
Amazonas: fagueiros
   Guerreiros
Vão pintados e nus.

43   (STAËL *pelo amor;* NAPOLEÃO *escarreirando reis d'Ibéria*:)

— Bígamo mor, qual pensas
Ser a maior mulher?
— Campo pra ser arado,
   Ao Estado
A que bravos mais der!

44   (D. JOÃO VI, *escrevendo a seu filho*:)

Pedro (credo! que sustos!)
Se há de ao reino empalmar
Algum aventureiro,
   O primeiro
Sejas ... toca a coroar!

45   (1.º *Patriarca*:)

— Quem que faz fraca gente,
Calabar-Camarão?
Ou santelmos delírios,
   Ou sírios
Das gargantas do Cão?

46 (2.º *Patriarca*:)

— Brônzeo está no cavalo
Pedro, que é fundador;
É! é! é! Tiradentes,
 Sem dentes,
Não tem onde se pôr!

47 (O GUESA, *rodando*:)

— Eu nasci no deserto,
Sob o sol do equador:
As saudades do mundo,
 Do mundo...
Diabos levem tal dor!

48 Das guardas nacionais os comandantes,
 O nobre escravocrata, que é barão,
 Os poetas do amor, mimos de amantes,
 Ali rendiam preitos à função.

49 Abria asa o juiz do Sorimáua
 Às donzelinhas *não apresentadas:*
 Como, pois, ao sinal que deu Tuxáua
 A amor fugirem tão amedrontadas!

50 Dá fora um promotor republicano
 Vil *caiçuma* aos mutuns e jacamins,
 Que s'elevam gritando num insano
 Desnorteado saltar; mas, nobres fins.

51   E a multidão apinha-se ao em torno
                Amostrando as cabeças nos ubis,
                Range abalado o fumarento forno,
                A algazarra infernal toca os zenits!

52   (*Coro das Índias:*)

— *Stsioei*, rei de flores,
Lindo Temandaré,
Ruge-ruge estas asas
        De brasas ...
Cuidaru, cerêré.

53   (WAYANORICKENS, *fumando e assoprando nas caras:*)

        — No cachimbo-conselho,
        Qual um porco a roncar,
        Enroscava olho e rabo
                O diabo
        Em cornudo sonhar.

54   (*Sábios olhando do vértice do solar paralaxe pelo
                telescópio do equador:*)

        —Vênus fica, passando
        Pelo disco do sol,
        Mosca; o ângulo obtuso,
                Confuso
        Qual num olho um terçol.

55   (*Alvissareiras no areial:*)

        — Aos céus sobem estrelas,
        Tupã-Caramuru!
        É Lindóia, Moema,
                Coema,
        É a Paraguaçu;

56   — Sobem céus as estrelas,
Do festim rosicler!
Idalinas, Verbenas
    De Atenas,
Corações de mulher;

57   — Moreninhas, Consuelos,
Olho-azul Marabás,
Palidez Juvenílias,
    Marílias
Sem Gonzaga Tomás!

58   (*Arraia-miúda, nas malhas;* AGASSIZ-UYÁRA:)

     — Que violentam-se elipses,
Ora na ode infernal!
= Vênias ... dias d'entrudo ...
    Mais crudo
Foi do Templo o mangual.

59   — Nus, disformes, quebrados,
Neos, rijos, sem dó!
= Vênias ... gira, Baníua,
    A Caríua
Doce mócóróró.

60   (*Nautas pescando rimas no rio:*)

     — Contradições do Eterno:
Luzes, do pantanal;
Do lodo, o homem; das ostras,
    As pérolas;
De Stercúcio, o rosal.

61   (*Velho* UMÁUA, *profundo*:)

    — Foge de Jurupá,
    Caraíbabé-tim,
    Que malino faz festas
      Qual estas
    E *urari* fez assim!

62 (*Vate d'*EGAS *e* MURUCUTUTU-GUAÇU *arredondando os olhos*:)

    — Pai Humboldt o bebia
    Com piedoso sorrir;
    = Mas, se ervada taquara
      Dispara,
    Cai tremendo o tapi ... i ... ir! *(Risadas)*.

63   (*Políticos fora e dentro*:)

    —Viva, povo, a república,
    O' Cabrália feliz!
    = Cadelinha querida,
      Rendida,
    Sou monarco-jui ... i ... iz. *(Risadas)*.

64   — Prole, súdito, herança
    De Senhor Alfonsim!
    D'el-rei religião,
      Servidão
    E o rabicho do Chim!

65   = Referenda o ministro,
    Moderando o poder:
    Toma, assina a meu rogo,
      Diogo,
    Por yo no saber leer.

66   (BRUTUS *do último círculo do Inferno de* DANTE:)

— Oh, será o mais sábio
Cæsar, que inda há-de vir,
Quem, descendo o trono,
    A seu dono
Diga, ao povo, subir!

67   (*Inocência real; maliciosa populaça:*)

— Faço-os condes, viscondes,
Fazer mais eu nem sei;
Tenho muita piedade!
    = Saudade
Temos só de ser rei.

68   (*Discussão entre os mestres de fôrmas e formas:*)

— Redondilhas menores...
= Per Guilherme e Nassau!
Res, non verba, senhores
    Doctores,
Quer d'estados a nau!

69   (*A índia luz amortecendo ao sopro dos bailadores:*)

— Com tatus quebrafrechas,
Só a vivissecção:
Ou tereis mundo tétrico;
    Elétrico
Nunca no barracão!

70   (Um Urso e um Galo apagando a última brasa e
          consolidando-se duo in uno tatus:)

— São d'eletricidade
Tempos, mundo do fim;
= São as manchas solares,
    Dos ares
A alumiar tudo *assim!*

71   (Um delegado em cismas:)

— Reina a paz em Varsóvia;
Mas, a guerra a chegar,
Recrutamos arraus,
    Pica-paus,
Quando a luz se apagar.

72   (*Vates sumos:*)

— São as Negras-Agulhas,
São, *secundum Mattheum,*
(Tupungatos três tombos)
    Colombos,
Tamoios*que que-meum.*

73   (Neptunus:)

— Os poetas plagiam,
Desde rei Salomão:
Se Deus cria — procriam,
    Transcriam —
Mafamed e Sultão.

74   (*Coro dos beatos pasmadores:*)

— Setecentas mulheres,
Mais trezentas, milhar!
Ao ar livre, nos montes,
    Nas fontes,
Ou à beira do mar! *(Risadas)*.

75   (*Vates sumos:*)

— Há-de o mundo curvar-se
Ante a trina razão:
Sol dos Incas pras palmas
    Pras almas
Jesus-Cristo e Platão.

76   (*Titulares agüentando o barracão:*)

— Roda, *ipy!* tirana
Do governo central,
Qual coroa ao em torno
    Do corno —
Apis-deus, carnaval!

77   (Excelsior:)

— Lêem destinos dos povos?
Dom Aguirre os conduz.
Mefistôs justiçados,
    Tornados
Dos jesuítas lundus!

78   (*Beatos pasmadores:*)

   — Branca estátua de Byron
   Faz cegueira de luz?
   = Breu e brocha à *criada!*
      E borrada:
   Ô, ô, ô, Ferraguz!   *(Risadas).*

79   (*Pasmadores ímpios:*)

   — Lamartine é sagrado?
   Se não tem maracás,
   Ô, ô, ô! — vibram arcos
         Macacos,
   Tatus-Tupinambás.

80   (*Futricas invadindo alheios Édens:*)

   — Do Amazonas e o Prata
   O divórcio se faz
   Nestes campos Parises
         Felizes ...
   Cascavel, Satanás.

81   (AMAZONAS *belicosas melhorando a genesíaca superstição:*)

   — Terra humana, primeiro,
   Deus fez Eva; e então,
   Paraíso sendo ela
         Tão bela,
   Fez o homem Adão.

82   (*Guerreiros brancos:*)

    — Sobre os montes d'incenso
    Dois obuses estão,
    Meio do Éden os gomos
     Dos pomos,
    Fome d' Eva em Adão

83   (Umáua *desprendendo o cinturão antropófago e com ele tocando para fora curumis-guesas e conhantãs:*)

    — Índios corsos, *potyras!*
    Fujam Jurupari!
    Xcomungado Vitório.
     Infusório
    Do senhor do *urari.*

84   (Xeques *farejando; cunhãmucus escondendo ao* Guesa:)

    — Que à justiça não fuja;
    Aqui vai... acolá...
    = Que em tatus vos transforme,
     D'enorme
    Rabo, Fomagatá!

85   — Com sentença lavrada
    E o tal órfão lá está!...
    = Juízes maus, o menino
     Divino
    Dentre vós surgirá!

86   (O GUESA *desgostoso:*)

      — Numa roda de araras
      Meta-os Jurupari!
      Enquanto eu circunciso,
         Sem riso,
      Vou chorando daqui.

87   (CURUPIRAS *tangendo a vara de queixadas:*)

      — D'Ezequiel roda d'olhos,
      'Niagáras de luz!
      Passa o Guesa alto o brado,
        Amontado
      Na legião dos tatus!

88   (*Virtuosas sem esperança:*)

      — S'ergue um fumo d'enxofre,
      Quando o demo se foi:
      Nesta calma podrida
        Da vida
      Ser sem ele é que dói ... óooi ...

89   *(Major* JÔNATAS, *filosofando do ventre da baleia:)*

      Ora ... acácias recendam,
      Meia-noite dormente!
      Quiau! faz galo da serra!
        Hu! berra
      Sapo-boi na cor ... rrr ... ente!   *(Sussurro).*

90   (*Meiga* MUNDRUCU, *convidando à ordem*:)

— Coitadinha Baníua,
Novo cáctus de amor,
Chora aos brados da festa
    Molesta
Seu noivado de dor.

91   (NEPTUNUS *e* EXCELSIOR, *discutindo*:)

— Hieroglifos-mosaicos
São, do papa-maná;
= Alta lucubração,
    Barracão;
Guarani, guaraná.

92   (PUTIFAR-CATU:)

— Tem José rota capa,
Tonto cérebro o sol,
No mar brincam estrelas
    Tão belas
Qual o peixe no anzol.

93   (*Pajé mundrucu, instruindo e bailando:*)

— As escravas da lua,
Irmãzinhas do mar,
Calipígias Citeras ...
    Deveras,
Anda o Olimpo a bailar!

94   (*Sombra de rei* TEODORO *errando pelo teto:*)

        —Vede, cinco de oitubro,
        Negro mar em furor,
        Sobrenada, nesta arca
            Da Parca,
        Do Abissínio o amor!

95   (*Espírito, de* PÁTROCLO, *per* BRISEIS *sibilando por baixo da terra:*)

        — Dos amigos preserva
        Teus mimosos tajás;
        Ou o, amor, fogo-ardido,
            Perdido
        Co'os amigos terás.

96   (*Admirado grupo de virtuosas à porta-coro:*)

        — Ó maridos, ó virgens,
        Que honra tendes num triz,
        Sois da carne e do osso
            Do nosso
        Rei o franco São Luís!!

97   (*Cunhãmucus, respondendo às virtuosas:*)

        —Vibram bífidas línguas,
        Câninana e *goaimêm*;
        Fazem coro pistilos
            Sibilos,
        As comadres de bem.

(*Doutos pensativos:*)

98

— *Marám nhan'* despropósito
A correr: *tatá-oçu,*
Tacon' morepotária,
    Iby-quara ...
Berá berab, Macu!

99

= *Paraná* defluindo
Fez a voz *maranhã* ...
Raia o sol qual cornenda,
    Resplenda
Sobr'o império da rã!

100

— *Musa paradisíaca*
Já no Éden floriu,
Bananeira-ciência,
    Sapiência
Que o Senhor proibiu.

101

(SPIX *e* MARTIUS:)

— Dos seis dias genésicos
Vem toda esta função.
= Fez-se luz, mar e mundo
    Rotundo;
Criador, criação.

102

(MACU *sonhando:*)

— Se o amor, vice-versa
Logro do ar, me cansou,
Tupã que mais não crea,
    Recreia
Ver que em gozos ficou.   (*Sussurro*).

103   (*Dóctor* PURUPURU, *dóctor* BORORÓ:)

— Mais valera castrato,
Nem haver candiru:
= Oh! tremei dessa ondina
  Que ensina
Ao *turyua-tatu!*

104   Ó São Pedro de Roma! o Índio é manso,
              Que vai subindo os rios, forasteiro
              A fugir das ciências, qual o ganso
              Dos regatões, por entre o cacaueiro.

105   Moderno missionário o desinquieta
              E corrompe: de Amor é sacristão,
              Que em latim não escreve os d'Anchieta
              Cantos aos céus; mas, civilização.

106   (*Titulares em grande gala:*)

— De ema o beijo, trombejo;
= No agro, o flagro, o barão!
— Toirarias no globo,
    Do lobo,
Da onça, o cabro, o cabrão!

107   (TIMON D'ATENAS *não vendo nos climas o
              enfraquecimento dos povos:*)

— Guai! senhores, Lucullus?
É de pato este arroz!
Procriais indigestos;
    E honestos
Foram vossos avós!

108   (ORELLANA *à influência de* UYARA; *Martinez vendados olhos chegando do* ELDORADO:)

    — Meu compadre, Manoa
    E Manaus? 'I vereis,
    'I vereis do oiro o império!
        O império
    Dos escravos e os reis.

109   (EL GRAND-KAN *nomeando um secretário; el vizir das copas explicando a graça*:)

    — 'Que alvas asas não bata
    O cisne dentre nós.'
    = Por nos ser do partido,
        Querido,
    Há presente esta noz.

110   (SÃO JOÃO *não vendo a sanguinária culpa nos carapanás*:)

    — Co'a Besta apocalíptica
    Tu não fornicarás;
    Antes coices e biles,
        Aquiles,
    Dela, nunca os crachás!

111   (BANÍUA *tristinha*:)

    — Lá na foz do Madeira
    Os velhinhos são réus,
    Toda a taba cantando,
        Dançando,
    Alvejando troféus.

112   (*Coro das cabeças:*)

— Escanchada nos galhos
Dorme agora Macu,
Porque os sonhos de Flora
    Na aurora
Floresencham-lhe o *uru. u.*   *(Risadas).*

113   '(*Antropófago* Umáua *a grandes brados:*)

— Sonhos, flores e frutos,
Chamas do *urucari!*
Já se fez cae-a-ré,
    Jacaré!
Viva Jurupari! *(Escuridão. Silêncio).*

114   (*Egipcíaca* Esfinge *do deserto:*)

— (Pessoal, não *res publica,*
Titular ... lar-*titu:*
Só em vós crendo o povo:
    Deste ovo
Que fazeis? ... Hu! Hu! Hu!)

PRINCIPAIS VARIANTES

O episódio que denominamos "Tatuturema" (do Canto II do *Guesa)* teve quatro versões, a primeira publicada no n.º 5 do *Semanário Maranhense,* em 29.9.1867, as demais nos livros *Impressos* — 1.º volume (1868), *Obras Poéticas* — 1.º volume (1874) e *O Guesa,* editado em Londres, presumivelmente em 1888[1]. O presente texto, atualizado por Erthos Albino de Souza, é o da última publicação, a definitiva. A versão adotada é muito mais extensa e completa que as precedentes: a primeira continha apenas 26 estrofes; 32, a segunda; a terceira, 70; enquanto a derradeira tem 114. As modificações operadas por Sousândrade no texto foram mais no sentido do acréscimo que no da substituição. Exemplo notável: a introdução à estrofe 83, na versão das *Obras Poéticas,* consiste numa única palavra: (UMÁUA:); no texto londrino, encontramos: (UMÁUA *desprendendo o cinturão antropófago e com ele tocando para fora curumis-guesas e cunhantãs:).*

Optamos, aqui, por consignar tão-somente as variantes mais expressivas. Para efeito de referência foram numeradas as estrofes da edição londrina, quer se trate de quintilhas ou de quadras, referindo-se a

---

1. A edição não tem data. Frederick G. Williams sugere 1888 como ano de publicação, com base na data de depósito do livro, no Museu Britânico, para fins de *copyright.*

esta numeração também as variantes das edições anteriores, mesmo quando não encontradas na mesma ordem. Na publicação do *Semanário Maranhense* as estrofes eram encimadas por números, de 1 a 19, incluindo Sousândrade, sob o mesmo número das quintilhas, as quadras decassilábicas intercalares que se lhes seguiam; tal numeração foi desprezada nas citações das estrofes dessa publicação.

As variantes vão relacionadas em seguida ao texto, sob as siglas SM, I e OP, correspondentes a *Semanário Maranhense, Impressos* e *Obras Poéticas;* os números a elas adicionados remetem às estrofes e às respectivas linhas do texto adotado; quando a variante ocorre na linha introdutória, usa-se apenas o número da estrofe. Em muitos casos, para melhor visualização do contexto, preferimos reproduzir toda a estrofe onde ocorreram as alterações, embora estas não afetem a totalidade das linhas. As variantes contendo os mesmos vocábulos são sempre reunidas numa única referência, adotada a convenção gráfica da mais recente.

Três estrofes que figuravam nas primeiras versões foram suprimidas da última por Sousândrade. São elas incluídas entre as variantes como 14-a, 14-b e 53-a, procurando-se indicar, assim, o seu posicionamento relativamente à estrofe que as precedia — 14, nos dois primeiros casos, e 53, no outro — nas versões de *Impressos* e *Obras Poéticas*.

Merecem registro especial as variantes tipográficas, por enfatizarem aspectos da codificação visual do poema, particularmente no que respeita à indicação das vozes dos personagens, que evolui das marcações explícitas, ricas de gestualidade, para o emprego inovador do sintético duplo travessão. Nesse sentido, vale a pena confrontar as variantes das estrofes 62 a 65.

VARIANTES

SM e I-2:   (Tecuna.)

SM e I-2/1:   "Carimbavam-lhe as faces

SM e OP-3:   (Mura:)
— Por gentil mocetona
Onze tostões em prata
Ou a saia de chita
  Bonita,
El-rei dava *pro-rata*.

I-3:   (Mura.)
"Por gentil mocetona
El-rei dava *pro-rata,*
Ou a saia de chita
  Bonita
Ou o valor em prata.

I e OP-4:   (Tupinambá:)
— Currupiras os cansem
Nos caminhos abertos,
Parintins orelhudos,
Trombudos,
Feio horror dos desertos!

SM-5:   *(Tucháua Mangerona.)*
SM-5/1:   Mas se os tempos mudaram,
SM, I e OP-5/2: Não se anda mais nu:
SM-7/1:   Ah que o mêmêchió vai bom! ... desmancha-se
I e OP-7/2:   Com frei Netuno entrando ventania:
SM-7/3:   A dançar, a caniar. Macu-Sofia
I-7/3:   E, macaca veloz, Macu-Sofia,
SM-7/4:   Do frade no capuz salta, escarracha-se:
SM-8/2:   Revirando! que belos solavancos
SM-9:   Tem padre Celso a face da Tecuna
                 Em suas mãos carinhosas afagada,
                 Oh! como a véstia santa ruge e enfuna
                 Na evolução lasciva desfraldada!
I-9:   Olhem o vigário! a face da Tecuna
                 Com suas mãos carinhosas afagando: —
                 Oh! como a véstia santa ruge e enfuna
                 Na evolução lasciva desfraldando!
SM e I-10:   Uma torceu o pé e está sentada
                 Junto à candeia, e canta o seu profeta;
                 Outra enlaça-se ao Guesa, arrebatada
                 Em cintilantes voltas como a seta.
OP-10/4:   Em voltas cintilantes como a seta!
SM-11:   *(Frei Netuno entrando.)*
                 Bravos, bravos, Senhoras!
                 Corra e ferva caissuma,
                 Que faz olhos quebrados,
                         Danados
                 Em delícias d'espuma!

I e OP-11:   (*Frei* NETUNO *entrando:*)
— Introibo, senhoras,
Templos meus, minhas flores!
São-vos olhos quebrados,
   Danados
Nesta noite de amores!

SM-12:   (*Padre Celso.*)
"Linda boca risonha
Que mastiga o cauim
Que nas veias titila,
   Cintila
No prazer do festim —

I — *(A primeira linha fundir-se-á com a de I e OP-14-b)*

I-12:   (PADRE CELSO *respondendo.*)

I-12/2:   *Salva*, ferva o cauim,

SM e I-13/1:   "Teçamos a grinalda

SM-13/2-4   À cabeça de lua —
— Oaca! yaci-tatá,
   Irá-tatá —

I-13/3-4:   Oaca! yaci-tatá,
   Yrá-tatá —

SM e I-14/4:   Já pede —

SM-14-a: (*Capitão Jônatas.*)
Quero o fogo assanhado
Das Índias sem-vergonhas
Que não coram de pejo
   No beijo
Nem nas danças medonhas!

I-14-a: (FREI NETUNO.)
"Quero o fogo assanhado
Das Índias sem-vergonhas,
Que não coram de pejo
    Num beijo
Nem nas danças medonhas!

OP-14-a: (NETUNO:)
— Quero o fogo assanhado
Das Índias sem-vergonhas,
Que não coram de pejo
    Co'o beijo,
Nem co'as danças medonhas!

Sm-14-b: *(Padre Celso.)*
Ai de mim! amo a baba
Da formosa loucura,
Mais que o trago da missa,
    Que pisa
Plúmbeo pé de gordura.

I-14-b: (Padre Celso respondendo.)
"Amo a baba risonha
Da formosa loucura,
Mais que o sangue que trava,
    Que lava
Plúmbeo pé de gordura.

OP-14-b: (Excelsior:)
— Amo a baba risonha
Da formosa loucura,
Mais que o *sangue* que trava,
    Que lava
Plúmbeo pé de gordura.

(As estrofes 14-a e 14-b foram suprimidas na versão final)

SM-21.   *(A que torceu o pé.)*
                              Já foi preso Alexandre
                              Para Venezuela —
                              Os judeus! era um cristo,
                                  Por isto
                              Viu sua lúgubre estrela!

SM, I e OP-47:   (Guesa:)

SM-47/2:   Vi a luz no equador:

SM-47/5:   *(Rodando)*. — Diabos levem esta dor!"

I e OP-47/5:   *(Rodando)* Diabos levem a dor!

SM-49 e 50:   Deu sinal, ninguém ouve, o velho Umáua
                              Às donzelas não inda apresentadas:
                              Pois se o juiz, que é rei de Sorimáua,
                              Faz com tanta expressão os seus trinados

                              Lá fora um Promotor republicano
                              Dá a beber caissuma aos jacamins,
                              Aos mutuns que se elevam num insano
                              Desnorteado saltar, mas nobres fins.

SM-51/2:   E as cabeças se amostram nos ubis,

SM e I-53-a: (Velho Umáua.)
                              "Graciosas potiras,
                              Fujam Jurupari
                              Tão malino! suas festas
                                  São estas
                              E preside ao urari.

OP-53-a: (Umáua, grave:)
                  — Melindrosas *potiras*
                  Fujam Jurupari!
                  Tão malino, são estas
                       As festas
                  Do autor do *urari*!

(A estrofe 53-a foi suprimida na versão final)

OP-60:   *(Nautas no rio:)*
                  — Contradições do Eterno:
                  Luzes, do pantanal;
                  Do lodo, o homem; do guano
                       O britano;
                  De Stercúcio, o rosal.

I-62:   (Vate d'Egas.)
                  "Pai Humboldt o bebe
                  Com piedoso sorrir;
                  Mas, se ervada taquara
                       Dispara,
                  Cai tremendo o tapir.

OP-62:   (Vate d'Egas e Murucututu-Guaçu:)
     (1.º)   — Pai Humboldt o bebia
                  Com piedoso sorrir;
   (2.º, arre- — Mas, se ervada taquara.
   dondando   Dispara,
   os olhos)   Cai tremendo o tapi ... i ... ir! *(Risadas.)*

SM-63: *(Fora.)* — Viva, povo, a república
                  De Colombo feliz!
     (Dentro.) — Cadelinha querida,
                       Rendida,
                  Aqui tens teu juiz.

I-63:   (Políticos.)
    (Fora.)   "Viva, povo, a república
                   De Colombo feliz!
    (Dentro.)   Cadelinha querida,
                   Rendida,
                   Sou monarca-juiz! ...

OP-63-64-65:   (Políticos:)
    (Fora.)   — Viva, povo, a república
                   De Colombo feliz!
    (Dentro.)   — Cadelinha querida,
                   Rendida,
                   Sou monarco-jui ... i ... iz. *(Risadas.)*
    (Fora.)   — Prole, súdito, herança
                   De senhor Alfonsim;
                   D'el rei religião,
                   Servidão
                   E o rabicho do Chim.
    (Dentro.)   — Referenda o ministro,
                   Moderando o poder:
                   Toma, assina a meu rogo,
                   Diogo,
                   Por yo no saber leer.

I e OP-75/3:   Sol fecundo pras palmas,

OP-76-3:   Como c'roa ao em torno

OP-77-5:   Dos homens de Jesus!

OP-79:   *(Cunhãmucus e Cunhantãs:)*

OP-83:   (Umáua:)

SM-89:   *(Capitão Jônatas.)*
                    As acácias recendem,
                    Meia-noite dormente,
                    Grita o galo da serra,
                        Lá berra
                    Sapo-boi na corrente!

I-89:   (Major Jônatas:)
                    "Ora... acácias recendam,
                    Meia-noite domente!
                    Grita o galo da serra,
                        Lá berra
                    Sapo-boi na corrente!

OP-89:   (Major Jônatas:)
                    — Ora... acácias recendam,
                    Meia-noite dormente!
                    Quiau! o galo da serra!
                        Hu! berra
                    Sapo-boi na cor... ren... ente...! *(Sussurro.)*

SM e I-90:   (Mundrucu.)

OP-91/3-4:   — Altas lucubrações,
                        Barracões;

OP-93:   *(Pagé mundrucu, instruindo:)*
                    — As escravas da lua,
                    Irmãzinhas do mar,
                    Calípigias Citeras ...
      (Bailando) Deveras,
                    Anda o Olimpo a bailar!

OP-95:   *(Voz doutro príncipe por baixo da terra:)*

OP-96/5:   Franco rei São Luiz!!

OP-97/2:   *Caninana, goiamêm;*

OP-98/1:   (1.º) — Marám nhan' despropósito

OP-99/1:   (2.º) — *Paraná* defluindo

OP-100/1:   (3.º) *Musa paradisíaca*

OP-101:   (Spix *e* Martius:)
    (Um) — Dos seis dias genésicos
          Vem toda esta função.
  (Outro) — Fez-se luz, mar e mundo
            Rotundo;
          Criador, criação.

OP-102:   (Macu:)
    — Se o amor, vice-versa
    Logro do ar, me cansou,
    Esse, que inda descansa
        Da dança,
    Quanto o tal não gozou! *(Sussurro e confusão.)*

OP-106:   *(Titulares em grande gala:)*
     (1.º) — De ema o beijo, trombejo;
  (2.º, 3.º) — No agro, o flagro, o barão;
        Toirarias no globo,
           Do lobo,
        Da onça, o cabro, o cabrão!

I-111/4-5:   Dançando
          E avejando troféus...

SM-112:   *(Coro das cabeças.)*
    Escanchada nos ramos
    A Macu dorme agora,
    Porque os sonhos das flores
        Amores
    Lhe conduzam na aurora.

I-112   (Coro das Cabeças.)
                     "Escanchada nos galhos
                     A Macu dorme agora,
                     Porque os sonhos das flores
                            Amores
                     Lhe despertem na aurora.

OP-112/5:   Floresencham-lhe o *uru... u... u (Risadas.)*

SM, I e OP-113:   *(Umáua a grandes brados:)*

SM-113/1-5:   Sonhos caiam da nuvem
                     Chuvas no urucari —
                     Já se fez cae-a-ré,
                            Jacaré —
                     Viva Jurupari! —"

I-113/1:   "Sonhos, flores ou frutos,

I-113/5:   Viva Jurupari!..."

(Nas três primeiras versões esta estrofe encerrava o episódio)

GLOSSÁRIO*

1 – MUXURANA: do tupi *muçurana*, espécie de serpente; corda com que os índios atavam os prisioneiros; no texto, nome de índia ou da tribo a que pertence.
2 – TECUNA: o mesmo que *tucuna*, indivíduo dos tucunas, tribo amazônica.
3 – MURA: índia da tribo dos muras, na bacia do Madeira.
4 – TUPINAMBÃ: índio da tribo dos tupinambás.
4/1 e 87 – CURRUPIRAS/CURUPIRAS: *currupira* ou *curupira*, ente fantástico, um índio cujos pés têm o calcanhar para a frente e os dedos para trás.
4/3 – PARINTINS: *parintintim*, tribo tupi da bacia do Madeira.
5/5 – TATU: no texto, abreviação de *tatuturema*, dança selvagem.
6 – TAGUAIBUNUÇU: do tupi *taguaiba* (diabo) + *uçu* (grande).
6/5 – MARANDUBA: do tupi *marã'dub* (o que vier), história de guerra ou de viagem.
– ABARÊ: do tupi *awa'ré* (homem diferente), missionário ou padre.
7 – MÊMÎCHIÓ: possivelmente de *membichué*, flauta dupla.
7/3 e 8/2 – MACU: índia da tribo macu, da bacia do Uaupés.
13/4-5 – OACA: sua cabeça (do tupi *o* + *aca* ou *acang*, cabeça).
– YACÎ-TATÁ: estrela.
– TATÁ-YRÁ: *tatá*, fogo; *yra*, mel.

* Os vocábulos são precedidos pela numeração das estrofes e respectivas linhas em que aparecem.

14 – UMÁUA: *umauá,* indivíduo dos umauás, tribo caraíba dos rios Cuiari-Uaupés.

14/5 – SUÇUARANA, onça parda ("semelhante ao veado na cor", conforme etimologia tupi).

16/1-2 – MACAXERA: feiticeiro inimigo da saúde humana, para os tupiguais e coriós; divindade dos caminhos, que guia os viajantes, para os potiguares.
– OUCHA: *Houcha,* chefe da hierarquia dos demônios.
– QUAQUA: onomatopéia (riso).
– CORACI: *Coaraci, Coraci,* o sol.

17/2 – COATI (QUATI): do tupi *akwa'ti,* "nariz pontudo"; mamífero carnívoro.

23 – 'ARUÁ: do tupi *oaruá,* espelho.

23/5 e 59/4 – CARÍUA: homem branco.

37/3 – FOMAGATÁ: palavra da língua muísca (chibcha), que significa "fogo ou massa fundida que ferve"; monstro de um olho, quatro orelhas e cauda comprida, símbolo do mal; príncipe cruel (conforme Humboldt, *Vues des Cordilléres*); para Sousândrade, encarnação de D. Pedro II. Ver também 84/5.

39 – KONIAN-BEBE: *Cunhambebe,* morubixaba citado por Hans Staden e Thevet em seus relatos.

49 – SORIMÁUA: provável variante de *Sorimão, Çoriman,* de que deriva Solimões, nome de tribo do Alto Amazonas.

49/3 – TUXÁUA: chefe, maioral.

50/2 – CAIÇUMA: bebida fermentada, de frutas ou milho cozido (conforme Cascudo, Stradelli). MUTUNS, JACAMINS: aves brasileiras.

51/2 – UBIS: *ubi,* palha que serve para cobrir as casas.

52/1 – STSIOEI (?): aparentemente, nome de pássaro. TAMANDARÉ, o Noé dos tupinambás (Cascudo); "aquele que fundou povo, o repovoador da terra", *tab-moi-inda-ré* (Batista Caetano).

52/2 – TEMANDARÉ: Tamandaré, o Noé dos tupinambás.

52/5 – CUIDARU: o mesmo que tacape.
– CERÊRÉ: pequena coruja agourenta na qual, segundo a crença, se transformam os feiticeiros; variante onomástica de matintapereira, mati-taperê, saci-pererê.

55/4 – COEMA: manhã.

58/5 – MANGUAL: correia de açoitar animais (brasileirismo; procede do latim); notar a similaridade fônica em relação a nomes indígenas incluídos neste episódio; para haver alusão a Jesus expulsando a vergastadas os vendilhões do Templo.

59/2 – NEOS (do grego): próprio da juventude, notar a cadeia fônica: NUS/ NEOS/baNÍUA).

59/3 – BANÍUA: nome de tribo do rio Uaupés.

59/4 – CARÍUA: nome dado pelos índios aos brancos (poderoso, mau) conforme B. Rodrigues, *Poranduba*.

59/5 – MÓCÓRÓRÓ: *mocororó:* suco de caju fermentado (Ceará); aloá' de arroz (Maranhão).

61 – CARAIBABÉ-TIM: macaco grande.

61/5 e 83/5 – URARI: o mesmo que curare.

62 – MURUCUTUTU-GUAÇU: *murucututu,* pequena coruja considerada a mãe do sono pelos indígenas; *guaçu,* grande.

71/3 – ARRAUS (ARRAIS?): do árabe (?), patrão ou mestre de barco; no texto, o termo é como que "naturalizado", pela rima com PICA-PAUS (71/4), ave comum no Brasil.

76/1 – IPY: cabeça de geração, princípio, primeira origem.

83/1 – POTYRAS: *potyra,* flor, bonina.

87/rubrica – CURUPIRAS: do tupi, *kuru'pir,* "o coberto de pústulas"; ente fantástico que habita as matas; seus pés têm os calcanhares para diante e os dedos para trás (Aurélio).

90 e 93 – MUNDRUCU: índio da tribo dos Mundurucus.

92 – CATU: bom.

95/2 – TAJÁS: amuletos indígenas, com função afetiva e erótica (conforme Cascudo). A estrofe 95 dá bem a medida de como Sousândrade procede em seus amálgamas léxicos e culturais. A rubrica refere-se ao "espírito de Pátroclo" em diálogo com Briseis (Briseide). Parece haver uma alusão, comicamente deformada, à passagem da Ilíada (VIX, 282 – 302) em que a escrava de Aquiles, devolvida por Agamêmnon, se depara, na tenda do herói, com o corpo morto de Pátroclo, o amigo dileto de Aquiles. Briseide chora por ele, chamando-o "o mais caro de todos"(os Aqueus), já que lhe prometera fazê-la "esposa legítima" de Aquiles. No contexto, o poeta parece insinuar, maliciosamente, pela voz fantasmal de Pátroclo, que Briseide deve "preservar dos amigos" os seus *tajás* (encantos eróticos), ou o "amor perdido", dedicado a Aquiles, acabará por se realizar "co'os amigos" (com ele, Pátroclo?).

97/rubrica – CUNHÃMUCUS (moças): Notar que a palavra ocorre precedentemente em 84/rubrica.

97 – CUNHÃMUCUS: moças.

97/2 – CANINANA: espécie de cobra.

– GOIAMÊM: o mesmo que *goaimim*, mulher velha.

98 e 99 – Os vocábulos indígenas destas estrofes encontram-se, todos eles, com pequenas alterações gráficas, no *Dicionário da Língua Tupi* de Gonçalves Dias (1858).

MARÁM NHAN': *marám*, despropósitos; *nhane*, correr.

TATÁ-OÇU: fogareiro.

TACON' MOREPOTÁRA: *morepotára*, luxúria (do) *taconha*, pênis.

IBY-QUARA: *iby coara*, cova, sepultura.

BERÁ BERAB: fuzilar, chamejar.

PARANÁ: mar.

Na *Enciclopédia Mirador Internacional* registra-se que um dos muitos étimos sugeridos para *Maranhão* é o tupi *para* (mar), *na, ana* (semelhante) e *jho* (sair, ir, correr), isto é, o rio Maranhão era semelhante a um mar que corre.

103 – PURUPURU: indígena da tribo dos paumaris, assim chamado por ser o purupuru (dermatose) endêmico entre eles. —

BORORÓ: indígena da tribo dos bororo (Mato Grosso).

103/2 – CANDIRU: bagrinho na pajelança amazônica, feitiço para excitação sexual; penetra na uretra dos banhistas (conforme Cascudo, Aurélio).

103/5 – TURYUA: do tupí *toryba* ou *toryva*, alegria, festa.

– TATU: tribo amazônica; dança selvagem.

108 – UYARA: iara, mãe d'água.

108/1 – MANOA: cidade fabulosa, à margem do lago Parima (Amazônia), uma das supostas localizações do Eldorado.

110 – CARAPANÁS: *carapanã*, tribo amazônica; *carapaná*, mosquito do Rio Branco.

112 – URU: cesto.

113/2 – URUCARI: palmeira.

113/3 – CAE-A-RÉ: *Caiari, ou* antes, *Ucaiari* seria o nome primitivo do rio Uaupés *(ucayari,* no idioma dos índios Manaus e Barés significa 'rio de água branca').

PRINCIPAIS FONTES

Antonio Geraldo da Cunha — *Dicionário Histórico das Palavras Portuguesas de Origem Tupi*
Aurélio Buarque de Holanda — *Novo Dicionário da Língua Portuguesa*
Batista Caetano — *Vocábulo das Palavras Guaranis usadas pelo tradutor da 'Conquista Espiritual'* (Montoya)
Couto de Magalhães — *O Selvagem*
Enciclopédia Mirador Internacional
Gonçalves Dias — *Dicionário da Língua Tupi*
Hans Staden — *Duas Viagens ao Brasil*
Jean de Léry — *Viagem à Terra do Brasil*
Pe. José Monteiro de Noronha — *A Civilização Indígena dos Uaupés*
Luís da Câmara Cascudo — *Dicionário do Folclore Brasileiro*
Spix e Martius — *Viagem pelo Brasil*

3.2 O INFERNO DE WALL STREET

Heis classica Pharsalia em dia algente
No Hudson.   Pára o Guesa perlustrando.

Bebe á taberna ás sombras da muralha,
Malsolida talvez, de Jerichó,
Defeza contra o Indio — E s'escangalha
De Wall-Street ao ruir toda New York:

*   *   *

O Guesa tendo atravessado as Antilhas, crê-se livre dos Xèques e penetra em
New-York-Stock-Exchange; a voz dos desertos:)
—Orpheu, Dante, Æneas, ao inferno
Desceram; o Inca ha de subir...
—*Ogni sp'ranza lasciate,*
Se entrate...
—Swedenborg, ha mundo porvir?

Xèques surgindo risonhos e disfarçados em Railroad-managers, Stockjobbers, Pimp
brokers, etc., etc., apregoando:)
—Hárlem! Erie! Central! Pennsylvania!
—Milhão! cem milhões!! mil milhões!!!
—Young é Grant! Jackson,
Atkinson!
Vanderbilts, Jay Goulds, anões!

(A voz mal ouvida d'entre a trovoada:)
—Fulton's *Folly*, Codezo's *Forgery*...
Fraude é o clamor da nação!
Não entendem odes
Railroads;
Parallela Wall-Street á Chattám...

(Correctores continuando:)
—Pygmeus, Brown and Brothers! Stewart!
Rotschild e o ruivalho d'Astor!!
— Gigantes, escravos
Se os cravos
Jorram luz, se finda-se a dor!.

Norris, *Attorney;* Codezo, inventor; Atkinson, agente; Armstrong, agente; Rhodes,
agente; P. Offman & Yoldo, agentes: algazarra, miragem: ao meio, o Guesa;)
—Dois! trez! cinco mil! se jogardes,
Senhor, tereis cinco milhões!
—Ganhou! ha! haa! haaa!
—Hurrah! ah!..
—Sumiram... seriam ladrões?.

Página da edição nova-iorquina do *Guesa Errante* (Canto VIII), contendo o
início da 1.ª versão do "Inferno de Wall Street" (1877).

CANTO DÉCIMO.

Defesa contra o Indio—E s'escangalha
De Wall-Street ao ruir toda New-York :

(O GUESA tendo atravessado as ANTILHAS, crê-se livre
dos XÈQUES e penetra em NEW-YORK-STOCK-EX-
CHANGE; a Voz, dos desertos :)

—Orpheu, Dante, Æneas, ao inferno
Desceram ; o Inca ha de subir...
=*Ogni sp'ranza laciate,*
Che entrate ...
—Swedenborg, ha mundo porvir ?

(Xèques surgindo risonhos e disfarçados em Railroad-
managers, Stockjobbers, Pimpbrokers, etc., etc.,
apregoando :)

—Hárlem ! Erie ! Central ! Pennsylvania !
=Milhão ! cem milhões !! mil milhões !!!
—Young é Grant ! Jackson,
Atkinson !
Vanderbilts, Jay Goulds, anões !

(A Voz mal ouvida d'entre a troyoada :)

—Fulton's *Folly*, Codezo's *Forgery*...
Fraude é o clamor da nação !
Não entendem odes
Railroads ;
Parallela Wall-Street á Chattám ...

(Correctores continuando :)

—Pygmeus, Brown Brothers ! Bennett ! Steuart !
Rotschild e o ruivalho d'Astor !!
=Gigantes, escravos
Se os cravos
Jorram luz, se finda-se a dor !..

(NORRIS, *Attorney ;* CODEZO, *inventor ;* YOUNG. Esq.,
manager ; ATKINSON, *agent ;* ARMSTRONG, *agent ;*
RHODES, *agent :* P. OFFMAN & VOLDO, *agents ;*
algazarra, miragem ;· ao meio, o GUESA :)

—Dois ! trez ! cinco mil ! se jogardes,
Senhor, tereis cinco milhões !
=Ganhou ! ha ! haa ! haaa !
—Hurrah ! ah !..
—Sumiram... seriam ladrões ?..

Página de *O Guesa,* edição de Londres (1888), impressa por Cooke & Halsted, The Moorfields Press, E. C., com o correspondente início do "Inferno" (2.ª versão — Canto X)

Filadélfia, 1876 — O Presidente Grant e D. Pedro II acionam a alavanca que põe em movimento a maquinaria da Exposição do Centenário (gravura estampada em o *Novo Mundo*, Nova Iorque, 27 de maio de 1876, p. 176).

1   (O GUESA, tendo atravessado as ANTILHAS, crê-se livre dos XEQUES e
    penetra em NEW-YORK-STOCK-EXCHANGE; a Voz dos desertos:)

  — Orfeu, Dante, Æneas, ao inferno
  Desceram; o Inca há de subir...
  = Ogni sp'ranza lasciate,
   Che entrate ...
  — Swedenborg, há mundo porvir?

2   (Xeques surgindo risonhos e disfarçados em Railroad-*managers*,
    Stockjobbers, Pimpbrokers, etc., etc., apregoando:)

  — Harlem! Erie! Central! Pennsylvania!
  = Milhão! cem milhões!! mil milhões!!!
  — Young é Grant! Jackson,
   Atkinson!
  Vanderbilts, Jay Goulds, anões!

3   (A Voz mal ouvida dentre a trovoada:)

  — Fulton's *Folly,* Codezo's *Forgery*...
  Fraude é o clamor da nação!
  Não entendem odes
   Railroads;
  Paralela Wall-Street à Chattám ...

4   (Corretores continuando:)
— Pigmeus, Brown Brothers! Bennett! Stewart!
Rotschild e o ruivalho d'Astor!!
= Gigantes, escravos
Se os cravos
Jorram luz, se finda-se a dor! ..

5   (NORRIS, *Attorney;* CODEZO, *inventor;* YOUNG, Esq., *manager;* ATKINSON,
       agent; ARMSTRONG, *agent;* RODHES, *agent;* P. OFFMAN & VOLDO,
       agents; algazarra, *miragem;* ao meio, O GUESA:)
— Dois! três! cinco mil! se jogardes,
Senhor, tereis cinco milhões!
= Ganhou! ha! haa! haaa!
— Hurrah! ah! ...
— Sumiram ... seriam ladrões? ...

6   (J. MILLER nos tetos do *tammany wigwam* desenrolando
       o manto garibaldino:)
— Bloodthirsties! Sioux! ó Modocs!
À White House! Salvai a União,
Dos Judeus! do exodo
Do Godo!
Da mais desmoral rebelião!

7   (*Mob* violentada:)
— Mistress Tilton, Sir Grant, Sir Tweed,
Adultério, realeza, ladrão,
Em masc'ras nós (rostos
Compostos)
Que dancem à eterna *Lynch Law!*

8   (Rmo. Beecher pregando:)

    — Só Tennyson, só, só Longfellow,
    S'inspiram na boa moral:
      Não *strikers* Arthurs,
        Donahues,
    Nem Byron João, nem Juvenal!

9   (Tilton gemendo com as dores de cabeça de Júpiter:)

    — Palas! Palas! sermão de Sátan!
    Cheira a corno a *beecher* moral!
      Hui! sermões de chama
        Madama
    Ouviu de Plymouth ao zagal!

10   (Joannes-Theodorus-Golhemus pregando em Brooklyn:)

    — Rochedo de New Malborough!
    Gruta de Mammoth! a Mormão
      Palrar antes foras!
        Desdouras
    Púlpito ond' pregou Maranhão!

11   (Beecher-Stowe e H. Beecher:)

    — Mano Laz'rus, tenho remorsos
    Da pedra que em Byron lancei ...
      = Caiu em mim, mana
        Cigana!
    Ele, à glória, eu, fora da lei!

12   (Dois renegados, católico, protestante:)

— Confiteor, Beecherô... L'Épouse
N'eut jamais d'aussi faux autel!
— *Confiteor ... Hyacinth*
Absinth,
Plymouth was barroom, was bordel!

13   (Ambos em LIEDERKRANZ folgando à confissão:)

— Abracadabra! Abracadabra!
Maomé melhor que Jesus
Entende a mulher
E não quer
Nos céus quem da terra é a cruz!

14   (Muitos libertadores da consciência, católica, protestante,
            unitária; CONFUCIUS:)

— Ó prínc'pe Bismarck, aos Jesuítas!
= São Bartolomeu, aos Maçons!
— Aos tais divindades
Trindades!
— Fu! cristofobia em Mormons!

15   (SAMARITANAS pretas vendendo ponche no templo de ZYON:)

— *Halloo!* fonte esta é de Betsaida!
O gado aí bebeu de Jacó!
Senhores Jesus,
A este jus
Noé temperava o gogó!

16 (Hierosolimitanas brancas vendendo 'beijos a 25 *cents,*
    nas *church fairs*':)

  — África borrou toda a América,
  Qual guaribas ao caçador;
  Muito o Índio queria:
  Honraria
  E Deus de Las Casas e amor!

17 (Tilton gemendo e reclamando $ 100,000 *por damages*
    à sua honra-Minerva:)

  — Todos têm miséria de todos,
  Stock'xchanges, Oranges, Ô! Ô!
  Miséria têm todos:
  São doidos,
  Se amostram; sábios, *if do not.*

18 (Fiéis esposas encomendando preces por seus maridos que só
    têm gosto pelo whiskey e a morfina; Moody:)

  — Ai! todo o Hipódromo os lamente!
  Rezai, Mister Moody, pros réus! ...
  = Temp'rança, cães-gozos
  Leprosos!
  Sois que nem conversos Judeus!

19 (*Pretty girls* com a Bíblia debaixo do braço:)

  — Testamento Antigo tem tudo!
  O Novo quer santas de pau ...
  Co'o *Book* jubilante
  Adelante,
  City bell's, ao *lager anyhow!*

20   (Duque Alexis recebendo *freeloves* missivas; Brigham:)

— De quantas cabeças se forma
Um grande rebanho mormão?
= De ovelha bonita,
Levita,
Por vezes s'inverte a equação.

21   (*Pretty-girl* moribunda em Newark '*stupefied with liquor* nos bosques e visitada por vinte e três' sátiros:)

— Hui! Legião, Vênus-Pandemos!
Picnic, O! Cristãos de Belial!
Paleontologia!
Heresia
Preadã! Gábaa protobestial!

22   (*Hinos de* Sankey chegando pelo telefono a Steinway Hall:)

— *O Lord! God! Almighty Policeman!*
O mundo é ladrão, beberrão,
Burglar e o vil vândalo
Escândalo
Freelove... e 'i vem tudo ao sermão!

23   (Yankee protestante em paraense igreja católica:)

— Que stentor! que pancadaria
Por Phallus, Milita! Urubu,
Pará-engenheiro;
Newyorkeiro
Robber-Índio ... *oremus-tatu!*

24   (Linnaeus, Systema-Naturae:)

    — Animal reino é reino egoísmo,
    Amor, nutrição, religião;
       Só é liberal
          Vegetal,
    Mineral, ou o sem coração.

25   (Astronômicas influências, Cancro e Capricórnio:)

    — São *freeloves* Ursas do Norte;
    Ped'rasta o Cruzeiro do Sul ...
    = A *yanky!* o *carioc!*
       Stock, stock,
    Minotauro e de Io o olho azul!

26   (Moody, no espírito de Ezequiel:)

    — Ai, humanidade (qual França
    Sevandija ao p'tit Napoleão)
      Quer ferro candente!
         Eloqüente
    Dom Bismarck é mais que o sermão!

27   (*White-girl-five-years* ao linchado luisiano negro C. Atkinson:)

    — Comer pomo edêneo (má fruta)
    É morte e o paraíso perder!
      Nem mais Katy-Dids
         Nas vides
    Ouvir do inocente viver.

28   (OSCAR-BARÃO em domingo atravessando a TRINDADE, assestando
         o binoclo, resmirando, resmungando de *tableaux vivants,*
                cortejando: o povo leva-o a trambolhões para
                            fora da igreja:)

              — Cobra! cobra! (*What so big a noise?!* ..)
              Era o meu relógio ... perdão! ..
                   São 'pulgas' em Bod ...
                        Me acode!! ...
                   = God? Cod! Sir, we mob; you go dam!

29   (PATHFINDER meditando à queda do NIÁGARA:)

              — Oh! quando este oceano de bárbaros,
                   Qual *esta* cat'rata em roldão,
                        Assim desabar
                             A roubar...
                   Perdereis, Barão, até o *ão!*

30   (OSCAR-BARÃO perdendo seus foros em FILIPOS, beija o dedo
              grande do pé do SANTO-PADRE e morre ROMANO:)

              — Foi culpa dos Evangelistas
                   'Screverem de diante pra trás:
                        Tal Yankee ao hebreu
                             Entendeu
                   Que eis Bíblia a formar Satanás!

31   (Em SING-SING:)

              — Risadas de raposas bêbadas;
                   Cantos de loucos na prisão;
                        Desoras da noite
                             O açoite;
                   Dia alto, safado o carão ...

32   (Os guardas, *schools-rod-system*:)

—Vara e saco aos loucos amansam,
Com quem perde o tempo Jesus:
= Mais forte que amor
É a dor;
Mais que ambos é a pública luz.

33   (Juiz pequeno, terrível julgando em Grand-Jury:)

— 'Bolas' a órfãos; réus, 'Lamartine
Mendoso' e 'John Bull jogador;'
Plenária indulgência
D'Olência;
E Amaro a enforcar, Promotor!

34   (V. Hugo e P. Visgueiro:)

— Ser cego, ser surdo, ser mudo,
Magistrado, eis a perfeição ...
= A cada um perdido
Sentido,
S'enche, Poeta, o teu coração!

35   (O Guesa escrevendo *personals* no Herald e consultando
          as Sibilas de New York:)

— *Young-Lady* da Quinta Avenida,
Celestialmente a flirtar
Na igreja da Graça ...
—Tal caça
Só mata-te *almighty dollár*.

36   (*Thanksgiving* ao processo, Coronel Miss Claflin:)

— Eleita do meu regimento,
Eleição direitos perfaz:
  Nos céus bem convexos
    Os sexos
  Se não guerram ... lá reina a paz.

37   (Democratas e Republicanos:)

— É de Tilden a maioria;
É de Hayes a inauguração!
 = Aquém, carbonário
    Operário;
Além, o deus-uno Mamão!

38   (Comuna:)

— *Strike!* do Atlântico ao Pacífico!
= Aos Bancos! Ao Erário-tutor!
   — *Strike,* Arthur! Canalha
      Esbandalha!
Queima, assalta! (Reino de horror!)

39   (McDonald, Schwab, Donahue; *Freeloves*-Californias
       e *Pickpockets* pela universal revolução:)

— De asfalto o ar está carregado!
= Hurácan! o raio ora cai!
   — Canículo mês,
     De uma vez,
  Vasto *Storm-god* em *Fourth-July!*

40   (Candidata à presidência americana e rainhas européias
        lutando contra a dureza dos positivos tempos:)

    — Subir, é melhor para a glória;
Descer, para a respiração ...
    — A Bíblia escachaça
      Em fumaça,
Se é cabeça e não coração!

41   (EMERSON *filosofando*:)

    — Descer... é tendência de príncipe;
Subir ... tendência é do vulgar:
    Faz um 'stagnação;
      Da nação
O estagno, o outro faz tempestar.

42   (V. WOODHULL no mundo dos espíritos:)

    — Napoleão! Grand'Catarina!
Trema a terra à cris-sensação!
    Demóstenes! Grande
      Alexandre!
Woman rights, hipódromo e pão!

43   (TAMMANY *entre as tribos*:)

    — Bisões! Águias! Ursos! Gorilas!
Ao fundo lá vai Manhattan!
    Sitting-Bull! perdida,
      Vendida
Ao *rascal*, ao *rum*-Arimã!

44 (Salvados passageiros desembarcando do ATLÂNTICO; HERALD
deslealmente desafinando a imperial 'ouverture':)

— Agora o Brasil é república;
O Trono no Hevilius caiu ...
But we picked it up!
— Em farrapo
'Bandeira Estrelada' se viu.

45   (THE SUN:)

— Agora a União é império;
Dom Pedro é nosso Imperador:
'Nominate him President';
Resident...
Que povo ame muito a Senhor.

46 (Um Plenipotenciário contradizendo e *contradizendo-se*:)

— 'Palavras ocas! Lopez, lógico
Foi no Paraguai'; aos saraus,
O Aleixo da Rússia;
'A esta súcia,
Não Pedros, só vêm Kalakaus'!

47 (O mesmo propondo a outro o 'seu lugar de comissário à
EXPOSIÇÃO DE FILADÉLFIA por causa do cheque-mate
em sua fortuna':)

— 'Dos Príncipes são protegidos
Os poetas,' Senhor Guesa a errar;
Nem dão, qual banqueiros,
Dinheiros ...
'Cristo é Rei, e aos Reis nos curvar'!

48   (O Guesa:)

    — Aos Gênios teceram-se as c'roas,
    Ou louro ou o espinho a pungir
    Sagram... só martírios!
    Aos lírios,
    Só o ar puro dá-lhes sorrir.

49   (Um rei yankee desembarca entre os imigrantes nas Baterias, bebe águas republicanas na fonte de Bowlinggreen e desaparece; o povo saúda os carros de Cesarino e Antônio pelo de Julius Caesar:)

    — *Off! Off!* para São Francisco *off,*
    Sem primeiro a Grant saudar!
    Só um *spokesman*
    Disse *amen...*
    Que a Deus deve e não a Cæsár.

50   (Comissários em Filadélfia expondo a Carioca de Pedro Américo; Quakers admirados:)

    — Antedilúvio 'plesiosaurus,'
    Indústria nossa na Exposição ...
    = Oh Ponza! que coxas!
    Que trouxas!
    De azul vidro é o sol patagão!

51   (*Detectives* furfurando em Main-Building; telegrama submarino:)

    — Oh! cá está 'um Pedro d'Alcântara!
    O Imperador stá no Brasil.'
    — Não está! cristova
    É a nova,
    De lá vinda em Sete de Abril!

52   (MONROE tolerando a EUROPA:)

— De tucano o papo amarelo
Do manto do Império do Sul
   Nos descobre as glórias:
      Histórias
Do Hugo ... diz que a morte é azul!

53   (MOISÉS e ISAÍAS:)

— De amores a obra primeira
Foi logo o assassino Caim!
   Satan-dobadora
      Até 'gora ...
= Eis um, de asas seis, Serafim!

54   (PRESIDENTE GRANT com impassibilidade e seus ministros
     BABCOCK, BELKNAP, etc. lendo o SUN e cumprimentando
                    a DOM PEDRO:)

— De *greenback* as almas saúdam
Ao ventre de ouro Imperador!
   = *'Bully Emperor'* incrente
      Em sua gente,
É tal rei tal reino, Senhor?

55   (DOM PEDRO com impaciência ao GENERAL GRANT:)

— Por que, Grant, à penitenciária
Amigos vos vão um por um?
   Forgeries, rings, wrongs,
      Ira's songs
Cantar vim no circo Barnúm!

56   (General Grant e Dom Pedro:)

— Fazeis-nos os cabelos brancos ...
Um filho das leis do amanhã!
= Com Romanos ... Papa;
Satrapa,
Com Gregos; *Napóleon,* com Grant!

57   (Gladstone pagando à tesouraria de Washington os
milhões da arbitração de Genebra:)

— *Very smarts!* Ô! Ô! *Very smarts!*
Mas pôs o Alabama pra trás
Aos *puffs*-Puritanos
Cem anos!
Sobre-*rum*-nadam *fiends, rascáls,*

58   *Post war Jews,* Jesuítas, Bouffes
Que decidem de uma nação
A cancã! .. e os ἤρως
Homeros
De rir servem, não de lição!

59   (Disraeli 'ordenando a Tennyson a ode de volta do
Príncipe de Gales, das Índias, e fazendo fogos
de vista,' que a Rainha não queira vir
vê-los ao Centênio:)

(*'Honi soit qui mal y pense'*)
— 'To his return our bosom burn!'
Cada Inglês é dois, mais feliz!
Vezes duas súdito,
Súdito
D'angla Rainha e índia Imperatriz!

60 (DOM PEDRO rindo-se e o GENERAL GRANT sorrindo:)

— Desde Christie, a Grande Bretanha
Se mede co'o Império que herdei ...
Rainha-Imperatriz...!
= Os Brasis
Vos farão Imperador-Rei ...

61 (Coro dos contentes, TIMBIRAS, TAMOIOS, COLOMBOS, etc., etc.,
música de C. GOMES a compasso da sandália d'EMPÉDOCLES:)

— 'À mui poderosa e mui alta
Majestad do Grande Senhor'
Real! = 'Semideus'!
— São Mateus!
= Prostrou-se o Himavata, o Tabor!

62 (DOM PEDRO substituindo o beija-mão e nauseado d'incensos;
GENERAL GRANT aspirando-os:)

— Me desentrono ... por Mac Máhon!
D'Estado, enviés, golpe vou dar!
= O termo terceiro
Ao ponteiro ...
Direto golpe, vou m' coroar!

63 Mas pondo por *bars* e cocheiras,
A urna, a sacra! a eleitoral!
Muito esterco, o fruto
Vem bruto ...
— Hu ...! nós, isso é na Catedral!

64 = Não há democratas melhores
Que os Reis na República o são ...
— Ser povo bem quero
No Império:
Fazem-me id'lo, rojam-se ao chão!

65 Pois 'republicanos que temos
São qual Salvator,' querem pão:
Se o damos, bem falam;
Estralam,
Se o não damos ... fome de cão!

66 Aqui, tudo vem, da balança
No ouro ter-se de equilibrar
— Lá, a horizontal
Equival
Bom rumo a quem vai para o ar ...

67 (MISSISSIPI e GUANABARA denunciando-os:)

— Tirade-n'os frígios barretes,
Conspiradores das nações!
= *Quirites,* cuidado ...
O Estado
Não é vosso; sois os guardiões!

68 (GENERAL GRANT e DOM PEDRO:)

— 'É causa o esférico da terra,
De o mais alto cada um se crer';
Quem liberaliza,
Escraviza...
= Regicidas, reis querem ser.

69   (Separam-se para os dois pólos:)

— A terra vai tendo outra forma
Em Cândido (abraçam-se), haaa!
(Jesuíta casaca
Tem faca
Que faz a amplexão sempre má.)

70   (*Burglars* preparando gazuas para a escuridão iminente
            das trevas universais:)

— As mitras e as c'roas têm pedras
De diamantes e d'ígneos rubis:
Infalib'lidades ...
= Realdades ...
Russo-Turco o sol sempre cris!

71   (*Freeloves* meditando nas *free-burglars* belas artes:)

— Roma, começou pelo roubo;
New York, rouba a nunca acabar,
O Rio, *antropófago;*
= *Ofiófago*
Newark ... tudo pernas pra o ar ...

72   (W. Childs, A.M. elegiando sobre o filho de Sarah Stevens:)

— Por sobre o fraco a morte esvoaça ...
Chicago em chama, em chama Boston,
De amor Hell-Gate é esta frol...
Que John Caracol,
Chuva e sol,
Gil-engendra em gil rouxinol ...
Civilização ... ão! ... *Court-hall!*

73   (FLETCHER historiando com chaves de SÃO PEDRO e pedras de
SÃO PAULO:)

— Brasil, é braseiro de rosas;
A União, estados de amor:
    Floral ... sub espinhos
      Daninhos;
Espinhal ... sub flor e mais flor.

74   (COLUMBUS perdendo e VESPUCCI ganhando, pelas formas:)

— Em Cundin-Amarca, El Dorado,
O Zac em pó de ouro a brilhar...
    = Amarca é América,
      Am-éri-ca:
Bom piloto assim sonda o mar!

75   (ZOILOS sapando monumentos de antiguidade:)

— Do que o padre Baco-Lusíada
Dom Jaime val' mais pintos mil;
    = 'Bandeira Estrelada'
      É mudada
Em sol, se iça-a o Rei do Brasil;

76   — Herculano, é Polichinelo;
Odorico, é pai rococô;
    Alencar, refugo;
      = Victo Hugo
Doido deus, o 'chefe coimbrão';

77   Dos Incas nos *quipos*, Amautas
        São Goethe, Moisés, Salomão,
            O Byron, o Dante,
            O Cervante,
        Humboldt e Maury capitão,

78   Newton's *Principia*, Shak'spear', Milton,
        O Alcorão, os Vedas, o Ormuz,
            As Mil e Uma Noites,
            E açoites
        Que dera e levara Jesus:

79   Pois há, entre o Harold e o Guesa,
        Diferença grande, e qual é,
            Que um tem alta voz
            E o pé *bot*,
        'Voz baixa' o outro, e firme o pé.

80   E cometas, aos aerólitos,
        Passando, sacodem pelo ar ...
            = Vede os vagabundos
            Mimundos
        Que ostentam rodar e brilhar!

81   (LA FONTAINE tomando para uma fábula os matadores de
                INÊS DE CASTRO:)

        — Formigas não amam cigarras,
        Vampiros de Varela Luiz
            Não são Pedros crus;
            São tatus
        Ímpios, cabros, cuís e saguis.

82   (Zoilos:)

    — Jur'parîpirás (não Evang'lina)
    O Governador Maranhão,
        Pimentas baianas,
           Mundanas,
    Trasladava, é o seu galardão.

83   (O Novo Mundo:)

    — Bons vates, nada há que se oponha
    Mais da vida à conservação
        Que de mulher d'outro
           Maroto
    Ser (leis de Manu) cortesão!

84   (Longfellow queixando-se; trio dos pais:)

    — Dói! dói! dói a perversidade
    Com que às filhas de nosso amor
        O mundo denigra!
           = S'emigra
    Para o inferno uivando de dor!

85   (Octogenário Bryant trabalhando:)

    — Que bem que descantam as gralhas,
    Jeová! Jeová! Ku-Klux
        Criando outros mundos
           Profundos,
    Fizeram as trevas ... da luz!

86   Treva é a *matinée* de Farsália,
　　　　　Wolfgang, e que tanto custou!
　　　　　　　Nem poema preclaro,
　　　　　　　　Mais caro
　　　　　Que o Guesa, insolvável se achou!

87   (Episcopais com a igreja cheia de fiéis e fazendo bancarrota:)
　　　　　— Reconstruiriam-se templos
　　　　　Com tão vasta congregação
　　　　　　Num dia ... ai dolares! ..
　　　　　　　E altares,
　　　　　Cruz, tudo ao credor, ao leilão!

88   (Católicos, temendo a glória da bancarrota, fecham as
　　　　　　　　portas aos *beggars*:)
　　　　　— Se não pagam *cash* 'i não entram!
　　　　　Em latim Missa, o Papa e os Céus!
　　　　　　Qual confessionários! ..
　　　　　　　Frascários
　　　　　Só queimados dão o que é de Deus!

89   (Pan-Presbiterianos chamberlainizando:)
　　　　　— Íncuba mulher do Cordeiro!
　　　　　Sinagoga de Satanás!
　　　　　　'Sposa apocalíptica,
　　　　　　　Breck'nrídgica
　　　　　A corte Herr Galante vos faz!

90   (*Out-laws* Unitários:)

         — Só não honra aos pais do Messias
         Quem é a desonra dos seus:
            Em mestres de *amor*
             E em *valor*
         Venceis vós ao Rei dos Judeus.

91   — Só o leal, nunca o Loiola,
         Conquista um nobre coração:
            Vulcânico monte,
             Aqueronte ...
         '*Water-head*'?'s *mother-Goose* Ton'-Tão!

92   (Maus-pecadores bons-apóstolos, iluminados às crenças de
         remissão e ressurreição dos mortos, vendo JERRY MC
         CAULAY e revendo FROTHINGHAM no '*Christ would
         not suit our times*':)

         — *Peccavi* diz um, e transforma
         Pagodes em templo cristão;
            Num templo o outro: cruz
             Com Jesus!
         'Cristianismo é superstição!'

93   *Reservado* é o mundo, em que o homem
         É o selo co'as armas do Autor
            E espelhos ... Frothingham
             Ou Brigham,
         Quebrados; e o Beecher, melhor.

94 (Epicurus ensinando entre Química e Psicologia:)

— Pobre Deus ideal ... flor de carne,
Jardim do Diabo: *ergo,* traição;
Ora, a fome é negra
E se alegra
O verme, porque há podridão.

95 Ou concluirás que *és* Hall-bruto,
Ou a alma s'envergonhará
De em ti existir,
A mentir
Vil viva, e 'í querendo-se estar.

96 (Fogueiros da fornalha reduzindo o pecado original a fórmulas
algébricas e à "Nova Fé" ('moral rápido trânsito') o
'In God we Trust' dos cinco *cents*:)

— Indústria, ouro, prática *vida,*
Go ahead! oh, qual coração! ...
A este ar, vai vital
A espiral,
Brisa ou flato ou Bull-furacão!

97 (Santo Inácio fundando sua Ordem:)

— Majestade é só do cadáver,
Tal do ideal caiu no real;
Gelo é fogo ... e os divos,
Em vivos,
Só tratam do seu animal.

98   (*Reporters*:)
    — Que fila comprida, rajada,
    Triste serpenteia em Blackwell?
      Carrere, Tweed Boss,
        Pelo cós
    Um do outro ... justiça cruel!

99   = Cubano Codezo, Young Esquire,
    Um com outro a negacear,
      Proteus cabalísticos,
        Místicos
    Da Hudson-Canal-Delaware!

100   — Norris, leis azuis de Connecticut!
    Clevelands, attorney-Cujás,
      Em zebras mudados
        Forçados,
    Dois a dois, aos cem Barrabás!

101   (Amigos dos *reis* perdidos:)

    — *Humbug* de *railroad* e telégrafo,
    Ao fogo dos céus quis roubar,
      Que o mundo abrasasse
        E arvorasse
    Por todo ele a *Spangled Star*!

102   (Um sol rebelde fundando um centro planetar:)

    — 'George Washington, etc., etc.,
    Responda ao Real-George-Três'!
      = Dizei-lhe, Lord Howe,
        Real sou ...
    (E o nariz quebraram do Inglês).

103   (Satélite cumprimentando aos raios de Jove:)

— 'Saudar do universo à rainha' ...
Fiança Patriarcas dão sua ...
(Com rei liberal,
Pior mal,
Fundaram o império da lua).

104   (*Reporters*:)

— Papel fazem triste na terra
Reis e poetas, gentes do céu,
(E Strauss, o valsando)
Cantando
No Hipódromo ou no Jubileu.

105   (Corretores achando causa à baixa do câmbio em Wall-Street:)

— *Exeunt* Dom Pedro, Dom Grant,
Dom Guesa, que vão navegar:
Seus lemes são de ouro
Que o Mouro
Das vagas amansam do mar.

106   (Procissão internacional, povo de Israel, Orangianos, Fenianos, Budas, Mórmons, Comunistas, Niilistas, Farricocos, Railroad-Strikers, All-brokers, All-jobbers, All-saints, All-devils, lanternas, música, sensação; Reporters: passa em London o 'assassino' da Rainha e em Paris 'Lot' o fugitivo de Sodoma:)

— No Espírito-Santo d'escravos
Há somente um Imperador;
No dos livros, verso
Reverso,
É tudo coroado Senhor!

107   (Feiticeiras de KING-ARTHUR e vidente FOSTER em
WALPURGIS de dia:)

— *When the battle's lost and won* —
— *That will be ere the set of sun* —
— *Paddock calls: Anon!* —
— *Fair is foul, and foul is fair:*
Hover through the fog and filthy air!

108   (SWEDENBORG respondendo *depois*:)

— Há mundos futuros: república,
Cristianismo, céus, Loengrim.
São mundos presentes:
Patentes,
Vanderbilt-North, Sul-Serafim.

109   (Ao fragor de JERICÓ encalha HENDRICK HUDSON; os
ÍNDIOS vendem aos HOLANDESES a ilha
de MANHATTAN malassombrada:)

— A Meia-Lua, proa pra China,
Está crenando em Tappan-Zee ...
Hoogh moghende Heeren ...
Pois tirem
Por *guildens* sessenta ... *Yea! Yea!*

110   (*Fotófonos-estilógrafos* direitos sagrados de defesa:)

— Na luz a voz humanitária:
Ódio, não; consciência e razão;
Não pornografia;
Isaías
Em bíblica vivissecção!

111   (MITRIDATES à prova de amigos toxicums:)
           — Qual Jesus o açoita-pecados,
           Carrega com eles: por Deus!
               Da cruz ama o Guesa
                   Esta empresa,
           Dos vossos em bem e dos seus!

112   ('Imaginária imprensa' em maré-vazante coçando a cabeça:)
           — Desde Hayes, tudo prospera,
           Menos viver de sensação:
               Mãos à obra! ... 'É não *excellent*
                   O *president*'
           Pois é um cranky, um papão!

113   (KATIES fazendo camas-ratoeiras; *sister* NEWCOAT-SHAFFEY:)
           — '*Masher H'rald some stain in 't wants:*'
           N'alta cerviz ... vampiro! ao meio ...
               O! O! O! cocktail!
                   = Paga *bail,*
           Ou ... não há diabo mais feio!

114   (Surge frighter vermina GUITEAU; risadas a um tiro de
                   pólvora seca em FOURTH-JULY:)
           — Bennbennesses *business little*
           '*Remove him,*' o magno rascál!
               = 'Church-Loyer-Stalwart,'
                   Um Mavorte,
           Faz bala do heráldeo jornal!

115 (Separatistas, Chins, Caesarinos, contra Garfield, em *'corner'*:)

   — Cuidado, ó vós, co'os *sinking-faces*
   Cassius-Romano, Lincoln, 'Lot'!
   = A tais, Sul, nem Roma,
     Ou Sodoma,
   Resistem! —Valente Guiteau!

116   (Flores cobrindo à queda das frutas:)

   — Judas evitara a difama
   Se abrisse logo subscrição,
    Nem fora traidor,
     Em favor
   De José, Maria e João!

117   (*Freeloves* passando a votar em seus maridos:)

   — De americanos o único Emerson
   Não quer presidências, o atroz!
   = Ó bem justiçados,
     Estados
   Melhoram pra vós e pra nós!

118   (Apocalípticas visões ... caluniosas:)

   — Pois, 'tendo a Besta patas d'urso,'
   In God we trust é o Dragão,
    E os falsos-profetas
     Bermettas
   Tone, o Teólogo e o da Ev'lução!

119   (Apedrejadores do ocaso; índio estuporado à clarabóia
                    magnética:)

— Matacães ... ao sol retro-raios ...
Lady Brown, algum te alcançou?
= Dânteo *trombeteiro*
Brejeiro
Que ao gato harauto hidrofobou!

120   (Assassinos alegres engordando nos *plafonds* da cadeira:)

— Oh, que bons beefsteaks! regalos
Do 'instrumento bom de *Lordy*'!
Que os músicos nobres
Aos pobres
Defendam 'squecidos assim!

121   (PLYMOUTH '*on evolution*' sentimental; HERALD '*on involution*'
                    estomacal:)

— Aromas, Cristãos desperdiçam!
= Mais vale a um pobre, caldeirão
De porco, farinha um *barrel,*
Cocktail...
— Ô! Ô! Cristo co' indigestão!

122   (Pagã LUCRÉCIA antiga; moderna cristã LUCRÉCIA:)

— Romana loba a Colatinus
Vinga, em si cravando o punhal!
= Yankee ursa s'embolsa
Co'a solfa
Dos assassinos de Pascoal!

123   (Hall-Hall comendo o enxofre de Sodoma; Marwood
         torcendo os bigodes:)

— Estomacal ... até que sonhas
Com 'Lot' e os 'anjos', ou Abraão!
= Ou Jam'-Benne'-Gord',
A quem corda
De Guiteau espera! .. ah! gil-Jam'!

124   ('Voltam feitiços contra feiticeiros'; mãos divinas oferecendo o
         'copo-d'água-Deus' aos 'que têm sede de justiça':)

— Ó *burglars,* Gomorra e Sodoma
Fugiram os queridos dos céus!
No súlfur quedando
E estourando
Os Sodomões e os Gomorreus!

125   (Dois reverendos espatifando-se ao clarão do fogo celeteste:)

— 'Beecher gorila Gomorreorum'
Com 'Talmage superstição',
Têm, têm o sabor
Deste amor
De súlfur em conflagração!

126   (Consciências perante a história substituindo aos destruídos
         Naturais:)

— Chumbando Booths aos reis-'gorilas',
A raça melhoram de cor:
E o negro Africano,
Amer'cano
Já é *peau-rouge!* será brancor!

127   (Dr. Talmage; Messrs. Donovan & Co. curtindo
peles variegadas humanas:)

— Gentlemen: disciplo 'inspirado',
A Beecher não vende Guiteau!
= De Stewart o couro
Pesa ouro
Em polimento, em *moroccô!*

128   (Rev. Beecher, vendo subscrição antes '*gladdening the sufferers*
e sensação após '*saddening the glads*,' não crê mais na
palavra, 'recomenda sabão à congregação' e monta
em 'seu *bicycle*':)

— *Some stain is in that new business*
Que *pear-soap* não pode lavar!
Washerwomen 'nodoam'
E entoam:
'*Herald-Flood-Fund*,' a ensaboar! ...

129   (Outros alagados salvando-se na coluna '666' do templo
de Kun:)

— Agripina é Roma-Manhattan
Em *rum* e em petróleo a inundar
Herald-o-Nero aceso facho
E borracho,
Mãe-pátria ensinando a nadar! ...

130   (Newark '*dosed*'-*girl, aux bois dormante*, expirando:)

— Judeus negociam em Cristos;
Beliais *do* em morte moral;
Cowboys em Arthurs;
Em Stewarts ... ;
Em Garfields e em Guesas ... Heral' ...

131   (*Animated torrid-Zone* — E‍MERSON proprietário a incêndios;
G. D‍IAS nos *fire-proofs* mares:)

— Do caos sejam ecos caóticos,
Qual criação de Jeová!
= A Plato, Inglaterras;
Palmeiras
A' tórrida-zona-sabiá!

132   ('Legendário F‍INANCE' divorciando a duas
'ilhas dos amores'; *elas*:)

— 'Dos Bêbados' ... 'das Marandubas' ...
Miss Manhattan! Dom Maranhão!
= A urtigas estrigas
Cantigas.
Só ... Cruzeiro co' Ursas terão!

133   ('O‍LD-P‍ARÁ-P‍OND zeloso da sua sapucaia; a V‍OZ:)

— Borracha ... tanto! alma-cachaça ...
Tanto! tanto ... cada mulher!
De qual natureza
É o Guesa? ..
= Deu mais à 'Brief' que Webstér! ..

134   (Ursa no cio espezinhando 'dálias' = *violets* e despojando
H‍IAWATHA morto-apóstolo; J‍OSEPHUS beijando-lhe a
mão, '*spiritual*':)

— '*I am wordly! .. never speak Spanish?*'
= *She-Bear* ... Birdies valham-me, Deus! ..
— Nem Messrs. Donovan
Renovam
Courões santos-Bartolomeus?? ...

135 (Hospitalidade venenosa; eco dos prelos do LÍBANO:)

> — *'Merry Wives'!!* Katies! às armas! ..
> Camas-fogo, ... fogo no réu!
> = Respondam aos frades
>   As madres ...
> 'Terremoto' à noite no céu! ..

136 (Ursa em loucura; JOSEPHUS, embrulhado na *secundum-artem*
    bordada túnica do centauro, interpreta os
      pesadelos de FARAÓ:)

> —Yankees diamantes, *'fixe'* Nessus ...
> Vingança, Eunuco Putifar!
> = Lindas ursitas
>   Serão malditas
> D'ursas-mores, que hão devorar! ..

137 (Elétricas *sweethearts* à *'school-rod-system'* preferindo o
    pára-raios de FRANKLIN:)

> — Poeta é cisne, oh! .. não porque canta,
> Mas pela ideal lentidão
>   Com que anda a amores,
>   Horrores
> De Lalas que práticas são! ..

138 (Sentimentais *doctoras* carbonizando o coração do GUESA:)

> — Que escorra sangue, não veneno ...
> = Um 'morango'! — Oh ... todo ouro e dor ...
> = Fossilpetrifique!
>   — Ai ... não fique
> Sem glória o Inca e o astro sem flor ...

139   (A Voz, ida dos anjos — vinda dos *vampiros*:)

— Napoleão sem mais estrela, ...
Nuvem de corvos em Moscou,
Ring-negro horizonte,
Na fronte
Foi-lhe a coroa que obumbrou! ..

140   (HERALD *safe*-guardando $2 do último e nunca-nato
qüinquagenário *personal* de 'HONOURABLE';
policeman lisonjeando-lhe a gola do
business coat:)

— '*Is there any hope for parvenu?*'
= Com certeza não, Sir *Burglár!*
Patentes fazendo,
Por '*shadows* roendo'
Da prima coluna os 'dollárs'! ..

141   (DOM PEDRO à meia-noite na *soirée* do N.Y. HERALD:)

— No Solimões esta é a hora
Em que a luz se apaga e também
Turemizam tais
Personais
Quais no Hudson ... bravos! Jam'-Benn'!

142   (*Sílvios* dedos rutilando ao tipografar em vernáculo da 'BANDEIRA
ESTRELADA'; POETA extático; a VOZ:)

— Grandes são graças e tesouros
De Baltasar-Imperador! ..
= Que treme aí *sans-culottes*
Quijotes? ..
— Manè-Tessèl-Farès, Senhor! ..

143   (*'Corners'* = *reporters 'on evolution';* GORD-JAM-BENN
'flesh and devil':)

— *'Le roi s'amuse'* ... aos *'all ranks'*
Grátis não trabalha ninguém ...
= Proteus I (cortesia)
Dizia:
Ao servidor paga-se bem ...

144   (Forcas diabéticas-caudinas, mordomos distribuindo $5.000:)

— Jogou o Guesa esta quantia;
Damo-la nós, e sem jogar:
Corte a Bennette
À meia-noite;
Bom riso à carne popular.

145   (HERALD advogando a causa chim-comercial:)

— In-God-we-trust 'not worth its price,
A great swindle is silver dollar'!
Se em Deus nós cremos,
Descremos:
Amor pagado há mor pagar ...

146   (Bárbaros IN-HOC-SIGNO-VINCES; ARCTURUS curvado ante o
CRUZEIRO:)

— Pra que q'rias Pará, Urso-Yankee,
Que só tem borracha por Deus? ..
= Cruz-Carioca, Praguai venceste? ..
Os Celestes
São muito mais nossos que teus! ..

147 (Rei julgado limpo fora, e sujo dentro do seu reino:)

> — 'Liberal'; *flying*; 'nem tem domingo,
> Visita tudo!' = Pra Inglês ver;
> Mais val 'Joana a doida',
> Que à roda
> Ao menos ensina a varrer?

148 (Reporters-provarás *how to get 'God'*:)

> — Com reis é fazendo *realezas;*
> Com presidentes, sensação;
> Com Vanderbiltes,
> 'Dinamites';
> Co'os Índios, sombrinha e trovão!

149 (Magnético-caleidoscópicos sonhos de NAPOLEÃO ante a campanha de WATERLOO:)

> — *Very smarts!* O! O! *very smarts!*
> Vós *godmakers,* eia ao valor!
> Arautos de tretas,
> Caretas,
> Não vos sobe o *incenso* na cor? ...

150 (ROSEMAN lendo cristianíssimos *personals* e aplicando a "*low people, low punishment*":)

> — '*Papers explain. Certainly, though terrible*' ..
> Ciência heráldea, '*paradise lost*' ...
> A '*purring match*'!
> And *lash! and lash!*
> *Chinois*-Bennett à '*whipping post*'! ..

151   (Vampiros das trevas, oferecendo o império do mundo;
            Diógenes optando pelo banho do oceano:)

— *'Tight bird (seeks 'thousand)!* 'Smoke''makes millions'!
'Cidadão' da grande nação? ..
    = Não tenteis a Deus,
        Cristãos meus ...
— *'Vale'!* ou morre ou paga um 'milhão'!

152   (*Gentlemen* (saltimbancos) embarcando após Diógenes;
            comandante duplicando os *placards* do *steamer.*)

— Ou paga de amor tanta glória
(Carinho houve mais que ninguém
    Dos pedreiros-livres
        Ourives) ...
    = *'Servant'*, olhar pros ... *gentlemén* ...

153   (O pai de 'Isaac' alevantando o dedo ante a proposta
            d'almas dos príncipes de Sodoma:)

— 'Jurei ao Senhor-Deus-Altíssimo'
Vingança: eia! pois, da tua mão
    Nem um fio ... figas!
        Não digas:
Enriquecemos a Abraão!

154   (*Gentleman* (pelotiqueiros) na catástrofe; Huris lenços-verdes
            enxugando os olhos-mortos de Sansão:)

— Do Guesa a Farsália explorada
Num *'corner'* espremido o autor,
    Dá ourão! = A musa
        Cafusa
Dalila traiu-o ... que horror!

155 (O Guesa sorteado em City-Hall; Candide-Voltaire:)

> — Jurado de todas Américas,
> Qual Columbus sou cidadão.
> = Bíblio ... com Jacó e o café
> Dos 'Cânticos'; .. fé; ..
> Opor à ratoeira a razão; ..
> E julgar à vivissecção!

156 ('Falta a Caesar, nunca aos amores,' David desprezado de Mical por andar saltando adiante da arca do Eterno:)

> — Agarrando-os pelas queixadas,
> Matei norte-urso e leão-sul;
> Goliath há-me a pedra da fronda;
> Indo à ronda,
> Evito os dardos de Saul.

157 (Gotas magnéticas nos ares a manipulação de imortais? um morto redivivo contra a vontade dos assassinos:)

> — 'Não fales!' que por um princípio
> Vai Codrus em louco morrer! ..
> = Codrus? louco? padres
> Compadres,
> Co'as vossas nódoas Deus não quer!

158 (Inquisição das trevas, Guatimozin nos braseiros:)

> — Dizer verdades que não dizem-se
> Repúblicos, sem liquidar,
> É de mais tesão!
> Sensação
> Liquide-o! .. e hipocôndrios cremar!

159   ('Cifra nas asas da quimera' crônica sobre rodízios ALMIGHTY-
DOLLARS, gargalhadas à autópsia dos cadáveres:)

— 'Fi' pra 'Thiers' ... 'cérebro nico',
Léon-Gambetta não é leão ...
Oh que âmbar que exala
E trescala
Este *'grey-perle'* macacão!

160   (JEAN-LUIS-DE-PARIS e DAME-PÉLETIER preparando ceias do frio
JANEIRO; REGENTE, APÓSTOLOS e ESTRANGEIROS, convidados:)

— Que andem da sala pra cozinha ...
Dia de Reis, gavota ao luar! ..
= Que banquete quente
De a gente
Dizer missa, o Galo a cantar!

161   (Mesmas DAMAS e DAMAS RITA e GÂTÉE-HORTENSE dando boas-
noites a seus hóspedes; HÉRCULES-GUTTENBERGS nos
prelos magnéticos:)

— Se houverdes maus sonhos, são 'pulgas'...
Boas-noites, filhos de Alceu!
= Traição! fogo obsceno!
Veneno
Que em Manhattan lavas ardeu! ..

162   (*Panaché* FÍGARO aos sons do *piston-vainqueur*, às ímpias navalhas
afiando, fazendo a barba aos PROFETAS e chinó às religiosas
de claustro e 'drástico':)

— Cara de sopas da Madalena,
L'ombre accablât! l'ombre accablât!
Eh, teu *'Dieu drôle'!*
Sha-casserole
Cria e repúblicas *des toits*! ... ah! ah! ..

163   (*Et tout le genre humain est l'abîme de l'homme,* um argueiro cego entre dois mil grand'olhos cavaleiros; bombardeio nos consolidados mundos:)

    — Oh, Ciclones! Typhons! soçobrem
Naus e aldeias! ruge, Simoun!
= Rev'lução hedionda
    Que estronda
De Fígaro às ... *noces,* bum, bum!

164   (Madres TON'TONA e CARNATA sem saberem que fazer *des 'enfants';* colheita das 'rosas brancas':)

    — *'Il faut la laisser dans le vague'* ...
Eis de santa o véu, lindo amor! ..
= Não dobra? .. se corta!
    Está morta!
Loiola há fogueiras de horror!

165   (PAUL BERT, *'la morale des* JÉSUITES':)

    — Mais tristes que os que caem-lhes na unha,
São os que dela escapam ... Jesus!
Que infame consciência
    Indecência,
De *mães* pondo às filhas na cruz!

166   ('*Vie drolatique'* de ... RENAN; ZOLA realista:)

    — As '*grosses*' grosses madres 'Dianas'
Crêem *suas* filhas ricas beber
    'O copo de sangue' ... a Carnata!
    A Tontata!
= Que sângueos 'POTS-BOUILLES' a crer!

167   (Sobreditas, e pitonisas NORTHORNA e SERGAITA dissolvendo-se
à manipulação de um imperador romano:)

— Voltair' toca a nós o bolero
(Diocleciano, fogo bebeu!)
= Dele carne, dele osso
E caroço ...
— 'Sacré nom! sacré nom de Dieu'!

168   (Rei d'ESPANHA atarantado aos assobios de PARIS e distribuindo
10,000 francos; presidente GRÉVY:)

— 'Puces' e 'muttons' de Prussianos,
Pucelles venceram Inglês! ..
= Uhlan doze-Alfonso,
Que engonço!
Que champanha o artista francês! ..

169   (Barbaria saindo do CEARÁ; civilização entrando em PARIS:
generais BAZAINE e MOLTKE:)

— 'França é-te abismo, homem grosseiro,
Sob a Prússia' ... baila o cancã!
= 'À *taille fort fine*',
Badine
'Nicht' a *armée* grande em Sedan! ..

170   (Quádruplo 'corner': V. HUGO monarquista; D. PEDRO
republicano; ALFONSO uhlan; um *guesa* fabricado
franco-yankee *homunculus*:)

— 'Com tal rei 'petit' ainda eu fora';
'Sans-culotte eu sou mesmo rei';
— Grévy ... que vaias!
= Que, Hugo, o não traias ...
A horas dadas não voltarei.

171 (Áureos ZACS escovados noutros práticos mundos:)

  — Banindo os poetas, da 'República'
  Coroava-os com flores, Platão.
  = Yunka-yankee os depena
   Sem pena,
  E zanga-se à história, pois não!

172 (Cínico DIÓGENES do *utrinque-feriens 'corner'* sem lanterna
  e achando a verdade-quadratura do *'ring'*:)

  — *Very smarts!* O! O! *very smarts!*
  A *moscas* fazer sensações!
   E uivar mundo todo:
    Há um doido
  (O 'cão') e há justos (os ladrões)! ..

173 (WASHINGTON 'cegando por causa deles'; POCAHONTAS
  sem *personals*:)

  — A ursos famintos, cão danado!
  Seja! após festins, o festão! ..
   = Meiga Lulu,
    Choras e tu
  Mel ao 'imigo', abelha? ... e ferrão?

174 (Nariz guatimalo cornado em facho d'HIMENEU; coração
  DAME-RYDER nas envenenadas vidraças do *'too dark'*
  wedding-pudding:)

  — *'Caramba! yo soy cirurjano* —
  Jesuíta ... yankee ... industrial'!
   — *Jó* ... ou *pousada*
    Malassombrada,
  'Byron' magnetismo-animal! ..

175   (Práticos mistificadores fazendo seu negócio; *self-help* ATTA TROLL:)

— Que indefeso caia o estrangeiro,
Que a usura não paga, o pagão!
= Orelha ursos tragam,
Se afagam,
Mammumma, mammumma, Mammão.

176   (Magnético *handle-organ; ring* d'ursos sentenciando à pena-última o arquiteto da FARSÁLIA; odisseu fantasma nas chamas dos incêndios d'Álbion:)

— Bear ... Bear é ber'beri, Bear ... Bear ...
= Mammumma, mammumma, Mammão!
— Bear ... Bear ... ber'... Pegàsus ...
Parnasus...
= Mammumma, mammumma, Mammão.

VARIANTES E CORREÇÕES

Duas são as edições do *Guesa* em que aparece o episódio aqui denominado "O Inferno de Wall Street". A primeira, impressa em Nova Iorque, sem data expressa, com um prefácio do autor, datado de dezembro de 1877, contém apenas o Canto VIII do poema, no qual se insere a referida passagem. A segunda, de Londres, também não datada, mas ao que tudo indica publicada na década de 1880[1], é a edição mais completa do poema, reunindo o conjunto dos XIII Cantos do *Guesa* (alguns não terminados); com a inserção de novos Cantos, o VIII foi renumerado, passando a figurar, nessa edição, como o Canto X, nele incluído o "Inferno de Wall Street". Na primeira versão, possuía o episódio 106 estrofes (as aqui numeradas de 1 a 109, com exclusão das de n.º 74, 84 e 108). Na segunda, atinge 176 estrofes. Da comparação entre os dois textos resultam numerosas variantes de grande interesse, quer para a compreensão do poema, quer para o exame da elaboração artística do poeta, que se revela um torturado da forma, como poucos o foram, preocupado, de edição para edição, em aperfeiçoar sua obra, a tal ponto, que é, por

---

1. Frederick G. Williams, baseado no depósito do livro, para fins de *copyright*, junto ao Museu Britânico, em 19 de abril de 1888, considera este ano como o da publicação londrina do poema.

vezes, difícil escolher a melhor dentre as soluções por ele apresentadas para um mesmo verso. Sintoma dessa extraordinária angústia criativa são as insólitas "correções" do autor, que acompanham ambas as edições, constituindo, freqüentemente mais do que simples errata, repositório de algumas variantes de importância.

Para efeito de referência, as estrofes foram numeradas, na presente edição, de 1 a 176. A primeira e a segunda versões mencionam-se abreviadamente como VIII e X, por alusão ao número dos Cantos em que se achavam insertas, nas edições respectivas. Em se tratando das linhas em prosa, introdutórias de cada estrofe, usa-se apenas o número da estrofe. Quando se quer aludir aos versos da estrofe, faz-se seguir a esse número o da linha que é objeto da referência; se a linha mencionada pertence a alguma das "correções" do autor, ajunta-se este vocábulo ao número da versão (VIII ou X). Assim, VIII-21, refere-se à linha de introdução à estrofe 21, da primeira versão; X-21/3, ao terceiro verso, da mesma estrofe, na segunda versão; e VIII-Correções-21/3, ao mesmo verso tal como apresentado nas "Correções" do autor à primeira versão.

O texto ora adotado é o da última edição, exceto no que respeita à linha 5 da estrofe 23, onde mantivemos a versão aparecida nas "Correções" ao Canto VIII, em face da relevância do texto, onde surge o conipósito *oremus-tatu*, que vincula o "Inferno de Wall Street" temática e morfologicamente (como um quase-anagrama) ao episódio precedente — o "Tatuturema". Evidentemente, não se trata aqui de errata, mas de versão autônoma, que pode ter escapado à segunda edição; em outros casos, em que se poderia optar esteticamente por versões precedentes, preferimos, por óbvias razões de ordenamento e sistemática, manter, sempre, o texto da última edição; o leitor encontrará na tábua de variantes que fornecemos, a seguir, as principais modificações que interessam ao confronto dos textos.

A ortografia foi atualizada, preservando-se, todavia, com a maior liberdade, sempre que pareceu necessário, por motivos estéticos, a grafia original do autor, com suas peculiaridades e idiossincrasias, particularmente no tocante aos nomes próprios e toponímicos.

Damos como *variantes* as alterações de maior relevo, ainda que de pontuação, verificadas de uma edição para outra. Deixam de ser relacionadas, contudo, as linhas da primeira versão correspondentes às da segunda, em que Sousândrade acrescentou um *duplo travessão* (=), porque a diferença, na maioria dos casos, reside apenas no uso do travessão único, não havendo, pois, maior interesse no cotejo. Sob o título "Erros do Original Corrigidos Nesta Edição", discriminamos, na sua grafia original, e com menção às respectivas linhas, estrofes e versões, as palavras ora corrigidas, que estavam erroneamente grafadas nos textos respectivos.

VARIANTES

VIII-1: (O Guesa tendo atravessado as Antilhas, crê-se livre dos Xeques e penetra em New-York-Stock-Exchange; a *voz* dos desertos:)

VIII-1/4: Se entrate...

VIII-4/1: Pigmeus, Brown and Brothers! Stewart! (*O texto adotado* — X-4/1 — *está de acordo com as correções do autor ao Canto VIII*)

VIII-5: (Norris, *Attorney;* Codezo, inventor; Atkinson, agente; Armstrong, agente, Rhodes, agente; P. Offman & Voldo, agentes; algazarra, miragem: ao meio, o Guesa;)

VIII-6: (J. Miller desenrolando o manto garibaldino:)

VIII-12: (Dois renegados, católico e protestante:)

VIII-15: (Samaritana preta vendendo poncho no templo de Zyon:)

VIII-16: (Hierosolimitana branca vendendo beijos pro domo Deo:)

VIII-Correções-17/5: Se amostram; sábios, 'f *do not.*

VIII-19: (*Pure girls* com a Bíblia debaixo do braço:) (*O texto adotado* — X-19 — *confere com as correções do autor ao Canto VIII*)

VIII-19/5:   *City belles,* ao *lager anyhow!*

VIII-20:   (Duque Alexis recebendo cartas de *free-loves;* Brigham:)

VIII-21:   (*Free love* moribunda em Newark ensinada por vinte e
                   três *beaux*:)

VIII-21/1-2:   — Hui! Legião, Venus-Pandemos,
                   De filhos cristãos de Belial!

VIII-Correções-21/2-3: Cristãos! — filhos de Belial!
                       Liberdade-orgia!

VIII-22/5:   *Free love* ... e i vem tudo ao sermão!

VIII-Correções-23/4:   Yorqueiro

VIII-X-23/5:   Robber-Índio, bailo o *tatu!*
                   (*O texto adotado é o das correções do autor
                   ao Canto VIII*)

VIII-25:   (Astronômicas influências, Coridon e Pasífae:)

VIII-25/1-4:   — São *free loves* Ursas do Norte;
                   — Ped'rasta o Cruzeiro do Sul ...
                   — O Rio, *a* New York:
                   E eis o *Stock*

VIII-26/1-2:   — A humanidade (qual França
                   Sevandija ao três Napoleão)

VIII-27:   (Moisés ...)

VIII-28:   (Conde Oscar em domingo atravessando a Trindade,
                   assestando o binoclo, resmirando, resmungando de
                   tableaux vivants, cortejando; o povo leva-o a
                   trambolhões para fora da igreja:)

VIII-29:   (Pathfinder meditando:)

VIII-30:   (Conde Oscar perdendo seus foros em Filipos,
                   beija o dedo grande do pé do Santo Padre
                   e morre como Romano:)

VIII-32:	(Os guardas, schools rod system:)
VIII-33/1-2:	'Bolas' a órfãos. Réus, 'Lamartine Mendoso' e 'John Bull jogador.'
VIII-33/4:	D'olência
VIII-34/5:	Se enche, Poeta, o teu coração!
VIII-39:	(Mac Donald, Shwab, Donahue; Free-loves-Califórnias e *Pickpockets* pela universal revolução:)
VIII-44:	(Salvados passageiros desembarcando do Atlântico; *Herald*:)
VIII-45/5:	Que o povo ame muito ao Senhor.
VIII-46/4-5:	A esta súcia, Não Pedros, só vêm KalaKaus'!
VIII-47:	(O mesmo propondo a outro o seu lugar de comissário à Exposição de Filadélfia 'por causa do cheque-mate em sua fortuna':)
VIII-47/1-3:	— Dos Príncipes são protegidos Os Poetas, Senhor Guesa a errar; Nem dão, quais banqueiros,
VIII-50:	Antedilúvio paleosauro,
VIII-51/1:	— Oh! cá está 'um Pedro de Alcântara!
VIII-54:	(Presidente Grant e seus ministros Babcock, Belknap, etc. lendo o *Sun* e cumprimentando a Dom Pedro:)
VIII-54/3:	De áureo ventre ao Imperador!
VIII-58/1:	*Post war Jews,* Jesuítas, Buffs
VIII-59:	(Disraeli 'ordenando a Tennyson a ode da volta do Príncipe de Gales' e fazendo fogos de vista que a Rainha não queria vir vê-los ao Centênio:)
X-59/1:	*(Esta linha não existe na versão VIII)*

VIII-61:	(Coro dos contentes, Timbiras, Tamoios, Colombos, etc., etc., música de C. Gomes a compasso da sandália de Empédocles:)
VIII-62:	(Dom Pedro nauseado d'incensos, substituindo o beijamão pelo ...; Grant ...?)
VIII-64/2:	Que os reis na República o são ...
VIII-68/1-2	— É causa o esférico da terra, De o mais alto cada um se crer;
VIII-70/5:	Russo-Turco o sol já vai cris.
VIII-71:	(*Free loves* meditando nas *free burglars* belas artes:)
VIII-72:	(W. Childs A. M. elegiando sobre o filho de Sarah Stevens:)
VIII-72/7:	Civilização ham! ... C*ourt-hall!*
VIII-73:	(Fletcher historiando:)
X-74	*(Esta estrofe não existe na versão VIII)*
VIII-79/5:	'Voz baixa' o outro, mas firme o pé.
X-84:	*(Esta estrofe não existe na versão VIII)*
VIII-88/2:	Missa em latim, o Papa e os Céus!
VIII-90:	(Unitários:)
VIII-91/1:	— Só o leal, nunca o loiola
VIII-91/5:	'*Water-head*'? — *mother-Goose* Tão-Tão!
VIII-92:	(Maus *pecadores* — bons-apóstolos, iluminados às crenças de remissão e ressurreição dos mortos, vendo Jerry McCaulay e revendo Frothingham no "*Christ would no suit our times*":)
VIII-95/1:	Ou concluirás que *és* o bruto,
VIII-97:	(Santo Inácio fundando sua Ordem: *Reporters*:)
X-98:	*(Não existe esta linha na versão VIII)*

VIII-101:   (Amigos dos *reis* perdidos:)

VIII-102/1-2:   — George Washington, etc., etc.,
                 Responda ao Real George Três!

VIII-104/3-4:   E Strauss, ou valsando,
                 Ou cantando

VIII-106:   (Procissão internacional, povo de Israel, Orangianos,
                 Fenianos, Budas, Mormons, Comunistas, Farricocos,
                 Railroad-Strikers, All-brokers, All-jobbers, All-saints,
                 All-devils, lanternas, música, sensação; Reporters:)

VIII-107:   (Feiticeiras de Macbeth e vidente Foster em
                       Walpurgis de dia:)

VIII-108:   *(Esta estrofe não existe na versão VIII)*

Erros do original corrigidos nesta edição:

VIII-X-1/3:   ... laciate...
X-4/1:   ... Steuart... *(em VIII-Correções-4/1 está: ...*
                 Stewart...)
X-5:   ... tamanny...
VIII-X-12/1:   ... L'Epouse...
X-18:   ... wiskey ... *(em VIII-Correções-18 está: ... whiskey ...)*
VIII-X-30:   ... PHILIPPES ...
VII-X-36:   ... Claffin ...
VIII-X-39:   ... MACDONALD, SHWAB ...
VIII-X-40:   ... emericana...
VIII-X-42:   ... WOODHUL...
VIII-X-46/1:   ... Lopes...
VIII-X-92:   ... FROTHIMGHAM ...
VIII-X-93/3:   ... Frothimgham ...
VIII-X-106:   ... All-brockers ...
VIII-X-107/3:   ... Puddock ...

X-112/5:	... kranky ...
X-114:	... FORTH-JULY ...
X-120/1:	... beafsteacks ...
X-127:	... Steuart...
X-128:	... *Washwomen* ...
X-137:	...'school-road-system' ...
X-143/3:	... Protheus I...
X-150/1:	... *xplain*...
X-150/3:	A, *'purring match'*!
X-150/5:	*Chinoi*-Bennet a 'wiping post'!
X-151/3:	... tentai ...
X-153:	'ISAC'...
X-159:	ALMYGHTY-DOLLARS ...
X-161:	GATÉE-HORTENSE ...
X-162/2:	L'ombre acablat! l'ombre acablat!
X-162/3:	...'Dieu drole'!
X-175:	... ATA-TROLL ...

GLOSSÁRIO

A

ABRAÃO: 123/2; (153); 153/5: patriarca hebreu, pai de Isaac. (A estrofe 153 alude aos versículos 22 a 24, do Capítulo XIV do Gênesis.)

ÆNEAS: 1/1: Enéias, príncipe troiano, filho de Vênus e de Anquises, herói da *Eneida* de Virgílio. Visitou o inferno para ver o pai morto, a conselho da Sibila de Cumas.

AGRIPINA: 129/1: mãe de Nero. Desposou em terceiras núpcias o imperador Cláudio, seu tio, e depois de haver obtido que ele adotasse seu filho, envenenou-o com o auxílio de Locusta, para colocar Nero no trono. Este, para fugir à imperiosa tutela da mãe, depois de haver tentado baldadamente afogá-la por meio de um barco que deveria abrir-se em pleno mar, mandou-a assassinar por um centurião.

ALABAMA: 57/2: navio corsário, construído e armado na Inglaterra, que serviu aos sulistas, durante a Guerra de Secessão. Ver: GENEBRA, GLADSTONE e DISRAELI.

ÁLBION: 176: nome dado pelos antigos Gregos à Grã-Bretanha. Provável alusão ao chamado "Grande Incêndio", que devastou Londres em 1666, precedido por uma epidemia de peste bubônica.

ALCÂNTARA, PEDRO DE: 51/1: D. Pedro II. Ver: PEDRO, DOM.

ALCEU: 161/2: avô de Hércules, que dele tornou o nome, de Alcides.

ALCORÃO: 78/2: livro sagrado dos Muçulmanos, redigido por Maomé. Ver: MAOMÉ.

ALEIXO: 46/3: V. ALEXIS.

Aleixo da Rússia: 46/3: Aleixo Mikailovitch, 1629-1676, czar da Rússia, de 1645 a 1676, pai de Pedro, o Grande. Seu governo tirânico deu origem a varias sedições. Estendeu o domínio russo até o extremo oriente na Sibéria. No texto, talvez o poeta se refira a Alexis.
Alencar: 76/3: José Martiniano de, 1829-1879, o romancista brasileiro.
Alexandre: 42/4: Alexandre, o Grande, 356-323 a.C., rei da Macedônia.
Alexis, Duque: 20: o Grão-Duque Alexis Romanov, 1850-1908, um dos filhos do Czar Alexandre II, visitou os Estados Unidos em 1871-1872, a convite do Presidente Grant. Sua viagem foi um evento diplomático, social e jornalístico de grande repercussão. Recebido com honras militares e uma parada na Broadway, visitou diversas cidades e participou, em 1872, de uma caçada de búfalos com os Generais Custer e Sheridan, Bufallo Bill e índios sioux. Jovem, solteiro, com apenas 22 anos, atraía a atenção feminina nos saraus em sua homenagem. Entre suas peripécias amorosas, conta-se que participou do Mardi Gras de New Orleans acompanhado de sua amante, a atriz Lydia Thomson. A segunda visita do Grão-Duque, com a esposa, em 1877, foi menos festiva, tendo ele pedido que fosse tratado como cidadão comum e não como representante formal de seu país.
Alfonso: (168); 168/3; 170: Alfonso XII, 1857-1888, rei da Espanha, de 1874 a 1885.
All-Brokers, all-Jobbers, all-Saints, all-Devils: 106: (ing.) todos-os-corretores, todos-os-agiotas, todos-os-santos, todos-os-demônios. Ver: Pimp-brokers e Stockjobbers.
All Ranks: 143/1: (ing.) de todas as classes.
Almghty Dollar(s): 35/5; 159: (ing.) dólar(es) todo-poderoso(s).
Amaro: 33/5: Índio da aldeia de Cumá (Maranhão), criado com os jesuítas e muito afeiçoado aos franceses. Interceptando cartas dirigidas a Jerônimo de Albuquerque (1548-1618), sublevou os tupinambás, fazendo com que matassem os soldados portugueses que guardavam o local. A seguir, tentou, com o auxílio de outras aldeias, invadir São Luís para eliminar o domínio português da região. Dopois de muitas lutas, foi capturado e executado como traidor.
Amautas: 77/1: Sábios ou conselheiros no reino dos Incas.
Américo, Pedro: 50: pintor brasileiro, 1843-1905, autor de *A Carioca*.
Antônio: 49: Marco Antônio, sobrinho de César, venceu Bruto e Cássio em Filipos (42 a.C.). Integrou o 2.º triunvirato, com Otávio e Lépido.

A 'PURRING MATCH'! / AND LASH! AND LASH!: 150/3-4: (ing.) 'purring match.' = peleja onde se desferem golpes no estômago, que fazem o adversário gemer (gíria pugilística, por volta de 1810-1850); lash = chicotear, chicotada.

AQUERONTE: 91/4: rio dos Infernos. Ninguém o podia atravessar duas vezes (mit. gr.).

ARCTURUS: 146: estrela de 1.ª grandeza da constelação do Boieiro.

ARIMÃ: 43/5: gênio do mal, na religião de Zoroastro.

ARMSTRONG, AGENT: 5: um agente da Bolsa de Nova Iorque segundo o texto.

ARTHUR(S): 8/3; 38/3; 130/3: Peter Arthur, 1831-1903, líder sindical norte-americano. Vinculado à Associação dos Maquinistas de Trem, desde a sua fundação, em 1863, passou a dirigi-la, mais tarde, transformando-a no mais forte e conservador dos sindicatos operários. Embora comumente se opusesse às greves, participou de vários e bem-sucedidos movimentos paredistas. No contexto sousandradino, aparece como um líder grevista. Ver: STRIKE, STRIKERS, RAILROADSTRIKERS.

ARTHURS: 130/3: Chester A. Arthur, vice-presidente dos E.U.A., assumiu o poder quando Guiteau matou Garfield. Palavras de Guiteau ao assassinar Garfield: "I am a Stalwart and now Chester A. Arthur is President." Ver: CHURCHLOYER-STALWART e GUITEAU.

ASTOR: 4/2: célebre família norte-americana, que representava uma das três ou quatro maiores propriedades privadas do mundo. Por muitos anos foram conhecidos como "the landlords of New York", os proprietários de Nova Iorque. A essa família pertenceram John Jacob Astor, 1763-1848, mercador e negociante de peles, e seu filho homônimo, capitalista e militar, 1822-1890.

'À TAILLE FORT FINE': 169/3: (fr.) de porte muito esbelto (provavelmente extraído da letra de uma canção burlesca). Ver: BADINE.

ATKINSON: 2/4; ATKINSON, AGENT: 5: um agente da Bolsa de Nova Iorque, segundo o texto.

ATKINSON, C: 27: negro linchado em Luisiana, segundo o texto.

ATTA-TROLL: 175: *Atta Troll, ein Sommernachtstraum* (Atta Troll, um sonho de uma noite de verão), poema satírico de Heine, publicado em 1847. A seu respeito afirma-se no *Diccionario Literario de obras y personajes de todos los tiempos y de todos los países* (Gonzalez Porto-Bompiani, tomo II, p. 445): "Heine polemizou longamente com aqueles que o acusavam de imoralidade, jacobinismo e falta de sentimento, até que neste poema desafogou todo o fel contra os seus acusadores e ao mesmo tempo se isolou de todas as escolas literárias da época. *Atta Troll,* o urso protagonista, é um personagem — negativo que muda de forma e cor como todos os outros personagens. Às vezes, o urso representa o burguês filisteu que intenta dar sábias lições morais e teológicas aos seus filhos, pondo-os em guarda contra a perfídia dos homens bárbaros; outras vezes representa o 'poeta tendencioso', favorito da 'jovem Alemanha', que reveste a poesia de política e a política de poesia. A entonação do poema é romântica. Há de ser o canto de cisne daquele romantismo de antanho, amado e professado pelo poeta, e que ele próprio mata em seus degenerados epígonos. Espécie de elogio fúnebre do Romantismo, é com efeito a 'Caça selvagem', visão fantástica em que as ruivas rainhas, os elfos e os heróis passam em espectral cavalgada ante um Heine de carne e osso, que caça o urso Atta Troll. E, positivamente, o protagonista do poema é este Heine real, que se burla da cômica dança do velho urso tradicionalista, o persegue e o mata. Ceticismo e impiedade, invectivas contra o retardado 'nazarenismo' romântico, e gritos de liberdade contra os governantes reacionários, armados de censuras e esbirros, surgem com diabólico sarcasmo entre os versos do poema."

ATTORNEY-CUJÁS: 100/2: composto de *attorney* = (ing.) procurador e *Cujás.* Ver: CUJAS e NORRIS.

AUX BOIS DORMANTE: 130: (fr.) adormecida nos bosques. Alusão ao célebre conto de Perrault. Ver: DOSED GIRL.

B

BABCOCK: 54: Orville E., 1835-1884, militar norte-americano. Serviu com distinção na Guerra Civil, pertencendo ao Estado maior de Grant. Quando este foi eleito presidente, Babcock tornou-se seu secretário particular e o engenheiro superintendente de diversas obras públicas importantes. Em 1876 foi acusado de tomar parte em fraudes de impostos; submetido a julgamento, saiu absolvido. Ver: MCDONALD.

BACO-LUSÍADA: 75/1: composto sousandradino: Baco (deus romano do vinho) + Lusíada, provavelmente alusivo ao poema de Camões.

BADINE: 169/4: (fr.) brinca, se diverte; + *nicht* (al.) = não. Os versos 169/3-5, que formam um só período (a resposta do general Moltke ao general Bazaine), poderiam ser assim "traduzidos": 'De porte muito esbelto', o grande exército francês não brinca em Sedan! ... (Alusão à célebre derrota infligida pelos alemães aos franceses nessa cidade.) Ver: À TAILLE FORT FINE e SEDAN.

BAIL: 113/4: (ing.) fiança.

BALTASAR-IMPERADOR: 142/2: filho do último rei de Babilônia. Segundo a Bíblia, quando Ciro, rei dos Persas, cercava Babilônia, Baltasar, confiando nas muralhas, ria dos esforços do inimigo e se entregava a festins. Certa noite, ordenou que lhe trouxessem os vasos sagrados, que Nabucodonosor roubara outrora do templo de Jerusalém. Nisso, apareceu uma mão, que escrevia na parede, em traços de fogos, caracteres misteriosos, que nem Baltasar, nem os magos souberam decifrar. O profeta Daniel leu o que estava escrito: *Mané,* Deus contou os dias do teu reinado e marcou-lhes o fim; *Tessel,* foste posto na balança e achado leve demais; *Farés,* o teu reino será dividido. Nessa mesma noite Ciro, penetrou em Babilônia, Baltasar foi morto e a Caldéia reunida ao Império persa (538 a.C.).

'BANDEIRA ESTRELADA': 44/5; 75/3; 142: a bandeira e também o hino nacional norte-americano (*Star Spangled Banner*), adotado oficialmente por ato do Congresso em 1831. Em 44/5 e 142, Sousândrade alude à tradução do hino, feita por D. Pedro II, a bordo do *Hevélius.* Tal tradução, baseada em texto imperfeito, veio a ser reproduzida no *Herald,* sob o título: "Bandeira Estrelada" (tradução imperial). Em "D. Pedro II nos Estados Unidos", Argeu Guimarães relata, em detalhe, o episódio, e transcreve, na íntegra, a discutida versão imperial (pp. 87-89). Ver: SPANGLED STAR e HEVILIUS.

BARNUM: 55/5: Phineas Taylor, 1810-1891, empresário de circos e museus de muita fama em sua época. Uma das grandes atrações de Nova Iorque, o seu Show do Centenário, exibição de excentricidades circenses, atraiu multidões em 1876.

BARREL: 121/3: (ing.) barril.

BARTOLOMEU, SÃO: 14/2, Santos Bartolomeus: 134/5: um dos doze apóstolos, mártir, esfolado vivo.

BATERIAS: 49: *Battery,* localidade de Nova Iorque, próxima ao cais.

BAZAINE: 169: Achille, 1811-1888, marechal de França. Foi comandante-em-chefe no México. Encarregado em 1870-1871 da defesa de Metz, entregou a cidade aos alemães. Submetido a Conselho de Guerra, foi condenado à morte em 1873, tendo comutada a pena para 20 anos de prisão. Conseguiu evadir-se e foi acabar seus dias na Espanha.

BEAR: 176/1; 176/3: (ing.) urso. No jargão da Bolsa, especulador que provoca queda artificial dos preços. Ver: SHEBEAR e URSAS DO NORTE.
BEAUX: VIII-21: (ing.) amantes.
BEECHER: 8; Beecher, H.: 11; Beecherô: 12/1; 93/5; 125/1; 127/2; 128: Henry Ward Beecher, 1813-1887, clérigo norte-americano, irmão de Harriet Beecher Stowe. Um dos mais famosos pregadores dos E.U.A., assumiu o púlpito da Igreja de Plymouth, Brooklyn, Nova Iorque, desde 1847. Líder abolicionista, participou de todas as causas sociais da época e do problema da reconstrução que se seguiu à Guerra da Secessão. Do ponto de vista teológico, foi um calvinista liberal, exercendo sobre sua geração, através do púlpito, da imprensa e de palestras, influência jamais superada por qualquer outro religioso. Redator-chefe do *Independent*, 1861-1863, e do *The Christian Union*, por ele fundado em 1870. Acusado pelo jornalista Theodore Tilton de manter relações ilícitas com a mulher deste, foi processado e absolvido num julgamento que abalou o país. A revelação do "affair" Beecher-Mrs. Tilton surgiu, sensacionalmente, no *Woodhull and Claflin's Week*, de 2.11.1872, jornal dirigido pelas irmãs Claflin. Ver: TILTON e CLAFLIN.
BEECHER STOWE: 11: Harriet, 1812-1896, escritora norte-americana, autora do famoso romance abolicionista *Uncle Tom's Cabin* (A Cabana do Pai Tomás), 1851-1852. Lutou também pelo sufrágio feminino. Em 1869, afirmou que a esposa de Lord Byron (Anne Isabella Milbank) lhe havia declarado expressamente que o poeta tinha ligações incestuosas com sua meia-irmã Augusta Byron (Mrs. Leigh).
BELIAL: 21/2; Beliais: 130/2: ídolo dos Fenícios. Esta palavra que, em hebraico, significa *mau, nocivo*, é a que emprega o Velho Testamento para designar o gênio do mal, o chefe dos demônios. O nome de Belial aparece muitas vezes nos escritores sacros: seus inimigos são os *filhos de Belial*.
BELKNAP: 54: William Worth, 1829-1890, Secretário da Guerra do Presidente Grant, de 1869 a 7 de março de 1876. Renunciou em conseqüência de acusações de corrupção administrativa. Subseqüentemente, foi processado e absolvido.
BENNET: 4/1; Bennbennesses: 114/1; Bennetas Tone: 118/45; Jam'-Benné'-Gord: 123/3; gil-Jam': 123/5; Jam'-Benn': 141/5; Gord-Jam-Benn: 143; Bennette: 144/3; *Chinois*-Bennett: 150/15: James Gordon Bennet, 1795-1872, poderoso jornalista norte-americano, foi o fundador do *The New York Herald* (1835). Seu filho homônimo (1841-1918)

sucedeu-o na direção do jornal. A este, certamente, se refere Sousândrade, segundo faz supor a data do poema. Ver: CHINOIS-BENNET, HERALD.

BERT, PAUL: 165: fisiologista e político francês, 1833-1886, conhecido por seu anticlericalismo. Professor de fisiologia na Sorbonne em 1869 e deputado em 1876. Ver: LA MORALE DES JESUITES.

BESTA: 118/1: a Besta do Apocalipse. Ver COLUNA '666' e URSAS DO NORTE.

BETSAIDA: 15/1: cid. da Palestina, tribo de Zabulon, não longe de Cafarnaum.

BIRDIES: 134/2: *bird,* pássaro, significa também, em gíria americana de 1880, *garota, pequena;* mais tarde adquiriu o sentido de *prostituta.*

BISMARCK: 14/1; 26: Otto, príncipe de, 1815-1898, estadista e militar alemão, o célebre *chanceler de ferro.* Foi diplomata e chanceler do império, ministro da Prússia e presidente do Conselho. Propôs-se fundar a unidade alemã sob a hegemonia prussiana. Venceu a França, na Guerra de 1870. Perseguiu o catolicismo, sustentando contra o partido católico a guerra religiosa do *Kulturkampf.*

BLACKWELL: 98/2: Blackwell's Island (agora chamada Welfare Island), uma ilha no East River, próxima de Nova Iorque. Em 1637, o governador Van Twiller comprou a ilha dos índios. A cidade de Nova Iorque adquiriu a ilha em 1828 e, pouco depois, nela construiu uma *penitenciária,* onde estiveram encarcerados notórios criminosos, entre os quais "*Boss*" *Tweed.* Ver: TWEED.

BLOODTHIRSTIES: 6/1: (ing.) sedentos de sangue, sanguinários.

BOD: 28/3: *body* (ing.) = corpo. Na inscrição do mais antigo túmulo da Trinity Church se lê:

W C

HEAR-LYES-THE-BOD

OF-RICHARD-CHURCH

ER-THE-SON-OF-WILLIA

M-CHURCHER-WHO

DEIED-THE-5-OF-AGUS

1681-OF-AGE-5-YEARS

AND-5-MONTHS

BOOK: 19/3: (ing.) livro: a Bíblia.
BOOTHS: 126/1: John Wilkes Booth, 1839-1865, ator norte-americano, escravista e partidário dos sulinos, na Guerra de Secessão. Vencida a sua causa, assassinou com um tiro de revólver o Presidente Lincoln, no Teatro de Washington, 14.4.1865. Conseguiu escapar, mas foi morto logo depois. Ver: LINCOLN.
BOSS, TWEED: 98/3: Ver: TWEED.
BOSTON: 72/2: Alusão ao incêndio de Boston, em 1872 ("em chama Boston"). Jay Gould aproveitou-se do sinistro para suas especulações na Bolsa, chegando quase a ser processado criminalmente. Escapou do processo, concordando em devolver parte dos ganhos ilícitos. Ver GOULDS.
BOT: 79/4: (fr.) aleijado (pé); alusão a Lord Byron, que era aleijado de um pé. Ver: BYRON.
BOUFFES: 58/1: (fr.) Burlescos; atores de ópera bufa. Ver: BUFFS.
BOWLINGGREEN: 49: Bowling Green: pequeno parque, ao sul de Nova Iorque, próximo a Battery. Segundo a lenda, o local onde Peter Minuit comprou aos índios a ilha de Manhattan. Ver BATERIAS e GUILDENS SESSENTA.
BRECK'NRÍDGICA: 89/4: (neol.) provavelmente de *Breckinridge,* John Cabell, 1821-1875, soldado e líder político norte-americano, eleito, em 1856, vice-presidente dos EUA. Em 1860 foi o candidato dos escravagistas à presidência, tendo sido derrotado por Lincoln. Como vice-presidente e presidente do Senado, teve que fazer o anúncio oficial da eleição do seu opositor.
BRIEF: 133/5: (ing.) sumário (subst.), conciso (adj.).
BRIGHAM: 20; 93/4: Brigham Young, 1801-1877, fundou uma colônia de Mórmons às margens do Grande Lago Salgado, a qual, sob o nome de Utah, organizou-se em território (1849). Com sua morte, desapareceu a prosperidade dos mórmons. A poligamia, por eles praticada, foi-lhes interdita em 1877.
BROWN BROTHERS: 4/1: grande casa bancária fundada por Alexandre Brown e desenvolvida por seus descendentes. Possuía agências em Baltimore, Filadélfia e Nova Iorque.
BROWN, LADY: 119/2: provavelmente Martha Brown, 1838-1916, pregadora da temperança, nascida em Baltimore e esposa de W. Kennedy Brown (1858). Foi a organizadora do "Prohibition Party" em 1869 e a fundadora da "National Woman's Christian Temperance Union".

Bryant: 85: Willian Cullen, 1794-1878, advogado, poeta e jornalista norte-americano. Redator do diário *New York Evening Post,* durante 50 anos, a partir de 1826. Viajou pela Europa, Egito e Terra Santa. Deixou numerosos livros de poesia, entre os quais *Thanatopsis* (Meditações sobre a Morte), 1816, e *As Idades,* 1821. Traduziu a *Ilíada,* em 1870, e a *Odisséia,* em 1872.

Buffs: V111-58/1: *buff* (ing.): cor entre rosa e amarelo-claro, adotada pelo partido inglês Whig, em combinação com azul, como sua cor distintiva; possivelmente pelo fato de os Whig se terem oposto às medidas do Governo que levaram à revolução americana, foi escolhida como uniforme nacional dos norte-americanos no início da guerra pela independência; *the Buffs,* nome de alguns regimentos de infantaria ingleses.

Bull, John: 33/2: apelido do povo inglês.

Bull-Furacão: 96/5: composto sousandradino. *Bull:* (ing.) touro; (termo da Bolsa) especulador, pessoa que tenta elevar o preço das ações.

Bull, Sitting: 43/3: Ver: Sitting Bull.

'Bully Emperor': 54/3: *bully:* (ing.) fanfarrão, tirano, rufião; pode significar também: formidável, esplêndido; *emperor* (ing.): imperador.

Burglars: 70; 124/1; Sir Burglár: 140/2: (ing.) ladrões, arrombadores. Ver: Free-Burglars.

Business Coat: 140: (ing.) casaco de trabalho.

Business Little: 114/1: *little business:* (ing.) pequeno negócio.

But we picked it up!: 44/3: (ing.) Mas nós o levantamos! (Alusão à queda do "Trono", i. é, da cadeira em que se sentava D. Pedro II no navio que o levou aos EUA). Ver: Hevilius.

Byron: 11/2, 77/3; 174/5: George Gordon, Lord, 1788-1824, o conhecido poeta inglês, cujo *Childe Harold* exerceu confessada influência sobre o Guesa. Ver: Beecher Stowe, Bot e Harold.

Byron, João: 8: referência ao poema épico-satírico *D. Juan* (1819-1824) de Byron. Ver: Byron, Harold.

C

Caesar, Julius: 49; 49/5; 156: Júlio César, o general e imperador romano, 104-44 a.C.

Candidata à presidência americana: 40: Victoria Claflin, 1838-1927, indicada pelo Partido dos Direitos Iguais, em 1872, para a presidência dos EUA. Ver: Claflin.

CANDIDE-VOLTAIRE: 155: Cândido: 69: personagem e título do célebre romance filosófico de Voltaire (1759).
CÂNTICOS: 155/4: ref. ao "Cântico dos Cânticos" atribuído a Salomão. Ver: SALOMÃO.
CARACOL, JOHN: 72/4: ?
CARBONÁRIO: 37/3: pertencente aos carbonários, sociedade secreta e política que se formou na Itália no começo do século XIX, e cujo objetivo era a vitória das idéias liberais e a unificação da Itália.
CARIOCA, A: 50: quadro de autoria de Pedro Américo. Ver: AMÉRICO.
CARNATA: 164: 166/3: uma freira (madre), segundo o texto.
CARRERE: 98/3: John Merven Carrère, cidadão norte-americano, diretor e tesoureiro da Companhia de Navegação Brasileira. Preso e processado por estelionato, em 1873, pela venda fraudulenta de ações. O caso teve grande repercussão. Um folheto publicado sobre o assunto no mesmo ano tinha o seguinte título: "Processo de John Merven Carrère três vezes falido e hoje rico como um nababo".
CASAS, LAS: 16/5: Bartolomeu de las Casas, 1474-1566, prelado espanhol, cognominado o Apóstolo dos Índios. Ordenou-se em 1510, tendo sido o 1.º sacerdote destinado ao Novo Mundo. Defendeu com zelo os índios da América contra a opressão dos seus conquistadores. Carlos V e Felipe II nomearam-no Protetor Universal de Todos os Índios. Em 1530, na Espanha, obteve o decreto real proibindo a escravização dos índios no Peru.
CASH: 88: (ing.) dinheiro à vista.
CASSIUS-ROMANO: 115/2: Cassio Longino (Caio), um dos assassinos de César; matou-se no campo de batalha de Filipos em 42 a.C. Cognominado o Último Romano.
CASTRO, INÊS DE: 81: dama castelhana, esposa do infante Pedro de Portugal, assassinada por ordem do rei Afonso IV, em 1355.
CATARINA, GRAND': 42/1: Catarina II, a Grande, 1729-1796, imperatriz da Rússia. Reinou após a morte do marido (Pedro III), de 1762 a 1769.
CENTÊNIO: 59: centenário da independência norte-americana (1876).
CENTRAL: 2/1: a New York Central, ferrovia norte-americana dirigida pelos Vanderbilt. Ver: HARLEM e VANDERBILT.
CERVANTE: 77/4: Miguel de Cervantes Saavedra, 1547-1616. Ver: QUIJOTES.
CESARINO(s): 49; 115: partidário(s) de César.
CHAMBERLAINIZANDO: 89: (neol.) Chamberlain, Joseph, 1836-1914, estadista

inglês, um dos promotores do movimento imperialista; *chamberlain* (ing.), camarista da corte, mordomo de casa de nobres.

CHATTÁM: 3/5: Chattam Street (hoje Park Row), rua de Nova Iorque, paralela à Wall Street, e onde se localizavam vários cortiços.

CHEFE COIMBRÃO: 76/5: provável referência a Antero de Quental, líder da Escola Coimbrã na polêmica travada com Castilho (1865-1866). O romance *A Casca da Caneleira* (1866), de cuja elaboração participou Sousândrade sob o pseudônimo de Conrado Rotenski, aborda ironicamente a Questão Coimbrã.

CHICAGO EM CHAMA: 72/2: em outubro de 1871, dos dias 8 a 11, um grande incêndio destruiu o centro de Chicago; perdas estimadas em 196.000 dólares.

CHILDS, W.: 72: George William Childs, 1829-1894, filantropo e editor norte-americano. Lançou, em Filadélfia, o *Public Ledger* (1864-1894), que se tornou um dos primeiros jornais de preço acessível nos EUA, com ampla circulação. Educou cerca de 80 crianças. A. M. = M. A. (Master of Arts), possivelmente o grau universitário de W. Childs.

CHINOIS-BENNET À 'WHIPPING POST'!..:150/5: No dia de ano novo, em 1877, James Gordon Bennet, 1841-1918, diretor-proprietário do *New York Herald*, embriagado, urinou num vaso chinês, na entrada da casa do coronel May, pai da sua ex-noiva. E no dia 3 de janeiro, um parente da família, Fred May, surrou o jornalista com um relho de couro cru na porta do Union Club. A seguir, no dia 7, os dois homens se defrontaram em duelo de pistolas, do qual nenhum saiu ferido. Ver: BENNET.

CHRIST WOULD NOT SUIT OUR TIMES: 92: (ing.) Cristo não se ajustaria aos nossos tempos.

CHRISTIE: 60/1: nome do ministro britânico no Brasil que provocou a chamada "Questão Christie" entre o nosso país e a Inglaterra, em 1863. Esse conflito internacional, que causou o rompimento das relações diplomáticas entre as duas nações até 1865, foi submetido à arbitragem do Rei Leopoldo, da Bélgica, sendo a decisão favorável ao Brasil.

CHURCH-LOYER-STALWART: 114/3: composto de significado não perfeitamente esclarecido; *church* = (ing.) igreja, de igreja; *loyer* = (fr.) aluguel; *Stalwarts* = (ing.) nome originalmente aplicado a uma facção do Partido Republicano que advogava a interferência de critérios político-partidários nas designações para o serviço público; mais tarde a expressão passou a designar um grupo de senadores republicanos que, em 1880, apoiaram a candidatura do General Grant para um 3.º período presidencial, e, depois, fizeram cerrada oposição ao presidente eleito, Garfield.

CITY BELL'S: 19/5; City belles:VIII-19/5: (ing.) belezas femininas da cidade.

CITY-HALL: 155: edifício público (Prefeitura).

CLAFLIN, CORONEL Miss: 36; V. Woodhull: 42: Victoria Claflin, 1838-1927, jornalista norte-americana, como sua irmã, Tenessee Celeste Claflin, 1845-1923. Na infância, as duas viajaram pelo país com seus pais, fazendo exibições de vidência e vendendo falsos medicamentos, principalmente certo "elixir da vida". *Victoria* casou-se com o Dr. Canning *Woodhull* em 1853, divorciando-se em 1864; em 1866 casou-se com o *Coronel* James H. Blood, de quem se divorciou em 1876. Encorajadas pelo velho Cornelius Vanderbilt, em 1868 as irmãs abriram um escritório de corretagem de ações (*stock brokerage*), em Nova Iorque. Em 1870, fundaram o *Woodhull and Claflin's Weekly,* um jornal sensacionalista que advogava direitos iguais para as mulheres e o amor livre. Processadas por revelarem em seu jornal, em 2.11.1872, a alegada intimidade de *Henry Ward Beecher* com *Mrs. Theodore Tilton,* conseguiram ser absolvidas. Além das atividades jornalísticas, as irmãs fizeram inúmeras conferências sobre os direitos femininos (*women's rights*) e sobre o espiritualismo. O Partido dos Direitos Iguais (Equal Rights Party) indicou Victoria para a presidência dos EUA em 1872. Depois de 1877 as irmãs passaram a maior parte de seu tempo na Inglaterra. Ver: CANDIDATA À PRESIDÊNCIA AMERICANA, DEMÓSTENES, SIBILAS DE NEW YORK e WOMAN RIGHTS.

CLEVELANDS: 100/2: Grover Cleveland, 1837-1908, um dos líderes do Partido Democrático, Presidente dos EUA, de 1885 a 1889 e de 1893 a 1897.

COD: 28/5: (ing.) bacalhau; o termo era usado, em certa época, para designar os que pertenciam à chamada "codfish aristocracy", a classe que se tornou rica com a pesca do bacalhau.

CODEZO: 3/1; 5; 99/1: ao que se depreende do texto, um inventor ou contrafator, de nacionalidade cubana; possivelmente, membro da "Canal ring". Ou, quem sabe, Tomás Codezo, pintor nascido em Havana, em 1839, autor do quadro intitulado *El padre Las Casas recibiendo los prisioneros españoles*. Ver: HUDSON-CANAL-DELAWARE.

CODRUS: 157/2-3: 17.º e último rei de Atenas (séc. V a.C.). Durante o seu reinado, os dórios marcharam sobre Atenas. Mas Cleomanto, natural de Delfos, revelou aos atenienses um oráculo, segundo o qual Atenas seria salva se o rei sucumbisse. Codrus, então, disfarçado de camponês, marchou para a linha inimiga e atacou um soldado dório, conseguindo matá-lo e sendo morto logo depois,

COLLATINUS: 122/1: Lucius Tarquinius Collatinus, marido de Lucrécia. Ver: LUCRÉCIA.

COLOMBO: 61: ref. ao "Colombo"(1866), poema épico de Manoel de Araújo Porto Alegre, Barão de Santo Ângelo, 1806-1879, assim dedicado ao imperador: "Oferecido à Sua Magestade, o Senhor D. Pedro Segundo, Imperador Constitucional e Defensor Perpétuo do Brasil".

COLOMBOS: 61: ref. ao "Colombo" (1866), poema épico de Manoel de Araújo Porto Alegre, Barão de Santo Ângelo, 1806-1879.

COLUMBUS: 74; 155/2: Cristóvão Colombo.

COLUNA '666': 129: número da besta do Apocalipse, que de certa maneira encarna o poder sobre o Universo, o Império Romano. Alguns textos dão o número como 616, vinculando-o a Calígula, que pretendeu erigir sua estátua no templo de Jerusalém, para o terror dos judeus piedosos. A numerologia computava com essa cifra os nomes de Calígula e Nero, personificações do Anti-Cristo. Ver: BESTA.

COMUNA: 38: nome dado ao poder revolucionário que se estabeleceu em Paris de 1792 até o dia 9 de Thermidor (27.7.1794). Outro poder revolucionário (e a este parece referir-se o texto) que se fixou na mesma cidade, em março de 1871, depois da capitulação francesa e do levantamento do cerco pelos prussianos, e que terminou em maio do mesmo ano, em seguida ao novo cerco da capital pelo exército regular de Thiers, comandado por Mac Mahon. Como represália às medidas sangrentas determinadas por Thiers, a Comuna executou 64 reféns, entre os quais o bispo de Paris; as Tulherias, o Tribunal de Contas e outros edifícios foram incendiados. Cerca de 17.000 pessoas pereceram na guerra civil travada entre a Comuna e as forças governistas.

COMUNISTAS: 106: o Manifesto do Partido Comunista, redigido por Karl Marx, foi impresso pela primeira vez em Londres, em alemão, em 1848. Dois anos depois, aparecia, traduzido para o inglês, numa obscura revista, *Red Republican*.

CONFITEOR, BEECHERÔ... L'ÉPOUSE/N'EUT JAMAIS D'AUSSI FAUX AUTEL! — CONFITEOR ... HYACINTH/ ABSINTH,/ PLYMOUTH WAS BARROOM, WAS BORDEL!: 12/1: (lat. + fr. + ing.): Eu me confesso, Beecherô... a Esposa/ Jamais teve altar tão falso!/ Eu me confesso ... Jacinto/Absinto,/Plymouth era taverna, era bordel! Ver: BEECHER, PLYMOUTH e TILTON.

CONFUCIUS: 14: Confúcio ou Kung-Fu-Tseu, 551-479 a.C., o filósofo chinês.
CONNECTICUT: 100/1: um dos Estados da Federação norte-americana. Ver: LEIS AZUIS.
CORIDON: VIII-25: nome de pastor nas Églogas de Virgílio e em outros poetas bucólicos.
CORNER(S): 115: 143; 154/2; 170; 172: (ing.) canto, ângulo; monopólio.
COURT-HALL: 72/7 (ing.) Corte de Justiça.
CRANKY: 112/5: (ing.) desequilibrado, excêntrico.
CRIS: 42/2; 70/5: (ant.) eclipsado: sol cris, lua cris.
CRISTOVA: 51/3: provável russismo empregado por Sousândrade, com o sentido de *cristã;* do russo |ХРИ СТОВА| (adj., forma feminina) = de Cristo.
CRUZEIRO DO SUL: 25/2; Cruzeiro: 132/5 e 146; Cruz-Carioca: 146/3, a constelação.
CUÍS: 81/5: plural de *cuí,* por *cuim,* gênero de roedores da América.
CUJÁS: 100/2: Jacques Cujas, 1522-1590, jurisconsulto francês, o fundador da Escola Histórica do Direito Romano. Ver: ATTORNEY-CUJÁS e NORRIS.
CUNDIN-AMARCA: 74/1: Cundinamarca, depto. da Colômbia, em que está sediada a capital, Bogotá.

D

DALILA: 154/5: Ver: SANSÃO.
DAMAGES: 17: (ing.) danos.
DAME-PÉLETIER: 160: Senhora-Péletier:?
DAME-RYDER: 174: Senhora-Ryder:?
DANTE: 1; 77/3: Dante Alighieri, 1265-1321. Ver: DÂNTEO TROMBETEIRO e OGNI SP'RANZA.
DÂNTEO TROMBETEIRO: 119/3: alusão ao demônio Barbariccia, a que se refere o verso dantesco: "ed egli avea del cul fatto trombetta" (Inferno, XXI, 139).
DAVID: 156: rei de Israel (séc. X a.C.), que sucedeu a Saul. Sousândrade se refere a episódios de sua vida relatados na Bíblia (a luta com o gigante Golias e a dança diante da arca).
DEMOCRATAS: 37: adeptos do Partido Democrático norte-americano, tradicional oponente do Partido Republicano. Ver: REPUBLICANOS, TILDEN e HAYES.

DEMÓSTENES: 42/3: o mais célebre dos oradores atenienses, 384-322 a.C. As irmãs Claflin alardeavam receber mensagens mediúnicas de Demóstenes. Ver: CLAFLIN.

DIANAS: 166/1: alusão à deusa virgem da mitologia greco-romana.

DIAS, G.: 131: Gonçalves Dias, 1823-1864. O poeta morreu num naufrágio.

DIEU DRÔLE: 162/3: (fr.) Deus engraçado.

DIOCLECIANO: 167/2: imperador romano, 245-313. Perseguiu os cristãos, que denominaram o fim do seu reinado *A Era dos Mártires*.

DIÓGENES: 151; 152; 172: o filósofo grego, 413-323 a.C.

DISRAELI: 59: Benjamin, 1804-1881, político inglês, chefe do partido *tory* (conservador). Primeiro-ministro em 1868 e de 1874 a 1880. Assim que voltou ao poder em 1874, sugeriu ao Príncipe de Gales uma viagem oficial às Índias (1875), visita essa coroada de sucesso. No ano seguinte, para reforçar a dominação britânica, imaginou outorgar à rainha Vitória o título de *imperatriz das Índias*. O Congresso acedeu sob a expressa condição de que o título fosse reservado "ao uso externo". Em 1877, a rainha foi solenemente proclamada imperatriz das Índias pelo vice-rei de Delhi.

DONAHUE(S): 8/4; 39:?

DONOVAN & CO, MESSRS: 127; 134/3: segundo se depreende do texto, firma de curtidores e peleiros.

'DOSED'-GIRL: 130: (ing.) garota embriagada. A personagem — *'dosed' girl* de Newark, adormecida nos bosques —, que agora expira, é a *pretty-girl* moribunda em Newark *'stupefied with liquor'* nos bosques e visitada por vinte e três "sátiros" da estrofe 21. Ver: AUX BOIS DORMANTE.

E

EMERSON: 41; 117/1; 131: Ralph Waldo, 1803-1882, filósofo norte-americano, fundador do Transcendentalismo. Em 1872, a casa de Emerson foi parcialmente destruída pelo fogo (a estrofe 131 alude a esse fato).

EMPÉDOCLES, SANDÁLIAS DE: 61: ref. a Empédocles, filósofo e médico de Agrigento, séc. V a.C. Sua doutrina parece ter sido fundada sobre a transfiguração das almas. Tinham-no como versado em magia. Dizem que se lançou na cratera do Etna para que, não encontrando nenhum vestígio de seu corpo, acreditassem que havia subido aos céus. Mas o vulcão, depois de ter devorado Empédocles, respeitou suas sandálias, devolvendo-as intactas, como querendo revelar a fraude do orgulhoso suicida.

EPICURUS: 94: o filósofo grego, 341-270 a.C.

EPISCOPAIS: 87: membros ou adeptos da Igreja Episcopal, constituída sob o princípio da hierarquia dos bispos. Opõe-se-lhe o pan-presbiterianismo. Ver: PAN-PRESBITERIANOS.

ÉPOUSE, L': 12/1: (fr.) a Esposa (ref. a Mistress Tilton). Ver: TILTON.

ERIE: 2/1: *Erie Railway*, grande companhia de estradas de ferro, objeto das especulações fraudulentas de Jay Gould, Fisk e Tweed (1868-1870). Em 1877, uma das estradas atingidas pela grande greve dos ferroviários. Ver: GOULD, HARLEM, CENTRAL, PENNSYLVANIA, RAILROAD-STRIKERS, STRIKE, TWEED.

ET TOUT LE GENRE HUMAIN EST L'ABÎME DE L'HOMME: 163: (fr.) E todo o gênero humano é o abismo do homem. (Citação não identificada.)

EVANG'LINA: 82/1: *Evangelina*, poema de Longfellow, 1807-1882, idílio romanesco, em que o autor descreve a Arcádia, região da Grécia antiga, habitada pelos árcades, povo de pastores, representado como país da inocência e da felicidade campestre.

EVANGELISTAS: 30/1: São Mateus, São Marcos, São Lucas e São João, os quatro escritores sacros que descreveram a vida e a doutrina de Cristo. Ver: MATEUS.

EV'LUÇÃO: 118/5: possível referência à doutrina de Darwin sobre a evolução das espécies (1859).

EXPOSIÇÃO DE FILADÉLFIA: 47; 50/2: exposição centenária da comemoração da Independência norte-americana, realizada em 1876. Nela se encontraram Grant e D. Pedro II, que assistiu às cerimônias.

EZEQUIEL: 26: um dos quatro profetas hebreus (séc. VI a.C.). Entre outras visões, teve a da ressurreição, conforme relatado no Livro de Ezequiel, que faz parte do Antigo Testamento.

F

FARRICOCOS: 106: indivíduos encapuzados que acompanhavam as procissões de penitência, tocando trombeta de espaço a espaço.

FARSÁLIA: 86/1; 154/1; 176: cid. antiga da Tessália, onde Cesar derrotou Pompeu (48 a.C.). Poema épico de Lucano (séc. I) que influenciou a Noite de Walpurgis clássica do segundo *Fausto* de Goethe. 176: "...sentenciando à pena-última o arquiteto de Farsália": Lucano foi coagido por Nero a suicidar-se, em razão de seu envolvimento em uma conspiração contra o imperador. Ver: GOETHE e WALPURGIS.

FENIANOS: 106: sociedade secreta com sede em Nova Iorque e sucursal em Dublin. Essa associação revolucionária irlandesa, formada em 1861 com o fim de subtrair a Irlanda ao domínio inglês, espalhou-se até na América. Assinalou-se, de 1865 a 1868, por vários atentados contra funcionários ingleses.

FIENDS: 57/5 (ing.) demônios.

FIGARO, *panaché:* 162; Figaro, *noces de:* 163/5: ref. a Fígaro, personagem criado por Beaumarchais em *O Barbeiro de Sevilha* (1775) e as *Bodas de Fígaro* (1784). Ver: PANACHÉ.

FILADÉLFIA: 47; 50: cid. norte-americana, onde se realizou a Exposição Centenária da Comemoração da Independência, em 1876.

FILIPOS: 30: cid. da Macedônia, nos confins da Trácia, onde Antônio e Otávio derrotaram Bruto e Cássio (42 a.C.).

FINANCE: 132: ?

FIRE-PROOFS: 131: *fire-proof* (ing.), à prova de fogo.

FLESH AND DEVIL: 143: (ing.) carne e demônio.

FLETCHER: 73: J. C. Fletcher, historiador norte-americano, nascido em 1824; estudou teologia nos EUA e na Suíça. Viajou pela Europa e pelas Américas. Colaborou com Daniel P. Kidder, que fora missionário no Brasil (1837-1840), no livro *Brazil and the Brazilians* (1857). Esta obra, que até 1869 teve 8 edições, era considerada por José Carlos Rodrigues o livro mais popular, então existente nos EUA, sobre nosso país.

FLYING: 147/1: (ing.) voando, voador (ref. às andanças de D. Pedro II nos EUA).

FORÇAS DIABÉTICAS-CAUDINAS: 144: *forças caudinas,* desfiladeiros perto de Cáudio, onde o exército romano, perseguido pelo general samnita Pôncio Herênio, se viu reduzido a passar debaixo do jugo (321 a.C.). Por extensão, qualquer concessão humilhante imposta aos vencidos.

FORGERIES, RINGS, WRONGS: 55/3: (ing.) adulterações, conspirações, injustiças. Ver: RING(s).

FORGERY: 3/1: (ing.) adulteração. Ver: CODEZO.

FOSTER: 107: Stephen Symonds, 1809-1881. Distinguiu-se como membro do grupo extremista do movimento em favor da abolição da escravatura, e chegou a atacar a Constituição dos EUA e a recomendar a dissolução da União. Advogou também a paz mundial, os direitos da mulher, a temperança e o reconhecimento de maiores direitos à classe operária.

FOURTH JULY: 39/5; 114: *Fourth of July* (ing.) 4 de julho, aniversário da declaração da Independência norte-americana.

FRANKLIN: 137: Benjamin, 1706-1790, estadista e publicista norte-americano, um dos fundadores da Independência; inventou o pára-raios (*lightwingrod* em inglês, propiciando jogo de palavras com *School-red-system*).

FREE-BURGLARS: 71: (ing.) arrombadores-livres. Ver: BURGLARS.

FREELOVE(S): 20; VIII-21; 22/5; 25/1; Freeloves-Californias: 39; 71; 117: *free-love* (ing.): amor-livre; Sousândrade aplica, usualmente, a expressão para designar a mulher adepta do amor-livre. Ver: CLAFLIN.

FRIGHTER: 114: (ing.) assustador, terrível.

FRÍGIOS BARRETES: 67/1: barrete frígio; barrete encarnado, semelhante aos que usavam os antigos Frígios, e que foi adotado em França, durante a 1.ª República, como insígnia da liberdade.

FROTHINGHAM: 92; 93/3: Octavius Brooks, 1822-1895, clérigo e escritor norte-americano (igreja unitária), orador e homem de letras. Líder abolicionista, radical e racionalista, esteve sempre do lado impopular; 1.º presidente da Associação Nacional dos Religiosos Livres; discípulo de Darwin e Spencer.

FULTON'S FOLLY: 3/2: Robert Fulton, 1765-1815, célebre mecânico norte-americano, o primeiro a aplicar o vapor à navegação. *Folly*: (ing.) dispendiosa construção, considerada inútil (a palavra é usada, nesse sentido, acompanhada do nome do inventor: ... 's *Folly*).

G

GÁBAA: 21/5: cid. da velha Palestina (tribo de Benjamin), pátria de Saul. Seus habitantes violentaram a mulher de um jovem levita da montanha de Efraim, o que motivou a destruição quase completa da tribo de Benjamin por outras tribos (Bíblia).

GALES, PRÍNCIPE DE: 59: o filho da rainha Vitória.

GAMBETTA, LÉON: 159/2: advogado e homem público francês, 1838-1882. Membro do governo da Defesa Nacional em 1870, esforçou-se por organizar a resistência aos exércitos alemães vitoriosos. Depois da guerra, tornou-se um dos mais prestigiosos chefes do partido republicano. Presidente da câmara dos deputados (1879) e presidente do conselho (1881).

GARFIELD(S): 115; 130/5: James Abraham Garfield, 1831-1881. Vigésimo presidente dos EUA. Advogado e senador estadual (1859), distinguiu-se em combates na Guerra Civil. Estava em N. I. quando chegou a notícia do assassínio de Lincoln, conseguindo acalmar a multidão enfurecida. Em 1880, foi eleito presidente da República. Em 2.7.1881 foi ferido a tiros, numa estação ferroviária em Washington, por Charles Guiteau, indivíduo preterido num emprego público. Dois meses e meio depois, veio a falecer em conseqüência do ferimento. Ver: GUITEAU.

GENEBRA, ARBITRAÇÃO DE: 57: a do tratado de Washington (1871), cuja sentença foi proferida em Genebra em 1872. Pôs fim ao conflito entre os EUA e a Inglaterra, após a Guerra da Secessão (1860-1865), em virtude das indenizações reclamadas pelo primeiro país como reparação dos prejuízos que causou na frota nortista o corsário *Alabama* construído e armado na Inglaterra, por conta dos Estados do Sul. Consta que D. Pedro II participou, como juiz, do tribunal de arbitração de Genebra, que, em 14 de setembro de 1872, fixou a indenização de $ 15.500,000 em ouro a ser paga pelos ingleses aos americanos.

GEORGE TRÊS: 102/2: Jorge III, 1738-1820, rei da Inglaterra em 1760. Perdeu as colônias inglesas da América e lutou contra a Revolução Francesa.

GIL-JAM': 123/5: alusão ao magistrado Joam Gil ou Jam Gill, contra o qual é dirigido um epigrama de Álvaro de Brito Pestana (Cancioneiro Geral de Garcia de Resende). No contexto, relaciona-se também com James Gordon Bennet. Ver: BENNET.

'GLADDENING THE SUFFERERS ... SADDENING THE GLADS,': 128 (ing.) alegrando os sofredores ... entristecendo os alegres.

GLADSTONE: 57: William Ewart, 1809-1898, político inglês, chefe dos liberais. Várias vezes primeiro-ministro, alternou-se seguidamente com Disraeli no poder. Este foi o primeiro-ministro em 1868, e de 1874 a 1880. Gladstone, de 1868 a 1874, de 1880 a 1885, em 1886, e de 1892 a 1894. Ver: ALABAMA, DISRAELI E GENEBRA.

GO AHEAD!: 96/2: (ing.) para frente!

GOD? COD! SIR, WE MOB; YOU GO DAM!: 28/5: (ing.) Deus? Bacalhau (aristocrata do bacalhau)! Senhor, nós nos amotinamos; vá para o diabo!

GODMAKERS: 149/2: (ing.) fazedores de deuses.

GODO: 6/4: antigo povo germânico que, entre os séculos III e V, invadiu os Impérios Romanos do Ocidente e do Oriente.

GOETHE: 77/2; Wolfgang: 86/2: Johann Wolfgang von, o famoso poeta alemão, 1749-1832. Celebrou o Brocken em seu *Fausto*. Ver: WALPURGIS e FARSÁLIA.

GOLHEMUS, JOANNES-THEODORUS: 10: segundo o texto, um pregador.

GOLIATH: 156/3: o gigante Golias. Ver: DAVID.

GOMES, C.: 61: Carlos Gomes, 1836-1896, o maestro e compositor brasileiro. Por solicitação de D. Pedro II, compôs um hino ao Centenário da República Americana, para ser executado na abertura da Exposição de Filadélfia.

GOMORRA: 124/1; Gomorreus: 124/5; Gomorreorum: 125/1: Gomorra, antiga cidade da Palestina, destruída com Sodoma e outras, como castigo pela imoralidade de seus habitantes (Bíblia). Ver: SODOMA e LOT.

GOOSE(-MOTHER): 91/5. Ver: MOTHER-GOOSE.

GORD-JAM-BENN: 143. Ver: BENNET.

GOULDS, JAY: 2/5: Jay Gould, 1836-1892, financista norte-americano. Em 1895 foi para Nova Iorque, onde se tornou corretor de ações de estrada de ferro. Em 1868 foi eleito presidente da Erie Railway. A venda de 5 milhões de dólares de ações fraudulentas em 1868-1870 provocou sua saída da companhia, tendo sido obrigado a ressarci-la dos prejuízos. Foi durante o seu controle da Erie que ele e Fisk admitiram na diretoria da empresa a Tweed, que arranjou legislação favorável para a mesma em Albany. Em 1869, Gould começou a comprar ouro, esperando que, com o aumento do seu preço, subisse tanto a cotação do trigo que os fazendeiros do oeste se vissem coagidos a vendê-lo, e em conseqüência houvesse um grande movimento de transporte de farinha de oeste a leste, do que resultaria o aumento dos fretes em benefício da Erie. Suas especulações sobre o ouro, cognominadas de "conspiração do ouro", culminaram no pânico da "sexta-feira negra" (Black Friday), em 24 de setembro de 1869, quando o preço do ouro caiu de 162 a 135. Sobre a "Conspiração do Ouro", de que Jay Gould foi o principal protagonista, diz a *Autobiografia de H. Adams*, ed. Rev. Branca, em trad. de Dalmo Jeunon, vol. 2, pág. 51: "O pior dos escândalos do século XVII era relativamente inofensivo ao lado deste, que enlameava o executivo, o judiciário, os bancos, as corporações, as profissões e o povo, todas as grandes forças ativas da sociedade numa fossa imunda de vulgar corrupção". Ver: BOSTON, ERIE e TWEED.

GRANT: 2/3; 7/1; 49/2; 54; 55; 55/1; 56; 56/5; 60; 62; 68; 105/1: Ulysses, 1822-1885, general americano, vencedor dos Sulistas durante a Guerra da Secessão (1860-1865). Presidente da União, 1868-1876. Em 1883, tornou-se "stockbroker" e acabou falindo em 1884.
GREENBACK: 54/1: (ing.) papel-moeda corrente nos EUA (*lit.*: dorso-verde).
GRÉVY: 168; 170/3: Jules, 1807-1891, 3.º Presidente da República Francesa. Quando Thiers deixou o governo, em 1873, Grévy manifestou-se contra a coalizão monárquica que pretendia tomar o poder. Presidente da Câmara em 1876, substituiu Mac Mahon na Presidência da República em 1879. Reeleito (1885), demitiu-se em 1887, em conseqüência de escândalo provocado por seu genro, implicado na venda de condecorações.
'GREY-PERLE': 159/5 (fr.) cinza-pérola.
GUESA: 1; (o Inca): 1/2; 5; 35; 47/2; 48; 79/1; 86/5; 105/2; 111/3; 130/5; 133/4; 138/5; (o Inca): 144/1; 154/1; 155; 170: figura legendária dos índios Muíscas da Colômbia, destinada, desde criança, à imolação ritual. Personificação do próprio Sousândrade.
GUATIMOZIN: 158: último imperador asteca do México (1502-1525), sobrinho de Montezuma II. Defendeu heroicamente o México contra os espanhóis, e foi enforcado em 1525 por ordem de Cortes. Antes de ser executado, deitaram-no sobre brasas, para que a dor o obrigasse a confessar onde tinha escondido seus tesouros. Ao ministro, que, sofrendo o mesmo suplício ao seu lado, pediu-lhe para revelar o segredo, disse: "— E eu? Julgas que estou num leito de rosas?"
GUILDENS SESSENTA: 109/5: (hol.) gulden, (ing.) guilder: antiga moeda de ouro da Holanda. A ilha de Manhattan foi adquirida dos índios pelo holandês Peter Minuit, primeiro governador geral da Nova Holanda, em 1626, em troca de peças de roupa brilhante, colares e outras bugigangas no valor de *60 guilders,* ou cerca de 24 dólares. Ver: MANHATTAN.
GUITEAU: 114; 115/15; 123/5; 127/2: Charles, 1840-1882, advogado norte-americano, assassino do Presidente Garfield. Quando este foi eleito (1880), Guiteau dirigiu-se à cidade de Washington, para pleitear o cargo de cônsul em Marselha, o que não conseguiu. Desgostoso, e presa de violenta emoção, baleou mortalmente o presidente em Washington, 2.7.1881. Morreu enforcado. Ver: GARFIELD.

H

HALL-BRUTO: 95/1: Hall-Hall: 123: Provavelmente alusões a A. Oakey Hall, prefeito de Nova Iorque de 1869 a 1872, ligado à Tammany e membro da Tweed Ring. Ver: TAMMANY e TWEED.

HANDLE-ORGAN: 176: (ing.) realejo.

HARLEM: 2/1: a Harlem Railway, ferrovia norte-americana dirigida pelos Vanderbilt. Ver: CENTRAL e VANDERBILT.

HAROLD: 79/1: Cf. os versos de *D. Juan* (Canto I, CCII): "There's only one slight difference between / Me and my epic brethren gone before, (...) They so embellish, that 'tis quite a bore / Their labyrinth of fables to thread through, / Whereas this story is actually true". Ver: BYRON, JOÃO.

HAYES: 37/2; 112/1: Rutherford Burchard, 1822-1893, 19.º Presidente dos EUA (1877-1881). Em 1876 foi indicado pelo Partido Republicano para disputar as eleições com Tilden, do Partido *Democrata*. Este granjeara reputação, por ter destruído a Tweed Ring, em Nova Iorque. A força do candidato democrático, juntamente com os escândalos da administração do Presidente Grant, com desfavoráveis repercussões sobre o Partido Republicano, proporcionaram uma renhida disputa eleitoral, cujo resultado ficou dependendo da apuração de votos contestados de Carolina do Sul, Flórida, Oregon e Luisiana. Os partidários de ambos os candidatos estavam exaltadíssimos. Concordou-se, porém, em se submeter as votações contestadas a uma comissão eleitoral criada por ato do Congresso, a qual decidiu, em todos os casos, a favor dos Republicanos. Em 2 de março de 1877, Hayes foi proclamado presidente eleito. Ver: TILDEN.

HELL GATE: 72/3: (ing.) Portão do Inferno. Pequena enseada no East River, a leste da ilha de Manhattan. Passagem de difícil navegação, onde ocorriam naufrágios.

HERALD: 35; 44; Masher H'rald: 113/1; heráldeo: 114/5; harauto: 119/5; 121; Herald-Flood-Fund: 128/5; Herald-O-Nero: 129/3; 140; 141; 145; heráldea: 150/2: *The New York Herald,* importante jornal fundado por James Gordon Bennet em 1835. Era o mais notável rival do *The Sun,* lançado dois anos antes. Herald-Flood-Fund: 128/5: (ing.) Fundo para a Inundação, levantado pelo *Herald.* Ver: BENNET e SUN.

HERCULANO: 76/1: Alexandre, 1810-1878.

HÉRCULES-GUTTENBERGS: 161: composto sousandradino com os nomes do herói mitológico e do inventor da imprensa. ἥρως 58/3: (gr.) *heros*, herói(s).

HEVILIUS: 44/2: *Hevelius,* nome do vapor que levou D. Pedro II, do Rio de Janeiro a Nova Iorque, em 1876. Sousândrade alude à "queda do Trono" Assim foi batizado, jocosamente, o pequeno acidente que sofreu o Imperador, a bordo daquele navio, ao cair de uma cadeira no dia 28 de março.

HIAWATHA: 134: herói índio do poema de mesmo nome de Longfellow (1855).

HIMAVATA: 61/5: o mesmo que Himalaia.

HIMENEU: 174: ou Hímen, deus do casamento, filho de Apolo.

HOMUNCULUS: 170: pequeno ser, homem em miniatura, fabricado por artes mágicas. Comparece no Segundo Fausto de Goethe.

HONI SOIT QUI MAL Y PENSE: 59/1: (fr.) Vergonha sobre quem puser nisto malícia. A conhecida divisa da Ordem da Jarreteira, criada por Eduardo III. Figura no brasão de armas da Grã-Bretanha.

HONOURABLE: 140: (ing.) Ilustre (fórmula de tratamento de nobres e magistrados).

HOOGH MOGHENDE HEEREN: 109/3: (hol.) mui poderosos Senhores.

HORTENSE, GÂTÉE: 161: (fr.) *gâtée,* estragada, "mimada". Alusão à personagem do mesmo nome do romance *Pot-Bouille,* de Zola. É uma das filhas casadouras da família Josserand: "Hortense, com sua tez amarelada, o rosto estragado *(gâté)* pelo nariz de sua mãe, que lhe dava um ar de obstinação desdenhosa, acabava de completar 23 anos, mas aparentava 28. Ver: PÓT-BOUILLE.

HOW TO GET 'GOD': 148: (ing.) como alcançar a Deus.

HOWE, LORD: 102/3: William Howe, 1729-1814, general inglês. Comandou os ingleses em Bunker Hill (1775), sendo encarregado do comando geral em outubro do mesmo ano. Evacuou Boston (1776), mas depois derrotou Washington na Batalha de Long Island, e ocupou Nova Iorque. Ganhou ainda várias outras batalhas e ocupou a Filadélfia (1777). No ano seguinte, renunciou ao comando, alegando falta de reforços, e regressou à Inglaterra.

HUDSON: 141/5: o rio Hudson, que deságua no Atlântico, em Nova Iorque.

HUDSON-CANAL-DELAWARE: 99/5: canais fluviais do Hudson e do Delaware. Os canais para navegação do segundo e terceiro quartéis do século XIX desempenharam um papel importante na vida política e econômica da época. Em Nova Iorque, como membro do legislativo e como governador, Samuel J. Tilden combateu e desmantelou a Canal Ring, associação de especuladores e políticos inescrupulosos, que fraudavam a administração dos canais. Ver: TILDEN.

HUDSON, HENDRICK: 109: Henry Hudson, navegante e explorador inglês, morto na baía de Hudson em 1611. Em 1609, assinando um contrato com negociantes holandeses, comandou uma expedição particular em busca de uma passagem para o Extremo Oriente, através do Ocidente. Saiu de Amsterdã, em março de 1609, no comando da pequena embarcação *Meia Lua*; após navegar para o noroeste do continente europeu, desviou-se para o sudoeste, devido à existência de gelos e à revolta da tripulação, chegando afinal à baía de Nova Iorque. Com o provável intuito de descobrir uma passagem na direção oeste, explorou o rio que hoje tem o seu nome, mesmo quando verificou não se tratar de uma passagem marítima; negociou peles com os indígenas e comprovou as grandes possibilidades econômicas da região. Em 1610, empreendeu nova viagem para os holandeses, com o mesmo objetivo. Mais uma vez encontrou uma passagem na direção oeste, mas, navegando naquele sentido, atingiu um mar interior: a atual baía de Hudson; preso entre os gelos, aí invernou; com a amotinação da tripulação, foi abandonado, juntamente com o filho e alguns marinheiros, num barco deixado na baía, onde faleceu. Receberam seu nome a baía e o rio que descobriu, o estreito que atravessou na última viagem, além de várias cidades norte-americanas.

HUGO V.: 34: Hugo: 52/5; Hugo, Victo: 76/4; 170; 170/4: Victor Hugo, 1802-1885. O célebre poeta francês teve importante atuação política e lutou pelas liberdades públicas. Passou 18 anos no exílio e só voltou à sua pátria depois da queda de Napoleão III, a quem combateu violentamente. Ver: NAPOLEÃO, P'TIT.

HUMBOLDT: 77/5: Alexandre, 1769-1859, naturalista e sábio escritor, autor de uma famosa *Viagem às regiões equinociais.* É ele uma das fontes em que Sousândrade hauriu a lenda do Guesa *(Vue des Cordillères).*

HUMBUG: 101/1: (ing.) fraude, charlatanismo; impostor, embusteiro.

HURÁCAN: 39/2: gênio caraíba das tempestades.

HURIS: 154: mulheres do paraíso de Maomé.

I

'I AM WORDLY! ... NEVER SPEAK SPANISH?': (ing.) 'Eu sou mundana *(worldly)* ... nunca falas espanhol?' ou 'Eu sou falante *(wordily)*, etc. (A grafia, no original, está incorreta, admitindo as duas hipóteses.)

IF DO NOT: 17/5: (ing.) se não (amostram).

IGREJA DA GRAÇA: 35/3: Grace Church, antiga igreja presbiteriana de Nova Iorque, localizada entre a Broadway e a Rua 10, cujo serviço dominical era muito freqüentado pela alta sociedade.

'IL FAUT LA LAISSER DANS LE VAGUE': 164/1: (fr.) 'É preciso deixá-la no ar' (em sent. figurado).

'ILHAS DOS AMORES': 132: alusão ao episódio da Ilha dos Amores (*Lusíadas*, Canto IX).

INÁCIO, SANTO: 97: Inácio de Loiola, 1491-1556, fundador da Ordem dos Jesuítas, nascido no castelo de Loiola. Ver: LOIOLA e JESUÍTAS.

ÍNDIA IMPERATRIZ: 59/5: alusão à Rainha Vitória, para quem Disraeli criou o título de Imperatriz das Índias. Ver: DISRAELI e RAINHA-IMPERATRIZ.

IN GOD WE TRUST: 96 118/2; 145/1: (ing.) Cremos em Deus; divisa da moeda norte-americana, objeto de um famoso trocadilho, onde *God* (Deus) é substituído por *Gold* (Ouro); 145/1: In-God-we-trust 'not worth its price, A great swindle is silver dollar': Cremos-em-Deus não vale o seu preço,/ Grande engodo é o dólar de prata'.

IN-HOC-SIGNO-VINCES: 146: (lat.) por este signo vencerás: inscrição sob uma cruz, no estandarte de Constantino.

IO: 25/5: (mit. gr.) Filha de Ínaco, amada de Zeus, metamorfoseada em novilha por Hera.

IRA'S SONGS: 55/4: (ing.) canções de Ira. Ira David Sankey, 1840-1908, pregador e compositor norte-americano. Reuniu-se ao evangelista Moody em Chicago, 1870. Compôs a música para os Gospel Hymns, dele e de Moody. Percorreram juntos a América e a Inglaterra, fazendo comícios religiosos. Ver SANKEY e MOODY.

ISAÍAS: 53; 110/4: o primeiro dos quatro grandes profetas hebreus, 774-690 a.C.

'IS THERE ANY HOPE FOR PARVENU?': 140/1: (ing.) 'Há alguma esperança para um novo-rico?'

J

JACKSON: 2/3: Andrew, 1767-1845, presidente dos EUA (1829-1837).
JACÓ: 15/2; 155/3: patriarca hebreu, filho de Isaac e Rebeca; irmão de Esaú e pai de José (Bíblia).
JAIME, DOM: 75/2: poema em 9 cantos de Tomás Ribeiro (1862). A 1.ª edição foi apresentada por Antônio Feliciano de Castilho, numa Conversação Preambular, que suscitou polêmicas.
JEAN-LUIS-DE-PARIS: 160:?
JERICÓ: 109: antiga cidade da Palestina, próxima de Jerusalém. Segundo a Bíblia, suas muralhas foram derrubadas pelo clamor do povo Hebreu, comandado por Josué.
JESUÍTA(S): 14/1; 58/1; 69/3; 165; 174/2. Ver: INÁCIO e LOIOLA.
JESUS: 13/2; 15/3; 32/2; Cristo: 47/5; 78/5; Messias: 90/1; Rei dos Judeus: 90/5; Christ: 92; 92/4; 11/1; Cristo: 121/5; Cristos: 130/1; 165/2.
'JOANA A DOIDA': 147/3: rainha de Castela, de 1504 a 1555, mãe de Carlos V.
JÓ: 174/3: o patriarca bíblico.
JOSEPHUS: 134; 136: José, filho de Jacó e Raquel. Vendido por seus irmãos e levado para o Egito, tornou-se ministro do Faraó, cujos sonhos decifrou. Ver: PUTIFAR.
JOVE: 103. Ver: JÚPITER.
JÚPITER: 9: ou Jove, o soberano dos deuses, na religião dos Romanos, equivalente ao Zeus grego. Da cabeça de Zeus nasceu Palas, a Minerva dos Romanos. Ver: PALAS.
JUR'PARÎPIRÁS: 82/1: (tupi): peixes de Jurupari, figura mitológica dos índios amazônicos, o principal demônio tupi, identificado pelos missionários ao diabo (*Jurupari* + *pirá*, peixe).
JUVENAL: 8/5: poeta satírico latino (60-125), autor das *Sátiras*, que verberavam os vícios de Roma.

K

KALAKAUS: 46/5: David Kalakaua, 1836-1891, eleito rei do Havaí em 1872, visitou os EUA em 1874. Chegou a São Francisco em 28 de novembro, numa fragata a vapor colocada à sua disposição pelo governo americano. Seu reinado é visto como reacionário e pró-americano e acusado de extravagâncias, interferências pessoais na política e corrupção.

Katies: 113; 135/1:?
Katy-Dids: 27/3: *katydid* (ing.): nome dado a grandes insetos semelhantes à cigarra. Sua estridulação silábica sugere, em inglês, as palavras "Katy did" (Katy fez).
King-Arthur: 107: rei lendário do País de Gales (séc.VI). Seus feitos serviram de tema ao Ciclo da Távola Redonda.
Ku-klux: 85/2: Ku-klux-klan: sociedade secreta fundada em 1865 no Estado de Tennessee e destinada a combater os negros. Seus adeptos usavam uniformes encapuzados, empregavam ritos misteriosos e métodos de violência e terrorismo. Leis proibiram-na em 1869.
Kun: 129:? Os Kuhn, judeus alemães, eram sócios-fundadores de uma poderosa firma que operava em Wall Street (Kuhn, Lock & Co., instituída em 1867).

L

La Fontaine: 81: Jean de, 1621-1695, o célebre autor das *Fábulas*.
Lager anyhow, Ao: 19/5: (ing.) (à) cerveja, de qualquer modo.
Lalas: 137/5: Lala, prostituta, uma das personagens femininas que apareceram no Canto XIII do poema.
Lamartine: 33/1: Alphonse de, 1790-1869, o poeta francês.
La Morale des Jesuites: 165: livro de teor anticlerical, de autoria de Paul Bert, publicado em 1880, pelo editor Charpentier. Teve tanto sucesso que, já em 1882, atingia a 14.ª edição. Ver: Bert.
Laz'rus: 11/1: o irmão de Marta e Maria, ressuscitado por Cristo (Evangelho).
Leis azuis: 100/2: *blue laws* (ing.): as diversas normas puritanas que se afirma terem vigido em New Haven, Connecticut, e cercanias, nos séculos XVII e XVIII. A expressão foi empregada pela primeira vez pelo Rev. Samuel A. Peters, em 1781. As "leis azuis" eram, em grande parte, construções atrabiliárias. Uma delas prescrevia, por exemplo, que jamais se desse alimento, bebida ou hospedagem a um Quaker. Cominavam penas como cortar as orelhas ou queimar a língua e, inclusive, a morte. O termo aplica-se, por extensão, a qualquer norma de moralismo tacanho.
Le roi s'amuse: 143/1: (fr.) *O rei se diverte,* peça teatral de Victor Hugo.
Levita: 20/4: entre os israelitas, ministro do culto, da tribo de Levi, patriarca hebreu. Ver: Gábaa.

LIEDERKRANZ: 13: (al.) sociedade filarmônica. A *Lie derkranz Singing Society*, de Nova Iorque.

LINCOLN: 115/2: Abraham, 1809-1865. Presidente dos EUA. A sua eleição pelos abolicionistas (1859) desencadeou a Guerra de Secessão. Reeleito em 1864, foi assassinado por Booth, um fanático escravagista. Ver: BOOTHS.

LINNAEUS, *Systema Naturae*: 24: Lineu (Karl von Linné), 1707-1787. Célebre naturalista sueco. Publicou mais de uma centena de importantes trabalhos científicos, entre os quais o *Systema Naturae*.

LOENGRIM: 108/2: o cavaleiro do Cisne, personagem do ciclo de lendas do Graal.

LOIOLA: 9/1; 164/5: ref. a Inácio de Loiola. Ver: INÁCIO e JESUÍTAS.

L'OMBRE ACCABLÂT! L'OMBRE ACCABLÂT!: 162/2: (fr.) (Que) a sombra oprimisse! (Que) a sombra oprimisse! (No original está *acablat*. Talvez se trate de uma grafia equivocada do passado simples [*accabla*]. Nesse caso, a tradução seria: oprimiu.)

LONGFELLOW: 8/1; Henry Wadsworth, 1807-1882, poeta norte-americano, autor do poema *Evangelina*, a que alude Sousândrade em outro passo. Ver: EVANG'LINA.

LOPEZ: 46/1: Francisco Solano, 1827-1870, presidente da República do Paraguai, durante a guerra entre o Brasil e esse país (1864-1870).

LORDY: 120/2: (ing.) o mesmo que *Lord* (Senhor), em linguagem coloquial.

LOT: 106; 115/2; 123/2: sobrinho de Abraão. Foi salvo da destruição de Sodoma e Gomorra por dois mensageiros divinos que o levaram, com a mulher e as duas filhas, para fora da cidade. Sua mulher olhou para trás e foi transformada numa estátua de sal (Bíblia).

"LOW PEOPLE, LOW PUNISHMENT": 150: (ing.) "gente de condição vil, punição vil".

LUCRÉCIA: 122: dama romana, mulher de Lucius Tarquinius Collatinus, notável por sua beleza e virtude. Ultrajada por Sextus Tarquinius, um dos filhos de Tarquinius Superbus, informou do sucedido a seu pai e seu marido, e, após obter destes um juramento de vingança, suicidou-se.

LULU: 173/3: personagem feminina introduzida no poema.

LYNCH LAW: 7/5: (ing.) Lei de Lynch (linchamento), justiça sumária praticada nos EUA.

M

MACBETH, FEITICEIRAS DE: VIII-107: *Macbeth,* tragédia de Shakespeare. Sousândrade alude às três feiticeiras, cuja primeira aparição se dá na cena de abertura do primeiro ato.Ver: WHEN THE BATTLE'S etc.

MAC MAHON: 62/1: Patrice de, 1808-1893, duque de Magenta, marechal de França. Assinalou-se nas guerras da Criméia (1855) e Magenta (1859). Foi ferido na batalha de Sedan (1870). Em 1871, foi encarregado do comando do exército de Versalhes que derrotou a Comuna de Paris. Segundo Presidente da República Francesa, de 1873 a 1879.

MADALENA: 162/1: ref. a *Madeleine,* bairro de Paris.

MAIN BUILDING: 51: (ing.) Edifício principal.

MAMÃO: 37/5; Mammão: 175/5; 176/2; 176/5: Mamão ou Mamon, do grego *Manzonas,* que procede do siríaco: dinheiro, fortuna. Deus da riqueza. Nome que os Evangelhos dão ao demônio das riquezas e ao demônio em geral. Referido na Noite de Walpurgis do primeiro *Fausto,* de Goethe e, antes, no *Paraíso Perdido* de Milton.

MAMMOTH, GRUTA DE: 10/2: (ing.) gruta de Mamute: célebre caverna dos EUA, em Kentucky; o maior labirinto de grutas existente no mundo.

MAMMUMMA: 175/5; 176/2; 176/5: montagem com as palavras Mumma (mamãe em alemão) e Mumma, ursa-mãe, esposa de Atta Troll, ambos personagens do poema de Heine. Considerar, também, as invocações de Atta Troll na tradução francesa elaborada pelo próprio Heine: *"ma chère Mumma! Mumma! ma noire Mumma!"*. 175/3-4: "Orelha ursos tragam/ Se afagam": brincando com seu filhote-caçula, Mumma arrancou-lhe uma orelha e devorou-a amorosamente.Ver: ATTA TROLL.

MANÉ-TESSEL-FARÉS: 142/5: Ver: BALTASAR-IMPERADOR.

MANHATTAN: 43/2; 109; 129/1; 132/2; 161/5: ilha dos EUA, formada sobre a costa do Oceano Atlântico, onde foi construída a cidade de Nova Iorque. Ver: GUILDENS SESSENTA e HUDSON, HENDRICK.

MANU: 83/5: livro da lei de Manu, um dos livros sagrados da Índia, no qual se acha exposta a doutrina do bramanismo e se encontram indicações preciosas sobre a civilização dos Árias.

MAOMÉ: 13/2: o fundador do islamismo ou maometismo. 570-632.

MARANDUBAS: 132/1: de *Maranduba* (bras.): história guerreira; narração de viagem; no norte do Brasil, tem a acepção de patranha, história inverossímil.

MARWOOD: 123:?
'MASHER H'RALD SOME STAIN IN'T WANTS': 113/1 (ing.) 'Herald conquistador deseja alguma nódoa nisto' (*masher* = janota, conquistador de mulheres). Ver: SOME STAIN etc.
MATEUS, SÃO: 61/4: apóstolo e evangelista.
MAURY, CAPITÃO: 77/5: Matthieu Fontaine Maury, 1806-1873, hidrógrafo norte-americano, o criador da meteorologia náutica.
MAVORTE: 114/4: o mesmo que Marte, deus romano da guerra.
MC CAULEY, JERRY: 92: ?
MCDONALD: 39: General John McDonald, político venal, designado por Grant, em 1870, para importante função no serviço de arrecadação de impostos. Em 1875, descobriu-se a existência em St. Louis da Whiskey Ring, grupo que defraudou o governo em milhões de dólares, e do qual McDonald foi apontado como o principal cúmplice. McDonald foi condenado com outros funcionários do Fisco. Apurou-se, também, que o próprio secretário particular do Presidente, Orville Babcock, estava envolvido no crime. Embora houvesse prova evidente de sua participação, conseguiu este sair absolvido, graças à interferência de Grant. Ver: BABCOCK e RING(S).
MEIA LUA: 109/1: nome da pequena embarcação na qual Hudson navegava quando descobriu a baía de Nova Iorque.
'MERRY WIVES': 135/1: ref. a *The Merry Wives of Windsor (As Alegres Comadres de Windsor)*, comédia de Shakespeare.
MICAL: 156: mulher de David, filha de Saul (Bíblia seg. Samuel, Cap.VI,V. 16).
MILITA: 23/2: deusa assíria, com alguns traços da Afrodite grega e da Astartéia fenícia.
MILLER, J.: 6: Joaquin Miller, pseudônimo de Cincinnatus Hiner ou Heine, 1841-1913, poeta norte-americano. Em 1870 viajou pela Europa. Em 1871, publicou: *Songs of the Sierras*. Em 1873: *Songs of the Sunlands* e *Life among the Modoc*, que relata sua experiência de vida entre os índios. Retornando da Europa, tornou-se jornalista em Washington. Tomou o apelido "Joaquin Miller", depois de escrever um artigo defendendo Joaquin Murietta, bandido mexicano.
MILTON: 78/1: o célebre poeta, autor do *Paraíso Perdido*, 1608-1674.
MINERVA (HONRA-): 17: composto sousandradino de honra + Minerva, deusa romana da sabedoria e das artes, filha de Júpiter, correspondente à grega Atena ou Palas. Ver: PALAS.

Minotauro: 25/5: (mit. gr.) monstro metade homem e metade touro, filho de Pasífae, mulher de Minos; foi morto por Teseu. Ver: Pasífae.

Mitridates; 111: rei do Ponto, 123 a 63 a.C. Inimigo implacável dos romanos. Ainda muito novo, tendo já que lutar com as conspirações e intrigas da corte, estudou as plantas venenosas e familiarizou-se com os venenos mais violentos, para não ter que recear nenhum.

Mob: 7: (ing.) multidão, massa humana.

Modocs: 6/1: tribo guerreira de índios do Norte da Califórnia. Em 1872, depois de atacar as tropas norte-americanas, retirou-se para a região denominada Lava Beds (Leitos de Lava) e lá se defendeu desesperadamente até junho do 1873. Derrotada, seus chefes foram enforcados.

Moisés: VIII-27; 53; 77/2: o guia e legislador dos hebreus, no Antigo Testamento.

Moltke: 169: Helmuth Carlos Bernardo, conde de, 1800-1891, famoso general, comandante-em-chefe do exército prussiano na campanha de 1866 contra a Áustria, e na de 1870-1871 contra a França.

Monroe: 52: James, 1759-1831, presidente dos EUA, de 1817 a 1825, criador da conhecida doutrina "A América para os americanos".

Moody: 18; 26; Mister Moody: 18/2: Dwight Lyman Moody, 1837-1899, evangelista norte-americano. Em 1860 devotou-se inteiramente à obra missionária nas cidades e, durante a guerra civil, junto aos soldados. De 1865 a 1869, foi presidente da Young Man's Christian Association (Associação Cristã de Moços) de Chicago. Nesta cidade, reuniu-se a Ira David Sankey, em 1870. Segundo os admiradores de Moody, converteram-se em seus comícios religiosos cerca de um milhão de pessoas. Ver: Ira's Songs e Sankey.

Mormão: 10/2; 20/2; Mormons: 14/5; 106. A seita dos mórmons foi fundada em 1830, nos EUA, por Joseph Smith, que publicou o Livro dos Mórmons, atribuindo a um profeta judeu, com esse nome, uma pretensa narração celeste, que dava aos índios americanos origem divina. A doutrina é uma mistura de elementos budistas, gnósticos, maometanos e cristãos. Os mórmons praticavam a poligamia. Assassinado em 1844, Smith teve por substituto Brigham Young. Ver: Brigham.

Moroccò: 127/5: *moroccò* (ing.) marroquim, couro feito de pele de cabra curtida.

Mother-Goose: 91/5: *Mother Goose (Mamãe Ganso)*, ou *Mother Goose's Melodies for Children (Cantigas da Mamãe Ganso para Crianças)*, coletânea de canções infantis. Em 1860 identificou-se "Mother Goose" como sendo uma mulher de Boston, Elizabeth Goose, sogra do tipógrafo Thomas Fleet, que editou a primeira coleção dessas cantigas, em 1719. Admite-se hoje que "Mother Goose" provém do folclore francês *(Contes de ma mère l'oie)*.

N

NAPOLEÃO: 42/1; Napóleon: 56/5, 139/1; 149: ref. a Napoleão I, Bonaparte, 1769-1821.Ver: WATERLOO.

NAPOLEÃO, P'TIT: 26/2; rei 'petit': 17-/1 alusões a Napoleão III, atacado por Victor Hugo no seu livro *Napoléon, le Petit (Napoleão, o Pequeno)*. Ver: NAPOLEÃO,TRÊS.

NAPOLEÃO,TRÊS: VIII-26/2: Napoleão III, 1808-1873, imperador de França. Tentou, em 1836, em Estrasburgo, e em 1840, em Bolonha, fazer-se proclamar imperador e destruir Luís Felipe. Condenado à prisão perpétua, conseguiu fugir e voltou à França, após a revolução de 1848, tornando-se presidente da República no mesmo ano. Entra em conflito com a Assembléia e a dissolve. Em 1852 vê reconhecidos os seus direitos ao trono imperial. Restabelece o império: "L'Empire c'est la paix". Vencido na guerra contra a Prússia, na batalha de Sedan (1870), foi preso e destronado.Ver: BISMARCK e COMUNA.

NESSUS 'FIXE': 136/1: (mit. gr.) Nesso, centauro que, por haver querido raptar Dejanira, a mulher de Hércules, foi morto por este. Antes de morrer deu a sua túnica a Dejanira, como um talismã, que lhe devia restituir o amor do marido, caso este lhe fosse infiel. Logo que Hércules vestiu essa túnica, morreu. 'Fixe': (fr.) fixo; possível alusão à "idéia fixa", à obsessão de vingança.

NEWARK: 21; 71/5; 130: cid. dos EUA. Porto na baía de Newark.

NEWCOAT-SHAFFEY, SISTER: 113: ?

NEW MALBOROUGH: 10/1: ? Malborough ou Marlborough é uma cidade do Massachusetts, EUA.

NEWTON'S PRINCIPIA: 78/1: (ing.) os *Principia* de Newton. Issac Newton, 1642-1727, o célebre matemático e físico inglês.

NEW-YORK-STOCK-EXCHANGE: 1; Stock'xchanges: 17/2; Stock: 25/4: (ing.) a Bolsa de Nova Iorque.Ver: STOCKJOBBERS; PIMPBROKERS;ALL-BROKERS, ALL-JOBBERS.

'NOMINATE HIIM PRESIDENT'/ RESIDENT... 45/3-4:" (ing.) 'Indicai-o para Presidente/ Residente.' Ref. à indicação de D. Pedro como candidato à Presidência dos EUA, lançada em tom jocoso na imprensa norte-americana da época. Segundo Argeu Guimarães, foi o *New York Herald* que propôs a designação, indicando Charles Francis Adams como vice-presidente (pp. 314-315).

NORRIS, ATTORNEY: 5: Norris: 100/1: segundo o texto, um procurador, advogado.

NORTHORNA: 167: Segundo o texto, uma pitonisa; o nome parece ter sido forjado a partir das palavras inglesas *north* ou *northern* (norte; nortista). Ver: SERGAITA e SIBILAS DE NEW YORK.

NOVO MUNDO, O: 83: jornal editado em Nova Iorque pelo brasileiro José Carlos Rodrigues, entre outubro de 1870 e setembro de 1876. Sousândrade foi vice-presidente da associação fundadora desse periódico e seu colaborador.

O

ODISSEU: 176: nome grego de Ulisses, o herói da *Odisséia*.

ODORICO: 76/2: Manuel Odorico Mendes, 1799-1864, escritor e político brasileiro, nascido no Maranhão. Tradutor de Virgílio e Homero. De orientação liberal, foi deputado às primeiras legislaturas do Brasil, e, em 1831, escolhido para um dos três lugares de Regente, recusando o posto. Em 1839 e 1844, voltou à Câmara dos Deputados.

OFFMAN, P.: 5: Ver: P. OFFMAN & VOLDO.

'OFF! OFF! PARA SÃO FRANCISCO OFF': 49/1: (ing.) 'Adiante! Adiante! para São Francisco, adiante' (ref. à viagem de D. Pedro II, que, de Nova Iorque, seguiu para São Francisco, em lugar de visitar, antes, o Presidente Grant, em Washington; o fato suscitou críticas da imprensa).

OGNI SP'RANZA LASCIATE, / CHE ENTRATE: 1/3: (it.) Deixai toda esperança, que entrais. Adaptação dos versos da *Divina Comédia* de Dante: "Lasciate ogni speranza voi ch'entrate." (Inferno, Canto III).

'OLD-PARÁ'-POND: 133: (ing.) Lago-do-Velho-Pará.

O LORD! GOD! ALMIGHTY POLICEMAN!: 22/1: (ing.) Ó Senhor! Deus ! Policial Todo-Poderoso !

ON EVOLUTION: 121; 143: (ing.) sobre a evolução. Ver: EV'LUÇÃO.

ON INVOLUTION: 121: (ing.) sobre a involução.

ORANGES: 17/2; Orangianos: 106: ref. à sociedade política formada em 1795 para a dominação protestante da Irlanda.
OREMUS-TATU: 23/5: ref. ao *tatuturema,* festa orgíaca dos índios do Amazonas. Ver: TUREMIZAM.
ORFEU: 1/1: (mit. gr.) músico e poeta, filho de Eagro, rei da Trácia, e da musa Calíope. Os sons da sua lira domavam as feras. Sua mulher, Eurídice, foi morta pela picada de uma serpente. Orfeu desceu aos infernos na tentativa de trazê-la de volta ao mundo dos vivos.
ORMUZ: 78/2: deus supremo dos Persas, princípio do bem, em oposição a Arimã, princípio do mal. Ver: ARIMÃ.
OSCAR BARÃO: 28; 30; Conde Oscar: Possivelmente, um dos filhos de Oskar II, 1829-1907, rei da Suécia de 1872 a 1907 e da Noruega de 1872 a 1905. O *New York Herald,* ed. de 25-7-1877, estampou um editorial sob o título "D. Pedro II e o Príncipe Oscar — A Realeza na Exposição — Atividades do Imperador e do Príncipe no dia de Ontem" (*apud* Argeu Guimarães, *D. Pedro II nos Estados Unidos,* p. 296). Segundo o mesmo autor, tratava-se do príncipe herdeiro da Suécia, que viajava incógnito.

P

PALAS: 9/1: (mit. gr.) Atena, Palas Atena ou simplesmente Palas, deusa grega da sabedoria e das artes, e também da guerra e da paz. Filha de Zeus e, de certo modo, da primeira mulher deste, Métis. No 1.º mês de gravidez, Métis foi engolida por Zeus, porque uma predição afirmava que ela daria à luz uma criança maior e mais forte do que ele próprio. No devido tempo, com um grito de guerra, e em armadura completa, Palas nasceu da cabeça de Júpiter, e logo tomou assento ao lado direito de seu pai, no Grande Conselho dos Deuses. Ver: MINERVA.
PANACHÉ: 162: (fr.) ornado de plumas; de várias cores (roupa).
PAN-PRESBITERIANOS: 89: seita fundada por Knox, discípulo de Calvino. Não há bispos. Todos os pastores são iguais. Esta organização se completa com o regime representativo: colóquios, sínodos. Rejeita o sistema episcopal dos anglicanos.
PAPA: 56; 88/2: Ver: SANTO PADRE.
'PAPERS EXPLAIN. CERTAINLY, THOUGH TERRIBLE' ...: 150/1: (ing.) 'Os jornais explicam. Certamente, embora terrível' ...

PARNASUS: 176/4: (lat.) Parnaso, monte da antiga Grécia, consagrado a Apolo e às Musas. Goethe, em "Walpurgisnachtstreum", compara ironicamente o Monte Brocken (Brocksberg) ao Parnaso alemão. Ver: WALPURGIS.

PASCOAL: 122/5:?

PASÍFAE: VIII-25: (mit. gr.) mulher de Minos, rei de Creta. Apaixonou-se por um touro branco dado a seu marido por Posêidon, e dele gerou o monstruoso Minotauro.

PATHFINDER: 29 (ing.) explorador, pioneiro. Há uma novela de Fenimore Cooper (1789-1851) com este nome (*The Pafhfinder*, 1840).

PEAR-SOAP: 128/2: *Pears' soap:* sabonete inglês, então muito em voga nos EUA.

PECCAVI: 92/1: (lat.) pequei.

PEDRO, DOM: 45/2: "Dom Pedro é nosso Imperador". Editorial do *New York Herald*: "O nosso Imperador Ianque" (cf. Argeu Guimarães, p. 175). Pedros: 46/5; Pedro d'Alcântara: 51/1:"Oh! cá está 'um Pedro d'Alcântara! / O Imperador 'sta no Brasil.'" O *New York Herald* (9/5/1876) registrou esta declaração de D. Pedro ao chegar aos Estados Unidos, declinando de honrarias oficiais (Argeu Guimarães, pp. 122, 158, 214-15). 51/1; 54; 56; 60; 62; 68; 75/5: Rei do Brasil; 75/5; 105/1; 141 147: Rei; 170.

PEDROS: 81/3: o infante Pedro I, marido de Inês de Castro e filho de Alfonso IV, rei de Portugal. V. CASTRO, INÊS DE.

PEGASUS: 176/3: (lat.) Pegasus = Pégaso, cavalo alado, símbolo da inspiração poética (mit. gr.).

PENNSYLVANIA: 2/1: Ferrovia norte-americana. Ver: ERIE, RAILROAD-STRIKERS, STRIKE.

PERSONAL(S): 35; 140; personais: 141/4; 150; 173: (ing.) tópico de um jornal a respeito de uma determinada pessoa.

PHALLUS: 23/2 (lat.) Falo, imagem do pênis, venerada em certas religiões como símbolo do poder gerador da natureza.

PICKPOCKETS: 39: (ing.) batedores de carteira.

PIMPBROKERS: 2: (ing.) corretores-alcoviteiros.

PISTON-VAINQUEUR: 162: (fr.) trombeta vencedora.

PLACARDS: 152: (ing.) cartazes, avisos.

PLATO: 131/3; PLATÃO: 171/2: o filósofo grego (429-347 a.C.), autor da *República*.

PLYMOUTH: 9/5; 12/5; 121: Plymouth Church (Igreja de Plymouth), de que era chefe Henry Ward Beecher. Ver: BEECHER.

POCAHONTAS: 173: filha do chefe índio Powhatan, heroína de uma das mais conhecidas tradições ligada aos primórdios da história norte-americana (1595-1617). O Capitão John Smith, explorando o rio Chickahominy, caiu prisioneiro dos índios. Deveria ser sacrificado, mas Pocahontas salvou-lhe a vida. Foi a primeira de sua tribo a converter-se ao cristianismo.

P. OFFMAN & VOLDO, AGENTS: 5: firma de agentes da Bolsa, segundo o texto.

PONZA: 50/3: Referência de difícil identificação; talvez nome de um personagem imaginário. Possível alusão a Giuseppe Lodovico Ponza (1822-1879), citado ironicamente num editorial do *The New York Times* de 1876 como o inventor da cromoterapia (segundo o pesquisador Carlos Torres).

POST WAR JEWS: 58/1: (ing.) judeus de após-guerra.

'POTS-BOUILLES': 166/5: (fr.) *Pot-Bouille:* comida trivial, bóia; romance de Émile Zola (1882). Ver: HORTENSE, GÂTÉE.

PRETTY GIRL(S): 19; 21: (ing.) belas garotas.

PROTEUS I: 143/3: de Proteu, deus marinho, filho de Netuno, que tinha a faculdade de mudar de forma a seu talante. Por extensão, pessoa que muda constantemente de opinião.

PUCELLES: 168/2: (fr.) donzelas.

'PUCES' ET 'MUTTONS': 168/1: *puce* = (fr.) pulga, cor de pulga; (ing.) cor de pulga; *mutton* = (ing.) carne de carneiro, de *mouton* (fr.) carneiro.

PUFFS-PURITANOS: 57/3: *puff* (ing.) basófia, fanfarronice.

PURE GIRLS: VIII-19: (ing.) jovens puras.

PUTIFAR: 136/2: oficial da corte egípcia, de quem José foi escravo. Sua mulher tentou seduzir a este; repelida, acusou-o de tentar violá-la, exibindo como prova o manto que ele deixara em suas mãos. Putifar, acreditando nela, mandou encarcerar José (Bíblia).

Q

QUAKERS: 50: seita religiosa, fundada no século XVII, derivada do Puritanismo.

QUIJOTES: 142/4: alusão ao célebre personagem de Cervantes. Ver: CERVANTE.

QUIPOS: 77/1: cordões nodosos e de cores diferentes, usados no Império dos Incas (XII-XVI séc.) para fazer contas e exprimir certas idéias.

QUIRITES: 67/3: nome dos cidadãos romanos; os civis de Roma, por oposição aos militares.

R

RAILROAD(S): 3/4; 101/1: (ing.) estrada(s) de ferro.
RAILROAD-MANAGERS: 2: (ing.) empresários de estradas de ferro.
RAILROAD-STRIKERS: 106: (ing.) grevistas de estradas de ferro. Referência à grande greve das ferrovias, ocorrida em 1877. Nesse movimento paredista, que atingiu a Erie, a Pennsylvania, e muitas outras companhias, registraram-se sangrentos atos de violência. Ver: STRIKE.
RAINHA-IMPERATRIZ: 60/3: alusão à Rainha Vitória, para quem Disraeli criou o título de Imperatriz das Índias. Ver: DISRAELI e ÍNDIA IMPERATRIZ.
RASCAL(S): 43/5; 57/5; 114/2: (ing.) velhaco(s).
'REMOVE HIM': 114/5: (ing.) depô-lo, ou deponham-no. Ver: GUITEAU.
RENAN: 166: Joseph Ernest, escritor francês, 1823-1862, autor de uma célebre *Vie de Jésus* (1863). Ver: VIE DROLATIQUE.
REPORTERS: VIII-97; 98; 104; 106; 143; 148.
'REPÚBLICA': 171/1. Ver: PLATÃO.
REPUBLICANOS: 37: adeptos do Partido Republicano, dos EUA. Ver: DEMOCRATAS, HAYES, TILDEN.
RHODES, AGENT: 5: agente da Bolsa, segundo o texto.
RING(S): 55/3; 172; 176: (ing.) círculo; cartel, conjuração de políticos ou comerciantes visando ao controle da política ou do mercado.
RING-NEGRO: 139/3: composto de *ring* (ing.) e negro.
RIO, O: VIII-25/3; 71/3 ref. ao Rio de Janeiro.
RITA: 161: ?
ROBBER-ÍNDIO: 23/5: composto de índio + *robber* = (ing.) ladrão, salteador.
ROMA: 71/1; 115/3; Roma-Manhattan: 129/1.
ROSEMAN: 150: ?
ROTSCHILD: 4/2: família de capitalistas, banqueiros internacionais. A mais notória dentre as que, no século XIX, influíram na sorte das nações.
RUSSO-TURCO: 70/5: alusão à guerra russo-turca. O conflito a princípio envolvia a Turquia, de um lado, e a Sérvia e Montenegro. Os turcos venceram inicialmente, mas a Rússia interveio (1877) e a guerra assumiu grandes proporções. Apesar da resistência de Osman Pachá em Plevna (outubro a dezembro de 1877), a cidade capitulou, afinal. Em janeiro de 1877 os russos entravam em Constantinopla.

S

SACRÉ NOM! SACRÉ NOM DE DIEU!: 167/5: (fr.) Santo nome! Santo nome de Deus!

SAFE-GUARDANDO: 140: composto de *safe* (ing.) e guardando; salvaguardando ou guardando no cofre.

SALOMÃO: 77/2: rei dos israelitas, filho e sucessor de Davi (971-932 a.C.); é-lhe atribuído o *Cântico dos Cânticos*. Ver: CÂNTICOS.

SALVATOR: 65/2: Salvador de Mendonça, político republicano, nomeado cônsul nos EUA por D. Pedro II. Sua nomeação acarretou-lhe críticas, por ter sido um dos redatores do Manifesto Republicano.

SANKEY: 22: Ira David Sankey, 1840-1908, pregador e compositor norte-americano. Ver: IRA'S SONGS e MOODY.

SANSÃO: 154: juiz dos Hebreus. A cortesã Dalila, depois de lhe ter cortado os cabelos — sede da sua força prodigiosa — entregou-o aos Filisteus. Recuperando-se, Sansão derrubou as colunas do templo de Dágon, durante uma cerimônia religiosa, sepultando-se com os Filisteus debaixo dos escombros (Bíblia).

SANS-CULOTTE(S): 142/3; 170/2: (fr.) *lit*.: sem calças; republicano das classes mais pobres parisienses, na Revolução Francesa; por extensão, qualquer republicano ou revolucionário extremista.

SANTO PADRE: 30: Ver: PAPA.

SÁTAN: 9/1; Satan-dobadora: 53/3; Satanaz: 30/5; 89/2.

SAUL: 156/5: primeiro rei dos Israelitas, séc. XI a.C. Batido pelos Filisteus, em Gelboé, suicidou-se.

SCHOOL(S) ROD SYSTEM: 32; 137; (ing.) sistema de educação baseado no castigo físico.

SCHWAB: 39: *Justus H. Schwab*, 1847-1900. Nascido em Frankfurt, Alemanha, emigrou em 1868 para os Estados Unidos, onde se tornou um ativista do emergente movimento socialista. Na década de 1880 abraçou o anarquismo, sendo um dos fundadores do Clube Social Revolucionário de Nova Iorque. Era proprietário de um restaurante na 50 East First Street onde se reuniam os radicais de esquerda.

SEDAN: 169/5: cid. da França onde, em 1870, Napoleão III, à testa de um exército de 100.000 homens, capitulou frente aos alemães.

SELF-HELP: 175: (ing.) auto-auxílio. *Self Help*, livro de Samuel Smiles, jornalista escocês (1812-1904), que se notabilizou como divulgador de instrução popular. O livro foi traduzido para o português em 1872.

SERGAITA: 167: segundo o texto, uma pitonisa. O nome parece fictício e evoca *sirigaita*. Ver: NORTHORNA e SIBILAS DE NEW YORK.
SETE DE ABRIL: 51/5: 7 de abril de 1831, data da abdicação de D. Pedro I.
SHA-CASSEROLE: 162/4: composto sousandradino; *casserole* = (fr.) caçarola; *sha* =?
SHADOWS: 140/4: (ing.) sombras.
SHAK'SPEAR': 78/1: o célebre poeta inglês. Ver: MACBETH e MERRY WIVES.
SHE-BEAR: 134/2: (ing.) ursa. Ver: BEAR e URSAS DO NORTE.
SCHWAB: 39: *Justus Schwab*, líder comunista nova-iorquino, proprietário de um restaurante na 50 East 1st Street, ponto de encontro dos marxistas alemães.
SIBILAS DE NEW YORK: 35: Ver: NORTHORNA e SERGAITA.
SÍLVIOS: 142: neologismo sousandradino, adaptado do inglês *silver* (prata), na acepção de *prateados*.
SING-SING: 31: famoso presídio norte-americano, fundado em 1826, na cidade de mesmo nome, hoje Ossining.
SINKING-FACES: 115/1: (ing.) rostos abatidos.
SIOUX: 6/1: tribo belicosa de peles-vermelhas, que manteve organizada resistência aos colonizadores. A batalha conhecida como "o massacre de Custer" (25.6.1876) foi o último acontecimento militar de importância do longo conflito travado entre os Sioux e os brancos. Ver: SITTING BULL.
SITTING BULL: 43/3: (ing.) Touro Sentado, chefe dos Sioux, 1837-1890, talvez o maior líder da resistência índia contra os colonizadores. Durante a Guerra Civil dirigiu massacres de brancos em Iowa e Minnesota. De 1867 a 1876 esteve continuamente empenhado em escaramuças com os brancos. Em 1876, chefiou o bando de índios que exterminou as forças comandadas pelo General Custer, em Little Big Horn. Depois desse episódio, conseguiu fugir com seus sequazes para o Canadá. Retornou em 1879, aceitando a anistia prometida pelo General N. A. Miler, mas terminou sendo morto por agentes do Governo, ao resistir à prisão decretada contra ele, em 1890. Ver: SIOUX.
SODOMA: 106; 115/4; 123; 124/1; Sodomões; 124/5; 153: cid. antiga da Palestina, perto do Mar Morto, destruída pelo fogo do céu com Gomorra e outras cidades, por causa da depravação de seus habitantes (Bíblia). Ver: GOMORRA e LOT.
SOLIMÕES: 141/1: denominação do rio Amazonas, derivada dos índios Solimões que habitavam suas margens.

Some stain is in that new business: 128/1: (ing.) alguma nódoa existe neste novo negócio. Ver: Masher Herald etc.

Spangled Star: 101/5: (ing.) *star spangled*, cravejada de estrelas (diz-se especialmente da bandeira norte-americana). Ver: Bandeira Estrelada.

Spokesman: 49/3: (ing.) interlocutor, porta-voz.

Steamer: 152: (ing.) navio a vapor.

Steinway Hall: 22: (ing.) Salão ou edifício de Steinway. Henry Engelhard Steinway, nascido na Alemanha em 1797 e falecido em Nova Iorque em 1871, fundou uma conhecida firma de fabricação de pianos (Steinway & Sons). Seus instrumentos, que haviam sido exibidos com grande êxito na Exposição Universal de Paris (1867), provavelmente o foram também na de Filadélfia.

Stevens, Sarah: 72: ?

Stewart(s): 4/1; 127/3; 130/4: Alexander Turney Stewart. 1803-1876, comerciante norte-americano, considerado, em certa época, o homem mais rico dos EUA. Em 1825 estabeleceu-se em Nova Iorque com uma mercearia que acabou se convertendo numa das maiores firmas comerciais do mundo. Além de diversas lojas e moinhos, nos EUA, tinha ramificações e sucursais nas principais cidades da Europa. Em 1878, os despojos mortais de Stewart foram roubados do cemitério da Igreja de São Marcos (a este episódio parecem aludir as linhas 3-5 da estrofe 127). Recuperados mais tarde, seus restos foram depositados num mausoléu.

Stock'xchanges: 17/1: Stock: 25/4: Ver: New-York-Stock-Exchange.

Stockjobbers: 2: (ing.) corretores não encartados; especuladores; intermediários que compram a produção agrícola ou artigos dos importadores, para tirar proveito das oscilações de preço. Ver: New-York-Stock-Exchange.

Storm god: 39/5: (ing.) deus da tempestade. Ver: Hurácan.

Strauss: 104/3: Johann, 1825-1899, o célebre compositor austríaco.

Strike: 38/1; 38/3: (ing.) greve. A primeira greve de que se tem notícia nos EUA é a dos padeiros de Nova Iorque, em 1741. Depois da Guerra Civil os movimentos paredistas cresceram em número e importância. As maiores e mais notáveis greves ocorreram a partir de 1870. Em 1872 houve uma série de greves bem-sucedidas, no ramo das construções, em prol da jornada de 8 horas. Em 1877 deu-se a grande greve das estradas de ferro. Iniciada pelos foguistas de Baltimore e Ohio, contra a redução de salários, estendeu-se à Pennsylvania, à Erie, à Lake Shore e a diversas outras importantes ferrovias. Registraram-se inúmeras violências e grande derramamento de sangue, principalmente na região próxima de Pittsburgh. Ver: STRIKERS, RAILROAD-STRIKERS, ARTHUR, CENTRAL, ERIE, HARLEM, PENNSYLVANIA.

STRIKERS: 8/3: (ing.) grevistas. Ver: STRIKE, RAILROAD-STRIKERS.

SUN, THE: 45; 54: jornal lançado em 1833, por Benjamin Day, a preço popular, com a ajuda de propaganda estampada em meio a notícias de sensação. O mais importante de seus rivais, *The New York Herald*, surgiu dois anos depois. Ver: HERALD.

SWEDENBORG: 1/5; 108: Emmanuel, 1688-1772, teósofo e visionário sueco. Influenciou poetas românticos e simbolistas.

SYSTEMAE NATURAE: 24: Ver: LINNAEUS.

T

TABLEAUX VIVANTS: 28: (fr.) quadros vivos, i.e, grupo de pessoas imóveis representando uma cena artística.

TABOR: 61/5: pico dos Alpes. Montanha da Síria, onde o Novo Testamento coloca a transfiguração de Cristo: Bonaparte aí obteve uma vitória sobre os turcos e os árabes (1799).

TALMAGE: 125/2; Dr. Talmage: 127: Thomas De Witt Talmage, 1832-1902, clérigo presbiteriano norte-americano. Em 1869, tornou-se pastor da Igreja Presbiteriana Central em Brooklyn, Nova Iorque. Sua congregação erigiu em 1870 uma nova igreja conhecida como O Tabernáculo de Brooklyn, que foi incendiada em 1872, reconstruída em 1874, e de novo destruída duas vezes pelo fogo. Após o terceiro incêndio, Talmage renunciou às funções de pastor e viajou para o estrangeiro.

TAMMANY: 43: Tammany Ring, Tammany Society, Tammany Hall, ou simplesmente, Tammany, clube político de Nova Iorque, fundado em 1789, a maior força na política dessa cidade até as eleições de 1932. Proclamava como objetivos o progresso social e a preservação das instituições democrático-republicanas, tendo, além disso, finalidades beneficentes. A Tammany conquistou, em várias oportunidades, um poder despótico. Organizada segundo o modelo indiano, a sociedade era dividida em 13 tribos, correspondentes aos 13 estados originais da União. Adotava os títulos e símbolos dos peles-vermelhas, bem como os seus rituais e usanças. Assim, p. ex., ao Estado de Nova Iorque correspondia a Tribo da Águia (The Eagle Tribe); ao de Connecticut, a Tribo do Urso (The Bear Tribe); ao da Geórgia, a Tribo do Lobo (The Wolf Tribe). Anualmente, cada tribo elegia o seu *sachem* ou presidente. O título honorífico de "great grand sachem" foi concedido a vários presidentes dos EUA, como Washington, John Adams e Jackson. Em 1870, Tweed, granjeando ascendência na Tammany, induziu-a a fazer gastos imoderados, ocasionando enorme escândalo no seio da associação. Ver: TAMMANY WIGWAM e TWEED.

TAMMANY WIGWAM: 6: nome que se dava ao local das reuniões da Tammany Society; *wigwam* significa, literalmente, cabana ou palhoça dos índios norte-americanos.

TAMOIOS: 61: alusão à *Confederação dos Tamoios,* poema épico de Gonçalves de Magalhães (1857), dedicado a D. Pedro II.

TAPPAN-ZEE: 109/2: *zee* = (hol.) mar; *Tappan Sea* ou *Tappan Bay* (Mar ou Baía de Tappan), nomes dados ao prolongamento do rio Hudson, nas proximidades de Ossining (Sing-Sing) e Tarrytown, em Nova Iorque.

TELEGRAMA SUBMARINO: 51: Em 1873, o Visconde de Mauá (1813-1889) empreendeu a construção de um cabo submarino, inaugurado em 1874 pela Brazilian Submarine Telegraph Co.

TENNYSON: 8/1; 59: Alfred, 1809-1892, poeta inglês; em 1850, sucedeu a Wordsworth, como "poeta laureado".

THANKSGIVING: 36: (ing.) Ação de Graças.

THIERS: 159/1: Adolphe, 1797-1877, estadista e historiador francês, presidente da República, de 1871 a 1873. Afastado do poder por uma coalizão de partidos monarquistas e conservadores (24 de maio de 1873), foi, depois, senador e deputado.

"TIGHT BIRD (SEEKS 'THOUSAND')! 'SMOKE' MAKES MILLIONS'!: 151/1 (ing.) Pássaro raro (procura 'mil')! 'Fumaça (fumo)' faz milhões'! (*bird*, em gíria da época, podia significar "um homem", "um tipo" (1853), ou ainda, "uma garota" (1880).

TILDEN: 37/1: Samuel Jones, 1814-1886, estadista norte-americano. Em 1866, tornou-se figura preeminente no Partido Democrata, entrando logo em conflito com a Tweed Ring. Na Assembléia, em 1872, conseguiu medidas para afastar os juízes corruptos que serviam de instrumento à Ring. Governador em 1874, tratou de desmantelar outra quadrilha, a Canal Ring, constituída por gente dos dois partidos, o Democrata e o Republicano, e que vinha roubando o Estado através da má administração dos canais. Em 1876, o Partido Democrata o indicou para a presidência, em oposição a Hayes, do Partido Republicano. O resultado da disputada eleição ficou na dependência da apuração dos votos contestados da Flórida, Luisiana, Carolina do Sul e Oregon. As duas casas do Congresso concordaram em nomear um tribunal extraconstitucional, a Electoral Commission, que decidiu todas as contendas em favor do candidato republicano, afinal vitorioso. Tilden aconselhou os seus adeptos a acatarem o veredito. Ver: HAYES, HUDSON-CANAL-DELAWARE e TWEED.

TILTON: 9; 17: Theodore, 1835-1907, jornalista norte-americano. Começou no *New York Observer* (1855). Em 1856, participou da direção do *Independent* e, em 1863, tornou-se seu redator-chefe, sucedendo a Henry Ward Beecher. Em 1871, dirigiu o *Union* de Brooklyn e pouco depois fundou um periódico semanal, o *The Golden Age*. Em 1874 causou grande consternação na Igreja de Plymouth, em Brooklyn, e sensação por todo o país, ao acusar de manter relações ilícitas com sua esposa o Rev. Beecher, pároco desta, e que fora diretor associado do *Independent* juntamente com Tilton. Um comitê da Igreja de Plymouth examinou o caso e exculpou Beecher. Tilton, porém, lhe movera um processo, reclamando 100.000 dólares de indenização. Depois de um julgamento que durou 6 meses, o júri não chegou a um acordo; reunido secretamente durante uma semana, pronunciou, afinal, o seu veredito, absolvendo o Rev. Beccher por 9 votos contra 3. O escândalo público afetou seriamente o prestígio de Beecher, mas a sua congregação permaneceu fiel a ele. Ver: BEECHER e TILTON, MISTRESS.

TILTON, MISTRESS: 7/1: Senhora Tilton. Alice Tilton, mulher do jornalista Theodore Tilton, acusada por este de adultério com Henry Ward Beecher. Ver: BEECHER, CONFITEOR, ÉPOUSE, PLYMOUTH, TILTON.

TIMBIRAS: 61: alusão a *Os Timbiras,* poema épico de Gonçalves Dias (1849), dedicado a D. Pedro II.

TO HIS RETURN OUR BOSOM BURN: 59/2: (ing.) Ao seu regresso o nosso peito se inflame (provavelmente, um verso de Tennyson, da ode a que se refere a estrofe).

TON'-TÃO: 91/5; TÃO-TÃO: VIII-91/5: possível referência à canção intitulada "Tom Tom, the Piper's Son", integrante das *Mother Goose's Melodies.* Ver: MOTHER-GOOSE.

TON'-TONA: 164; Tontata: 166/4: uma freira (madre), segundo o texto.

'Too dark' wedding-pudding: 174: (ing.) um pudim-de-casamento muito escuro; *pudding*, mais ou menos a partir de 1877, passou a significar, em gíria, alimento envenenado ("bola", em nossa gíria) para silenciar cães.

Trindade: 28: A igreja da Trindade (Trinity Church), de Nova Iorque, completada em 1846.

Turemizam: 141/3: neologismo criado por Sousândrade, a partir de *tatuturema*, a dança orgíaca dos índios amazonenses. Ver: Oremus-tatu.

Tweed: 7/1: Tweed Boss: 98/3: William Marcy ("Boss") Tweed, 1823-1878, político venal norte-americano, líder da Tweed, Ring. Em 1852, foi eleito vereador pela câmara municipal de Nova Iorque. De 1854 a 1856, foi membro da assembléia legislativa em Washington. Provocando a queda de Fernando Wood, um prefeito notoriamente corrupto, Tweed subiu ao poder sob a capa de respeitabilidade. De 1858 a 1871 ocupou sucessivamente vários postos de relevo, inclusive os de deputado e senador. Exceto por breves intervalos, controlou a administração da cidade de Nova Iorque. Em 1868 controlou também a assembléia estadual de Albany. Admitido na direção da Erie Railway, associou-se com Fisk e Jay Gould, arranjando leis favoráveis para eles em Albany. A Tweed Ring, verdadeira quadrilha de políticos, era composta de Tweed, Peter A. Gakey Hall (da Tammany), Peter B. Sweeney e Richard B. Connoly. Começou suas operações em 1869 e manteve-se até a queda de Tweed em 1871. Avaliações moderadas calculam o montante do que foi roubado, pela Tweed Ring, do patrimônio da cidade, durante esse período, em 45.000.000 de dólares; incluindo-se as taxas perdidas com reduções arbitrárias em troca de dinheiro ou favores, e a emissão de títulos a juros exorbitantes, algumas autoridades estimaram os prejuízos em 200.000.000 de dólares. A revelação do roubo foi feita por um guarda-livros, que entregou as provas ao *New York Times,* onde foram publicadas. Tweed foi processado e condenado a 12 anos de reclusão. Esteve preso na penitenciária da ilha de Blackwell. Em 1875, escapou da prisão da rua Ludlow, em Nova Iorque, fugiu para Cuba e dali para a Espanha, mas foi capturado pelo governo espanhol e trazido de volta para os EUA. Novamente encarcerado na prisão da rua Ludlow, veio a falecer em 12 de abril de 1878. Ver: Blackwell, Erie, Gould, Tammany e Tilden.

U

UHLAN: 168/3; 170: (ing.) ulano, lanceiro no exército austríaco, russo e alemão.

URSAS DO NORTE: 25/1; Ursos: 43/1; urso; 118/1; yankee ursa: 122/3; Ursas: 132/5; Ursa: 134 e 136; ursitas: 136/3; ursas-mores: 136/5; Urso-Yankee: 146/1; norte-urso: 156/2; ursos: 173/1 e 175/3; ring d'ursos: 176: o tema *urso, ursa* apresenta várias conotações no texto; é usado como designativo dos americanos *(yankees)*, postos sob o signo das constelações boreais das ursas; no jargão da Bolsa de Nova Iorque (1840), *urso* (bear) significa especulador que provoca uma queda artificial dos preços (do provérbio: "vender a pele do urso antes de tê-lo capturado"); surge também (43/1) como um dos círculos da Tammany Society (The Bear Tribe, ou Tribo do Urso); a Besta do Apocalipse é apresentada com "patas d'urso" (118/1); nas estrofes 175 e 176 há uma alusão ao personagem urso (Atta Troll) do poema de Heine. Ver: ATTATROLL, BESTA, BEAR e SHE-BEAR.

UTRINQUE FERIENS: 172: (lat.) *utrinque* ou *utrimque:* (adv.) dos dois lados, de parte a parte; *feriens* (partic. pres. do verbo *ferire*): ferir, bater, ou ainda, fraudar, enganar; assim, a expressão significa: ferindo ou fraudando ambas as partes; que fere ou causa dano a uma e outra parte.

V

'VALE': 151/5: saudação latina.

VAMPIROS: 81/2; 139; 151.

VANDERBILTS: 2/5; Vanderbilt-North: 108/5; Vanderbiltes: 148/3: família de capitalistas norte-americanos, que se dedicou especialmente ao monopólio das ferrovias. *Cornelius Vanderbilt,* 1794-1877, foi presidente da New York and Harlem Railway (1863), da Hudson River Railway (1865), e da New York Central (entre Albany e Buffalo), que se uniu à Hudson River, sob o nome de New York Central and Hudson River (1869). Ao falecer, em 4 de janeiro de 1877, na cidade de Nova Iorque, controlava a N.Y. Central and Hudson River, a Lake Shore and Michigan Southern, a Harlem e a Canada Southern Railway e possuía ações em muitas outras. Seu filho mais velho, *William Henry,* 1821-1885, e seu neto, *Cornelius,* 1843-1899, ocuparam postos importantes nas estradas de ferro que presidia e sucederam-no, após a sua morte, na direção das empresas. Ver: CENTRAL e HARLEM.

VARELA LUIZ: 81/2: Luís Nicolau Fagundes Varela, 1841-1865.
VEDAS: 78/2: os 4 livros sagrados da Índia.
VÊNUS-PANDEMOS: 21/1: Pandemos (gr.— de *pan,* tudo, e *demos,* povo), epíteto de Afrodite, patrona das cortesãs.
VERY SMARTS! O! O! VERY SMARTS: 57/1; 149/1; 172/1: (ing.) Muito espertos! Oh! Oh! Muito espertos!
VESPUCCI: 74: Américo Vespúcio, o navegador florentino, 1451-1512. Visitou por quatro vezes o Novo Mundo, já descoberto por Colombo. Os primeiros cartógrafos atribuíram indevidamente seu nome ao continente recém-descoberto.
'VIE DROLATIQUE': 166: provavelmente um trocadilho, fundindo os títulos de dois livros: *Vie de Jésus* (1863), de Renan, e *Les Contes Drolatiques* (1832), de Balzac.
VISGUEIRO, P.: 34: José Cândido de Pontes Visgueiro, magistrado, membro do Tribunal da Relação do Maranhão, desde 1857. Em 1873, ficou conhecido em todo o país por um crime hediondo: matou uma mulher, esquartejou-lhe o corpo e guardou-o dentro de um baú. Julgado pelo Supremo Tribunal, foi condenado à pena de 20 anos de prisão. Quando se deu o crime, pleiteava a sua aposentadoria sob o fundamento de completa surdez. Morreu no cárcere, alguns anos depois.
VOLTAIRE: 155/1: o famoso escritor francês, 1694-1778. Ver: CANDIDE.
VOZ, A: 1; 3, 133; 139; 142.
'VOZ BAIXA': 79/5: autocitação. Nas *Memorabilia,* que introduzem os Canto V a VII, diz Sousândrade: "O Guesa das primitivas eras, senhores, tem direito à calma, à velharia dos tempos de Salomão; e por forma do seu ser, que é sua, fala em voz baixa e, quando muito, grita ou geme, por vezes".

W

WALL-STREET: 105: rua de Nova Iorque, centro do distrito financeiro; o Mercado Financeiro norte-americano.
WALPURGIS: 107: segundo a lenda, noite em que as feiticeiras e os demônios se reuniam no monte Brocken. Inspirou episódios no primeiro e no segundo *Fausto* de Goethe. Ver: FARSÁLIA e GOETHE.
WASHERWOMEN: 128/3: (ing.) lavadeiras.
WATER-HEAD: 91/5: (ing,) literalmente, "cabeça de água" (?).

WATERLOO: 149: batalha em que Napoleão Bonaparte foi vencido pelos ingleses e prussianos, em 1815. Ver: NAPOLEÃO.
WASHINGTON, GEORGE: 102/1; 173: primeiro presidente dos EUA, 1732-1799. Derrotou os ingleses em Trenton e York-Town, Duas vezes presidente da União, em 1789 e 1793. Republicano convicto, recusou a coroa que lhe ofereceram e fez votar a Constituição federal.
WEBSTER: 133/5: Noah, 1758-1843, lexicógrafo e jornalista norte-americano. Em 1807, começou a trabalhar no seu grande dicionário — The American Dictionary — que apareceu em 1828, em dois volumes.
WHEN THE BATTLE'S LOST AND WON, ETC.: 107/1-5: versos extraídos da conversa entre as feiticeiras de Macbeth (1.ª cena do 1.º Ato). Ver: MERRY WIVES e SHAK'SPEAR'.
'WHIPPING POST'. 150/5: (ing.) pelourinho.
WHITE HOUSE: 6/2: (ing,) Casa Branca, residência oficil do presidente dos EUA.
WOLFGANG: 86/2: Ver: GOETHE e WALPURGIS.
WOMAN RIGHTS: 42/5: *Woman's Rights:* (ing.) Direitos da mulher.
WOODHULL, V.: 42: Victoria Woodhull. Ver: CLAFLIN, CORONEL MISS.

X

XEQUES: 1: sacerdotes que realizam o sacrifício ritual do Guesa. Ver: GUESA.

Y

YANKEE(S): 23; 25/3: yanky; 30/3; 49; 136/1; 170; 171/3; 174/2: habitante(s) dos EUA.
YOUNG: 2/3; Young, Esq., manager: 5; Young Esquire: 99: referido no texto como *manager,* i. é, empresário; possivelmente, membro da Canal Ring *Esq.* = (ing.) abreviatura de *Esquire* (correspondente a Exmo. Sr.).
YUNKA: 171/3: Yunca ou Yunca-Chimu, nome de indígenas do Peru, cuja civilização precedeu ao Império dos Incas.

Z

ZAC(S): 74/2; 171: Zaque, título de um dos chefes Muíscas ou Clibchas, da Colômbia. Segundo a lenda, esse rei, ou mais provavelmente o Zipa, que reinava em Bogotá, poderia ser o procurado homem dourado ("el dorado"), que se recobria de ouro em pó numa cerimônia anual de ablução no Lago Guatavita, em homenagem ao Deus Sol.

ZOILOS: 75; 82: críticos invejosos e parciais (de *Zoilo*, crítico de Homero, ridiculamente célebre pelo azedume de suas censuras ao grande poeta).

ZOLA: 166: Émile, o famoso romancista francês, 1840-1902.

ZYON: 15: o mesmo que Sion, uma das colinas de Jerusalém; *templo de Zyon*, referência a *The African Methodist Episcopal Church*, igreja independente dos negros, fundada em 1864.

4. NOVO ÉDEN*

* Este "poemeto de adolescência" — na verdade um longo poema em sete cantos ("Sete Dias") —, escrito entre 1888 e 1889, e publicado em 1893, em homenagem à República nascente, se caracteriza pelo uso da alegoria e de um maravilhoso compósito (com personagens de extração mitológica ou imaginadas livremente pelo autor), ao qual se somam figuras históricas. O "Novo Éden" é a jovem República, propiciatória de uma nova era de liberdade; preludia-o, no texto, a recriação poética do Éden primitivo e do tema de Adão e Eva.

FRAGMENTOS SOBRE ADÃO E EVA

Manhãs d'Éden: unidos, longe-olhando
O sol divinamente jovem, fúlgidos
Viventes raios do grande olho eterno
Aos olhos deles vindo, que não cegam,
Mas os recebem, e aos afetos cândidos
Retribuem, tão cândidos, qual partes
Da Natureza toda, na sua glória,
Iluminada matinal, estavam:
Ora, ao clarão obscuros, vêem flutuando
Do solar reverbero, à cima inúmeras
Rodas gloriosas, púrpuras, scarlatas,
Nos verdejantes ares ... E ouvem rosas ...
E o homem: Cantam, divina! olha-as abrindo!
Que maravilha! quem as abre? Ele? ... Ele!
Mãos invisíveis d'Ele! ... que d'encantos!
Se presente Ele está, meiga, adoremos
A Deus que está presente! — Santo! Santo!
....
Das entranhas da terra nascem — Olha
Como aos céus ergue a terra os seus louvores!
Qual esses vivos, que em teus seios brilham,

Astros de amor! e da campina angélicas,
Tomando-as Deus, nas mãos abre-as: olha uma
Que toda esfolha recendendo aromas ...
E a mulher: O tremor glorioso e mesmo
Abrindo eu sinto interno — ao lado esquerdo
Põe, força, a tua mão! aqui! se é d'Ele,
Se n'Ele estamos, se com Ele somos —
Oh, adoremos! — Santo! Santo! Santo!
. . . .

* * *

Eva, languidamente, abrindo os olhos;
Do torpor amoroso, s'espreguiça
Melíflua, murmurando: — o mal — ... tão meiga
Sorrindo às rosas que ao redor cantavam!
A esse edêneo murmúrio lhe ilumina
A boca em flor: — o bem — que era o tesoiro
Da apaixonada desse beijo de oiro;
Esse que, dizem, põe o selo d'alma
À gratidão do amor entre suspiros:
Oh! bem-aventurado eternamente
Quem nesse instante s'encontrar verídico!
....
Receios toda, Eva assentou-se, ao modo
Que a mulher é do lar sagrado assento;
Assentada, olhos mudos, veladora
Do esposo seu ao lado, o completando.
Porém, não via a Adão! ... Pensou: não beijos
A boca aberta dos noivados risos.
— Abraçou-a, dobrado o cinto alvóreo,
Inclinando-a nas rosas! ... e deixá-la?
Ela o deixou também quando dormia ...
— Eleleleu! eleleleu! — Distante
Serpentes assobiavam; anjos passam
Em desvairado voar; geme-lhe o ventre;
E ela tem medo: — Adão! Adão! esposo!
Ai de mim! ai de mim! — Eva tremia.
Ou sonhara, pensou ainda, co'as rosas? ...
Lembra: quando a chamara Adão, já estava
Ela cansada, e à sombra ia assentar-se;
Tanta fome! no chão, qual cornalina,

Fruto avistou luzente, como caem
Temporãos, e tão lindo, ela o comera
E adormecera logo entre áureos sonhos.
Então viu, a sentir-se toda tonta,
Que o doce fruto, de Jeová proibido,
Era por verde ainda venenoso:
Dói-lhe o estômago; e creu-se morta. Os sonhos ...
Via-o depois de um sonho: e como agora
Aos sentidos lhe vinha esta folhada?
Debalde os belos olhos grande-abertos
Percorrendo ao redor, a Adão não viam.
. . . .
Levanta-se Eva: e folhas veludosas
Umbrando-lhe a cintura: alva, alta, lúcida
Andou direita: áurea figueira andando,
Sisuda, linda ...
    — Oh! ... — vê longe o marido
Nu! ... as faces lhe arderam de vergonha.
Adão colhia os favos aromosos
De mel paradisíaco, os mais loiros
Cachos d'uvas passentas. Merendaram.
E Adão não dera pela falta d'Eva.
. . . .
Da sesta conjugal, do mal já feito
O rosto pudibundo, Eva encantava:
Magnetizou ao homem. Atordoando,
Já das ciências visão sagrada: noite
De vigílias ditosas, vendo os astros,
Dês que o d'Eva escondeu-se, agora os vendo
Nela luzir, que ali lhe dorme ao lado
Estendida no edêneo chão, divina
Coruscante de alvor.

Dia seguinte:
Oh, que formoso dia d'Éden! rosas
Toda a terra; sol grande, iluminando
Áureo o espaço; esplendor os arvoredos;
Cerúleo o etereal, a divindade
Da alma feliz amante; o noivo, a esposa.
Porém, sem que um ao outro s'entendessem,
Ela à nudez, nem ele aquelas cintas.
Além disto, gemendo os horizontes,
Que em alegre trinar amanheciam,
Ais as rolas do amor, angústia as fontes:
Coração principiava; os céus doíam.

* * *

* * *

Banidos do paraíso: olhando para trás,
D'espelho que se parte o relampagueamento
D'estampido seguido e que cegueira faz
Que d'alma a dor profunda apaga no momento,
Viram ... um lago! ao longe ... um monte! ... nada mais.
. . . .
Iam pensando: essa onda ... o monte ... o céu que estronda ...
Quem dessa água a desgraça? ... quem desse monte a graça? ..
. . . .
Já era o pôr-do-sol: cansados do caminho,
Eva chorando, o abrolho, o cardo, a urtiga, o espinho,
Rastos dos pés sangrando: unidos se deitaram
Sem mais o encanto edêneo ... Amar? os céus olharam:
Os astros em fulgor, suas frontes em suor;
Travesseiro? uma pedra. E os astros sempre rindo! ...
Foi quando Prometeus não pôde mais; e trouxe
Dos céus centelha: e ao fogo o homem que aquentou-se;
Toda tristeza ante ele, os olhos reluzindo
Meiga, mortal, calada: ao colo da mulher,
No Éden do amor, o lar cosmopolita, achou-se
Imagem de Deus uno, à carne rosicler;
Forma flor, forma céus, pára-olhos e pára-almas,
Da Criação o amor em gêmeos, dois amores,
Corpos vibrantes dois, duas psíquicas palmas
Os corações em luz, carnariums, sangues, dores
E o ideal Prometeus, a ideal imagem-Deus.

* * *

* * *

Egressos

Do Éden, foi, travesseiro a pedra e o leito
Entre abrolhos e espinhos, que os esposos
Casaram consolando-se: que apenas
Adolescência, puberdade, sonhos,
Ainda nas mãos de Deus se perfazendo
Nevosos copos do alvo seio d'Eva,
Risos, auroras, nos jardins houveram
De delícias, que têm da divindade,
Que Deus não deu ao irracional d'instintos,
Ao qual mandou procriar sem rir nem ciência.
Fosse Eva madre e Adão virilidade,
Não cairiam; mas, tão jovens ... deuses!
Sérpens fazendo espelho; Eva, ao reflexo: — vida!
Limões-diamantes! figo! — E vermelhão tingida ...
Aberto o olhar: ocorrem-lhe *toilettes,*
E despertar Adão, que abra bem olhos
Pra a terra, em vez de ao céus somente olhando:
Feminil garridice após delírios; o homem
Consternado aos de Deus frutos, que não se comem
Temporãos — eram réus, ouvindo *ad auram* Deus.

* * *

ELOGIO DO ALEXANDRINO*

Asclepiádeo verso[1]: à evolução do poema
Das sestas, cadenciar d'altas antiguidades,
Já porque bipartido em fúlgidas metades
Reata em conjunção opostos de um dilema,
E já por ser de gala a forma do matiz
Heleno na escultura e lácio na linguagem
Reacesa, de Alexandre, em fogos de Paris:
Paris o tom da moda, o bom gosto, a roupagem;
Que desperta aos tocsins, galo às estrelas d'alva,
Que faz revoluções de Filadélfia às salvas
E o verso-luz, *fardeur* das formas, de grandeza,
O verso-formosura, adornos, lauta mesa

* O poema é construído, predominantemente, em seqüências alternadas de decassílabos e dodecassílabos. Neste fragmento Sousândrade faz o elogio do alexandrino, remontando, para tal fim, ao asclepiadeu e sublinhando, por outro lado, o prestígio do dodecassílabo na poesia francesa liderada por Victor Hugo. Trata-se de uma reflexão metalingüística, pontilhada por notas irônico-mundanas e percorrida por agudos contrastes de dicção e de vocabulário.

1. *Asclepiádeo verso:* o asclepiadeu, verso grego ou latino composto de quatro pés: um espondeu, um coriambo e dois dáctilos, ou um espondeu, dois coriambos e um jambo.

Ond' tokay, champanh', flor, copos cristal-diamantes
Sobrelevam roast-beef e os queijos e o pudding.
Porém, *mens divinior,* poesia é o férreo guante:
Ao das delícias tempo, o fácil verso ovante,
O verso cor de rosa, o de oiro, o de carmim,
Dos raios que o astro veste em dia azul-celeste;
E para os que têm fome e sede de justiça,
O verso cóndor, chama, alárum, de carniça,
D'harpas d'Ésquilus, de Hugo, a dor, a tempestade:
Que, embora contra um deus o "Figaro" impiedade
Vesgo olhinho a piscar diga *tambour-major,*
Restruge alto acordando os cândidos espíritos
Às glórias do oceano e percutindo os gritos
Réus. Ao belo trovoar do magno Trovador
Ouve-se afinação no mundo brasileiro,
Acorde tão formoso, hodierno, hospitaleiro,
Flamívomo social, encantador. Fulgura
Luz de dia primeiro, a nota formosura,
Que ao Jeová-grande-abrir faz novo Éden luzir.

FRAGMENTOS SOBRE HELEURA

Desde a noite funérea, de tristeza
Heleura está doente. Ara, morrendo,
Nunca perdera as cores do semblante,
Um formoso defunto: "vivo! vivo!"
Gritava a filha p'ra que o não levassem:
"Vivo! vivo!" Prenúncios maus, diziam.
Mas para Ut era crença que, dos túmulos,
Corvos de Odin mandando pelo mundo,
Os mortos melhor cumprem seus desígnios.
Ora, a chorar no tum'lo (Ia, em violetas
Mudada pelo amor), perpétuas meigas
Tornara-se Ut-allah, que o amortalharam.

Fundo silêncio estava dia e noite
Na sombria mansão: de longe em longe,
Como rasgam-se as brisas açoitadas
Por vergônteas, manhãs d'esto, etérea aura
Parecia chamando: Heleura!' ... Heleura! ...
Que ela escutava; e nuns baixinhos ecos
A febre arremedando: *He — lê — u — rous* ...
Heliéiou-urion ... Súbito saltava,

Pesar d'Ut e as Armênias vigilantes,
E as seráficas fraldas apanhando,
Nuzinhos pés, a rir toda, irradiava
No aposento a estelífera carreira
Atalanta de luz. E viam nela
A luzente visão dos cintilados
Limões de luz, de luz níveos triângulos
Nessa da cal mortal brancura, o rosto,
O riso, a boca, os olhos brancos, brancos:
E o maternal diamante em pó desfeito
Que vivifica ao cândido diamante,
Torna-a ao leito Ut-allah: "Heleura! Heleura!"[1]

* * *

Heleura
Mirou-se toda; uma áspide a mordera,
Ela o sentiu; fugiu para o aposento
Alcatifado de cravina e de ouro
E onde sonhos levianos não entravam,

   1. *Heleura* ou *Helê* (em parte, de *Hele,* princesa mitológica que procurou fugir da cólera de sua madrasta montada num carneiro de velo de ouro) é, para o poeta, a encarnação da Liberdade e a musa do *Novo Éden* (a jovem República). *Ara,* rei de Ur, pai de Heleura no poema. *Ut-allah:* ama de Heleura e avatar de sua mãe morta. *Armênias:* aias de Heleura. *Triângulos:* visão luminosa da Estrela da Manhã, na qual se metamorfoseara a mãe de Heleura. *Odin:* deus dos mortos na mitologia escandinava. *Ia* (do grego, ion, ou, violeta), figura feminina que, segundo o poema, se metamorfoseara em violetas, assim como Ut-allah se transforma em perpétuas. *Atalanta:* princesa fabulosa, célebre por sua agilidade. Notar a criação sonora de timbre grecizante *He - lê - u - rous... Heliéiou-uríon ...* com que o poeta procura reproduzir o nome de Heleura ouvido pela jovem no delírio da febre (a associação sonora é preparada no verso anterior com as palavras *etérea aura,* que replicam imagética e fonicamente a *Heleura,* funcionando quase como um dos famosos epítetos homéricos).

Cheiro sentindo de jacintos, vendo
Lábios-luz, verdejantes laranjeiras,
Flores-noivas grinaldas agitando
Sobre um abismo venturoso, em vagas
Como espelhos levando-a, combanidas,
À cristalina limpidez, reférvida
A epiderme num fosfor' luminoso —
Triângulos! triângulos! Semíramis![2]
A alvura e o sentimento! anéis da trança,
Quando as faces beijavam-lhe, incendiam.
. . . .

* * *

Porém, já prontinha
Co'as alvoradas stava Heleura, vendo:
Alta amarela estrela brilhantíssima;
Cadentes sul-meteoros luminosos
Do mais divino pó de luz; véus opalos
Abrindo ao oriente a homérea rododáctila[3]
Aurora! e ao cristalino firmamento
Cygni[4] — esse par de sóis unidos sempre,
Invisíveis; e que ela via claros
Dadas mãos, em suas órbitas eternas
Qual num lago ideal as belas asas
Por essa imensidade ....

2. *Semíramis:* Rainha legendária da Assíria. No contexto sousandradino, é o nome da mãe de Heleura. Aparece sob a forma de pomba luminosa, cujas asas, desdobradas em triângulo, se confundem com a Estrela da Manhã. Ver nota 1.

3. *Rododáctila Aurora:* a Aurora de dedos cor-de-rosa. Epíteto homérico, ousadamente aclimatado ao vernáculo pelo poeta. Estes fragmentos do *Novo Éden*, aliás, oferecem característicos exemplos da dimensão barroquista do estro de Sousândrade.

4. *Çygni:* "Cisnes" (latim). Constelação do hemisfério boreal, vizinha da "Lira" e muito rica em estrelas duplas ou tríplices.

O CAMPO VISUAL DE UMA EXPERIÊNCIA ANTECIPADORA: SOUSÂNDRADE

LUIZ COSTA LIMA

É indiscutível ser a investigação de tipo estilístico, quer com o propósito de análise, quer com o mais profundo de interpretação, a comumente mais válida para a clarificação de um texto poético. Considerando, porém, a obra do poeta Joaquim de Sousândrade, verificamos que ela possibilitava uma abordagem distinta, não necessariamente antiestilística, mas originada de uma angulação diversa. Uma investigação estilística caminha a partir de um produto certo e formulado: o texto, com suas leis internas a descobrir. Pensamos a respeito que poderíamos inclusive oferecer novos veios para a investigação estilística se antes nos preocupássemos em estudar a obra de Sousândrade em relação ao que chamaremos o seu campo visual da realidade. Entende-se, assim, que o nosso foco de orientação passa a estar situado um pouco mais atrás. Não antes ou fora do texto, mas em relação à experiência visual que sobre ele se projetaria. Para isso partimos da idéia de que toda visão da realidade é histórica e internamente articulada. Quando dizemos ser histórica a visão da realidade entendemos que fatores comunitários se combinam a fatores temperamentais, singulares ao indivíduo, para que componham o *grau de abertura emocional* perante o mundo. Isso equivale a dizer que uma mesma comunidade de cultura encara diferentemente o legado das suas gerações passadas desde que a totalidade concreta envolvente modifique o condicionamento da abertura emocional dos seus membros. A arte grega então sobrevive, porém desacompanhada, da forma grega de vê-la. Essa é ainda uma das causas da revalorização de períodos e figuras do passado. Hauser, por exemplo, observa que seria difícil imaginar a reconsideração do barroco antes que o olho ocidental estivesse acostumado à linha do impressionismo. A esta observação concede Walter Benjamim um caráter mais geral, embora ainda a título de hipótese. "É possível" — diz ele explicando a menor força de Hoffmann em relação a Poe, na apreensão de uma rua de grande cidade —

que ao espetáculo cotidiano de uma multidão em movimento fosse ademais preciso que o olho se acostumasse. Poder-se-ia supor — mas é uma simples hipótese — que não é senão após ter operado este trabalho de acomodação que o olho acolhe com prazer toda ocasião de confirmar os seus novos poderes. Neste caso, o procedimento dos pintores impressionistas, que recolhem a imagem no tumulto das manchas coloridas, refletiria simplesmente experiências tornadas costumeiras ao olho do habitante das grandes cidades[1].

A historicidade da visão da realidade aponta, por sua vez, para o seu caráter estrutural. Não vemos as coisas nem passiva nem separadamente do que foi visto antes, ou está sendo visto agora. Vemos o mundo de acordo com a nossa *expectativa* de ver. Isso, por outras palavras, significa ser necessário entender a *Gestalt* dinamicamente: o mundo é visto como articulação de estruturas, como formas associadas, as quais se modificam na medida em que se distinguem os conteúdos históricos.

As características estudadas de historicidade e estruturação interna da visão da realidade conduzem, diretamente, ao que chamamos de grau de abertura emocional perante o mundo. É em relação a este grau de abertura que tentamos compreender a função do artista.

1. *Oeuvres Choisies,* trad. francesa de Maurice Gandillac, Editions Juilliard, 1959, pp. 262-263.

A tensão emocional que psicologicamente o caracteriza, convertendo-se em uma forma de sensibilidade aguda para com o mundo, transforma o artista no homem *vidente,* entendendo-se a palavra na sua exatidão etimológica, sem nenhuma mancha do magismo com que nos acostumam a obscurecer o mundo e, dentro dele, a arte.

Essa qualidade de *vidência* do artista nos leva a distinguir entre o processo genérico de visão da realidade e a sua percepção mais aguda. A essa percepção mais intensa chamaremos de visualização. Não basta, no entanto, falar em um *insight* mais penetrante para que se entenda o significado da visualização. Caberia a respeito perguntar se o que estamos chamando de visualização não se confundiria com o conceito de "consciência possível", oposto por L. Goldmann ao conceito de "consciência real". Pensemos. Numa obra que expressa uma "consciência possível" do mundo, assim violentando a visão comum e generalizada à classe e na época do autor, encontramos, segundo o seu formulador, uma organização internamente coerente, uma articulação equilibrada das partes componentes. Esse é o distintivo fundamental da "consciência possível", com o qual Goldmann pôde demonstrar, no *Le Dieu Caché,* como a intuição artística de Pascal o levara a escolher o fragmento como a forma adequada à sua concepção trágica de mundo[2]. Ora, estudando a obra de Sousândrade chegaremos à conclusão de que ela é o produto de um grande poeta, fracassado pelo dilaceramento interno da sua expressão. Então, ou não há em Sousândrade aquela visualização, violentadora da historicamente encontradiça, ou então, existindo, ela não se confundiria *in totum* com o que se descreve como "consciência possível". A respeito, e com base nas pesquisas sobre o poeta considerado, diríamos que a visualização não implica a capacidade de formular com homogeneidade o que foi percebido agudo e antecipadamente. A visualização decorre de que a expressão da realidade é condicionada pela experiência mesmo física do mundo. En-

---

2. *Le Dieu Caché,* Paris, Gallimard, 1956.

tretanto, se as condições comunitárias não favorecerem o desenvolvimento expressional dessa percepção inusitada, ela manterá um travo interno, uma desagregação básica que a distingue da coerência interna caracterizadora, das obras mestras. A dizer com Hauser: "Para uma mudança radical de gosto e de estilo é necessário, sobretudo, o aparecimento de um novo estrato social com interesses artísticos"[3]. O que significa: sem condições para desenvolver canais expressionais; apropriados à realidade visualizada, o artista está fadado ao fracasso. Esse é o dilema que encontraremos básico em Sousândrade. Dilema de um grande poeta esmagado pelo clima colonial que o cercava.

Comecemos então por mostrar a diferença entre o campo visual comum aos românticos e o próprio a Sousândrade.

1. *A Visão do Mundo do Romântico Brasileiro*

A visão romântica era condicionada por um sentimento de autopiedade. A experiência do mundo convertia-se assim em uma experiência de consumo, em uma naturofagia. Toda a realidade, a natureza, os elementos (o fogo, a água, o ar), os astros, era imolada em favor do eu. Os casos de Gonçalves Dias e Casimiro de Abreu são exemplares. Narra Manuel Bandeira sobre o primeiro que, então estudante em Portugal, se enamorou de moça coimbrã, que lhe correspondeu. Quando tempos depois Gonçalves Dias poetizou o caso já passado, mostrou-se a si como um amante infeliz e não correspondido[4]. Ou seja, o poeta transformou-se em vítima para que fosse mais digno da piedade própria e alheia. A realidade era vista através de

---

3. *Introducción a la Historia del Arte,* trad. espanhola de Felipe Gonzáles Vicén, Editorial Guadarrama, 1961, p. 301.
4. "Gonçalves Dias (Esboço Biográfico)", em *Poesia e Prosa,* II, Rio de Janeiro, Editora José Aguilar, 1958, p. 661.

uma ótica unidimensional, que só admitia a direção intimista, por onde penetrava a experiência do mundo para abrasar o culto do eu.

Conclusão semelhante pode ser retirada na biografia de Casimiro de Abreu das crueldades que o pequeno poeta assacava ao pai. Os biógrafos do autor já se mostraram chocados ao ser descoberto que o velho Abreu antes ajudara os projetos poéticos do filho. Ainda assim Casimiro o modificara. Não por ser propriamente um "mau filho", mas apenas por fidelidade romântica.

Pode-se alegar a arbitrariedade de querer apoiar uma afirmação sobre um poeta ou um período a partir de fatos biográficos. No caso, porém, acontece que a biografia aponta convergentemente para um sentido que se pode desentranhar da obra. Na impossibilidade de um desenvolvimento detalhado nos contentemos com as observações básicas.

O alcance romântico da realidade era curto mesmo pela emoção que presidia a sua visão. Daí decorre o fato de o universo poemático de Gonçalves Dias apresentar um caráter fixo, em que as associações são previsíveis, carentes de uma linguagem transfiguradora, dados bem notados pelo crítico Othon Moacyr Garcia[5]. Mesmo uma leitura de passagem dos seus poemas comprova a aguda observação do crítico:

Os peixes pasmados de súbito param
No fundo luzente de puro cristal;
Fantásticos seres assomam às grutas
Do nítido âmbar, do vivo coral! ("A Mãe D'Água");

Já lento o passo, no cair da tarde,
Lá nos desertos d'abrasada areia ("A Flor do Amor");

O modesto varão constante e justo
Pensa e medita nas lições dos sábios
E nos caminhos da justiça eterna
Gradua firme os passos ("O Homem Forte");

---

5. *Luz e Fogo no Lirismo de Gonçalves Dias,* Rio, Livraria São José, 1956.

Muitas vezes tenho ouvido,
Como lânguidos gemidos ("Os Suspiros");

Linda virgem semelha a linda rosa
Que se abre ao romper d'alva ("A Virgem").

A enumeração é ociosa.

Enquanto Cassiano Ricardo considera o indianismo de Gonçalves Dias de qualidade superior, porque fosse vivido[6], uma análise de texto mostra que, ao contrário, o poeta era bastante romântico para que pudesse exercer uma apreensão realista. Ao contrário desta, o seu índio é um personagem típico, encarnando as características que a tradição européia ensina serem as próprias e dignas de um herói.

Um velho Timbira, coberto de glória,
Guardou a memória
Do moço guerreiro, do velho Tupi!
E à noite, nas tabas, se alguém duvidava
Do que ele contava,
Dizia prudente: "Meninos, eu vi!" ("I-Juca Pirama").

Sentado em sítio escuso descansava
Dos Timbiras o chefe em tronco anoso,
Itajuba, o valente, o destemido
Açodador das feras, o guerreiro
Fabricador das incansáveis lutas. ("Os Timbiras").

Dos Gamelas um chefe destemido,
Cioso d'alcançar renome e glória,
Vencendo a fama, que os sertões enchia,
Saiu primeiro a campo, armado e forte (etc., etc.) (idem).

São ambos fortes: o Timbira ardido,
Esbelto como o tronco da palmeira,

---

6. "Gonçalves Dias e o Indianismo", em *A Literatura no Brasil,* vol. I, tomo II, Rio de Janeiro, Editora Sul América S.A., 1955.

Flexível como a flecha bem talhada.
Ostenta-se robusto o rei das selvas;
Seu corpo musculoso, imenso e forte
É como rocha enorme, que desaba
De serra altiva, e cai no vale inteira (idem).

É verdade que Gonçalves Dias não é apenas isso. Mas o que resta do outro — por exemplo, com a linguagem mais sensível:

Por onde o rio em tortuosos giros,
Queixoso lambe as empedradas margens ("Os Timbiras");

com o ritmo menos submisso à melodia:

Em fundos vasos d'alvacenta argila
Ferve o cauim.
Enchem-se as copas, o prazer começa,
Reina o festim. ("I-Juca Pirama")

— parece bem pouco para tanta fama.

Uma análise mais detida da visão do mundo do romantismo brasileiro, o que apenas aqui esboçamos, mostraria como a sua naturofagia caracterizadora era intimamente causada pela posição ambígua do escritor romântico dentro da sociedade: ao mesmo tempo um beneficiado e um ausente de participação no circuito socioeconômico. Como filho de família remediada, futuro funcionário público, o romântico tinha um contacto mínimo com a realidade. Daí que a hostilizasse (como Gonçalves Dias nos dá prova no prefácio aos *Primeiros Cantos*) e assim, sem nenhum aguçamento crítico, tendesse a refletir hábitos e modas de um país econômica e culturalmente submetido. O caráter reflexo da nossa economia, dirigida pelos interesses de um mercado externo, fazia com que quanto maior fosse o fastígio econômico mais crescesse a atração pelo estrangeiro. Quanto mais opulento era o meio, mais alheado de si mesmo se tornava. No caso específico do Maranhão da época que nos ocupa, o professor Jerônimo Viveiros mostra, na sua preciosa *História do Comércio no Maranhão,* como as importações cresciam na proporção em que subiam os lucros com o algodão[7].

Mediante uma perspectiva semelhante, verificar-se-á não só a vinculação que há entre o desenvolvimento cultural de São Luís no século passado com o incremento da exportação do algodão e da indústria posterior do açúcar (o que não deixa de ser claro), como também a relação entre o caráter de uma economia reflexa e o caráter "ateniense" da literatura aí praticada, de que Sousândrade e João Francisco Lisboa parecem as únicas exceções.

Voltando a Gonçalves Dias, ao sair de si mesmo ele visualizava a realidade numa capa de eloqüência ritmicamente sustentada, em termos fixos e em personagens típicos. Entre a sua posição de poeta intimista consumidor da realidade e a de funcionário público não havia discrepância. Em qualquer lugar, qualquer acidente podia ser modificado de maneira a se converter em emoção poética e daí em expressão de autopiedade.

Note-se a discrepância de Sousândrade.

Que sentido poderia ser extraído da biografia de Joaquim de Sousa Andrade? Filho de fazendeiros da cidade de Guimarães, educa-se na Sorbonne, onde se bacharela em letras, e se diploma engenheiro de minas. Tenta a agricultura, logo a abandonando. A sua vida é uma peregrinação constante pela França, pela Bélgica, pelos Estados Unidos, pelo Chile, pelos países cisplatinos. Velho, quase reduzido à miséria, abandonado pela esposa e pela filha, que se mudam para Santos, onde instalam um colégio, é nomeado professor de grego do Liceu do Estado do Maranhão, cargo no qual parece não ter tido muito a quem ensinar.

7. *História do Comércio no Maranhão,* volume 1.º, São Luís, 1954, p. 128.

Deixando um momento de lado a significação da sua moradia nos Estados Unidos, sobre a qual nos referiremos depois, daqueles dados podemos extrair uma primeira pergunta: por que Sousândrade não se fixava, só o fazendo quando pouco mais lhe restava além da quinta da Vitória? Não o prejudicaria a falta de amizade: encontramo-lo, presidente da primeira junta de intendência do Maranhão e Domingos Barbosa informa de sua amizade com o Presidente Prudente de Moraes[8]. Antes parece ser o caso da inadaptação a uma vida sedentária por decorrência de uma visão do mundo, poeticamente comunicada. Clarindo Santiago, que o conhecera, diz identificar-se Sousândrade, no fim da vida, com o destino do seu personagem, o Guesa, informação corroborada pelos contemporâneos ainda vivos, do poeta. O Guesa, como era indicado antes do Canto I, é um índio que se sacrifica em ritual propiciatório para aplacar a vingança dos deuses. Quem conheça o contínuo errar do poeta e a desconfiança com que era recebido em sua terra não estranha a identificação a que Sousândrade era levado:

— A nostalgia, *Vale,* do deserto,
Que aos forasteiros punge eternamente
Procurando uma pátria: os céus, tão perto
E deles, da formosa pátria ausente (C.XII, 322)[9].

Dos céus os corações se ressentiram
(Oh, partir sempre e sem chegar mais nunca!) (C.XII, 324).

Abandonando uma experiência de consumo da realidade, Sousândrade cortou a possibilidade de se adequar a uma vida placidamente burocrática. Nele se desenvolvia uma concepção dramática do

8. "Sousândrade", *Silhuetas,* Maranhão, Imprensa Oficial, 1911.
9. *O Guesa,* Londres, Cooke & Halsted, s. d. As indicações de páginas referem-se sempre a esta edição.

mundo, que o tornava propenso à marginalidade. O seu campo visual, não evitando o contacto com a realidade exterior, em uma época em que o autor não encontrava mestres,

> Ele afinou as cordas de sua harpa
> Nos tons que ele somente e a sós escuta;
> Nunca os ouviu dos mestres — se desfarpa
> Talvez por isso a vibração d'inculta
> No vosso ouvido. Que aprender quisera,
> Sabem-no todos. (C.V., 101)[10]*

nem eco[11], dilacerava a possibilidade de uma vida de "ateniense" e o convertia em um "poète maudit". Um maldito que não se lamenta, mas transfigura o seu desencontro na expressão do mundo como prisão:

> *Reservado* é o mundo, em que o homem
> É o selo co'as armas do Autor (C. X, 246).

Se esta abertura condicionava a modificação de um próprio roteiro de vida, tampouco deixaria de reformular a temática tradicional.

2. O *Amor Romântico e em Sousândrade*

2.1. *A abertura erótica*

Ainda a experiência amorosa era inibitória para o romântico. Mário de Andrade observou como no poeta romântico o amor convocava o

---

10. MS de *Harpas de Ouro*, as indicações de páginas seguem a enumeração do MS.
11. Embora a leitura do *Semanário Maranhense* apresente uma certa influência de Sousândrade em Flávio Reimar (pseudônimo de Gentil Homem de Almeida Braga), ela é insuficiente para que se opusesse ao tom jocoso com que o poeta era considerado em geral.

medo[12], restringindo-se assim a sua convergência emocional ao aspecto meramente subjetivo-individual. Deste modo, embora conhecessem a lírica camoniana, não refaziam a sua experiência fundamental: Camões superava os poetas dos Cancioneiros medievais e um Bernardim Ribeiro a partir da posição que ele assumia diante do sentimento amoroso. Em lugar do confessionalismo daqueles, que limitam o seu campo de apreensão às suas reações meramente pessoais, Camões curva-se sobre a sua experiência sem procurar a palavra como um abrandamento. O amor vive em Camões como palavra de dizer o ser inscrito, não como um instrumento de lenitivo.

A tanto não chegaram os nossos românticos. Já tem sido notado que a maior recorrência de clichês, de tom eloqüente e exclamativo, aparece nos poemas inspirados em experiências amorosas verdadeiras (seria exceção o "Ainda uma vez, Adeus!" de Gonçalves Dias). Esse encontro com a linguagem menos transfiguradora deriva do fechamento emocional, do comprazimento com o eu e com o sentimento da amargura. Em Sousândrade, é outra a dimensão. Enquanto os românticos descobrem no amor, quando mito, uma qualidade sensual ou meramente lírica, no Sousândrade das partes realizadas, o amor é a presença de Eros, totalidade de encontro.

> Altos seios carnudos,
>   Pontudos,
> Onde há sestas de amor. (C. II, 25)

> E qual em céus levantes se anunciam
>   Os fulgores divinos da manhã,
>   Desejos-c'roas lhe resplandeciam
> Que de si verte a fronte-talismã.
> Via o Guesa a tez branca s'eriçando,
>   Veludosa ... quão branca! e luz-negrores
>   Melífluas tranças se desanelando. (C. IV, 82)

12. "Amor e Medo", *Aspectos da Literatura Brasileira*, São Paulo, Livraria Martins Editora, s. d.

Este segundo trecho participa de episódio que nos interessa pelo entrecruzamento que oferece entre romantismo usual e peculiaridade sousandradina. Há no princípio inclusive um pouco do "amor e medo" misturado ao seu tom próprio:

> Sobre seu coração abandonada,
>   Branca estátua da grande formosura,
>   Mirava o Guesa Errante a namorada,
>   Como quem se temesse da ventura. (81)

Contudo, já a sensação de melancolia que a mulher possuída lhe transmite se distingue da tristeza "mal du siècle". Embora sem alcançar uma fusão expressional acabada, Sousândrade comunica que o amor lhe transmite, em sua brevidade, uma nostalgia de mais, de mais eternidade:

> Ó bela, ó bela terra de alabastro,
> ....
> Dás paixão...........................
> E a paixão cansa; do ideal a sede
> Jamais saciada, cansa; muito embora
> Punjam-se os seios na alvejante rede,
> Viçosos, nus; na coifa luzidora
> "A fronte se mergulhe endoidecida
> Embora, ...   (idem, 81)

O poeta se amplia para o espetáculo do mundo, onde a vida impregna as formas:

> Donosa Hela dançava, coleando
> Qual lâmina estelar que irradiosa
> Luz-refrata-se e ondula alva aclarando
> A bela onda em que está   (C. X, 212)

Instaura-se uma poética de concretude, aberta para o mundo. E é interessante notar que, enquanto todos os nossos românticos se mantiveram em um nível escasso de alcance da realidade, formulando, quando muito, uma descrição adequada de estados sentimentais, Sousândrade abre a sua poesia para uma dimensão ontológica. Nada disso é acidental. A sensibilidade não é alcançada senão quando o criador é capaz de se colocar fora de si mesmo, estando fora por um alongamento da sua visão de dentro. A arte realiza-se por objetivar. O que vale dizer, o problema primário do artista é o de, sendo sensível, no entanto, não se encerrar na sua sensibilidade, e o de, intuindo o "desconcerto do mundo", no entanto, não evitar o mundo.

Sousândrade não o evitara. Por diversos caminhos — pela análise da figura do Guesa (o marginal que faz patente o poeta) como vidente, pela análise do tema da natureza como livro aberto, pela análise da dimensão política do seu pensamento — pode-se, compreender a inter-relação entre sentimento de drama (oposto ao de *self-pity*), visualização aberta e nível (de aproximação ou alcance) ontológico. No desenvolvimento deste ensaio teremos ocasião de ir comprovando o afirmado. Continuemos na observação do tratamento do amor.

No livro *Harpas de Ouro*, que o poeta deixou inédito e os críticos até hoje desconhecem, Sousândrade tenta identificar a "musa cívica" com a "musa-amor". O poemeto, de propósito republicano, trata do seu amor pela Princesa Isabel, que teria sido proibido ao serem descobertas as suas idéias antimonarquistas. Na verdade, porém, pouco disso chega a ser tratado. A obra atinge um tal nível de atomização da linguagem que se faz cifrada; rara a estrofe que se continua na outra.

> Entre os astros, sagrados montes
> Feliz o asilo da paixão.
> Puros jardins, sonoras fontes,
> E virginal um coração
> Vibrando aos claros horizontes
> E encantado à etérea soidão.

Quis ser em chegar primeirinha
Oh, a gentileza do lar!
A tudo dispor; pra onde vinha
Sem dizer e onde a s'encontrar
Fé, por sugestão que adivinha,
Alma que espera.
Hei de, lhei de a (achar?)

Doces miragens, adeus! Vejo
Na profundez do coração,
O interno oceano do desejo,
D'Heleura a ideal solidão:
Vos deixo a Deus. Deixai-me o beijo
Preço da livre sem senão:

Doutra dona oh, a inteligência
Dona mas, setim branco e flor!
Menina e moça, áurea existência
Musa cívica e Musa-Amor!
Fotografaram-lhe a aparência
Que um pensamento houve a transpor ... (p. 1)

Essa atomização não implica que no inédito não se repitam alguns dos achados mais fecundos de Sousândrade. A sua expressão sintética, em que a palavra nova composta introduz uma dinamicidade estranha à época, distingue algumas das estrofes:

Mundo-novo riso açucenas,
(O riso-céus!) Vejo-a na luz
Musa armada, Minerva-Atenas,
Força e firmamento azuis (p. 2)

D'alto Sol Zênite e tamanho,
Co'os rouxinois negros da luz
Ante auroras, fixo, ermo, estranho,
Que ao mundo aclara e a vida induz (p. 4)

Quem não ama curva-se, oh bela,
Sob arcos d'aliança-amor? (p. 6)

E qual ao mar volve-se a espuma,
O térreo à terra incorporou
E às ações vivas uma a uma
O espírito que aí separou
E o tempo jamais o consuma,
Alma que ao mundo iluminou (p. 9)

Ser teu *Great Dog*: e tu meu Sírio!
Oh, borboleta-girassol!
Gênio-amor! oh, luz-delírio!
Oh, tanta luz! Tanto arrebol
O riso-céus! e o lume e o lírio
De teus cabelos de crisol! (p. 12)

São estrofes ou versos onde volve repentino o gênio malogrado de Sousândrade. Nenhuma, porém, excede a estrofe que abre a p. 26 do MS:

Sacrifício da esp'rança o inseto
Entre os florões do roseiral
Co'o alfinete "I am busy" penetro
O verde-brando dorso, e qual
Dela os cabelos no ombro abertos
Tremem as asas do mortal.

Na estrofe inédita condensa-se o Sousândrade antecipador da linguagem-síntese e antidiscursiva, que seria desenvolvida depois por poetas estrangeiros, mostrando-a como o canal de comunicação adequado para a expressão objetiva e combatente da realidade contemporânea. Com efeito, Sousândrade é o único poeta brasileiro que, antes do modernismo, antecipou formas que só depois se desenvolveriam dentro do acervo poético internacional. Só ele não foi mero reflexo de correntes européias. Por isso mesmo ele se tornou o mais incompreendido dos poetas pré-modernistas.

De todo modo, a respeito especificamente do *Harpas de Ouro,* qualquer juízo definitivo, quer sobre o próprio texto, quer sobre o significado da atomização a que o poeta chegou há de ficar em suspenso até que a publicação integral do MS possibilite o trabalho conjunto dos críticos. Afinal, apenas começam os estudos sobre Sousândrade. Entretanto, algumas observações parecem desde logo viáveis. Em primeiro lugar, o *Harpas de Ouro* deve representar versos de circunstância. Talvez mesmo uma tentativa de escrever com uma *free imagery,* embora o poeta sempre buscasse desenvolver o tema básico acima indicado. Essa é uma hipótese de trabalho, sobre a qual não cabe insistir na atual etapa das pesquisas. Adiantemos apenas que o fracasso do *Harpas de Ouro,* comparado com o episódio do "Inferno de Wall Street", parece mostrar a importância do contato mesmo físico com a realidade para o tipo de expressão que se busca firmar. O que vale dizer, a visualização da realidade é a condição prévia para a descoberta do correspondente estético pelo artista.

Para que essa visualização, porém, se transforme em um bloco expressional internamente coerente é, ademais, necessário que o artista visualizador encontre uma *tradição* — entendida a palavra como a soma de canais de comunicação trabalhados e internamente articulados quanto a uma determinada visão das coisas — para que possa sobre ela depurar e desenvolver o que lhe é entregue pela visualização. Ora, como analisaremos melhor a seguir, Nova Iorque por volta de 1870 oferecia esse correlato visível que Sousândrade iria apreender para o episódio citado de *O Guesa.* Enquanto isso, no fim de sua vida, Sousândrade recorria à atomização do verso na busca de descobrir um outro correlato estético, correspondente à sua situação em São Luís, onde se cortava a possibilidade de uma continuação da linha do "Inferno de Wall Street". A atomização a que então chega indica agora a busca de encontrar um caminho além dos correspondentes físicos externos. Contudo, não havia possibilidade de canais de comunicação para essa outra dimensão na realidade, que lhe permitisse ser um surrealista *avant la lettre*. Cortava-se então a última forma de acesso de Sousândrade à realidade e, daí, ao poema.

Mas o *Harpas de Ouro* pode favorecer observações menos hipotéticas. Assim, a identificação entre o poeta e o Guesa — símbolo do que se imola pela comunidade dos homens — anteriormente estabelecida, volta a se dar. Entretanto, não se trata agora de uma interpretação simbólica, mas de caráter direto. É de si diretamente que fala Sousândrade e lamenta:

> Armas com que fiz a república
> Pontas voltaram contra mim
> Antes deixasse a raça lúbrica
> Em seu hediondo chinfrim (p. 45 do MS).

Uma segunda observação é provável: o poeta intenta inscrever uma visão dramática da realidade em um plano do imaginário, que não chega a ser alcançado. O amor que ama em si não existe em um plano diverso das suas idéias políticas. Ao contrário, o amor sai a campo e é proibido mesmo por não haver se ocultado. Essa forma de fracasso não aconteceria a outro romântico, porque ela implica uma visualização que não converge para uma experiência de consumo.

Entre *Harpas de Ouro* e o episódio de que nos ocuparemos agora, do Canto I do *Novo Éden,* difere o resultado estético final. Poderíamos, no entanto, acrescentar que o resultado estético é conseguido mesmo porque se mantiveram os fatores que nas *Harpas* falharam: abertura emocional (ausência do sentimento de autopiedade), visualização dramática (não experiência consumidora).

2.2. *Do amor a uma concepção do homem*

Sousândrade toma a narração bíblica de Adão e Eva e a converte num mito da inauguração do homem. Segundo os etimólogos, a palavra *mythos* no grego sofreu um largo processo de modificação semântica. Tendo por raiz *mü, mu,* quis dizer, a princípio, "a expressão não-verbal de lábios abertos" e, por derivação, o "cerramento da boca". Da mesma raiz sai o verbo grego *müein, myein,* "fechar, fechar os olhos", do qual se derivam místico e mistério. Daí que mito e mistério, segundo Erich Kahler, em que nos baseamos, viessem unidos desde a sua raiz. Posteriormente, por inversão do seu significado, *mythos* significou *a palavra,* "que contém a mais antiga e original expressão das origens do mundo", em contraposição aos aproximados *epos,* "palavra da narração humana", e *logos,* "a palavra como construção racional"[13]. Dentro deste sentido, derradeiramente, o único válido, que outro poeta brasileiro anterior a Sousândrade formulou uma interpretação mítica? No poeta maranhense, a história adânica converte-se em narração mítica na medida em que dela transparece uma palavra instauradora da condição humana. Para tanto foi abandonado o sentido da alegoria bíblica: o que importa não é a queda do homem, mas haver-se o homem feito a si através da queda.

No início do mito a paisagem se entrega radiosa sobre o Éden:

> Manhãs d'Éden: unidos, longe-olhando
> O sol divinamente jovem, fúlgidos
> Viventes raios do grande olho eterno
> Aos olhos d'eles vindo, que não cegam
> Mas os recebem, e aos afetos cândidos
> Retribuem, tão cândidos, qual partes
> Da Natureza toda, na sua glória,
> Iluminada matinal, estavam:
> (1.º Dia da Criação)[14]

---

13. Baseamo-nos integralmente na citação de Edwin Honig, no livro *The Dark Conceit, Evanston,* Northwestern University Press, 1959, p. 187.

14. *Novo Éden, Poemeto de Adolescência,* Maranhão, Typ. a vapor de João d'Aguiar Almeida, 1893.

Deposita-se a inocência sobre os dois:

Noivos. À sesta os dois adormecidos,
Tão fraternos, tão cândidos, tão puros,
Ao lado um do outro, os gênios d'inocência,
De força humana e de nobreza ... (idem).

Eva, porém, houve de perder o sono. Pôs-se a contemplar Adão:

. . . . acontecera
Eva perder o sono. Era menina;
Não sabia o que tinha: desejava
E sem saber o que, tanto era o enlevo
Paraisal! Ora, a Adão que ali ressona
Tranqüilamente, tão tranqüilamente,
Ela, num braço a fronte alevantando,
Se pôs a contemplar, toda amorosa (idem).

E depois partiu:

Multidão de existências pressentia
Nos céus de si, d'estrelas interiores
Que nela existem, dentro lhe cintilam
E gritam pela luz. E andando, e andando;
Sonora, a desarmar laços-serpentes;
Um qual sol deslumbrante a circundava,
Nimbo sagrado em que ela vive e que eram
Do homem os pensamentos a seguindo
Nas sombras, nas clareiras. Nua, bela,
A sós, meio dos grandes resplendores,
Os cabelos ondeosos lhe dourando
Do mármor-branco o dorso refulgente
Que esfulgia em fagulhas, sempre andando
E andando: no Éden o astro irradiava!

Se parte, porém, é para que retorne. Onde Adão a espera, a espera o homem-em-amor:

> Tanto andou que, perdida e dando voltas,
> Veio ... ao mesmo lugar donde saíra.
> Sorriu piedosa ao ver que despertara
> O dorminhoco, e já fazendo agora
> Camas de frescas rosas encarnadas
> Colhidas mesmo donde nasce o ouro,
> Delas seiva, o Fiso à borda, olentes
> De fazerem loucura . . . .
> . . . .
> Adão que acena, o cérebro glorioso
> D'Eva brilha puntiúnculos diamantes:

No amor se encontram. Do amor se prostram:

> E um pomo feito luz, lírio que incende
> Ao sol, vem vindo: e cintilante e fúlgida
> Ela; ele grande e iluminado e trêmulo
> Beija-lhe a — boca dos evanos risos,
> Co'o braço esquerdo enlaça o alvóreo cinto,
> Qual ao través de um íris d'aliança
> Penetrando serpente no paraíso,
> Inclinando-a nas rosas. Tão ingênua,
> Tão sem juízo, tão risonha, exposta,
> Indiferente, fria, oh! como estava
> Deliciosa Eva! ... Ora, um relâmpago
> Dos céus toda a cegou. Amortecera,
> Porque é mortal a sensação dos gozos
> Ignorados na luz, tétana, lívida,
> Favo de mel que um raio aceso esmaga,
> Os sentidos perdeu. (idem)

Este é o primeiro círculo do mito. O homem descobre o amor que o projeta para o outro. O homem é a alegria do encontro. Adão e

Eva, como primeiros pais, inauguram um ritual que depois se renova com cada ser. Neste círculo, o homem é a criatura-irradiante. Prelúdio da humanidade. Logo, porém, o amor produz fruto. E Eva estremece diante da carga que amor lhe doa. O homem agora, no segundo círculo, abandona a aurora e pela dor penetra na humanidade:

> Eleleu! eleleu! — Distante
> Serpentes assobiavam: anjos passam
> Em desvairado voar; geme-lhe o ventre;
> E ela tem medo: — Adão! Adão! esposo!

Eva dissimulava a sua "culpa"; fora Adão que a chamara quando de cansaço buscava a sombra. Sousândrade apanha de Eva a referência encoberta ao coito de amor — numa antecipação de um discurso indireto aparente (o pensamento de Eva aparecendo através da narração do poeta) — explicando-o como o colhimento do fruto de que Eva tinha fome. Se neste passo, Sousândrade ainda se guia pela imagem bíblica, embora a modificando, ou retirando a dubiedade primitiva, a passagem a seguir é do seu puro arbítrio. O fruto, continua o poema, estava temporão e agora lhe dói. E a Adão a companheira não encontrava. Eva começa a aprender que a presença amorosa impõe, dialeticamente, a sua ausência. Adão colhia os alimentos da sua fome terrestre. E Eva, ao procurá-lo, encontra o sentimento novo da vergonha

> Levanta-se Eva: e folhas veludosas
> Umbrando-lhe a cintura: alva, alta, lúcida
> Andou direta: áurea figueira andando,
> Sisuda, linda ...
>   Oh! ... — vê longe o marido
> Nu! ... as faces lhe ardem de vergonha.
> Adão colhia os favos aromosos
> De mel paradisíaco, os mais louros
> Cachos d'uvas passentas. Merendaram.
> E Adão não dera pela falta d'Eva.

Mas o sofrimento não substitui linearmente a alegria do primeiro círculo. Ele a acresce:

> .... E na existência riam-se ambos,
> Sem denúncias da terra, tão felizes,

Até que os céus trouxeram a desconfiança para Adão. Eva, ao falar, quebrara o Éden. A palavra desfez o paraíso:

> Quando os céus trovejaram ...
>   Estava negro
> Adão traído d'Eva ....
> Apartou d'Eva o olhar; e emudeceu.
> ....
> Ontem ... pra que falara a edênea boca?
> Aos risos celestiais, o seu tesouro,
> Mais que os rubis do Cântico dos Cânticos,
> Mais que a fragrância dos preciosos nardos,
> Mais do que as frases do consolo brandas,
> Ou raios da verdade, — o seu tesouro,
> O maior, é o silêncio! E Eva falara.

E os céus então se fechando indicaram um caminho dirigido para a morte:

> Os céus fechando, respondiam: morte!

Senhor da palavra, extinta a inocência, Adão defende a mulher e esquece a presença da morte. Para completar-se o homem, só restava a expulsão do Éden. Disso se encarrega um querubim que os denuncia:

> — Agora...
> (E Adão bem viu que há invisíveis, esses
> Que vão aos céus contar o que fazemos)
> Oh — paciência de Deus — ! peles vestidas,

> Carnes comidas que têm fome e frio,
> C'o fruto do saber, ó vós fermentos,
> P'ra fora do paraíso! ....

Adão leva a serpente dentro de si e com ela trava luta perene e desamparada. Penetra-se no terceiro círculo do mito: o homem no caminho do mundo. Do amor esvazia-se de encarecimento para em troca alongar-se em encontro de corpo e psique:

> Já era o pôr-do-sol: cansados do caminho,
> Eva chorando, o abrolho, o cardo, a urtiga, o espinho,
> Rastos dos pés sangrando: unidos se deitaram
> Sem o encanto edêneo ...Amar? aos céus olharam:
> Os astros em fulgor, suas frontes em suor;
> Travesseiro: uma pedra. E os astros sempre rindo! ..
> Foi quando Prometeus não pôde mais; e trouxe
> Dos céus centelha: e ao fogo o homem que aquentou-se;
> ....
> Da Criação o amor em gêmeos, dois amores.
> Corpos vibrantes dois, duas psíquicas palmas
> Os corações em luz ....

A inocência se transformara em conhecimento; Eva se mudara em Maria:

> .... Eva por Maria
> É a inocência pela consciência.

E Sousândrade encerra a narração do mito, em trecho de que transcrevemos apenas os dois versos que mais importam:

> —Vergonha, que fez perda do paraíso,
> Tornou-se d'Eva a salvação do mundo.

O mal instaurou o mundo e, dialeticamente, com ele o bem de que se fez capaz a condição humana.

3. O *Fracasso de um Tema: a Natureza como um Livro Aberto*

A abertura visual sousandradina provoca o autor para expressar um dos mais antigos topos da literatura ocidental: o mundo compreendido como um livro a ser decifrado.

> .... Oh, natureza,
> Quanto ocultavas tu sem amostrares,
> De luz, de sons e d'íntima beleza! (C.VI, 132)

> Da natureza eu leio à luz da estrela
> No livro universal, que tenho aberto (C. C., 123)

Na verdade, porém, os seus êxitos são raros neste ponto. É flagrante a interferência de um hugoanismo verboso e rimado (embora a influência do poeta francês pareça ser maior, atingindo-o não só por um lado negativo; é estudo ainda a fazer). A sua apreensão naturalista é fugaz como o vôo dos gansos ou como o trem que corta a paisagem:

> Movendo as asas vão lívido-etéreas
> Os gansos docemente viajando —
> Lá vão eles! as vozes pelos ares
> Longes (C.V. 125)

> Do rio ao longo sibilando voa
>   A serpente dos trens, lançando adiante
>   Nas águas o clarão. (C. X. 212)

Quando, porém, Sousândrade consegue dominar ou diminuir a empostação romântica, o seu poder tenso de palavra metafórica se eleva muito acima da média romântica. O trecho seguinte é, sob este ângulo, de transcrição fundamental:

> Ditosas terras, campos cultivados,
>   Cobertos de rebanho e loiro trigo;

E do vinhedo os odorantes quadros
   Dos álamos flexíveis ao abrigo;

A chilena geórgica; o encanto
   Da gradação dos climas — da verdura
   Dos vales, donde o choro ouve-se e o canto,
   Até os cumes de aridez e agrura;

Acesos rubro-ardendo nas encostas
   Ou carvão negro, ou alva cinza os cardos,
   Áridos ventos — lembram as remotas,
   As existências místicas dos bardos;

Puras regiões das meigas sensitivas
   Lânguidas-peregrinas florejantes;
   E as torrentes de soltas pedras vivas
   Nos fundos precipícios delirantes;

Nos vales a colheita, o estio, as flores,
   As lindas ondas, que fugindo saltam,
   Tendo dos gelos, donde vêm, as cores; (C. XII, 319)

Mesmo num trecho de boa qualidade como este ainda se encontra o exclamativismo romântico. Por ele se depreende como, de modo geral, o poeta permanece aquém do que procura. Assim a intuição das correspondências, posterior de pouco a Baudelaire (embora o Canto VI, onde aparece, seja quase do mesmo tempo de *Les Fleurs du Mal* — 1852-7 para 1857 — é sabido que Baudelaire tratou do tema das correspondências já quando do "salon" de 1864), é grosseira e, esteticamente, apenas sofrível:

   Em seu dia final quando é-se humano
   D'alma sentindo as meigas relações
   Que há entre os céus e o homem soberano,
   Entre esta amante terra e os corações! (C.VI, 132)

Em um caso todavia, pelo menos, o poeta conseguiu fundir expressionalmente a idéia das correspondências: a existente entre o destino do homem e o sentido das coisas da natureza.

> Tão só, na viva terra, treva-túmulo,
> Cadav'res a folgar vida mesquinha? (C. X, 199)

A natureza é como o traje feito sob medida para o homem. A posição de "treva-túmulo" a que a natureza conduz se ajusta à situação de um destino que se verga para a morte.

> Também pensei que fosses tu aurora
> E eu noite — ai! que nem um, nem outro é o dia! (C. X, 261)

São porém versos excepcionais na obra de Sousândrade, que não devem ser encarados como a sua marca freqüente. Versos raros mas que, por outro lado, bastam para ultrapassar a generalidade dos românticos brasileiros.

A nossa análise até agora, em poucas palavras, se resumiu em mostrar a visão antecipadora de Sousândrade e a sua frustração. Afinal por que essa participação é presente no autor?

4. *A Dimensão Política*

Sousândrade descreveu suas convicções republicanas em obras não apenas poéticas, como em pequenos artigos publicados na imprensa de São Luís (veja-se, por exemplo, no *Pacotilha*, 27.11.1889, a nota intitulada "Práticas Familiares da Democracia"). Em um e outro caso, porém, sempre fundamentou a sua posição num lastro pouco vinculado à realidade. A leitura inclusive das suas colaborações em *O Novo Mundo* nos mostra um Sousândrade forçosamente mais consciente do labor poético que da solução das implicações sociais dos seus problemas. Isso pode ser notado pela comparação entre a nota de 23 de abril de 1874, onde desenvolve suas idéias sobre a tradução, e a nota de 23 de setembro do mesmo ano, onde analisa o que poderia o Estado fazer para a melhoria do nível das artes e da literatura no Brasil.

No primeiro, são encontradas reflexões que implicam o desprezo da tradução meramente literal. Sousândrade incorpora-se então ao que pregam grandes tradutores como Pound ou ensaístas da questão como W. Benjamin[15] ou Haroldo de Campos[16].

Cremos que uma tradução métrica e literal de um poeta não é obra senão quando translada o mesmo pensamento e o mesmo sentimento do original (...) A arte do tradutor não está em procurar traduzir palavra por palavra. Dois termos podem ser vertidos muito literalmente e entretanto perderem na tradução a força que a sua combinação lhes dá no original. A dificuldade da arte de traduzir está em produzir nos que lêem a tradução *os mesmos* efeitos causados pelo autor do original, segundo à sua idéia e o mais aproximadamente que for possível a sua apresentação.

No segundo caso, embora como sempre muito superior à medida dos seus contemporâneos, percebe-se que Sousândrade apenas formula vagamente, apelando para o futuro.

Não podemos concordar com o escritor — diz, referindo-se a Veríssimo do Bonsucesso — na aplicação de pelo menos um dos remédios que propõe para se melhorar este estado de coisas, a saber, a influência do governo. O remédio deve vir de nós mesmos e o papel do governo não é o de patrocinar a pintura, o drama, e os autores de obras literárias. Se nós não apreciarmos o bom drama, a boa música, a boa pintura, o bom livro, não é isto motivo para que o governo nos obrigue a contribuir para um autor ou artista -ao contrário — é motivo de não intervenção absoluta do governo nesse negócio. (...) Nossos literatos são Barões, Comendadores, Deputados e Diplomatas, quando não se tornam escritores puramente políticos e sobre que política!

15. "La Tâche du Traducteur", *Oeuvres Choisies, op. cit.*
16. "Da Tradução como Criação e como Crítica", tese ao III Congresso de Crítica e História Literária, realizado na cidade de João Pessoa em 1962.

O auxílio de que carecemos, o entusiasmo com que devemos animar as decadentes Artes e Letras não vem de cima, porém sim de nós mesmos, do povo e da ilustração mais derramada nas suas camadas.

Depois dessa excelente apreciação, Sousândrade envereda, porém, pelo único e insuficiente caminho que poderia se lhe mostrar na época:

Trabalhemos todos honestamente para espalhar a verdade, em todas as suas manifestações, principalmente naquela que nos ensina a independência autoritativa do juízo individual sobre todas as grandes questões que nos tocam, naquela que põe nossos destinos em nossas mãos; não tenhamos medo do resultado, o qual pode ser tardio, sim, mas não duvidoso.

A observação que desenvolvemos é fundamental pelo que revela da posição dilacerada, forçosamente desigual do autor. É que a sua antecipação recebeu o peso de uma tradição inerte, que por ser historicamente a em que vivia a sua comunidade não deixou de também nele penetrar.

Neste ponto radical, a situação de Sousândrade lembra a de um Gil Vicente. A obra do comediógrafo português assume uma posição singular dentro da história do teatro europeu por jogar dramaticamente — fato que Antônio José Saraiva analisa profundamente — entre a alegoria medieval e o naturalismo renascentista, sem que conseguisse, já pelo caráter contraditório insolúvel do Portugal quinhentista, fundir os dois legados e ultrapassar a sua contradição.

Sousândrade, como Gil Vicente, embora não se tome a comparação e os seus valores ao pé da letra, se debate entre duas formas de mentação da realidade. A sua antecipação arranca do nada — no que o seu esforço terá sido maior que o do teatrólogo português — e bate de encontro ao peso da eloqüência estabelecida, do sentimentalismo louvado, do culto da naturofagia. Daí os dois tempos da dimensão política sousandradina. De um lado, a sua abertura emocional deixa-o livre para a inteligência do social. O problema dos valores em sua comunidade surgida por um processo de transplantação e cuja economia era ditada pelas demandas de um mercado externo conduz a conseqüências no Brasil que foram ignoradas geralmente. Raro foi um Ambrósio Fernandes Brandão, um Frei Vicente do Salvador, um Antonil, que do período colonial ensaiaram uma visão realista do problema brasileiro. Nenhum poeta, no entanto, se antecipou a Sousândrade. Nem a intuição da questão pelo poeta maranhense, pode-se colocar ao lado das observações dos prosadores coloniais. Enquanto estes anotam dados, Sousândrade intui em termos mais largos — ao mesmo tempo que menos precisos — o desajuste entre a realidade da nação e os valores que dirigiam o seu governo. Daí a sensibilidade amargurada que a visão do social do país lhe levanta:

> De liberdade e amor sou imigrante
> Na pátria que abre os seios ao estrangeiro (C.VI, 140)

> .... O rei tem vasta escravidão.
>   Eu vi da primavera os trovadores
>   Vendendo as áureas liras aos senhores
> Por menos ou por mais, e o gênio decair;
>   Vulgares ambições, letras descrentes,
>   Artes faminitas; e na luz somente
> A *posição* reinar, o cortesão sorrir;
>   Pelas formas a língua abastardada,
>   Palavrosa; a ciência, entitulada;
> Artificial a igreja, o Cristo era barão. (C.VI, 140)

Pelo caráter dramático, porém, da sua visão do mundo, Sousândrade não se limita a exprimir o seu choque individual de pessoa. Ele vai além e verifica o esvaziamento de uma nação que se vê através de lentes emprestadas. Entre 1852-1857, período em que o Canto VI foi escrito — antes de Alberto Torres, o primeiro pensador social brasileiro que mais se aproximou da idéia — Sousândrade fala textualmente na alienação brasileira. Não vamos pretender que o poeta compreendesse a dimensão econômica do fenômeno. Sua reprovação parte de argumentos éticos:

> E aquele, que ao império do passado
> Chorara, tão formoso e mais seguro
> Ao do presente quereria honrado,
> E a visão tendo os homens, do futuro.
> Mas, onde o lar, o Deus, a escola, as normas
> Do cidadão? — política, do lucro;
> Ciência, sem consciência; alheias formas,
> E o estrangeiro corruptor ... sepulcro ...
>
> Lá folga o carnaval pomposo e crudo,
> Brilhantes sedas, máscara e confeitos;
> Deliram povos — do brutal entrudo
> Tem-se entrudo moral, corsários peitos;
> Tem-se a nação vaidosa, que enlevada
> Dentre os espelhos cem d'outras nações,
> De todas toma os gestos — e alienada
> Perde o próprio equilíbrio das razões (C.VI, 136-137)

Como poderia haver sido entendido pelos seus contemporâneos senão como um demente (fato que a tradição guardou), um estróina ou um bizarro, a ponto de ser abandonado pela própria família? E mais, como poderia Sousândrade intensificar uma visualização mais dinâmica da realidade, conseguindo uma inscrição no plano estético do plenamente realizado? A sua antecipação caminha paralela ao fracasso. Toda visão é histórica e paga o preço de sê-lo. Por isso Sousândrade defende a república idealisticamente. Para ele a forma republicana era a maneira de o povo alcançar o poder, pois sob a monarquia estava a sombra dos que haviam corrompido a América:

> De verdadeira eterna realeza,
> Dele descendo — que é, por natureza,
> Do direito dos povos, teu, se houveras
> De eleito ser (C. X, 208)

("Dele descendo", isto é, "descendo do trono", ao qual o poeta se referira atrás.)

> E essa é a do Inca mais formosa glória:
> Destruição, antes que ínfimos costumes;
> E o destruidor, a continuar a história,
> Houve de transplantar os próprios numes. (C. XI, 304)

Sousândrade despedaça-se internamente.

5. O Fragmento Sousandradino: O Choque de Duas Formas de Visualização

Uma forma estética é o resultado, inscrito no plano do imaginário, de uma pressão exercida sobre o criador pelo condicionamento social envolvente e pela tradição fixada. O fragmento é a forma estética a que forçosamente Sousândrade chegou para se realizar[17]. Analisar, pois, apenas sua antecipação é ver parcialmente o seu problema.

---

17. O estudo do fragmento como forma de expressão estética foi desenvolvido por L. Goldmann a propósito de Pascal e de Kant, respectivamente no *Le Dieu Caché* e no *Recherches Dialectiques,* Gallimard, Paris, 1959, p. 36. Anteriormente ao pensador francês, Antonio Gramsci escreveu em *Il Materialismo Storico e la Filosofia di Benedetto Croce* (Giulio Einaudi Editore, 1949) observações importantes a respeito de Goethe. Para Goldmann, o fragmento é a forma a que se adequa a visão trágica do impasse que envolve o homem no mundo. Estabelecer uma forma acabada para expressar uma concepção trágica do mundo, em que o homem aparece como um ser que "aposta" sobre a existência de um Deus que nunca se lhe revelará como realmente presente, seria um contra-senso interno, pois significaria fechar sobre si mesmo uma expressão de mundo que não se poderia fechar, mas apenas a todo instante volver-se aberta para representar o que o mundo lhe doa. Daí que para Goldmann não fosse ocasional a forma de fragmento que Pascal adotou em *Les Pensées*. Kant, ao invés, sem a percepção artística de Pascal, recaiu numa contradição interna pela forma sistemática que adota para expressar uma visão que tinha como um dos postulados básicos a impossi-

Sendo histórica toda forma de ver a realidade, uma forma antecipadora normalmente entra em choque até absorver a forma tradicional oponente. No Brasil, porém, este embate adquiria um caráter asfixiante pela inércia de uma sociedade culturalmente incipiente. Esta sociedade sustentava a visualização romântica porque ela continha as vantagens da grandiloqüência, do sentimentalismo e da apreensão fácil. Três instrumentos capitosos para uma sociedade semi-adormecida. Entende-se, por isso, a falta de defesa contra os vícios românticos com que Sousândrade se defrontava. A impossibilidade de evitar uma contaminação constante do tradicional levou Sousândrade a uma obra que não tivesse uma seqüência una, mas um caráter polimorfo. É que em uma narração contínua lhe faltavam meios para evitar um falseamento romântico. Era necessário cortar bruscamente, emprestar violência e movimento à visualização para que o verso não recaísse na forma comunalmente vigorante. O próprio inferno dissolvia-se em movimento.

Deste modo, não parece bastante dizer a propósito do Guesa, como fazem Haroldo e Augusto de Campos em *Montagem: Sousândrade,* que

bilidade de o homem alcançar a totalidade. Daí o mal-estar que provoca a sua leitura. Do nosso ponto de vista cabe acrescentar que Pascal teve êxito na sua expressão pelo fragmento não porque fosse um gênio forçosamente maior que o nosso até hoje obscuro poeta, mas porque, ao desenvolver a visão de mundo tendencial de uma classe caracterizada, a "noblesse de rôbe", teve condições de amadurecê-la e de inclusive dar-lhe uma radicalidade que tornou sua própria, pascaliana, desgarrada dos ressentimentos da classe social que a nutrira (cf. a *Le Dieu Caché, op. cit.*).
Em Sousândrade nada disso sucedeu. Ele teve de contar apenas com a sua visualização exasperante de um mundo estranho, sem ter tido condições de formulá-la coerentemente. A este respeito, Sousândrade restou mais próximo do Goethe da fase da ode a Prometeu, estudada por Gramsci, que termina uma obra fragmentária por efeito das contradições internas com que ainda Goethe se debatia. Só depois Goethe as ultrapassaria. O Fausto surge depois (a respeito, ver, de L. Goldmann, o ensaio "Goethe et La Revolution Française", em *Rech. Dialectiques, op. cit.*).

se trata de um poema cíclico, cuja unidade resulta da presença de um personagem-eixo que o ordena e não propriamente da seqüência da história. A explicação talvez não seja suficiente porque mesmo cada canto de per si não é uno, mas formado por uma soma de episódios, nem sempre interpenetrados. No *Novo Éden, o* fragmentarismo temático se avoluma e no seu livro deixado inédito, *Harpas de Ouro,* a atomização das estrofes é absoluta. A princípio se pode tentar uma leitura salteada, como se se tratasse de uma composição musical para solista e acompanhante. Mesmo essa, no entanto, não parece dar resultado.

Sem insistirmos na questão, assinalemos apenas que aos trechos de dominância romântica tradicional corresponde uma retração do campo visual. O verso se enche de palavras-rótulos como saudade, rútilo, luz, luar, sol, noite, "eternal concerto", "ermo suspirando", "o vagido das crianças", etc. etc. Esse choque entre formas opostas de visualização é de tal ordem que o tratamento dos mesmos temas chega a se diversificar conforme suceda em uma passagem de seqüência unitária ou num fragmento polimorfo. No *Guesa* pode-se notar a diferença do tema do amor, por exemplo no Canto III, para a passagem do canto seguinte. O primeiro é exclamativo e verboso em contraste com a penetração erótica com que cresce o segundo. Metricamente as passagens são igualmente de textos seqüentes, porém, do ponto de vista do valor, o trecho do Canto IV é um fragmento porque o tratamento do episódio integral não é inteiramente igual. De um lado:

> Vejo — dourado raio
> Da lua, além, brincando —
> Sinto a paixão tomar-me,
> N'alma a loucura a rir ... (C. III, 48)

Do outro:

> Harmonias de Deus — lá fora, estalam
>   Selvas à força fúnebre dos ventos

> Cá dentro, seios que em amor exalam
> S'erguendo nus, ansiosos, sonolentos,
> E dos gênios que estão na tempestade
> Se ouvem grandes risadas pelos ares;
> Mais vigorosa a vida à noite tarde,
> Há mais viver aos ecos dos palmares. (C. IV, 82)

Repare-se, no segundo trecho transcrito, como pela continuação decai a qualidade e o verso se contamina dos clichês românticos. Os dois últimos versos já são tão ruins quanto os do primeiro trecho.

O mesmo poderia ser desenvolvido a propósito da religião. Ao tratamento eloqüente, piedoso, reverente das passagens seqüentes corresponde uma posição irônica e crítica das passagens polimórficas mais típicas, que são as dos momentos no inferno. Não é alheio a este choque de visualizações que um mesmo autor, Gonçalves Dias, reverentemente referido nas passagens "contaminadas", seja no "Inferno de Wall Street" ironizado, aparecendo com Gonçalves de Magalhães e Porto Alegre em suas louvaminhas ao imperador.

Ilhado por uma tradição pegajosa e inerte, Sousândrade realiza-se nos instantes em que pôde esquecer a verbosidade e a naturofagia usuais. Daí a tão grande distância que há entre os momentos no inferno (Cantos II e X) e sua estrutura comum. Ele necessita do caos, de um verso que rodopie, de uma violência que abale a sintaxe para que se liberte do iminente falseamento. As páginas do inferno se tornam de leitura independente, existindo na medida em que constituam rapidamente situações cômico-dramáticas. Tanto se poderia ler em primeiro lugar:

(Amazonas belicosas melhorando a genesíaca superstição:)

— Terra humana, primeiro,
Deus fez Eva; e então,
Paraíso sendo ela
    Tão bela,
Fez o homem Adão.

(Guerreiros brancos:)

Sobre os montes d'incenso
Dois obuses estão,
Meio do Éden os gomos
    Dos pomos,
Fome d'Eva em Adão, (C. II, 36)
E depois:

(BRUTUS do último círculo do Inferno de DANTE:)

— Oh, será o mais sábio
César, que inda há-de vir,
Quem, descendo do trono,
    A seu dono
Diga, ao povo, subir!

(Inocência real; maliciosa populaça:)

— Faço-os condes, viscondes,
Fazer mais eu nem sei;
Tenho muita piedade!
    = Saudade
Temos só de ser rei. (idem, 34)

Como se poderia respeitar a ordem inversa, a da impressão. Sousândrade foi pressionado a estabelecer uma forma que alcança a beleza justamente por ser caótica e aparentemente destroçada. Na verdade, o que se destroçava era uma mentação falsa. Repare-se por exemplo a abertura que o poeta oferece neste primeiro momento no inferno para o aproveitamento da realidade indígena. O nosso indianismo é detestável pela europeização que os autores lhe impingiram. Bravos e fortes, justos e empertigados, os índios são falsos cavalheiros medievais, empacotados com folhas de palmeiras e juritis.

Na noite do Solimões, Sousândrade encontra o índio entre reis e personagens clássicos, sábios e colonizadores, todos repartidos em grupos, falando sábia, cínica ou ironicamente do mundo. O Índio degenerado dos seus costumes ingressa com o colonizador em um campo do imaginário onde intensificam a visão terrível de um mundo satanizado. Essa era uma das maneiras legítimas de o contacto do branco com as populações aborígines ser incorporado à literatura ocidental. Lamentavelmente o exotismo era (e é) uma atitude mais fácil.

O maior fragmento de Sousândrade, no entanto, é o "Inferno de Wall Street".

O poeta, que se deslocara aos Estados Unidos para acompanhar a educação de sua filha, Maria Bárbara, encontra a nação americana no início da sua arrancada capitalista. No exemplar de 24 de junho de 1871 de *O Novo Mundo* é noticiada a sua presença nos EUA, onde já teria publicado — acrescenta a nota — dois livros[18]. Sousândrade encontra então os EUA no momento em que se forma a primeira geração dos muito ricos, que teria sua maturidade, segundo Wright Mills, por volta de 1890[19]. Esse é um momento de modificações profundas na vida americana. A leitura de *O Novo Mundo,* jornal que José Carlos Rodrigues editou em Nova Iorque de 23 de outubro de 1870 a setembro de 1876, nos testemunha o quadro de agitação, falcatruas, desmantelo de fortunas e aparecimento de meios mais hábeis de enriquecer, a corrupção administrativa dos períodos de presidência do Gen. Grant, sob o qual, ademais, se desenvolveriam as asas do imperialismo americano (a edição de 23-1-1873 referia-se à ingerência do presi-

---

18. Deve-se tratar seguramente de engano do redator, porquanto nenhum documento que conhecemos confirma a publicação de obra de Sousândrade nos Estados Unidos, antes de 1874, data do 1.º vol. das *Obras Poéticas* (Nova Iorque). Essa é a informação que nos presta a *Antologia da Academia Maranhense de Letras* (São Luís, 1958). Dela não há que duvidar, pois apenas reproduz testemunho de contemporâneo do poeta. No caso, o jornalista que noticiou sua morte em *O Federalista,* de 23.4.1902 São Luís.

19. Wright Mills, *A Elite do Poder,* trad. brasileira de Waltensir Dutra, Zahar Editores, Rio de Janeiro, 1961, p. 126.

dente no Haiti). Sousândrade encontraria então na bolsa de valores de Nova Iorque o quadro de um novo inferno. A sua antecipação ultrapassa os limites nacionais e o converte em um dos primeiros poetas ocidentais que intuíram a significação do desenvolvimento capitalista quanto aos valores humanos. Enquanto o seu colega José Carlos Rodrigues — Sousândrade trabalhou em *O Novo Mundo* na qualidade de secretário — mostrava-se um entusiasta pelo progresso americano pela atuação dos *self-made-men,* Sousândrade guarda uma nota de reserva e reticência. A sociedade que encontra, caracterizada pelos Vanderbilts, Jay Goulds, Grants, Tweeds, Bennetts, Astors, Stewarts e Brown Brothers — modelos repelentes ou venerados de homens de firme iniciativa e não importa que muitas vezes fraudulenta —, lhe fornece ocasião de travar uma relação física com um mundo estranho e novo. Não podemos, com efeito, entender a significação mais intensa da infernália sousandradina sem levar em conta que foi fisicamente até que ela foi percebida. O "Inferno de Wall Street" é um dos primeiros ou talvez o primeiro correspondente estético do mundo do capitalismo liberal.

A propósito do episódio referido, não cabe dentro da perspectiva do presente ensaio determo-nos na sua análise. Aliás essa tarefa seria desnecessária, visto o trabalho empreendido pelos irmãos Campos a respeito, neste mesmo volume publicado. Interessa-nos, portanto, o episódio do Canto X de *O Guesa* apenas lateralmente.

A primeira dificuldade para a sua compreensão decorre das inúmeras referências a personagens norte-americanos (ou ligados à história americana), ao lado de nacionais e de personagens imaginários (Oscar Barão seria um destes).

Este não é um obstáculo insolúvel, como demonstra o glossário levantado pelos irmãos Campos. A nós, entretanto, apenas nos cabe chamar a atenção para o detalhe seguinte. Sousândrade não escolheu arbitrariamente os seus personagens. Eles são de alguma forma representativos daquelas modificações ao aparecimento da primeira geração dos muito ricos. Como ligeiros exemplos:

(Xeques surgindo risonhos e disfarçados em Railroad-managers,
Stockjobbers, Pimpbrokers, etc. etc. apregoando:)

— Harlem! Erie! Central! Pennsylvania!
= Milhão! cem milhões!! mil milhões!!!
—Young é Grant! Jackson,
Atkinson!
Vanderbilts, Jay Goulds, anões! (C. X, 231)

Young: na estrofe 5 deste episódio, Sousândrade esclarece ser Young um "manager". Entendo que possa o poeta estar-se referindo a Brigham Young, por efeito do papel gerencial que o mesmo exerceu na escolha do local, chefia da imigração, fixação e colonização pelos mórmons do vale do Great Salt Lake, Utah. Pode ser que a equivalência não esteja correta. Entretanto, Sousândrade poderia equiparar Br. Young a Grant pelas seguintes causas. Quanto ao Gen. Grant é bastante sabida a sua habilidade em curvar a máquina do Estado aos interesses dos chefes políticos e a falta de escrúpulos da sua administração. Ademais, as suas pretensões a candidatar-se ao terceiro período presidencial consecutivo levaram Sousândrade a vê-lo em pé de igualdade ao nosso Imperador Pedro II que, na época, visitou os Estados Unidos.

Quanto a Atkinson, teremos de nos contentar com a informação prestada pelo poeta na estrofe 5: Atkinson: "agent".

Quanto ao Gen. Andrew Jackson, também presidente da república, encarna ele o protótipo do *self-made-man* americano. A sua associação a outras *personae* da estrofe teria muitas razões. Em primeiro lugar, Jackson forma riqueza pela especulação de terras no oeste. Os seus processos não seriam sempre os mais escrupulosos. Duas vezes foi levado a se apresentar diante do Senado Federal para se defender. Ademais, na ação contra os índios seminoles da Flórida aproveitou a ocasião para conquistar a cidade espanhola de Pensacola. Conquista que apenas preludia a sua política expansionista, da qual se beneficiaram os estados mais novos do oeste. E por fim a sua manipulação, já como presidente, no sentido de escolher o seu sucessor, não deveria parecer a Sousândrade, como de, resto à grande margem da opinião americana da época, muito condigna aos princípios democráticos. Quanto a Jay Gould, o seu nome se associa familiarmente ao de Cornelius Vanderbilt pela luta entre ambos mantida pelo controle da Erie Railroad. Pela análise se conclui que a aproximação dos personagens pode resultar ou de um acontecimento pelo qual estiveram ligados ou pelo caráter ético comum das suas ações.

> Mistress Tilton, Sir Grant, Sir Tweed,
> Adultério, realeza, ladrão,
> Em másc'ras nós (rostos
> Compostos)
> Que dancem à eterna *Lynch Law!*

Alice Tilton, esposa de Theodore Tilton, também personagem de Sousândrade, foi acusada de adultério com o Rev. Henry Ward Beccher. Esse é um dos acontecimentos radicais para a compreensão do "Inferno de Wall Street", pelas constantes referências ao caso. A própria irmã do reverendo, a autora da *Cabana do Pai Tomás,* aparece no inferno:

> (BEECHER-STOWE e H. BEECHER:)
>
> — Mano Laz'rus, tenho remorsos
> Da pedra que em Byron lancei ...
> = Caiu em mim, mana
> Cigana!
> Ele, à glória; eu, fora da lei!
>
> (Dois renegados; católico, protestante:)
>
> — Confiteor, Beecherô ... l'Épouse
> N'eut jamais d'aussi faux autel!
> — Confiteor... Hyacinth
> Absinth,
> *Plymouth was barrom, was bordel!*

Os dois primeiros versos devem conter uma referência ao fato de que, se tornando Harriet Beecher Stowe amiga da esposa de Byron, que dele se separara, se fez a romancista porta-voz das críticas ou queixas daquela ao poeta.

Beecherô é inegavelmente derivado de Beecher, e Plymouth refere-se à Plymouth Congregational Church, de Brooklyn, onde o Rev. Beecher era pastor (1847-1887). O General Grant, que pretendia se reeleger presidente, recebia ironicamente um título nobilitador e era colocado ao lado de uma adúltera e de um ladrão. William M. Tweed completa a trilogia. Político nova-iorquino, cabeça da Tweed Ring, organização que assumiu o controle das finanças do Estado e defraudou milhões de dólares.

O Gen. Grant convoca a presença do nosso Imperador Pedro II que, em 1876, esteve de visita aos EUA, comparecendo à feira de Filadélfia, e ainda a de William Tweed, a de Tilden e de Hayes; destes dois últimos, o primeiro, governador de Nova Iorque, destruiu a Tweed Ring; o segundo, candidato republicano à presidência americana, derrotou em batalha judicial a Tilden, convertendo-se no 19.º presidente norte-americano (1877-1881).

As referências não cessam aí. Se é alguma ação nociva que, em geral, caracteriza os personagens deste grupo, outros penetram no círculo do inferno pela atividade evangélica (como Ira Sankey e Dwight Moody), científica (como Emerson, Fulton), ou política (como Washington, Lord Howe, George III, Mac Mahon etc.). Parece-nos — e daí a importância que concedemos ao problema — que essa foi uma maneira que o poeta encontrou para burlar a pressão do tradicional, pois, recorrendo a personagens objetivamente reais, Sousândrade ficaria melhor protegido contra o risco de uma expressão consumidora, intimizante da realidade. A existência dos personagens em um plano histórico anterior o ajudava a lhes conceder uma estrutura dramática autônoma, porque o levava a vê-los, desde o início, desligados de si, objetivamente atuantes. O papel de Sousândrade então é que começava.

Em conclusão, portanto, fragmentarismo, caos aparente, síntese violenta de uma linguagem que se metaforiza, nem sempre com resultado positivo, multitude de referências históricas, obscuridade, hermetismo tornam-se constantes da obra sousandradina por decorrência mesmo da sua visualização antecipadora em choque com uma experiência de consumo da realidade. E, embora aquelas conseqüências estilísticas sejam específicas a Sousândrade, um estudo do maior interesse seria o de mostrar como, fundamentalmente, sua trajetória se assemelha com a de outro grande escritor maranhense, menos desconhecido apenas de nome, João Francisco Lisboa. Ambos insatisfeitos com a formulação romântica do mundo, ambos tendem a se identificar com personagens-símbolos (o Guesa e Timon), através dos quais a *sua* realidade imediata, maranhense, brasileira, americana, é interpretada. João Lisboa busca escrever a história das eleições na antigüidade não com um propósito meramente erudito ou histórico, à semelhança do seu conterrâneo Sotero dos Reis ou das traduções de Odorico Mendes. João Lisboa, sob a forma de Timon, alegoriza a história (como Sousândrade alegoriza o Guesa), visualizando-a a partir da sua situação, de "o obscuro canto que habitamos"[20], para inscrevê-lo no plano do imaginário.

20. "Prospecto" do *Jornal de Timon*, vol. I das *Obras de João Francisco Lisboa*, São Luís do Maranhão, 1864.

DE HOLZ A SOUSÂNDRADE

AUGUSTO E HAROLDO DE CAMPOS

Arno Holz, cuja obra completa agora se reedita na Alemanha, após um prolongado olvido de mais de três décadas (Editora Luchterhand, Neuwied), é hoje uma influência viva na jovem literatura de vanguarda de língua alemã (Eugen Gomringer, *Konstellationen;* Franz Mon, *Artikulationen;* Ferdinand Kriwet, *Rotor).* Suas experimentações inovadoras no campo do léxico e da estrutura do poema consubstanciaram-se no monumental Poema-cíclico *Phantasus,* obra em progresso cujos primeiros fascículos foram publicados em 1898-1899, e cuja elaboração contínua se estendeu até quase a data da morte do poeta (1929)[1].

Pretendemos aqui, através da recriação em português de um dos episódios mais característicos do poema holziano, a "Marinha Barroca" ("Barocke Marine"), oferecer uma amostra da temática e da técnica de composição de sua poesia[2]. Para tanto, procuramos preservar

    1. Cf. Haroldo de Campos, "Phantasus: A Revolução da Lírica" e "Phantasus: A Elefantíase do Projeto", Suplemento Literário de *O Estado de S. Paulo,* 10.3 e 12.5.62.

    2. A versão da "Marinha Barroca" aqui apresentada é posterior à edição de 1916 do "Phantasus", onde o episódio era apenas esboçado. Corresponde, ao que tudo indica, à edição reelaborada de 1926. Extraímos o texto respectivo da antologia compilada por Leonard Forster, *The Penguin Book of German Verse,* 1957.

quanto possível as invenções léxicas e sintáticas do original, forjando equivalentes em nosso idioma. A fim de que se possa aferir o verdadeiro trabalho de laboratório de texto implicado nessa reinvenção, considerem-se as sucessivas (e longuíssimas) montagens de palavras (um só exemplo, com justaposição de cinco vocábulos: "walrosswulstplumptonnenhalsige" = cachalotecachaço graxogrossinchantes); a mantença da estruturação interna por grupos sonoros (assonâncias, aliterações, jogo paralelístico de rimas interlineares); a reprodução, no trecho final, da tmese "entblickschwinde" ("entschwinden" = desaparecer; "Blick" = vista, olhar), com sentido de "desapareço da vista", traduzida por "desvistapareço"; a sintaxe respondendo à ordem dos eventos no plano dos estímulos sensoriais, não à concordância lógico-gramatical, nesse mesmo excerto final (desde "A bela ... sorri" etc.), onde ocorre verdadeiro anacoluto que se preserva na tradução portuguesa. Outro tipo de dificuldade é o carreado pela utilização ambivalente de certas expressões idiomáticas da língua alemã, como é o caso de "Schlappschwaenzen", composto lexicalizado com a acepção de "covardes", significando literalmente "caudas bambas, caídas"; Holz joga com os dois níveis semânticos, deslexicalizando, até certo ponto, a expressão metaforizada: como traduzi-los? De elaboração em elaboração, chegamos a "rabisbaixas", trocadilho com a palavra "cabisbaixas", que, mantendo a ambigüidade requerida pelo texto, guarda fidelidade ao espírito do "achado" holziano. O poema de Arno Holz insere-se na categoria dos chamados "textos visuais"[3], cabendo ao poeta, com o seu *Phantasus*, um lugar de destaque entre os precursores da problemática, cuja matriz maior é o *Lance de Dados* (1897), de Mallarmé. Realmente, como se verifica nesta "Marinha Barroca", Holz organiza visualmente seus textos mediante um arranjo tipográfico baseado no que denomina "eixo médio": uma espécie de

---

3. Cf. Haroldo de Campos, "Francis Ponge: A Aranha e sua Teia", na página dupla "Textos Visuais", Suplemento Literário de *O Estado de S. Paulo*, 7.7.62.

coluna vertebral a partir da qual as linhas se ordenam, aumentando ou diminuindo de comprimento, sempre simetricamente em relação ao centro da composição. Com isto visa a "reproduzir no ótico a situação do acústico", como observa Alfred Doeblin, engendrando o que postula ser a "rítmica natural" do poema.

Há na "Marinha Barroca" um clima geral de expressionismo vocabular, que não hesita em fazer apelo à exploração hipertrófica do ornamental. A pletora adjetiva responde a esse desígnio. Reveste-se mesmo dos traços do grotesco e da pantomima, encaminhando-se já para a farsa barroca, com mais de um ponto de contato, no plano lingüístico e temático, com a obra de James Joyce, essa "gigantesca experiência maneirística" no dizer de Curtius, e em especial com as telescopagens verbais do *Finnegans Wake*.

Entre nós, as criações de Holz adquirem particular significado se confrontadas com as invenções léxicas da obra poética de Sousândrade, o esquecido mas genial maranhense de nossa 2ª. geração romântica. De fato, no léxico sousandradirio, chama desde logo a atenção, pela alta incidência e pelo inusitado dos efeitos obtidos, o procedimento morfológico da composição de palavra. Desde as *Harpas Selvagens* (1857), onde ocorre com pouca freqüência; passando, já com características de uma constante estética, pelos 13 Cantos do *Guesa Errante;* até o *Novo Éden* (1893), onde pode ser recenseado em quase todas as páginas, e às vezes fornecendo dois ou mais exemplos por página. Muitos desses compósitos tingem-se de um caráter por assim dizer "imagista": dá-se neles o encontro de planos cromáticos e luminosos que, ao invés de se desdobrarem um de cada vez, se integram nas irisações de um único prisma semântico. Partindo de construções lexicalizadas ou semilexicalizadas, nas quais a inversão, com a precedência do termo determinante sobre o determinado, pode já ocorrer como um primeiro fator de perturbação da normalidade lingüística ("claro-azul", "ferrete-azul"), seguem para composições mais livres e arrojadas, até mesmo de três palavras ("negro-azul-áurea", "verdemar-helianto", "áureo-diáfano-cinzento", "luz-diantea-rosa"). Outras vezes vamos encontrar verdadeiras montagens de palavras, muitas com função de verdadeiras palavras-metáfora, operando reduções sintáticas e produzindo a compreensão do conteúdo semântico; condensando em cápsulas e resumindo em tomadas instantâneas matéria que daria margem a longa e complexa elaboração discursiva ("nuvens-sonhos", "moças-aves", "sorriso-dardo", "espuma-vida", "olhos-alma", "sono-luz", "terra-céus", "seios-céus", "fênix-corvo", "lágrima-pantera", "esfinges-ataúdes", "frase-aroma", "vaga-Palor", "Bezerro-egoísmo", "meiguice-morte", "treva-túmulo", "náiade-aurora", "pó-nevoeiro", "lírio-sírio", "brancura-força-sentimento", "negrume-luz-esquecimento", "tórrida-zona-sabiá", etc.). Nos exemplos dados, Sousândrade lida apenas com substantivos. Outros há em que o poeta faz uso de adjetivos, verbos, formas gerundiais e participiais, palavras invariáveis, com uma liberdade combinatória desconhecida em nosso idioma ("lúcido-insano", "terra-inundam", "florchameja", "floresencham", "fossilpetrifique", "conde-acende", "luz-refrata-se", "longe-olhando", "pontiagudo-erguidas", "riso-sem-rir", etc.). Isto para não falar dos compostos híbridos e com nomes próprios, que incidem principalmente, com efeito grotesco, nos Cantos II e X do *Guesa Errante* ("Freelovescalifórnias", "rum-Arimã", "puffs-Puritanos", "safe-guardando", "Vênus-cadela", "Lazarus-leprosa", "copo-d'água-Deus", "oremustatu", "Bullfuração" etc.). Nesta última categoria, ressalta a tmese "sobre-rum nadam", ou seja: sobrenadam em rum. Deve-se assinalar que os compostos sousandrinos não atuam como meras extravagâncias, mas têm função expressiva no contexto, correspondendo geralmente a momentos de especial tensão criativa em sua poética. Acionam a linguagem, substituindo-lhe as partes fracas ou gastas, nominalizando adjetivos, introjetando substantivos no bojo de ações verbais, rompendo enfim a morosa expectativa do fluxo de signos regido pela convenção preestabelecida do discurso com verdadeiros blocos autônomos: palavras-ilhas, palavras-coisas, carregadas de eletricidade.

Se é verdade que, no confronto com Holz, não se encontrará em Sousândrade a mesma obsessão sistemática pelo processo, não se deve esquecer, por outro lado, que o poeta do *Phantasus* tinha a seu favor a índole do idioma alemão, propensa ao forjamento de compósitos, enquanto que o cantor do *Guesa* lutou contra o gênio da língua, o que confere a suas criações uma especial ousadia.

Lícito é dizer, portanto, que a tentativa de recriação, aqui levada a termo, da "Marinha Barroca" holziana, se integra numa linha de experiência com nosso idioma que já pode reivindicar sua tradição[4].

---

4. Há, atuando por trás de Sousândrade, mesmo em português, a experiência neologística (nem sempre levada a cabo com igual eficácia estética) de árcades e rococós (Filinto Elísio, Odorico Mendes, p. ex.). Mostram Antônio José Saraiva e Oscar Lopes que, ainda no *Dona Branca* (1826; 2.ª ed., 1854) de Almeida Garret, poema propostamente "romântico" por seus ingredientes, persiste este traço estilístico arcádico, "embora por vezes ironizado, como no processo de formação de adjetivos justapostos (*gordo-cachaci-pançudo bernardo*)". Sousândrade, evidentemente, remontou à fonte comum greco-latina, além de recorrer à morfologia do inglês, radicalizando assim o procedimento e dando-lhe novo e surpreendente rendimento funcional.

MARINHA BARROCA

Mar,
mar, o mais solar,
mirar o
mar!

Sobre águas rolantes, eis
bramantes, jubilogritantes, alacreberrantes, lubrigargalhantes,
estuantes, grunhespojando-se, voltevolteando, se
retrolançando,
se
ensolarando,
mãos-em-concha-rugindo, mãos-em-concha-clamando,
mãos-em-concha-ululando,
algaverdecomados, escamiventreprateados, esturjãocaudulantes,
nadimergulímpidos, nadirresfolfúlgidos,
nadibufsoprando
como
loucos, soando buziocôncavastrompas,
trilhões de tritões!

Sobre
delfimbrilhantesbarbatanas,
conchaexcelsa
no alto
altar
uma mulher!
Sua altiva, radiante, ofuscante, ridente, sua
resplendente, obumbrante,
divina
nudez ... ao
sol!

Sob ela, chapinhantes, sob ela, patinhantes, sob ela
gotejantes,
os
íngremes, os cintilantes, os multifurtacores murosmadreperlisos
rondando sempre mais
perto,
grossas, gordas, amorosas,
como sapos,
sete velhas, sete
viscosas,
sete
focarregaladas, ursohirsutouriçadas,
elefantrombeijantes, leocrinagotejubantes,
cachalotecachaçograxogrossinchantes
antas do mar!

Os
rostos!!
Os ... rosnados!! As ... risadas!!
Os ... resmungos!! E ... os ... respingos!!

De
repente,
furibundo, num ... arranco,
atrás de minhas espumantes, relinchoempinantes,
arfantes, borbrilhantes, arquejantes, brancas,
dozepotrancas páspatasremantes,
eu,
do mais profundo fundo!
Minha ... barba
brilha!
"Netuno!!
"Sauve qui peut!!"
"Patifes!! ... Eu ... já lhes ensino!!"
E
plichplach
clichclach, richrach
meu ... tridente
às
doentes, dolentes,
insolentes, impotentes, insolventes
rabisbaixas,
nas orelhas, nas facesplácidas, nas calvas!

Que
berros!!
Que ... uivos!! Que ... urros!!

Então, rápido,
aqui mais um par de lambadas, ali mais um par de palmadas,
além
mais uma
rotundipolpibunda, mais uma bocarrabarbizarra,
mais
um barrigatráquio:

lá
se vão todas!

A
bela ... sorri,

"Monsieur?" ... "Madame?"
E
depois de uma charmante, mundana reverência,
ela
em minha galante, em minha brilhante,
ela
em minha
deleitante, extravagante,
marchetada
a ambarrelâmpago, coralradiante coriscaleche
de dois lugares,
com o mais respeitoso frivoluteio convidativo ou respectivo
meneio,
sans façon
sumo com ela
em

minha mais confortável, rumo com ela à minha mais admirável,
desvistapareço com ela
em
minha
mais irreprochável, mais incomparável
mais maravesperúlea, mais magicrepúscula,
rubissonholuscofaiscarbúncula
cavernapúrpura!

ARNO HOLZ
(Tradução de Augusto e Haroldo de Campos)

SOUSÂNDRADE: FORMAS EM MORFOSE

HAROLDO DE CAMPOS

A recente publicação de um inédito Sousândrade, *Harpa de Oiro*[1], pode suscitar uma reflexão vertiginosa sobre o problema da poesia como escritura, como produção textual, como prática gerativa.

Datado de 1889-1899, este poema longo, construído sobre o módulo da sextilha, se inscreve na última fase da atividade sousandradina, imediatamente após o *Novo Éden,* (de 1888-1889, publicado em 1893). Assim como o *Novo Éden,* envolve aparentemente um Plano alegórico (a celebração das idéias republicano-utópicas do poeta), em confronto com um plano de alusividade histórico-mitológica e um plano biográfico, de reminiscência e fantasia pessoal. De certa maneira, esta *Harpa de Ouro* é mesmo uma continuação do poema anterior, pois Heleura,

---

1. Sousândrade, *Harpa de Ouro,* São Luís, Maranhão, 1969, publicação dirigida por Jomar Moraes, com base em cópia datilografada do manuscrito, localizada por José Maria dos Reis Perdigão na Academia Maranhense de Letras.
Posteriormente, tendo sido os originais do poema reencontrados por Frederick G. Williams e Jomar Moraes, nos arquivos da Biblioteca Pública do Estado, prepararam ambos uma nova edição do poema, sem as imperfeições da anterior (já que a cópia datiloscrita da Academia Maranhense tinha suas onze últimas folhas parcialmente destruídas pelas traças). O texto assim recuperado foi incluído, sob o título "Harpa de Ouro", no volume Sousândrade, *Inéditos,* São Luís, Maranhão, Depto. de Cultura do Estado, 1970.

a encarnação da Liberdade, a musa da República edênica que Sousândrade vislumbrava, reaparece logo no seu início:

> Recordar: fósfor' puro, Heleura
> Riscando a alva areia do chão ...

A evocação de Heleura prenuncia o advento de uma nova musa (ou avatar), Isabel. Esta, uma espécie de réplica "ninfantil" de Heleura, parece ter seu nome derivado do de sua "madrinha" ("dindinha"), a princesa Isabel. Configura-se assim, por ficção poemática, um topos do "amor proibido", a discórdia entre a "musa cívica" e a "musa-amor", pois o protagonista (o poeta, mais uma vez na *persona* do Guesa) é um republicano convicto. O fio condutor do poema parece ter sido então a tentativa (malograda) da resolução amorosa desse conflito, com a reconciliação e a identificação de ambas as musas.

Esta motivação do poema, de um esquematismo ingênuo, rarefaz-se porém a ponto de desaparecer, como uma imagem no espelho que se fosse apagando e dando lugar a um puro jogo de reflexos. Já observou Luiz Costa Lima o elevado grau de atomização que atinge o poema e a sua quase total descontinuidade estrófica[2]. E procurou explicar o

---

2. Luiz Costa Lima, "O Campo Visual de uma Experiência Antecipadora: Sousândrade", em A. e H. Campos, *Re/Visão de Sousândrade,* São Paulo, Edições Invenção, 1964 (reproduzido no presente volume). Costa Lima foi o primeiro a escrever sobre a *Harpa de Ouro,* cujo manuscrito original conseguira localizar e do qual dera notícia e transcrevera fragmentos alguns anos antes das edições mencionadas na nota 1. À identificação do núcleo temático amoroso, levada a efeito por Costa Lima em seu estudo antes referido, deve acrescentar-se que o poema se deixa permear de alusões biográficas, freqüentemente obscuras, e de críticas à corrupção do ideal republicano, como bem apontam F. G. Williams e Jomar Moraes em *Inéditos,* cit. Será interessante notar que a princesa Isabel, promulgadora da Lei Áurea, é saudada no poemeto sousandradino como benévola precursora da República, apesar de ter seguido para o exílio em 1889, com a Família Real (cf. estrofe 21:' ... ganho Áurea ao jogo, / E o roto nome eu quero honrar / De tua homônima sem lar."). Por uma

fracasso estético da *Harpa de Ouro* como todo (sem prejuízo de nela ressalvar "alguns dos achados mais fecundos de Sousândrade"), pela impossibilidade em que se encontrava o poeta, nos seus últimos anos de vida no Maranhão, de uma visualização à realidade capaz de lhe propiciar um correlato estético semelhante ao que, para o episódio do "Inferno de Wall Street" do *Guesa,* lhe fora dado pela Bolsa de Nova Iorque. Assim, o "poeta intenta inscrever uma visão dramática da realidade em um plano do imaginário que não chega a ser alcançado".

    A leitura do texto ora publicado na sua íntegra leva-me a concordar com Costa Lima na avaliação de resultados. Trata-se, na verdade, de uma singular mistura de "seda e péssimo" (para me valer de uma fórmula drummondiana). Lampejos do melhor e mais moderno Sousândrade em contiguidade indiferente e promíscua com o seu contrário, e tudo afetado por um índice peculiar: o "péssimo" no poema não é um "péssimo" comum, banal, mas uma espécie de sarro ou borra do ótimo, unidos ambos na mesma aura de "estranheza", como o direito e o avesso de uma só fiação. Aqui é preciso considerar, embora isto não altere fundamentalmente a questão, que se trata antes de um rascunho de poema do que de um texto dado por definitivo. O texto encontrado, ademais, não é autográfico, mas uma cópia, e a sua presente edição se ressente quer do mau estado em que foi achada essa cópia, quer de uma decifração nem sempre correta do apógrafo, quer da precariedade tipográfica da própria impressão[3].

---

fratura fonogrâmica, o poeta extrai do onomástico Isabel o nome bíblico de Abel, símbolo de pureza com o qual se identifica (estrofes 51 e 197), por oposição a Caim (símbolo maligno, que parece encarnar as forças contrárias ao ideal de liberdade, na concepção do poeta).

    3. A republicação de 1970, feita com base nos originais reencontrados, supre os defeitos textuais da de 1969; o manuscrito recuperado, embora não seja do punho do autor, foi por este revisto e emendado, achando-se em boas condições de conservação, segundo se lê em *Inéditos,* cit., pp. 8-9. Todavia, a avaliação estética desse poema sousandradino não é afetada por esta nova publicação, permanecendo válidos e reconfirmados os termos da abordagem empreendida no presente estudo com base no texto da 1.ª edição.

Assim, não é propriamente no nível dos resultados que quero situar minha reflexão, mas antes no nível do processo escritural, que o texto sousandradino, à medida que se desenvolve, vai desvelando, como um duplo mais profundo, uma "produtividade anterior ao valor", "anterior ao sentido", "prévia à representação" (na acepção que dá a esses conceitos a semiologia da produção significante ou "semanálise" de Julia Kristeva)[4].

A poesia de Sousândrade se inscreve, toda ela, num espaço de ruptura. Ruptura, primeiro, com o "cânon" romântico, logo com o gênio da língua portuguesa (perturbada por suas inovações sintáticas e léxicas) e enfim com a própria linearidade e discursividade do pensamento lógico de modelo ocidental. Samuel R. Levin, escrevendo sobre o problema do "desvio da norma" na linguagem poética[5], observa que há, pelo menos, dois tipos de desvio: um, que diz respeito ao texto onde a ocorrência se dá (uma seqüência, gramaticalmente banal, pode

---

4. Julia Kristeva, "La sémiologie: science critique et/ou critique de la science", *Théorie d'ensemble,* Paris, Seuil, 1968: "Pour une sémiologie des paragrammes", *Tel Quel,* 29, 1967; "L'engendrement de la formule", *Tel Quel,* 37 e 38, 1969. Os dois primeiros ensaios encontram-se hoje em tradução brasileira, em Julia Kristeva, *Introdução à Semanálise,* São Paulo, Perspectiva, 1974.

5. Samuel R. Levin, "Statistische und determinierte Abweichung in poetischer Sprache", Munique, Nymphenburger Verlagshandlung, 1965. Ver também Sol Saporta, "The application of linguistics to the study of poetic language" e as discussões suscitadas por esse trabalho em T. Sebeok (org.), *Style in Language,* Cambridge, Mass., M.I.T. Press, 1960. Não é meu objetivo, neste estudo, estender-me no exame do conceito de *desvio da norma,* que vem do formalismo russo e do Círculo de Praga, e que é hoje submetido a contestação por Jakobson (que vê, nas variações estilísticas, apenas subcódigos do código total), e é, de certo modo, reformulado por Kristeva (para quem a poesia é o total do código, a sua infinitude mesma). Importa apenas referir que Nicolas Ruwet, num estudo recente ("Limites de l'analyse linguistique *en* poétique", *Langages,* 12, 1968), enfocando o problema da perspectiva de uma possível poética gerativa, volta a afirmar: "O que complica ainda as coisas é o fato de que a poesia se caracteriza correntemente pela violação de certas regras normalmente obrigatórias".

produzir o efeito estilístico de desvio dentro de determinado contexto); outro, que afeta a língua como todo, sendo que o maior número desses desvios tange à constituinte sintática da gramática. Para a avaliação desse segundo tipo de desvio, propõe-se Levin utilizar critérios hauridos da gramática gerativa ou transformacional. O problema, para Levin, é o dos graus de "agramaticalidade". A gramática gera todas as seqüências gramaticais (vale dizer, corretas) da língua, mas possui determinadas regras restritivas cuja violação engendra sentenças agramaticais. Se todos os desvios desse tipo são não-gramaticais, nem todas as sentenças não-gramaticais são poéticas. Uma gramática gerativa compreende 3 classes de regras: a) regras de estrutura frásica (estrutura de constituintes); b) regras de transformação; c) regras morfonêmicas e outras que convertem em orações articuláveis as cadeias finais obtidas com a aplicação das regras de estruturação frasal e transformação. Ademais, uma parte das regras de transformação é obrigatória, outra facultativa. Para exemplificar o seu método, Levin, baseando-se em Chomsky, considera a seguinte oração-núcleo: "The man placed a book on the shelf", que pode ser assim formalizada:

$$S \to NP + VP\ (Adv)$$

Na fórmula, S corresponde a oração ("sentence"); NP a locução nominal ("noun phrase"); VP a locução verbal ("verb phrase"); *Adv*, entre parênteses, corresponde a um adjunto adverbial de lugar. Assim:

$$S = \text{The man} + \text{placed a book (on the shelf)}$$

A seguir, compara com essa oração padrão o seguinte verso de Ezra Pound:

Shines in the mind of heaven God.

Para Levin, este verso representa um desvio de grau elevado, pois subverte o modelo mesmo da sentença-núcleo, demandando para seu engendramento uma regra *ad hoc*, que só vale para o caso do verso poundiano, já que não há base na normalidade da língua para a geração de frases como "placed a book on the shelf the man" (ou "works in the factory John"). Desvio comparativamente menor ofereceria o verso de Dylan Thomas:

There could I marvel my birthday away,

que pode ser considerado como o produto, através de uma transformação facultativa, da frase nuclear: "I could marvel my birthday away there". O desvio consistiria então na outorga de transitividade ao verbo intransitivo "to marvel". Finalmente, no verso de Hart Crane:

What words can strangle this deaf moonlight?,

comparável estruturalmente a "What: acts can redeem this initial crime?", o desvio só se localiza no domínio do léxico (regras de coocorrência).

Todo o trabalho textual de Sousândrade na *Harpa de Ouro,* sem que com isto se excluam os desvios de tipo contextual (emprego de estrangeirismos e arcaísmos, por exemplo), parece processar-se nos interstícios desses vários graus de agramaticalidade. Se a gramaticalidade pode ser interpretada em termos de "restrições das possibilidades combinatórias" (Sol Saporta), a poesia parece ser justamente uma instância de produtividade onde a suspensão dessas restrições deixa mais do que nunca manifesto aquele "aspecto criador da linguagem" sobre o qual Chomsky põe a ênfase, quando escreve: "tudo se passa como se o sujeito falante fosse inventando a língua à medida que se exprime ou a fosse redescobrindo à medida que a ouve falar em seu redor"[6]. Nesse sentido, tem razão Kristeva quando afirma que a poesia (a linguagem poética) é a única infinitude do código (o código da lógica linear é apenas um dos quocientes dessa "totalidade" ou "infinitude") e que a prática literária se revela como exploração e descoberta das possibilidades da linguagem. Entre código e mensagem — *competence* e *performance* — instaura-se, assim, uma dialética perene, o primeiro, o código, constantemente provocado em suas latências insuspeitas (em sua organização matricial aberta) pela segunda, vale dizer, por um desempenho livre das balizas restritas da função comunicativa. Veja-se, por exemplo, este fragmento da *Harpa de Ouro,* que tem algo de ditado onírico, de tela "surrealista":

> Do raio X na luz sagrada
> Voador dos ares através
> Navegamos co'a doce amada
> Ao pólo ermo! à esp'rança! Tu és
> De glória a incógnita gelada
> Que move a terra. Firmes pés,
>
> Poláris ciclista, da rosa
> Dêem voltas — brilhas qual manhã!
> . . . .

Kristeva refere uma passagem do *Traumdeutung (Interpretação dos Sonhos),* de Freud, onde o "trabalho do sonho" teria sido já encarado como um "sistema semiótico particular", distinto da função comunicativa: "O trabalho do sonho não pensa nem calcula; de um modo mais amplo, ele não julga; contenta-se com transformar."

---

6. Noam Chomsky, "De quelques constantes de la théorie linguistique", em *Problèmes du Langage* (col. Diogène), Paris, Gallimard, 1966; idem, "Contributions de la linguistique à l'étude de la pensée", *Change,* 1, 1968.

É o que se vê neste derradeiro Sousândrade. Formas em morfose. "Borboletas estelantes", como se exprime o poeta. De raro em raro, na *Harpa de Ouro*, o processo gerativo coagula numa informação estética realizada, mas seu desenrolar é sempre inusitado, fascinante. Atomizada, minimizada, esfarelada a função denotativa, tudo se passa agora na região dos significantes, em cuja cadeia, como diz Lacan, o sentido *insiste*, embora nenhum dos elementos dela *consista* no sentido de que é capaz no instante[7]. O significado *(signatum)* desliza sob o seu *signans* e o contágio ocorre de *signans* a *signans* (vale dizer, de significante a significante). Como no exemplo lacaniano, tomado a Freud, em que o significante *glance* (ing., olhar, olhada) é "traduzido" diretamente para outro significante, *Glanz* (alem., brilho), sem passar pelo "relais" do significado:

> Sino d'Isá, que vens quebrar
> Se escreves bel..........
> (nota: *bell*, ing., sino)

Daí a importância que, para Sousândrade, tem o anagrama, que, como "dispersão volátil" do significante, como variação fônica indutora do poema (Saussure), preside a alguns dos mais altos momentos da *Harpa de Ouro:*

> Ser teu *Great-Dog:* e tu meu Sírio!
> Oh, borboleta-girassol!
> Gênio-amor! oh, luz-delírio!
> Oh, tanta luz! tanto arrebol

---

7. Jacques Lacan, "L'instance de la lettre dans l'inconscient ou la raison depuis Freud", *La Psychanalise*, III, 1957 (em português na coletânea organizada por Eduardo Prado Coelho, Lisboa, Portugália Editora, 1968). Atualmente em Jacques Lacan, *Escritos,* São Paulo, Perspectiva, 1978.

(O riso-céus!) e o lume e o lírio
De teus cabelos de crisol!
. . . .
A última rosa desfolhava
Do ar sobre mim; e eu via então
No tronco o nome iluminava
E a imagem tua era a visão;
No anagrama *Dog, God* estava
Do amor em que há nenhum *se não*.

A reconstrução da normalidade frásica, nesta última estrofe, daria o seguinte: "A última rosa do ar desfolhava sobre mim. E então eu via (que) o nome iluminava (verbo transitivo usado intransitivamente) no tronco. E a visão era a tua imagem, (que) estava no anagrama *Dog* (a constelação austral do "Cão Maior", onde se situa a estrela mais brilhante do firmamento, "Sírio") *God*, do amor em que não há *se não* (sem *senão*, defeito; ou sem *se não*, locução conjuntiva que pode ser interpretada como querendo dizer "incondicional")[8].

Considere-se ainda:

E do *navio* no anagrama
Co'a noiva estou ... vendo *navios:*
E porque o mundo se destrama
Por estes januários rios,
Amando como quem mais ama,
E vindo inverno e estando estios.

---

8. A grafia *se não* (ambas as palavras separadas e grifadas) encontra-se no manuscrito original, à p. 12. Tenho uma fotocópia desta página, que me foi cedida por Luiz Costa Lima. Na edição de 1969, manteve-se a separação. A edição de 1970, que deveria ter acompanhado neste ponto o manuscrito original reencontrado, optou por uma atualização da grafia dá palavra (*senão*), deixando de atentar, neste caso, para a necessidade de preservar a ambigüidade do texto.

Neste fragmento, perpassado de ambigüidade erótica o de auto-ironia, a palavra *noivo* não está escrita, ou melhor, está escrita como que a tinta invisível, pois é suscitada por paráfrase fônica da palavra *navio* (o *noivo* mal-amado, estando com a *noiva,* e a *ver navios...*). Sousândrade alcança aqui, antecipadoramente, uma dicção digna de Fernando Pessoa. Notar o paronomástico verso final, montado sobre uma dupla figura fônica (VIN/INV e EST). Os mesmos fonemas dessa figura dupla percorrem, redistribuídos ou na mesma ordem, palavras como, respectivamente: NaVIo, NoIVa, VeNdo, e ESTou, ESTES. O verso final assume, ainda, uma coloração de oxímoro, pois o "estar estios" (estar abrasado de amor, com o substantivo *estios* funcionando surpreendentemente como adjunto modal) ocorre justamente quando o inverno chega (metáfora para o amor não correspondido).

Mas o escândalo textual da *Harpa de Ouro,* está em que momentos dessa altitude, que não encontram par na poesia brasileira da época, são raríssimos num poema que, impresso, conta 80 páginas ... Sentimo-nos diante de um protocolo icário, que registra antes os traços da queda que os do vôo. Isto porém não obsta a consideração da radicalidade do gesto sousandradino, cujo êxito, em poemas anteriores, se marcara já exuberantemente. Este gesto consiste em romper sistematicamente com a ordem da representação discursiva, em entretecer uma linguagem sintética, hieroglífica, críptica, a contrapelo do discurso e minando-o profundamente. Em instaurar uma *ilegibilidade* onde vigia a platitude legível do discurso poético romântico e em seguida parnasiano (uma ilegibilidade que se repropõe depois, na cena da Modernidade, como a única possibilidade do legível, na medida mesma em que aquela cursiva legibilidade primeira de nosso Romantismo e de nosso Parnasianismo caduca e perime diante dela). Levado às últimas conseqüências na *Harpa de Ouro,* o gesto sousandradino coincide com o dos poetas da "desrazão", analisado por Foucault: é um gesto que conduz à abolição da obra, a seu aniquilamento, a seu impasse. O gráfico icário da *Harpa de Ouro* corresponde, assim, a uma vertigem de ruptura (que é também de altitude). As "quedas" (a perda de controle sobre a atividade produtiva liberada pela violência do movimento eversivo) equivalem ao silêncio, ou a sua figura de compensação, o caos, a desordem entrópica e indiferente de elementos, como no "ruído branco" da música experimental, espécie de rumor de fundo que acompanha a deslocação placentária da linguagem. Mas os raros cristais que se apuram nessa levedura de um magma verbal expandido por 80 páginas (e que outra coisa não são senão diferenciações já completamente estruturadas de um mesmo processo de base) cintilam num espaço textual quase *impensável* à época em que Sousândrade, singularmente (e no Brasil), escreveu (tramou e destramou) o seu *Harpa de Oiro*. Um espaço que, hoje em dia, em matéria de poesia (ou de prosa, na medida em que ambas essas regiões do texto são intercambiantes), é o único que faz sentido pensar:

> Silêncio! no ar oiço rumor
> D'estrelas ... quão cintiladora
> Cai do amplo céu! topásion-flor!

A PEREGRINAÇÃO TRANSAMERICANA DO *GUESA* DE SOUSÂNDRADE

———

HAROLDO DE CAMPOS

Imagem de Humboldt, apresentado no Simpósio promovido pela "Fundação Humboldt", Berlim, junho de 1999.
Foto: Carmen de Arruda Campos.

A revisão mais espetacular do passado literário brasileiro é a que ocorreu no início da década de 60 em torno da figura do poeta maranhense Joaquim de Sousa Andrade (1832-1902), que adotava o nome literário de Sousândrade, para, com isso, obter uma sonoridade grega e o mesmo número de letras do nome de Shakespeare.

Pertencente, em termos meramente classificatórios, à 2ª· geração do Romantismo Brasileiro (seu primeiro livro, *Harpas Selvagens*, 1857, é anterior às *Primaveras,* 1859, de Casimiro de Abreu), Sousândrade foi marginalizado em seu tempo e marginalizado ficou até a publicação da *Re/Visão de Sousândrade*, em 1964. Silvio Romero (1851-1914), nosso mais importante historiador literário oitocentista (*História da Literatura Brasileira*, 1888) — está para nós como um Gervinus, para a Alemanha; um Lanson, para a França; um De Sanctis, para a Itália —, não teve parâmetros para compreendê-lo. Opinou, denotando perplexidade, que se tratava de um poeta irregular, capaz de audácias que o projetavam fora da "toada comum do tempo", mas de escassa inteligibilidade. As inovações de linguagem do autor do *Guesa,* julgadas pela craveira daquela "toada comum", pareceram ao crítico falhas quanto à "destreza e à habilidade da forma"[1]. Essa opinião prevaleceu, tendo sido, de certa maneira, perfilhada pelo herdeiro contemporâneo de S.Romero, Antonio Candido, em sua *Formação da Literatura Brasileira* (1959). Classificando-o entre os românticos *menores* (entre os *maiores*, o crítico incluiu um versejador tão limitado em recursos e tão dessorado pelo sentimentalismo fácil, como Casimiro de Abreu) e assim entre os "poetas secundários", o autor da *Formação*, ainda que relutante, como antes S. Romero, ressalva-lhe a originalidade: "Não sendo melhor poeta, Souza Andrade é por certo mais original do que os outros"; sua poesia parece-lhe "tensa e carregada de energia", mas irrealizada quanto à forma ("procura em vão a forma adequada"). Dando a "mobilidade no espaço" (a viagem) como central em seu poetar, vê nela um movimento dramático, porém "apenas esboçado" e, ademais, prejudicado pelo recurso "a certo preciosismo, geralmente do pior efeito, com um pendor para termos difíceis que roça o mau gosto ..."[2].

Curioso aqui notar, a modo de parêntesis, que o alegado "preciosismo" sousandradino é manifestação barroquizante, que não encontra, da parte do crítico-historiógrafo, maior afinidade receptiva. A concepção candidiana da linha evolutiva de nossa literatura é, assumidamente, marcada por uma retomada da visão, desenvolvida em nosso Romantismo, da Literatura como expressão do "espírito nacional", em correlação com a autonomia política (o Brasil independizou-se

---

1. Sílvio Romero, *História da Literatura Brasileira*. Rio de Janeiro: Garnier, 1888 (T. 2); José Olympio, 6ª ed., 1960 (T.4).

2. Antonio Candido, *Formação da Literatura Brasileira/Momentos Decisivos,* São Paulo, Martins, 1959 (vol. 2). Candido, embora tenha mantido o texto original de sua apreciação nas sucessivas reedições da *Formação*, não deixou de reconhecer a importância da *Re/Visão,* ao creditar aos poetas do movimento concreto o terem contribuído para "redefinir o passado nacional, permitindo ler de maneira nova a poetas ignorados como Sousa Andrade, precursor perdido entre os românticos do séc. XIX"; cf. "Literatura y Subdesarrollo" em C.F. Moreno (org.), *América Latina en su literatura*, México/Paris, Siglo XXI/UNESCO, 1972.

de Portugal em 1822) e correspondendo à busca integrativa de uma "língua geral"; dessa linguagem homogeneizadora, que culminaria num "classicismo nacional", a disrupção barroquista, irredutível à transparência comunicativa inerente ao padrão estilístico de nosso Romantismo poético, estaria, por definição, excluída[3]. Mantendo o cânone tradicional (já consolidado pela crítica oitocentista) dos Românticos "maiores" e "menores", Antonio Candido, sem prejuízo da importância de sua obra histórico-formativa, deixa de resgatar, num livro que pretende amadurar e atualizar, em termos críticos, aquela visão romântica, o mais significativo, em matéria de linguagem e mesmo de concepção poemática, de nossos poetas do período romântico, embora, por isso mesmo, não o mais típico e previsível deles. Após a publicação da *Re/Visão*, isso já começa a ser reconhecido pela historiografia subseqüente. Alfredo Bosi assinala em Sousândrade o seu "espírito originalíssimo", a sua "assombrosa intuição dos tempos modernos", a "novidade [...] em relação a toda poesia brasileira do século XIX" dos seus "processos de composição"; Massaud Moisés, por seu turno, opina: " Entrevista em conjunto, notadamente pelo *Guesa*, a obra de Sousândrade altera a perspectiva não só do Romantismo como também, na medida em que se reflete nas épocas posteriores, de toda a atividade literária nacional; nenhum exagero haveria em afirmar que estamos perante a voz mais poderosa da poesia romântica e uma das mais altas e vibrantes da Literatura Brasileira: uma história literária marcada pelo lirismo, não raro derramado em pieguice, encontra a mundividência épica que lhe faltava e que lhe oferece a esperada dimensão universalista"[4].

Poema transamericano, regido pelo tema da viagem, *O Guesa* (1868-1888) funde, em moldura épico-narrativa, elementos dramáti-

3. Haroldo de Campos, *O Seqüestro do Barroco na Formação da Literatura Brasileira: o caso Gregório de Mattos,* Salvador/Bahia, Fundação "Casa de Jorge Amado", 1989.
4. Alfredo Bosi, *História Concisa da Literatura Brasileira,* São Paulo, Cultrix,1970. Massaud Moisés, *História da Literatura Brasileira/Romantismo, Realismo.,* SãoPaulo, Cultrix/Edusp, 1984 (vol. II).

cos (o *Tatuturema* e o *Inferno de Wall Street*, inspirados nas *Noites de Walpurgis* do *Fausto* de Goethe), quadros paisagísticos de viagem, além de freqüentes excursos biográficos e líricos[5]. O herói-peregrinante (à maneira byroniana) é extraído de um mito dos índios Muíscas da Colômbia, reportado por Alexander von Humboldt, o notável naturalista alemão que, entre 1799 e 1804, visitou a América Hispânica (a região amazônica, a andina, o México, Cuba) e, afinal, brevemente, os Estados Unidos. Sousândrade deixou-se fascinar pela figura do Guesa, lendo *Vues des Cordillères et Monuments des Peuples Indigènes de l'Amérique*, 2 vols., 1810-13[6], obra publicada em francês por Humboldt, depois de seu retorno à Europa. Esse livro corresponde, sob o título *Atlas pittorèsque du voyage*, aos vols. XV e XVI do opus magnum *Voyage aux régions équinoxiales du Noveau Continent, fait en 1799, 1800, 1801, 1802, 1803 et 1804 par Alexander de Humboldt et Aimé Bonpland, redigé par Alexandre de Humboldt*, Paris, 1805-1834, 35 vols[7].

O excerto humboldtiano, que Sousândrade transcreve no original francês como epígrafe de seu longo poema (XIII Cantos; inacabado), é o seguinte:

5. Na visão do próprio Sousândrade, seu *O Guesa* nada teria do "dramático, do lírico, ou do épico, mas simplesmente da narrativa." (*Memorabilia*, 1872, incluída na edição nova-iorquina das *Obras Poéticas* do autor, 1874). Trata-se de autodefinição discutível, pois, na prática, ainda que a narrativa de peregrinação (à Byron) predomine, os demais elementos nela se imiscuem, quebrando-lhe a linearidade e provocando uma evidente hibridização de gêneros.

6. As referências bibliográficas que pude pesquisar não são precisas. O exemplar, em dois volumes, que consultei na seção de obras raras da Biblioteca Municipal "Mário de Andrade", São Paulo, apresenta os seguintes dados: Paris/Chez L. Bourgeois-Maze, Libraire, Quai Voltaire 21, Imprimérie de Smith, 1816. O Prefácio é datado de abril/1913. Quanto ao nº total de volumes, ora se fala em 30 ora em 35. Cf. Adolf Meyer-Abich, *Alexander von Humboldt*, Reinbek bei Hamburg: Rowonet, 1992; Paul Kanut Schäfer (Herausg.), Alexander von Humboldt, *Die Wiederentdeckung der Neuen Welt*, Berlin, Verlag der Nation, 1989. Na nova edição analítica, aos cuidados de Hanno Beck, da obra humboldtiana, a relação da viagem às regiões equinociais do Novo Continente constitui o vol. 2 (1997); cf. revista *Humboldt*, n. 76, 1998.

O começo de cada indicção (*NB*: período de 15 anos do calendário Muísca) era marcado por um sacrifício, cujas cerimônias bárbaras, de acordo com o pouco que delas sabemos, parecem todas ter tido relação com idéias astrológicas. A vítima humana era chamada *guesa*, errante, "sem casa", *e quihica*, "porta", porque sua morte anunciava, por assim dizer, a abertura de um novo ciclo de cento e oitenta e cinco luas. Essa denominação relembra o Janus dos Romanos colocado às *portas* do céu, e ao qual Numa dedicou o primeiro mês do ano, *tanquam bicipitis dei mensem* (NB: Macrobius, I, 13, "enquanto mês do deus de duas faces").

O *Guesa* era uma criança arrancada à casa paterna. Deveria, necessariamente, proceder de uma certa povoação situada nos plainos hoje denominados *Llanos de San Juan*, e que se estendem do declive oriental da Cordilheira até às margens do Guaviara. Dessa mesma região do *Oriente* viera *Bochica*, símbolo do *sol,* quando de sua primeira aparição em meio aos Muíscas. O *Guesa* era educado com muito cuidado no templo do *sol* em Sogamozo até a idade de *dez* anos: então, faziam-no sair, a fim de percorrer os caminhos seguidos por Bochica, à época em que, andando pelos mesmos lugares para instruir o povo, ele os tornara célebres por seus milagres. Com a idade de *quinze* anos, quando a vítima havia atingido um número de *sunas* (*NB:* etapas de peregrinação; caminho ritual) igual àquele contido na *indicção* do ciclo muísca, era imolada numa dessas praças circulares, cujo centro era ocupado por uma coluna elevada.

Quando da celebração do sacrifício que marcava a *abertura* de uma nova *indicção*, ou de um ciclo de quinze anos, a vítima, *guesa,* era levada em procissão pelo *suna,* que dava seu nome ao mês lunar. Conduziam-na à coluna que parece ter servido para medir as sombras solsticiais ou equinociais, e as passagens do sol pelo zênite. Os sacerdotes, *xeques,* seguiam a vítima: estavam mascarados como os do Egito. Uns representavam Bochica, que é o Osíris e o Mitra de Bogotá, e ao qual se atribuíam três cabeças, uma vez que, à semelhança do *trimurti* dos Hindus, ele enfeixava três pessoas que formavam uma única divindade; outros levavam os emblemas de *Chia,* a mulher de *Bochica,* Ísis ou a lua; outros se revestiam de máscaras semelhantes a rãs, numa alusão ao primeiro signo do ano, *ata;* outros, enfim, representavam o monstro *Fomagatá,* símbolo do mal, figura de um olho, quatro orelhas e uma comprida cauda. Esse *Fomagatá,* cujo nome, em língua *chibcha,* significa *fogo* ou *massa fundida que ferve,* era tido por um espírito mau. Viajava pelo ar, entre Tunja e Sogamozo, e transformava os homens em serpentes, lagartos e tigres. Segundo outras tradições, Fomagatá era originalmente um príncipe cruel; para a sucessão de seu irmão, *Tusatua,* Bochica o fizera tratar, na noite de suas núpcias, como Urano por Saturno. Ignoramos que constelação levava o nome desse fantasma; mas o sr. Duquesne crê que os índios ligavam a ele a lembrança confusa da aparição de um cometa. Quando a procissão, que recorda as *procissões astrológicas* dos Chineses e a da festa de Ísis, chegava à extremidade do *suna,* amarrava-se a vítima à coluna a que fizemos menção mais acima: uma nuvem de flechas a cobria e se lhe arrancava o coração para oferecê-lo ao *Rei Sol,* Bochica. O sangue do *guesa* era recolhido em vasos sagrados.

A homenagem do poeta maranhense ao sábio viajante alemão, cuja narrativa "científica" dos mitos muíscas e das características das civilizações precolombianas em geral, especialmente a incaica, lhe serviram de nutrimento à imaginação[7], como que reitera, pela voz de um brasileiro do equinócio, o tributo de admiração prestado por Goethe ao grande naturalista, no romance *As Afinidades Eletivas (Die Wahlverwandschaften,* 1809), no Cap. VII do 2.º vol., através da personagem Otília, que anota em seu diário:

Só o naturalista é digno de respeito, pois sabe pintar e representar o que há de mais estranho e mais raro, localizando-o em seu âmbito, com tudo o que lhe é

---

7. Outro excerto figura também como epígrafe de *O Guesa.* Sousândrade extraiu-o do artigo sobre a Colômbia da Enciclopédia *L'Univers.* Num mesmo volume dessa obra foram compendiadas a seção sobre o Brasil (por Ferdinand Denis) e a relativa à Colômbia e às Guianas (por C. Famin) cf. *L'Univers ou Historie et Description de Tous les Peuples, de leurs réligions, moeurs, coutumes, etc.;* Paris, Firmin Didot Frères, Éditions, 1837. Sousândrade, inadvertidamente, atribuiu o texto a Denis, mas foi retificado por este, através de carta de 1875 (reproduzida na edição novaiorquina, de 1876, do poema); advertiu-o Denis de que o autor do texto citado era o "sábio numismata" C. Famin. Nas resumidas observações sobre o mito muísca, Famin, aliás, outra coisa não faz que abeberar-se nas "savantes recherches de Humboldt". Será por isso que, ao eliminar o engano na edição londrina de *O Guesa,* o poeta, introduzindo, ao mesmo tempo, o longo excerto do estudioso alemão sobre o sacrifício ritual, frisa que se trata de um relato "científico", para distingui-lo de um simples resumo de verbete enciclopédico. Sob o título, *Brasil,* a contribuição de F. Denis à Enciclopédia *L'Univers* foi editada em português, em 2 vols., Lisboa: Tip. de L.C. da Cunha, 1844 (no 2º. vol., inclui-se o trabalho de C.Famin sobre a Colômbia e as Guianas).

convizinho, sempre no elemento que lhe é mais próprio. Como eu gostaria de ouvir, ainda que por uma única vez somente, as narrações de Humboldt.

Por outro lado, o sábio de Berlim é nomeado em mais de um momento relevante ao longo do *Guesa*. No Canto II, estrofe 62, é chamado "Pai Humboldt" (neste Canto, é recordada uma passagem em que o naturalista conta como ele e seu companheiro de viagem, Aimé Bonpland, experimentaram beber pequenas doses de *curare*, sem que o veneno lhes fizesse mal)[8]. No Canto X, estrofe 77, na excelsa companhia de Goethe, Dante, Byron e outros, Humboldt é incluído entre os *Amautas* (sábios ou conselheiros no Império Inca), reverenciados agora no *panteon* do novo Guesa. Mas, talvez, a mais bela evocação do naturalista-viajante alemão ocorra no Canto XII do poema. Contra o pano de fundo da Cordilheira dos Andes, Sousândrade vê projetar-se a figura veneranda do genial homem de ciências, comparando, então, à brancura da neve andina, os cabelos brancos ("as cãs") de Humboldt:

> Subamos mais — mais alto, se alevanta
>   O espírito imortal aos horizontes
>   Quando o ocidente as rosas abrilhanta
>   Dos vastos gelos — infinitos montes!
> E a procelosa encosta se reveste
>   Dos saudosos rosais que à tarde incendem:

8. Na "Misión Esmeralda" à margem direita do Orenoco, um índio, "o químico do local", mostrou aos viajantes Humboldt e Bonpland como extraía o curare de uma liana. Os dois, várias vezes, tomaram pequenas quantidades da substância, "de gosto muito prazeroso", embora amargo. Não há perigo, se não se está sangrando nos lábios ou nas gengivas, observa o naturalista. Os índios usam o curare para o abate de animais. Uma galinha morre em dois ou três minutos; um porco em doze. Daí o contraste, na estrofe sousandradina, entre a fleugma de Humboldt e o efeito fulminante do veneno quando penetra no sangue da caça: "— Pai Humboldt o bebia/ Com piedoso sorrir/ = Mas, se ervada taquara/Dispara,/ Cai tremendo o tapi ... i ... ir !"

> Céus! os Andes qual nossa alma celeste,
> Mais caia o sol, mais erguem-se e resplendem!
> Solitaria é a gloria em fronte adusta,
>   Cãs d'Humboldt: é bela a luz etérea,
>   A alma brandida das soidões augustas,
>   Qual retinindo no cristal da esfera
> Sentimentos. E aquela neve existe
>   Tanto nas solidões da altura andina
>   Como da altura humana: tu subiste?
>   Ou morres, ou respiras luz divina!"
> ....
> Que o homem que subiu, comparticipa
>   Da natureza calma das montanhas,
>   Incorpora-se nelas, magnifica.

Essa visão diorâmica do velho Humboldt como uma espécie de nume tutelar andino, talvez reminiscente da subida do naturalista e seu companheiro Bonpland ao Chimborazo, até uma altura próxima ao pico, que excedia de 1.100 metros o Mont-Blanc suíço, escalado anteriormente por Saussure, "o mais sábio e intrépido dos viajantes"[9], será tão mais significativa quando se considere que o poeta brasileiro, helenista de formação, começa o seu magno poema não com a tradicional (desde Homero) exortação à Musa, mas com o "espectáculo" grandioso dos Andes a lhe incitar a "imaginação divina".

> Eia, imaginação divina!
>   Os Andes.
> Vulcânicos elevam cumes calvos,
> Circundados de gelos, mudos, alvos,
> Nuvens flutuando — que espetac'los grandes!
> (Canto I, v.v.1-4, 1858).

---

9. Expressões de Humboldt, ao descrever a escalada do Chimborazo, no vol. I de *Vue des Cordillères*..

Os versos sousandradinos, aqui reportados, fazem-me pensar em outra singular homenagem de Goethe a Humboldt: uma "paisagem ideal" gravada em cobre (publicada em 1813), em que o grande poeta e desenhista-amador representa graficamente o "quadro da natureza dos países tropicais", segundo a obra dada à estampa em 1805 por Humboldt, com base em suas observações e medições de cientista-viajante. Louvo-me, para estas considerações, no ensaio de Hanno Beck, "Países tropicais como um quadro natural"[10]. Segundo esse estudioso, Humboldt tencionava acrescentar à referida obra, *Tableau Physique des Andes et pays voisins des Régions Equinoxiales* (que constitui a parte anexa, e mais ampla, do seu *Essai sur la Géographie des Plantes*, ambos os textos integrando o vol XXVII da "Grande Edição" da *Viagem*), desenhos ilustrativos, só posteriormente publicados por razões técnicas. Goethe, a quem o livro fora dedicado pelo amigo cientista sem as referidas ilustrações, resolveu antecipar-se e traçar, por iniciativa própria, um humboldtiano "perfil de uma paisagem ideal". Beck observa:

> Enquadrado à esquerda e à direita por uma escala explicativa de altitudes, o quadro apresenta algumas coisas divertidas. Embaixo, à direita (*NB*: onde Goethe situa a região solar, tropical), um crocodilo mostra os seus dentes, na *paisagem simbólica* adentro, e um Humboldt muito pequenino acena do alto, à beira de um abismo do Chimborazo, lá do outro lado, por cima e além dos mundos, saudando Horace-Bénédict de Saussure, o exemplo modelar de pesquisador em montanhas de grande altura, no pico do Mont-Blanc. Saussure, igualmente representado em proporções diminutas, agradece e retribui o aceno.

Sabe-se da influência das descrições tropicais do cientista-viajor Humboldt sobre os Românticos. Chateaubriand, no prefácio ao seu *Voyage en Amérique* (1828), depois de fazer uma síntese retrospectiva das "viagens" como "uma das fontes da história" e um apanhado das "narrativas de viagem" através do tempo (desde as migrações relatadas

---

10. Revista *Humboldt*, n°.49,1984.

por Moisés ao périplo homérico de Odisseu), escreve, a propósito das regiões equinociais do Novo Mundo: "En Amérique, l'illustre Humboldt a tout peint et tout dit"[11].

Outro dos autores que receberam o mencionado influxo (somado ao de Chateaubriand), foi Ferdinand Denis (1798-1890), estudioso que viveu no Brasil entre 1816-1820 e que, na expressão de Soares Amora, terá sido "entre os franceses e, quiçá, entre os europeus, o mais importante brasilianista e lusista da primeira metade do séc. XIX"[12].

Em 1824, Denis publicou *Scènes de la Nature sous les Tropiques et leur influence sur la poésie,* obra na qual segue uma orientação humboldtiana, "descrevendo romanticamente a nossa natureza como fonte de inspiração" (A. Candido). Essa obra, de fato, como também ressalta S. Amora, traz por epígrafe norteadora uma citação do sábio de Berlim: "On ne saurait douter que le climat, la configuration du sol, la physionomie des vegetaux, l'aspect d'une nature riante ou sauvage n'influent sur le progrès des arts et sur le style que distingue leurs productions". Em 1826, Denis deu seqüência a seu trabalho de pregação romântica no livro *Résumé de l'histoire littéraire du Portugal, suivi du résumé de l'histoire littéraire du Brésil.*

As concepções do próprio Denis (e assim as de Humboldt, Chateaubriand e outros) inspiraram os jovens brasileiros que, em Paris, em 1836, publicaram a revista *Niterói,* entre os quais se destacava Domingos José Gonçalves de Magalhães (1811-1882), autor de *Suspiros Poéticos e Saudades,* impresso em Paris, no mesmo ano, livro geralmente considerado o marco inicial de nosso Romantismo, embora de "pouco valor literário" (Carpeaux)[13]. Em seu "Ensaio sobre a história da

11. Chateaubriand, *Voyage en Amérique,* 1828, Paris, Jean-Cyrille Godefroy, 1982.
12. Antônio Soares Amora, *O Romantismo* (*A Literatura Brasileira,* vol. II), São Paulo, Cultrix, 1977.
13. Otto Maria Carpeaux, *Pequena Bibliografia Crítica da Literatura Brasileira,* Rio de Janeiro: Edições de Ouro, 1968.

literatura do Brasil", estampado no primeiro número da revista, Magalhães, trabalhado por um conjunto de influências de época, entre as quais, desde logo, as dos já referidos visitantes europeus das Américas (mas, também, por aquelas que Mme de Staël, sob a batuta de seu mentor A. W. Schlegel, difundira com ressonância em *De l'Alemagne*, 1813), tentou expressar, por assim dizer, a ideologia do Romantismo brasileiro; o jovem poeta extraiu elementos do ideário desses autores e os fundiu "medíocre, mas fecundamente, para uso nosso", na avaliação de A. Candido.[14]

Se o Indianismo em nossa poesia romântica acabou resultando numa apologética artificiosa e decorativa do "bom selvagem", nobre e heróico, em Sousândrade a temática indígena tomou inflexão diversa. Em primeiro lugar, a forma de seu longo poema não é afetada pela obsolescência daquela adotada seja por Gonçalves de Magalhães em *A Confederação dos Tamoios* (1856), seja por Gonçalves Dias no inacabado (e superior) *Os Timbiras* (1857), mas é, antes, fruto de uma inovadora mistura de gêneros, sob a tônica da "narrativa de viagem"(ou seja, do que A. Candido denomina "mobilidade no espaço"). Em segundo lugar, o poema não é exclusivamente brasileiro, mas "transamericano" (com um breve interlúdio na África, Canto VII, apenas iniciado). Essa singularidade já se define na eleição do protagonista, o novo *Guesa,* o poeta errante (de certo modo, um contratipo do peregrino à maneira do *Childe Harold* de Byron, aliás, admirado, mas citado com distanciamento irônico, no Canto X, estrofe 79, da Seção *O Inferno de Wall Street*). Já vimos como o tema do Guesa procede (via Humboldt) da mitologia dos índios *muíscas* ou *chibchas* da Colômbia, em cujo idioma,

---

14. *Formação da Literatura Brasileira* (vol. 2), ob. cit. na nota 3 . O ensaio de Magalhães está em *Nitheroy, Revista Brasiliense,* Tomo Primeiro, nº.1, Paris: Dauvin et Fontaine, Libraires, 1836; reedição facsimilar como vol. 9 da Biblioteca da Academia Paulista de Letras, introdução de Plínio Doyle, apresentação crítica de A. S. Amora, São Paulo: 1978.

segundo a *Gramática de la lengua general del Nuevo Reyno llamado Mosca*, de Frei Bernardo de Lugo (Madrid,1619), consultada pelo cientista alemão, *gue* equivale a "casa", sendo, pois, *guesa* o "sem casa"(condição essa de "desterro" e orfandade com a qual o poeta maranhense se identificava inclusive biograficamente). Sílvio Romero soube acentuar essa errância, ao escrever em sua *História:* "... de nossos poetas é , creio, o único a ocupar-se de assunto colhido nas repúblicas espanholas" e, mesmo sem parâmetros para compreender-lhe "as idéias e a linguagem", não se furtou a registrar que tinham "outra estrutura", mostrando-se intrigado o suficiente para recomendar que o extenso poema fosse "lido por inteiro"[15].

O tema sousandradino, porém, não se limita à civilização e ao culto muísca. Nosso poeta imbrica o motivo do Guesa num plano mais geral, que abarca elementos colhidos na crônica da conquista e declínio do Império Inca do Peru. O mediador dessa convergência é, ainda uma vez, Humboldt. Na "Introdução", datada de 1813, a *Vues des Cordillères*, o cientista deixara exposto:

> Ainda que as tradições não indiquem nenhuma ligação direta entre os povos das duas Américas, sua história não deixa de oferecer relações marcantes nas revoluções políticas e religiosas das quais data a civilização Asteca, a dos Muíscas e a dos Peruanos. Homens barbudos e menos bronzeados que os indígenas de Anahuac, de Cundinamarca e do altiplano de Cuzco surgem, sem que se possa indicar o lugar de seu nascimento. Grandes sacerdotes, amigos da paz e das artes que ela

---

15. "Ultimamente apareceu, em edição especial, completo, o *Guesa Errante*. Convém ser lido por inteiro". Aditamento de Sílvio Romero à 2ª. ed. (1902-1903) de sua *História* (op. cit. na nota 2). Só com o *Macunaíma* (1928), de Mário de Andrade, um novo "herói", não exclusivamente brasileiro (colhido na mitologia dos "taulipang" do Roraima, Brasil/Venezuela), sugirá em nossa literatura. Não deixa de ser interessante notar que, no final do *Macunaíma*, o papagaio solitário, que repete a saga da tribo extinta, é inspirado na ave palradora da lenda dos Maipures do Orenoco, que pronunciava palavras incompreensíveis, no idioma dos desaparecidos Atures, segundo relato de Humboldt.

fovorece, eles modificam, de pronto, o estado dos povos que os acolhem com veneração. Quetzalcoatl, Bochica e Manco-Cápac são os nomes sagrados desses entes misteriosos.

A esta altura, parece oportuno comparar os trajetos de Sousândrade e de Humboldt.

Sousândrade visitou a região amazônica entre 1858-1860. Dessa viagem extraiu elementos para o episódio do *Tatuturema*, salpicado de palavras indígenas (Canto II); antes, entre 1854-1856, havia estudado em Paris (da passagem do navio que o conduzira à Europa pela África, deriva o Canto VII, apenas iniciado); em 6.5.1871, parte de Belém do Pará para Nova Iorque, onde reside até 1885 (nessa viagem por mar conheceu o Golfo do México e as Antilhas, deixando suas impressões no Canto IX); em 1885, volta ao Brasil pelo Oceano Pacífico (Cantos XI a XIII), visitando a Colômbia, o Equador, o Peru, o Chile, o Uruguai e a Argentina até a Patagônia[16].

Humboldt (em companhia do botânico francês Aimé Bonpland), começara sua grande pereginação às Américas em 16.07.1799, vindo de La Coruña, Espanha: aportara na Venezuela, empreendendo uma viagem inicial pela região amazônica do Orenoco até San Carlos no Rio Negro e à fronteira do Brasil; em 19.12.1800, viajara da Venezuela para Cuba (9 a 30. 3. 1801) e, em seguida, para Cartagena, Honda, Bogotá e Papayán, na Colômbia; prosseguira, então, para Quito, visitando os vulcões Pichincha e Chimborazo; de 2.10 a 5.12, estada em Lima (Peru) e arredores; em 23.3.1803, por mar, de Callao (Peru), via Guayaquil (Equador) até Acapulco (México); daí, via Taxco, para a cidade do México e, mais tarde, para Vera Cruz, de onde seguiria nova-

---

16. O estabelecimento deste roteiro sumário foi feito com base nos elementos levantados na "Síntese biográfica" que encerra este livro, cotejados e harmonizados com os dados apresentados por Frederick G. Williams, *Sousândrade: Vida e Obra*, São Luis, Edições SIOGE, 1976.

mente para Havana, lá permanecendo de 7.3 a 29.4 1804; ruma finalmente, de navio, para Filadélfia, nos EUA, tendo sido hóspede do Presidente Jefferson em Washington; em 9.7.1804 embarca de volta à Europa, com destino a Bordeaux.

As viagens sousandradinas, deve-se sublinhar, são transpostas para o poema de maneira não cronologicamente ordenada, mas segundo um desenho ficcional-estético, que começa com a descida do poeta dos Andes para o Amazonas até o Oceano Atlântico. Por outro lado, a permanência do maranhense auto-exilado nos EUA não foi breve, como a de Humboldt, mas durou quase três lustros, inspirando o Canto X, onde se situa aquele que será o momento culminante do poema, o episódio do "Inferno de Wall Street". Em várias etapas, porém, o poeta recorre caminhos já percorridos antes pelo "pai Humboldt". Seu aproveitamento da mitologia muísca e incaica, bem como de elementos-chave da crônica do Império Inca, é feito de modo disperso, ao longo de todo o poema, concentrando-se, porém, nos Cantos I, III, VI e XI a XIII. Com esses elementos míticos e históricos, mesclam-se reminiscências biográficas do poeta-peregrino, que se vê como um novo Guesa. É significativo notar que somente em nosso século, com o *Canto General* (1950), do chileno Pablo Neruda, um projeto transamericano analogamente abarcante foi levado acabo. E.M.Santí define o *Canto General* como "uma enciclopédia (na acepção de Northrop Frye) que reúne múltiplos temas, gêneros e técnicas" e cuja unidade" é dada pelo "tema de América"; tratar-se-ia de "uma história marginal da América", escrita "do ponto de vista dos vencidos". Sempre segundo Santí, o poema, de 15 seções e mais de 15.000 versos", foi escrito em 13 anos (de 1937 a 1950)[17]. O *Canto General,* constituído portanto do acúmulo (nem sempre organicamente estruturado), de 213 poemas, cobre vários acidentes e regiões geográficas também celebrados no *Guesa* (como,

---

17. Enrico Mario Santí, "Introdução" à edição, a seus cuidados, do *Canto General,* de Pablo Neruda, Madrid, Ediciones Cátedra, 1990.

por exemplo, as vastidões amazônicas, ou — para mencionar apenas esta convergência — a cachoeira Tequendama, descrita tanto por Sousândrade como por Humboldt). Detém-se na crônica dos "Conquistadores" e na celebração dos "Libertadores", personagens que também figuram no *Guesa*, os primeiros verberados, os segundos exaltados, como em Neruda. Este enfoca amplamente as Américas incluindo, como o *Guesa*, a Patagônia e o Estreito de Magalhães (*Canto General*, seção XXIV de "Los Conquistadores"; seção XII — Patagônia, de *América, no invoco tu nombre en vano*).

Seguindo uma tradição que procede de Garcilaso Inca de la Vega, o notável autor mestiço dos *Comentarios Reales* (1.ª ed., Lisboa, 1609), e que chegou até o século XIX, Sousândrade vê o Império Incásio como um regime de estrutura modelar, de pendor coletivista, amalgamando-o idealmente com a república utópica de Platão, associando-o às comunidades cristãs primitivas e à "jovem república americana" (os EUA), tal como esta fora concebida originalmente por seus fundadores ("o jovem povo de vanguarda", — Canto X). Assinale-se que Sousândrade, vivendo sob a monarquia de D. Pedro II, não se contava entre os poetas palacianos — Domingos José Gonçalves de Magalhães, Araújo Porto Alegre e o próprio Gonçalves Dias —, os integrantes do "Coro dos Contentes", por ele satirizados na estrofe 61 do "Inferno" (CantoX). O poeta-peregrino proclamava fervorosamente suas convicções republicanas, contrárias à tirania e ao clericalismo. Hipostasiando-se na *persona* do novo Guesa, ele, ainda que sentindo-se incompreendido, não se comporta como um "maudit" do tipo ensimesmado e solipsista (embora deplore seus infortúnios ao longo do poema)[18]. Antes, como está expresso na *Re/Visão*, "Sousândrade trans-

---

18. O poeta sofria com a sua marginalização literária. "Ouvi dizer já por duas vezes que 'o *Guesa Errante* será lido cinqüenta anos depois'; entristeci — decepção de quem escreve cinqüenta anos antes." Sousândrade, *Memorabilia* incluída na edição

fere seu inconformismo para uma cosmovisão reformadora, como perspectiva de uma nova civilização americana". Ao invés do isolamento e da marginalidade, "ele na tempestade s'envolvia/Social", fazendo assim "o corpo de delito/ do seu tempo" (Canto X)". Condenava as formas de opressão e de exploração, a crueldade da conquista e celebrava os libertadores das Américas (Bolívar, Páez, O'Higgins, Lincoln etc.) Neruda, dentro de uma concepção marxista de esquematismo quase didático, faz algo de similar, deixando de ressaltar, em benefício do maior contraste dos opostos, o "feudalismo pré-hispânico, exercido durante pelos Astecas no México e pelos Incas no Peru" (Santí, citando Emir Rodríguez Monegal)[19]. Como em Sousândrade, o que parece tomar o proscênio é a finalidade social utópica, com vistas a um resgate do futuro. Assim, em "Las Agonías"(CG, XIV), Neruda retrata (e verbera) os sofrimentos inflingidos ao Inca Atahualpa por Pizarro, acolitado pelo fanático Pe. Valverde:

En Cajamarca empezó la agonía

El joven Atahualpa, estambre azul,
árbol insigne, escuchó al viento
traer rumor de acero.
Era un confuso
brillo y temblor desde la costa,
un galope increíble
— piafar y poderío —
de hierro y hierro entre la hierba.
Llegaron los adelantados.
El Inca salió de la música
rodeado por los señores.

nova-iorquina do *Guesa* , 1877. Na realidade, se considerarmos a data da *ReVisão*, a incompreensão que amargurava o poeta durou 87 anos, excedendo, de muito, a sua previsão pessimista.

19.   E. R. Monegal, *Neruda: El Viajero Inmóvel*, Caracas, Monte Ávila, 1977.

Las visitas
de otro planeta, sudadas y barbudas,
iban a hacer la reverencia.
El capellán
Valverde, corazón traidor, chacal podrido,
adelanta un extraño objeto, un trozo
de cesto, un fruto
tal vez de aquel planeta
de donde vienen los caballos.
Atahualpa lo toma. No conoce
de qué se trata: no brilla, no suena,
y lo deja caer sonriendo.

"Muerte,
venganza, matad, que os absuelvo"
grita el chacal de la cruz asesina.
El trueno acude hacia los bandoleros.
Nuestra sangre en su cuna es derramada.
Los príncipes rodean como un coro
al Inca, en la hora agonizante.

Diez mil peruanos caen
bajo cruces y espadas, la sangre
moja las vestiduras de Atahualpa.
Pizarro, el cerdo cruel de Extremadura
hace amarrar los delicados brazos
del Inca. La noche ha descendido
sobre el Perú como una brasa negra.

Sousândrade (Canto XI) descreve a mesma cena, inspirado pelo mesmo sentimento de consternação ante o martírio do Inca:

Jejuava Atahualpa, silencioso,
   De sua vasta corte rodeado,
   Marmóreo, calmo, andino, grandioso!
   Nem olha os cavaleiros que hão chegado,

Que, gineteando, a tímidos pavoram!
— Em taças de oiro servem régia chicha
Belas de negros olhos, buenadichas
Do Inca. — Profanos, só de as ver, descoram.
Vasto o horizonte, à noite scintilavam
Índios fogos, 'como astros'; e de dia
As tendas, como mares, alvejavam;
E um só audaz, que um basta, não tremia.

Do ibério chefe e o imperador andeano
Amigos saudações, ricos presentes
Foram trocados. Já o soberano
Vem dos Andes descendo, aos ocidentes —

Glório descer do abismo! Inti e seu filho,
Viu-se na mesma estrada jornadeando,
No último dia: e povo e deus, tal brilho
Na terra, antes ninguém vira ostentando!
Raio seu, para o ocaso o seu império
Glorioso o Sol levava entre esplendores:
'Cadáver de oiro,' que o etereal mistério
Deixou d'estes crepúsculos-albores.
O Inca vem pernoitar em Kaxamarka
Entre amigos, na Casa-da-serpente
(Fascinação eterna!) — aí do monarca!
— Chegou. A praça entrou. — Oh! o imprudente
Bem via-se confiar em tanto raio
Que as esmeraldas suas rutilavam!
O Sol, ao pôr-do-sol, (triste soslaio!)
No áureo andor, que os mais nobres carregavam!
— Olha ao redor: se estão em seu domínio —
'Onde estão'?
Religioso eis o vigário
Vem caminhando. Atroz encara o Andino.
Fala em Cristo e apresenta o breviário...

Nuvem que zomba dos destinos do astro!
   Inti, deixando o ocaso, o abandonou.
   De Natura o gemer fundo e desastro,
   Todo Tahuantinsuyu penetrou.

Mas, estando o morrão fatal aceso,
   Tomados postos, pronto a desrolar-se
   O sinal branco... — por que então excesso
   De zelosa perfídia a prolongar-se?
Deus! oh, Deus da consciência! a lealdade
   Era do Inca, o terror de Dom Pizarro:
   E foi mister na flor de humanidade
   Cuspir tal meretriz solene escarro.
O' Felipilho! atraiçoar aquele
   Coração índio, quando à liberdade
   Quer dos céus abraçar quanto os revele!
   Ser o Demônio em nome da Trindade!
   — Por onde anda Las Casas com seu credo
   Tão doce d'outros céus endoidecendo? —
   De Valverde e Pizarro tem segredo
   Negro minuto: não se convertendo...
   Por Santiago! a los perros!'

. . . .

O Sol, de todo desaparecera.
   Atahualpa, dos céus desamparado,
   Tremeu vendo-se ao meio da cratera
   Qual um que assombra e está pertificado!

Tal despedaçam Andes, s'enovela
   O fumo e é negro verbo d'entre a chama;
   Tal pensamentos o vulcão procela,
   De horror enchendo os plainos de Atakama!

. . . .

— Sacro fogo dos templos, apagaram;
Sacras virgens do Sol, prostituíram;
Aos santos sacerdotes, dispersaram;
Nas serras — d'eles a seus cães nutriram.

De fato os relatos dos "cronistas" que recolhem as "tradições dinásticas" de Tahuantinsuyu, desde meados do séc. XVI, são "narrações utópicas", segundo as quais, "o Estado Incaico se caracteriza por uma organização social perfeita e racional, propiciadora da realização de obras quase sobre-humanas ou propriamente maravilhosas"[20]. A essa idealização se juntava a visão milenarista do estado socialista-cristão (tal como o intentaram criar, posteriormente, os jesuítas no Paraguai) com tinturas de cristianismo-primitivo e reminiscências de Platão e Thomas Morus (cuja *Utopia,* publicada em 1516, antecipa de 10 anos o processo de conquista do Império Incásio, iniciado com a associação de Pizarro, Almagro e Diego de Luque para descobrir o Peru, em 1526). Como epitomiza A. Metraux:

---

20. Martin Lienhard, "Los Comienzos de la Literatura 'Latino Americana': Monólogos y Diálogos .../ las Literaturas Alternativas", Ana Pizarro (org.), *América Latina: Palavra, Literatura y Cultura* (vol. 1-A *Situação Colonial*), São Paulo, Fundação Memorial da América Latina/Editora da Unicamp, 1993. Trata-se, em particular, de Juan de Betanzos e Pedro de Cieza de León, cronistas que escreveram sobre o Incanato antes de Garcilaso, cuja obra, no entanto, foi a mola propulsora do mito da excelência do sistema governamental incaico, conhecendo várias edições em francês nos séculos XVII e XVIII. Cf. Alfred Métraux, *Los Incas*. México: Fondo de Cultura Económica, 1993 (1ª. ed. francesa, 1961). Dos *Comentarios Reales de los Incas*, (Lisboa, 1609), consultei a edição organizada por Carlos Arníbar, em 2 vols., México: Fondo de Cultura Económica, 1991. Ver, ainda, na obra coletiva acima citada, a contribuição de Fernando Aínsa, "La Utopía Empírica del Cristianismo Social (1513-1577)".

O mito do grande Estado socialista dos Incas provém de uma concepção bastante sumária de suas instituições [...] O sistema econômico e social dos incas, descrito por Garcilaso de La Vega em seus *Comentarios Reales* e por todos os que nele se inspiraram, é de uma formosa e evidente simplicidade"[21].

É verdade que a defesa, ainda que idealizada, da dignidade incaica resultou, por um lado, do menosprezo do espanhol pelos indígenas, tachados de incultos e bárbaros, vistos como gente inferior[22]; por outro, diante dos desmandos e das atrocidades perpetrados pela "nova ordem"introduzida pelos "conquistadores"(inclusive pelos sacerdotes incumbidos da "conquista espiritual"dos vencidos), a "velha ordem" acabou parecendo mais justa e humana, a tal ponto que "a época do despotismo dos Incas passou a converter-se numa idade de ouro"[23].

    21.   Alfred Métraux, *op. cit.* na nota supra, refere:"Os autores do século XVIII creram na perfeição do Estado Inca, uns porque o supunham comunista e outros porque estaria submetido a um despotismo ilustrado." H. Cunow, *La Organización Social del Imperio Inca* (trabalho vertido para o espanhol a partir do alemão, e que completa outro, datado de 1890), Lima (Peru) : Librería y Editorial Peruana de Domingo Miranda (Biblioteca de Antropologia Peruana dirigida por J. A. Encinas), 1933, escreve:"Até hoje, acreditou-se que a organização social do império dos Incas foi um raro e único produto na história da humanidade [...]. A lenda de que sábios incas-imperadores criaram, num abrir e fechar de olhos, uma cultura especial [...], uma"monarquia socialista", onde as idéias comunistas de Campavella, Vairasse e Fourrier se teriam realizado, não passa de pura fantasia. O que há de comunismo nas instituições do Império Inca é aquele comunismo agrário, que existiu em certo grau de desenvolvimento em todos os povos civilizados, como produto natural da organização das comunidades gentilícias. [...]. Este trabalho não se dispõe a seguir a Garcilaso de la Vega e aos que com ele comungam."

    22.   George Robert Coulthard, "La Pluralidad Cultural/Aportes Culturales Indígenas", em César Fernández Moreno (org.), *América Latina en su Literatura, op. cit.* na nota 3.

    23.   Cito uma observação de A. Métraux, *op. cit.* na nota 21. Garcilaso se reporta a seu predecessor, Cieza de León, para fazer o elogio da arte de governar dos Incas: "Hicieron tan grandes cosas y tuvieron tan buena gobiernación que pocos en el mundo les hicieron ventaja." (*Comentarios*, Libro Segundo, Cap. XXVIII); por outro

É assim que tanto Sousândrade no Oitocentos, no quadro de nossa 2.ª geração romântica, quanto Neruda, na 2.ª metade do século XX, confluem, concordes, na celebração epicédica da tragédia do Inca e da queda de seu "áureo" Império pré-colombiano.

Se, no concernente à República Coletivista Incaica, Sousândrade se deixa levar pelo impulso idealizador que atravessou o século XVIII, mantendo-se, ainda que controvertidamente, no século XIX e sobrevivendo mesmo nas primeiras décadas de nosso século (o *Empire Socialiste des Incas*, por Louis Baudin, do Instituto de Etnologia de Paris, sai em 1928), isto não ocorre com respeito à situação dos selvagens brasileiros, sublimados por nossos "indianistas canônicos", segundo as regras da cavalaria européia (que, no século XVI, sobrepuseram-se, em Portugal, à imagem do navegador-cruzado, moldando-a e amoldando-se a ela[24]. O gume crítico-satírico do poeta maranhense é capaz de praticar um "indianismo às avessas", surpreendendo o índio decadente da região amazônica numa dança-pandemônio reminiscente da *Walpurgisnacht* romântica do *Primeiro Fausto*, em promiscuidade orgiástica com corruptos exploradores brancos e missionários pervertidos, tudo sob o signo de Jurupari, visto pela ótica cristã-missionária de demônio, espírito do mal (*Tatuturema*, Canto II); no Inferno do Canto X, correspondente à Farsália Clássica do segundo *Fausto*, é o vórtice desregrado do capitalismo em ascensão, na Bolsa de Nova Iorque dominada por Mamonas, o deus da especulação, nos fraudulentos "anos de

---

lado, pondera: "... los reyes Incas y sus *amautas* (que eran los filósofos) rastrearon con lumbre natural al verdadero sumo Dios y Señor nuestro que crió el cielo y la tierra [...] al cual llamaron *Pachacámac* [...] hacedor de todas las cosas" (*idem, ibidem,* cap. II).

24. "Anacronismo na Europa burguesa de quinhentos, a cavalaria era ainda uma força viva e atuante no Portugal renascentista." Usando de uma expressão de Massaud Moisés, Francisco Ferreira de Lima, *O Outro Livro das Maravilhas* (*A Peregrinação* de Fernão Mendes Pinto), Rio de Janeiro, Relume/Dumará, 1998, de quem extraí a citação acima, fala de uma "cavalaria do mar".

ouro" da História Norte-Americana (de 1870 a 1884)[25], que recebe a crítica mordaz e surpreendentemente premonitória de Sousândrade — a corrupção gangrenando as instituições republicanas: "Corrupted free men are the worst of slaves", sintetiza o poeta, exclamando:

> Oh! como é triste da moral primeira,
> Da República ao seio a corrupção!
> Ao seio da pureza — se dissera —
> De Cristo o corpo em decomposição.
> (C.X)

Com seu rigor de sábio enciclopédico, capaz de unir a fruição estética da natureza à meticulosidade da observação racional (o "azul" dos céus andinos o tocava, como a um poeta romântico; ao mesmo tempo, como herdeiro da Ilustração, preocupava-se em mensurar-lhe metodicamente as gradações de "intensidade" com um aparelho especialmente desenhado para esse fim, o "cianômetro")[26], Humboldt dedicou-se, durante sua viagem, ao estudo histórico dos monumentos pré-colombianos, podendo, mesmo, ser considerado o "fundador científico da antropologia mexicana"(J. Labastida); por outro lado, não descurou de enfronhar-se na estrutura dos idiomas nativos, reconhecendo no quéchua (o idioma do Incanato) "uma língua tão rica em finos e multivariados torneios, que os jovens, para expressar doçuras

---

25. Cf. "Crisis of the Gilded Age: 1873" e "Grant's Last Panic: 1884", Robert Sobel, *Panic on Wall Street (A History of America's Financial Disasters)*, New York, Collier Books, Macmillan Co., 1972. Ver, ainda, "O inferno financeiro: Sousândrade e Pound", supra "O Inferno de Wall Street: Painel duma Época", Frederick G. Williams, *op. cit.* na nota 17.

26. "... en Humboldt se unían, de modo indisoluble, las observaciones cuantitativas y las cualitativas: llevó consigo, a lo largo del viaje, un *cianómetro*, diseñado por Paul, en Ginebra, por medio del cual midió la intensidad del azul del cielo..."; Jaime Labastida, *Humboldt, Ese Disconocido*, México, SEP/DIANA, 1975.

agradáveis às damas, quando esgotavam todo o tesouro do castelhano, começavam, em geral a falar 'inca'", fato que somado a alguns outros semelhantes, "bastaria para alertar que a América outrora possuíra uma cultura bem mais alta do que aquela que os espanhóis em 1492 aí encontraram" (Carta de Humboldt ao irmão, do ano 1802). O sábio de Berlim não se deixara, porém, iludir quanto à verdadeira natureza da organização incaica:

> O Império dos Incas semelhava um grande estabelecimento monástico, no qual estava prescrito, a cada membro da congregação, o que ele deveria fazer para o bem comum. Havia um bem-estar (*aisance*) geral e pouca felicidade privada; mais resignação aos decretos do soberano que amor pela pátria. [...] A teocracia peruana era menos opressiva, sem dúvida, que o governo dos reis mexicanos, mas aquela e este contribuíram para dar aos monumentos, ao culto e à mitologia dos dois povos montanheses esse aspecto melancólico e tristonho que contrasta comas artes e as doces ficções dos povos da Grécia ("Introdução" a *Vues des Cordillères*, Paris, abril de 1813).

Mas é o Humboldt iluminista, antiescravista[27], admirador da Revolução Francesa, cultor da liberdade e da igualdade, simpatizante do modelo republicano norte-americano como paradigma para as colônias da América Espanhola em vias de libertação, quem, por outro lado, seduz os espíritos rebelionários do Novo Continente. Jefferson, presidente culto e voltado para as ciências, torna-se amigo do sábio alemão e com ele se corresponde sobre a questão, augurando quanto aos revolucionários novo-hispânicos: "Afigura-se-me que adotarão as linhas gerais de nossa federação e de nosso governo representativo, que abolirão as distinções de classe, que farão com que se dobrem seus eclesiásticos que persistam na intolerância ..." (14.4.1811).

---

27. "L'esclavage est sans doute le plus grand de tous les maux qui ont affligé l'humanité", escreve Humboldt. No seu *Essai politique sur l'Ile de Cuba*, Paris, Gide et fils, 1826, o cientista alemão condena o tráfico de escravos africanos nas Antilhas, no sul dos Estados Unidos e também no Brasil, louvando a sabedoria da legislação das novas repúblicas da América hispânica, por se ocupar da "extinção total da escravidão".

A resposta a essa carta passa pela constatação amarga (e ainda hoje válida em termos não apenas circunscritos ao México, mas extensivos à Ibero-América como um todo), registrada no *Essai Politique sur le Royaume de la Nouvelle Espagne,* Paris, 1807-11 (1.ª ed. norte-americana, 1811):

> O México é o país da desigualdade. Em nenhuma parte existe uma desigualdade mais espantosa na distribuição da fortuna, da civilização, do cultivo da terra e da população. [...] Um governo ilustrado em seus verdadeiros interesses poderá propagar as luzes e a instrução, e conseguirá aumentar o bem-estar físico dos colonos, fazendo desaparecer, pouco a pouco, essa monstruosa desigualdade dos direitos e das fortunas [...]. O bem-estar dos brancos está estreitamente ligado ao da raça acobreada, e não pode haver felicidade duradoura, nas duas Américas, até que essa raça humilhada (a indígena), porém não aviltada, por uma longa opressão, venha a participar de todas as vantagens derivadas dos progressos da civilização e do aperfeiçoamento da ordem social[28].

Para um poeta-visionário como o brasileiro Sousândrade, para quem a paradigmática República representativa fundada pelo "jovem povo de vanguarda" se havia conseguido libertar dos "tormentos":

> Dessa trindade negra — dos escravos,
> A religião e os reis. (C.X),

o ideário humanista-ilustrado de Humboldt, avivado pelas reivindicações da Revolução Francesa, colorido, ademais, de exaltação romântica, já se constituía (independentemente de qualquer influência mais diretamente rastreável), na segunda metade do séc. XIX, numa plataforma de reivindicações óbvias, integradas no plexo das mais generosas e urgentes aspirações do tempo, sobretudo se considerarmos que a

---

28. Consultei, a respeito, Juan A. Ortega y Medina, *Humboldt desde México,* México, UNAM, 1960; José Miranda, *Humboldt y México,* México, Instituto de História/UNAM,1962.

penúltima edição do *Guesa* (a nova-iorquina de 1877; há, posteriormente, uma londrina, mais completa, sem data), publicou-se mais de uma década antes da abolição da escravatura (1888) e da implantação da República (1889) no Brasil duradouramente monárquico e persistentemente escravista.

Se nas partes satírico-críticas de poema (as seções infernais), predomina uma dicção mordaz e lúdica que tem precedentes no Cancioneiro Geral de Garcia de Rezende; estoura, destabocada, na lira maledicente do barroco Gregório de Matos e se faz acompanhar, em pleno Romantismo, de surtos que caracterizam alguns de seus melhores momentos ("A Orgia dos Duendes", de Bernardo Guimarães; "A Bodarrada", de Luiz Gama), já nas longas partes descritivas do *Guesa* predomina a visualidade imagética, a linguagem metafórica, plástica, rica de cultismos léxicos e sintáticos (o "preciosismo" rejeitado por A. Candido em nome, tudo indica, da simplicidade romântica).

Nesses momentos, a força pictural de Sousândrade se afina (aqui por uma questão de gosto, não necessariamente de influência) com a propensão de Humboldt por entremear "quadros da natureza" (*Ansichten der Natur*) em seus relatos científicos de viagem, em passagens onde o estilo, "ao impulso do sentimento e da fantasia", se deixa inclinar sem esforço para uma "prosa poética" (*dichterische Prosa*). Veja-se, por exemplo, esta descrição da cachoeira de Tequendama (resultante, segundo a lenda muísca reportada por Humboldt, de uma intervenção miraculosa de Bochica):

> Os viajantes que viram de perto o sítio imponente da grande cascata de Tequendama não se surpreenderão de que povos primitivos tenham atribuído uma origem milagrosa a esses rochedos que parecem ter sido talhados por mão humana; a esse vórtice estreito no qual se precipita um rio que reúne todas as águas do vale de Bogotá; a esses íris que brilham com as mais belas cores, mudando de forma a cada instante; a essa coluna de vapores que se eleva como uma nuvem espessa, e que se deixa reconhecer a cinco léguas de distância por aquele que passeia nos arredores da cidade de Santa-Fé (Humboldt, *Vues des Cordillères*).

> ... E Huytaca, a feiticeira
> Que iluminando as noites vai, lançada
> Fora da terra sua — quão fagueira
> Depois de ser do amante abandonada!
> E dela alembra a queda a onda que salta
> Cima a cima; retroa Tequendama,
> E qual das nuvens através se esmalta
> Íris, por entre montes se derrama.
>
> (Sousândrade, Canto epílogo, versos finais).

O poeta — repare-se — glosa a lenda narrada por Humbodt da companheira de Bochica, a bela e maligna Huytaca, que provoca uma enchente do rio Funza no vale de Bogotá; Bochica (princípio solar do bem) fende as rochas e dá vazão às águas reprimidas, vertendo-as através da referida cachoeira. Expulsa, então, a feiticeira Huytaca e a transforma na lua (princípio do mal). Neruda (CGI, seção IV — "Los ríos acuden"), dá também sua visão metafórica do salto de 145 metros de altitude:

> Tequendama, recuerdas
> tu solitario paso en las alturas
> sin testimonia, hilo
> de soledades, voluntad delgada,
> línea celeste, flecha de platino,
> recuerdas paso a paso
> abriendo muros de oro
> hasta caer del cielo en el teatro
> aterrador de la piedra vacía?

Considere-se, ainda, este quadro das alturas andinas. Humboldt:

A forma do Cotopáxi é a mais bela e a mais regular de todas aquelas que os cimos colossais dos Andes apresentam. É um cone perfeito que, revestido de uma enorme camada de neve, brilha com um esplendor ofuscante ao pôr-do-sol, e se destaca de um modo pitoresco da abóbada azul do céu. Esse invólucro de neve furta à vista do observador as imperfeições do solo, até às menores: nenhuma ponta de rocha, massa pedregosa alguma transpassa esses gelos eternos, interrompendo a regularidade do cone.

Sousândrade (Canto XI):

"Titã o celerado — Cotopáxi
Lá das nuvens se eleva alevantado
. . . .
E ondam montanhas, trovoar de crebros
Montes, abarrancando o ândeo destroço,
Desde o azul mar ao céu azul — vertebros
Sobrepostos do mundo e mundo dorso —
Cordilheira eternal! eternos, grandes
Altares! — alva transparente névoa!
Há no assombroso pélago dos Andes
Íris estranho; e um qual-poder, sem trégua
Avultando no espaço — as aniladas
Diáfanas soidões do nimbo andino,
Onde sua alma habitará, sagradas
Formas do Éter! ...
. . . .
Quem andou por aqui foi Manco-Cápac,
Que um reino meigo paraisal fundara."

Dentro de uma concepção contrastiva, pode-se dizer que o *Guesa,* reproduzindo a topografia dantesca de maneira não escalonada, mas disseminada, deixa-se penetrar por momentos "epifânicos" (as "visões d'íris") e momentos "antiepifânicos"(os repentes "infernais", concentrados nos Cantos II e X, mas freqüentemente dispersos ao longo do poema). Essa insistência emblemática na imagem cambiante e multicolorida do íris, parece ser uma reminiscência do Paraíso dantesco (XXXIII, 115-120):

Nella profonda e chiara sussistenza/dell'alto lume parvermi tre giri/ di tre colori e d'una contenenza;/ e l'un dall'altro come iri da iri/parea reflesso, e 'l terzo parea foco/ che quinci e quindi igualmente si spiri.

Evoca também o verso goetheano: "Semprecambiante o arco-íris se recurva" (*Wölbt sich des bunten Bogens Wechseldauer*), do segundo *Fausto*, Ato I, Prólogo, v. 4722[29].

Nas culminâncias da cordilheira, a natureza parece sublimar-se ao olhos do poeta Guesa-errante, que entrevê o "Espírito Eterno", o "Uno-Infinito", nos "Andes, que alto avultam/ Dentro dos céus, em névoas transparentes; que, num "diamante/De luz branca...", num "terreno cristal", pode vislumbrar: "O processo moral da natureza,/Incolores princípios, a existência/ Absoluta da aquém e além beleza." Pois, sempre à maneira de Dante, o poeta, capaz de enxergar a luz na luz, discerne o "Uno-Deus"/ "Uno-Infinito" — o Eterno, no âmago telúrico do mineral radioso:

> Oh! o Diamante! que, de ser tão puro,
> Foi chama e o mesmo Eterno! — Se o contemplo,
> Nem do fulgor distingo o que é fulguro! (C. X).

---

29. O arco-íris, para os muíscas, representava o deus Cuchavira : "o ar resplandescente, ou como melhor interpretam outros, o arco do céu", segundo Fray Pedro Simón, *Noticias historiales de la Conquista de Tierra Firme en las Indias Occidentales*, obra escrita nos fins do séc. XVI. Seus "arcos concêntricos de várias cores coroaram o Salto de Tequendama, quando Bochica, com sua vara mágica, ajudou a resolver o problema da inundação da Savana de Bogotá", acrescenta Javier Ocampo Lopez, *Mitos Colombianos*, Bogotá, El Áncora Editores, 1988.

Haverá, também aí, senão a influência, pelo menos o acercamento (por afinidade sensível) da concepção "holística" do Cosmos[30], que constitui a linha-mestra e o fecho-da-abóbada da monumental obra humboldtiana, — aquela *Synthese von physicher und moralischer Natur,* que tanto fascinou o naturalista-filosofo alemão?

Haroldo de Campos
abril/maio, 1999.

---

30. *Kosmos. Entwurf einer physischen Weltbesrchreibung,* Stuttgart, Cotta, 1845-1862; *Cosmos: A Sketch of a Physical Description of the Universe,* translated by E.C. Otté, N.York/London, Harper & Brothers Publishers, s/data, 2 vols. (vols. I - V do original alemão). Seria possível reconhecer no *Cosmos* a influência de Schelling, para quem: "A Natureza deve ser o Espírito visível (*der sichtbare Geist*); o Espírito, a Natureza invisível (*die unsichtbare Natur*); cf. Adolf Meyer-Abich, *op. cit.* na nota 7. Para o filósofo do *Sistema do Idealismo Transcendental,* o *All-Ein,* o *Todo-Uno* é a expressão do Absoluto como "Identidade da Identidade"; cf. Gerd A. Borheim, *Aspectos Filosóficos do Romantismo,* Porto Alegre, Instituto Estadual do Livro, 1959. A expressão "holística", para caracterizar a *Naturlehre* de Schelling, assim como a filosofia da natureza que perpassa a concepção humboldtiana de *Cosmos,* foi utilizada por Adolf Meyer-Abido, *Nachwort,* Alexander v. Humboldt, *Ansichten der Natur* (1808), Stuttgart: Reclam, 1969.

ECOS DO "INFERNO DE WALL STREET"

AUGUSTO DE CAMPOS

A linguagem referencial, elíptica, às vezes mesmo cifrada, de que faz uso Sousândrade nos epigramas do premonitório "Inferno de Wall Street" (Canto X do seu poema épico *O Guesa*), pela primeira vez publicado em 1877, em Nova Iorque, caracterizando aquilo que Haroldo de Campos e eu denominamos "estilo sintético-ideogrâmico", levou-nos anos atrás a organizar um glossário de personagens e citações do episódio, à maneira dos que fizeram alguns estudiosos dos *Cantos* de Ezra Pound. Algo que nos pareceu indispensável para a compreensão do poema e igualmente adequado, por se tratar de um texto sob vários aspectos precursor da estilísitca poundiana, constituído como é, em grande parte, de colagens metalingüísticas de eventos, notícias e fragmentos textuais de muitos autores. O "guesa" — lembre-se desde logo — é, na mitologia de antigos índios colombianos, um menino destinado à peregrinação e ao sacrifício ritual; ao cabo do percurso, já adolescente, é atado a uma coluna, numa praça circular, e morto pelos sacerdotes ("xeques"), tendo seu coração arrancado e oferecido a Bochica, deus do sol. Esse personagem, com o qual se identifica o poeta, alegoricamente, é o peregrino viajante da epopéia que tem o seu ápice na Bolsa de Nova Iorque, em fins do século XIX.

Tal glossário, que demandou pesquisa de muitos anos, veio a fazer parte da primeira edição da nossa *Re Visão de Sousândrade*, publicada em 1964. O livro, já todo composto, ainda ficou de quarentena por algum tempo, depois do golpe militar de 31 de março, por precaução da Editora Obelisco, que acabara de lançar uma biografia de Miguel Arraes, e temia que o nosso livro viesse a ser envolvido em alguma represália que contra ela tomassem, precisamente por conta da ênfase que dávamos àquele suspeito "Inferno de Wall Street", do qual se fez ainda uma separata — preocupação não imotivada, diante dos disparates que perpetraria o governo autoritário contra tudo que lhe parecesse "de esquerda".

Ao longo do tempo, fomos ampliando e corrigindo esse glossário com a colaboração preciosa do saudoso Erthos Albino de Souza, que foi também o financiador daquela edição. Erthos, que morava na Bahia, onde trabalhava como engenheiro da Petrobrás, tendo tomado conhecimento dos nossos primeiros estudos, publicados sob o título "Montagem: Sousândrade" nas páginas do *Correio Paulistano*, entre 1960 e 1961, nos enviou, sem nos conhecer pessoalmente, um cheque ao portador na importância orçada pela Obelisco para a impressão da obra, que assim pôde ser editada, graças à sua incrível generosidade.

A segunda edição da *Re Visão*, em 1982, incorporou novos achados e correções ao glossário sousandradino. Apesar de todo o nosso esforço, porém, muitas passagens são ainda obscuras e persistem alguns erros ou imprecisões de interpretração, inevitáveis no entendimento de textos tão sintéticos, inçados de neologismos, nomes desconhecidos, frases truncadas em vários idiomas, inversões e liberdades gramaticais. As novas descobertas interpretativas que agora divulgo bem exemplificam a natureza das "obscuridades" sousandradinas e as dificuldades que oferecem para o seu desvendamento. Tal como ocorre no caso de Pound, elas se reduzem bastante quando chegamos a identificar as referências objetivas que estão por trás dos versos aparentemente enigmáticos e surrealistas que nos encantam antes mesmo de os entendermos por completo.

Uma dessas descobertas me foi propiciada pela leitura do romance histórico *1876*, de Gore Vidal, que se passa justamente num dos períodos mais importantes abarcados pelo "Inferno de Wall Street" e que tem como tópicos históricos relevantes a Exposição do Centenário, em Filadélfia, aberta pelo presidente americano, General Grant, e por D. Pedro II, e a disputa entre o democrata Tilden e o republicano Hayes, nas eleições para a sucessão presidencial que deram a vitória indireta para o último deles, o perdedor nas votações gerais, num "imbroglio" que em tudo faz lembrar os episódios políticos que levaram Bush à presidência em nossos dias. A seqüência epigramática sousandradina contém numerosas referências à viagem de Pedro de Alcântara aos Estados Unidos, aos escândalos financeiros do período Grant e à exposição centenária. A eleição fraudulenta é assim comentada na estrofe 37:

(Democratas e Republicanos)

— É de Tilden a maioria,
É de Hayes a inauguração!
= Aquém, carbonário
Operário;
Além, o deus-uno, Mamão!

Mas Gore Vidal relata, de passagem, certo evento menor que nos permite desvendar um outro trecho mais obscuro, na estrofe 150:

(ROSEMAN lendo cristianíssimos *personals* e aplicando a
"low people, low punishment":)

— '*Papers explain. Certainly, though terrible*'.
Ciência heráldea, '*paradise lost*'...
A '*purring match*'!
And *lash! and lash!*
Chinois-Bennet à '*whipping post*'!..

O personagem principal do episódio já estava bem identificado no glossário pelas referências "Bennet" e "heráldea". Trata-se de James Gordon Bennet (1795-1982), sucessor do pai homônimo, o poderoso fundador do jornal *New York Herald*. Ignoramos quem seja aquele Roseman, que aparece no intróito, lendo cristianíssimas fofocas, e aplicando "punição vil a gente vil", mas parece figura menos importante. Seguem-se os textos em inglês que querem dizer: "Os jornais explicam. Por certo, embora terrível …", "paraíso perdido". "Purring match", segundo apuramos, é uma expressão aplicada às lutas de box, onde se desferem golpes no estômago que fazem o adversário gemer (gíria pugilística do século IXX). "Lash and lash", chicotadas e chicotadas. "Whipping post", pelourinho. Alguma escaramuça, pelo visto. Mas como decifrar o episódio a que alude Sousândrade? E aquele estranho apodo, "Chinois-Bennet", o que quereria dizer? Teria o jornalista tomado partido a favor dos imigrantes chineses, então ainda muito hostilizados, em algum evento? Conta Gore Vidal, já quase ao fim do seu livro, que James Gordon Bennet veio a protagonizar um fato que escandalizou Nova Iorque no apagar das luzes de 1876. No dia de ano novo, embriagado, ele urinou num vaso chinês, usado para acomodar guarda-chuvas, na entrada da casa do coronel May, pai da sua ex-noiva. E no dia 3 de janeiro, um parente da família, chamado Fred May, surrou o jornalista com um relho de couro cru na porta do Union Club. A seguir, no dia 7, os dois homens se defrontaram em duelo de pistolas, do qual nenhum saiu ferido. Tais, em síntese, os fatos que nos interessam. E eis desvendado o enredo a que se reporta a estrofe — a punição, o "chinois", os açoites, a luta — podendo a expressão "paraíso perdido" sinalizar, além do noivado desfeito, o desenlace de tudo, pois, segundo acrescenta Vidal, o jornalista, envergonhado, partiu para a Europa e nunca mais voltou aos Estados Unidos. Para um possível esclarecimento completo, só mesmo respigando nos jornais nova-iorquinos da época, de onde Sousândrade poderá ter extraído expressões e outras referências sobre o tema. A estrofe se incorpora ao quadro de acontecimentos escandalosos que fazem de Nova Iorque, vista sob a ótica da especulação político-financeira e da degeneração dos costumes, o cenário de sacrifício do poeta-guesa em seu percurso expiatório pelo mundo.

Outras precisões e correções a que cheguei dizem respeito ao poeta George Gordon Byron, invariavelmente admirado pelo romantismo brasileiro. Diferenciando-se, entretanto, dos demais confrades, na empreitada do "Inferno de Wall Street", Sousândrade privilegia aqui não o "sermo nobilis", o épico-lírico de *Childe Harold*, mas o viés satírico do menos popular *D. Juan*. Tendo presente esse aspecto do enfoque sousandradino de Byron, por ele incluído à estrofe 77 num panteão de heróis, é possível compreender melhor os versos que repontam nas estrofes 8, 11 e 79 e as referências que faz ao poeta inglês. Na estrofe 8 aparece o Rev. Beecher (Henry Ward Beecher, 1813-1887), conceituado clérigo americano, fazendo uma pregação em que contrapõe valores morais positivos e negativos, os primeiros representados pelos poetas Tennyson e Longfellow e os últimos pelos grevistas (os "strikers" Arthurs e Donahues) e ainda por Byron João e Juvenal:

    (Rmo. BEECHER pregando:)

    — Só Tennyson, só, só Longfellow
    S'inspiram na boa moral:
        Não *strikers* Arthurs,
            Donahues,
    Nem Byron João, nem Juvenal!

"Arthur", mais de uma vez referido por Sousândrade, é sem dúvida Peter Arthur, 1831-1903, líder sindical americano. Donahue, provavelmente um seu companheiro de movimentos paredistas, não foi identificado. Juvenal, o poeta satírico latino, que verberou os vícios de Roma. Mas e aquele estranho "Byron João", que parece, à primeira vista, uma referência equivocada ao poeta inglês? Não há erro algum.

Sousândrade alude ao *D. Juan*, numa audaciosa anglicização gramatical, como se estivesse dizendo "Byron's Juan". Dessa forma, os pólos morais discordantes da pregação de Beecher (que evidentemente simboliza um falso moralista) se reforçam e esclarecem. Outras estrofes de Sousândrade colocam ainda uma vez o famoso clérigo americano em confronto com Byron. Na estrofe 11, em diálogo imaginário com a irmã, a escritora Harriet Beecher Stowe (1812-1896), que, por sua vez, acusara Byron de manter relações incestuosas com a própria irmã, o pregador confessa que as pedras por ele atiradas no poeta acabaram recaindo sobre ele próprio, já que veio a ser acusado de ter praticado sexo com uma paroquiana, mulher do jornalista Theodore Tilton.

>   (BEECHER-STOWE e H. BEECHER)
>
> — Mano Laz'rus, tenho remorsos
> Da pedra que em Byron lancei...
>   = Caiu em mim, mana
>   Cigana!
> Ele, à glória, eu, fora da lei!

O rumoroso "affair" é objeto de várias estrofes do "Inferno de Wall Street". Mas Byron reaparece ainda, sem ser diretamente nomeado, por meio do seu poema *Childe Harold's Pilgrimage,* na estrofe 79, onde há uma alusão ainda mais críptica ao *D. Juan*:

> Pois há entre o Harold e o Guesa,
> Diferença grande, e qual é:
>   Que um tem alta voz
>   E o pé *bot,*
> 'Voz baixa' o outro, e firme o pé.

As referências combinadas a "Harold" e ao "pé bot" (pé manco), a seguir, não deixam dúvidas: Byron, que era aleijado de um pé, foi novamente chamado à baila para uma comparação que, aparentemente, envolve um novo preito ao poeta inglês. Mas há mais do que isso. A estrofe parodia um texto do *D. Juan*, em cujo Canto I, estrofe CCII, se lê:

> There's only one difference between
> Me and my epic brethren gone before,
> [...] They so embellish, that 'tis quite a bore
> Their labyrinth of fables to thread through,
> Whereas this story is actually true.

Nessa que é uma das muitas digressões metalingüísticas com que Byron intercepta a narrativa do seu *D. Juan*, ele quer distinguir este poema dos épicos, seus antecessores, inclusive o *Childe Harold*, afirmando em síntese que a única diferença que há é que estes embelezam tanto seus temas que se torna entediante atravessar os seus labirintos de fábulas, ao passo que a estória de *D. Juan* é pura verdade. Ao embutir a dicção donjuaniana na estrofe em que compara o *Guesa* ao *Harold*, Sousândrade se investe dessa linguagem para marcar a nota crítica e satírica que afasta o seu texto do lirismo sublimado do Childe Harold da mesma forma que deste se aparta o *D. Juan*, que vem a ser o modelo byroniano escolhido pelo poeta maranhense para a sua crítica veraz e feroz ao inferno financeiro americano.

Um terceiro aprofundamento interpretativo diz respeito às duas últimas estrofes do "Inferno de Wall Street", embasadas no poema satírico *Atta Troll*, de Heinrich Heine (1847).

> (Práticos mistificadores fazendo seu negócio; *self-help*
> ATTA TROLL):
>
> — Que indefeso caia o estrangeiro,
> Que a usura não paga, o pagão!
> = Orelha ursos tragam,
>   Se afagam,
> Mammumma, mammumma, Mammão.

(Magnético handle-organ; ring d'ursos sentenciando à pena-última
o arquiteto de FARSÁLIA; odisseu fantasma nas chamas
dos incêndios d'Albion:)

— Bear... bear... é ber'beri, Bear... Bear...
= Mammumma, mammumma, Mammão!
— Bear... bear... é ber'... Pegásus...
Parnasus...
= Mammumma, mammumma, Mammão.

    Conforme se apontou no glossário, Mumma é o nome da companheira de Atta Troll, o urso dançarino que dá nome ao poema satírico de Heine. Mas outros pontos se aclaram a partir da consulta à tradução desse poema para o francês, elaborada pelo próprio poeta e incluída na antologia *Poèmes et Légendes de Henri Heine* publicada em Paris em meados do século 19. O volume que consultei (com a indicação "nouvelle édition") é de 1857, o ano seguinte à morte do poeta. Certamente foi na tradução francesa que Sousândrade conheceu o poema. O urso dançarino Atta Troll foge dos humanos, abandonando Mumma, sua companheira, e no recesso da floresta vai encontrar os seus filhotes, um dos quais, o caçula, teve uma orelha comida pela mãe-ursa, quando esta o acariciava. Mostra-lhes o horror do egoísmo humano e defende uma sociedade solidária e igual para todos os animais. As saudades lancinantes da companheira o atormentam ("— Mumma! Mumma! perle noire que j'avais pêchée dans l'océan de la vie! [...] ma chère Mumma") e o levam a morrer em uma emboscada. Atraído pelo que imagina serem os chamados de Mumma (na verdade é a bruxa Uraka, mãe do caçador Lascaro, que imita os rugidos da ursa), exclama aos filhos: "Enfants, entendez-vous ces sons? / N'est-ce pas la douce voix de votre mère? Oh! je reconnais les grognements de ma chère Mumma! Mumma! ma noire Mumma!" "— Mumma! fut son dérnier soupir", comenta, a seguir, o poeta, acrescentando, com ironia, que Atta Troll ressuscitará imortalizado em seus versos e que a glória do seu "nobre herói" ("urso sans-coulotte, igualitário selvagem", conforme o discurso com que um futuro rei da Baviera haverá de saudar a sua estátua) percorrerá a terra em troqueus patéticos de quatro pés... Penso que o texto francês pode ter contribuído para suscitar aquele misterioso "Mammumma" de Sousândrade, que, como está no glossário, aglutina "Mamma" (mamãe em alemão) e Mumma, mas no qual reverberam também os apelos patéticos (em francês) de "Ma...Mumma!". Não é de deslembrar que Heine, no início do seu poema, invoca o vôo livre de Pégaso para justificar o seu "sonho de uma noite de verão". Sousândrade: "Pegásus...Parnasus..." Escrita, segundo as palavras do seu prefácio à edição francesa de *Atta-Troll*, com o ânimo de defender a "autonomia da arte, a independência soberana da poesia", essa obra tem, no entanto, irrecusável viés crítico e político. Cabe notar, por fim, que Sousândrade subsitui a "musette", ou gaita de fole, que acompanha a dança dos ursos, em "Atta Troll", por um "magnético *handle organ*", um realejo magnético que aclimata a cena aos progressos de Nova Iorque. A identificação de Lucano (ao lado de Goethe, que o retoma no segundo *Fausto*) como "o arquiteto de Farsália", merece ainda uma qualificação: é que o épico latino, autor do poema histórico a que alude Sousândrade, foi coagido por Nero a suicidar-se, em razão de seu envolvimento em uma conspiração contra o imperador; daí deriva também a sentença "à pena-última", referida no intróito à derradeira estrofe do "Inferno". Todos esses detalhes confluem para a configuração das espantosas invocações que aparecem nas últimas estrofes do "Inferno de Wall Street". O poema termina com a dança macabra e o sacrifício ritual do poeta-guesa condenado à pena-capital pelos ursos-bruxos-especuladores da Bolsa, sua agonia pontuada com os informes estertores do urso-libertário clamando por sua Mumma, associados, num fantástico giro paronomástico, à invocação do deus "Mammão", símbolo do dinheiro e do lucro. Impossível não deixar de ver no "indefeso estrangeiro" que "a usura não paga, o pagão", compelido, como o guesa, a "cair", a imagem das nações submetidas pelo endividamento aos países ricos, um tema que é hoje mais atual do que nunca.

Pode parecer ao leitor que sejam questões sem importância. Não. O texto de Sousândrade é único no mundo. Merece detalhada perquirição. Ninguém fez, como ele, em seu tempo, um poema que pusesse em foco o florescimento do capitalismo em estado selvagem, tendo como palco a Nova Iorque dos "robber barons", preambulado pelos pregões da Bolsa e finalizado num círculo infernal de especuladores financeiros. Para compactar e transmitir em linguagem poética o choque conflitual de sua visão da República do Norte, ao mesmo tempo fonte de liberdade e de progresso e matriz de ganância desmesurada, Sousândrade teve que criar uma linguagem nova, difícil, quase ininteligível. Um pré-futurismo cinético, que já sugere as armas da montagem cinematográfica e da colagem plástica. De certo modo, seu poema é como um mosaico de Gaudi, composto de tesselas disparatadas, algumas semi-destruídas ou desgastadas pelo tempo. A reconstrução dessas tesselas nos faz ver com mais nitidez a grandeza do desenho geral, que, mesmo faltando algumas peças ao quebra-cabeças, já desvela uma inscrição monumental plantada como um alerta no coração dos circulos infernais da cobiça e da corrupção. Mas não se veja no poema de Sousândrade produto de xenofobia ou anti-americanismo. Não é esse o caso. O poeta, que viveu tantos anos em Nova York, manifesta amplamente no Canto X o seu amor pelo que reputa ser o país da liberdade, sob a evocação das figuras de Washington e Lincoln, e tem plena consciência de sua importância no cenário universal. Por isso mesmo sublinha: "— Oh! creio e te amo / Jovem América ainda a delirares, / E mais de ti, portanto, é que reclamo. / De ti depende o mundo do futuro;". No "Inferno de Wall Street", enquistado nesse Canto, ele elabora uma alegoria ritual que parece ressuscitar nos tumultuados inícios do século XXI, quando assistimos, perplexos, a ilha de Manhattan protagonizar os inacreditáveis eventos que se desencadearam em 11 de setembro de 2001 no seu epicentro financeiro — apocalíptico episódio que certamente poderia ser acrescentado ao mosaico sousandradino, pudesse o tempo recuar até os seus dias.

O "INFERNO DE WALL STREET" EM INGLÊS

———

AUGUSTO DE CAMPOS

Em 1971, convidado pela Universidade do Texas, em Austin, na qualidade de Professor Visitante, para o segundo semestre letivo (agosto-dezembro), ministrei dois cursos sobre literatura brasileira no Department of Spanish and Portuguese daquela universidade: um, de pós-graduação sobre o Barroco, que se abria com a audição de *Triste Bahia* (canção-recriação de Caetano Veloso a partir de um soneto seiscentista de Gregório de Matos, àquela época ainda não registrada em disco) e terminava com Sousândrade; e outro, para graduados, sobre Poesia Moderna, que começava com Sousândrade e terminava abordando a poesia concreta, Caetano e o que eu chamava de "música popular de invenção".

A breve aventura docente me trouxe algumas agradáveis surpresas. Os estudantes deveriam apresentar, ao fim do semestre, os seus "papers" para avaliação e nota. Dois alunos do curso de Poesia Moderna, Elizabeth Leone e Hector Esparza, no entanto, me pediram autorização para oferecer como trabalho final do semestre um espetáculo multimídia sobre poesia concreta, justificando-o, entre outras razões, com o propósito de inspirar os participantes a "buscarem novas formas de expressão artística criativa", e terminando por afirmar, com a ousadia dos jovens, que achavam que tanto o professor como eles próprios mereciam mais do que um simples *paper*... Autorizados, apresentaram o seu *non-paper* multimidiático no auditório da Universidade com muita proficiência.

Robert E. Brown, que freqüentava os dois cursos, me confessou que antes nunca se interessara por poesia. E me surgiu, inesperadamente, com o projeto de traduzir o "Inferno de Wall Street", que eu analisara em algumas aulas. Sousândrade apaixonara os meus estudantes. Além de dar os cursos, eu ficava à disposição dos alunos, para orientá-los, uma vez por semana, em minha sala na Universidade. Durante todo o semestre, Brown me procurou para resolver as dúvidas da sua tradução, que examinamos juntos, estrofe a estrofe. Ele falava português e espanhol com fluência. Ao fim do curso, às vésperas de minha viagem de retorno, apresentou–me o resultado — mais da metade das 176 estrofes vertidas para o inglês. Durante o período ele pesquisou, também, alguns nomes e citações do poema e logrou descobrir várias fontes de referências dadas como desconhecidas no glossário da 1.ª edição da *ReVisão de Sousândrade* (1965) e que puderam ser assim esclarecidas na 2.ª edição (1982). As traduções foram o seu "paper".

Depois disso, já de volta ao Brasil, apesar dos meus esforços para que Brown continuasse o trabalho, não consegui mais animá-lo. À distância, perdemos contacto. Mais adiante, em 1985, com o auxílio do professor Kenneth David Jackson, que então chefiava o setor de literatura brasileira na mesma Universidade, consegui localizá-lo em Albilene, Texas, e obter mais algumas estrofes que, segundo explicou, recomeçara a traduzir em 1972. Retomamos a correspondência e ele avançou muito, mas não chegou a concluir o trabalho, em meio às dúvidas sobre certas passagens mais obscuras do poema (como verter "gilengendra em gil rouxinol"?). Afinal, ficaram faltando apenas 16 estrofes. Mas embora inacabado, o seu texto constituía a mais completa tradução do "Inferno de Wall Street" até hoje feita para o inglês. A despeito do seu passado não-literário, Brown revelou grande habilidade nas soluções poéticas e um ouvido excelente para os ritmos e as rimas, e, se pagou tributo às inversões sintáticas, tem um bom álibi nos torcicolos gramaticais do próprio original, também inusitados em nossa língua. A divulgação do trabalho mais do que se justifica, portanto, para que Sousândrade possa ser melhor conhecido pelo público de língua inglesa. Algumas estrofes da tradução de Brown chegaram a ser publicadas na revista *Latin American Literary Review*, da Universidade de Pittsburgh, em número especial dedicado à literatura brasileira, organizado por David Jackson e Yvette Miller (n.º 27, vol. XIV, janeiro-junho de 1986). Mas é esta a primeira vez que se faz a divulgação integral das 160 estrofes traduzidas. A índole epigramática e fragmentária da poesia-montagem de Sousândrade concorre para que não se desfigure nesta versão inconclusa — mas reduzida de muito poucas estrofes — o "Inferno" caleidoscópico, ainda hoje tão atual, do grande poeta maranhense.

THE WALL STREET INFERNO
TRADUÇÃO DE ROBERT E. BROWN

———

1   (GUESA having crossed the ANTILLES, believes himself rid of the
XEQUES and enters the NEW-YORK-STOCK-EXCHANGE;
the Voice, from the wilderness:)

— Orpheus, Dante, Aeneas, to hell
Descended; the Inca must ascend...
= *Ogni sp'ranza lasciate,*
Che entrate...
— Swedenborg, do future worlds impend?

2   (XEQUES appearing, laughing and disguised as Railroad-*managers,*
Stockjobbers, Pimpbrokers, etc., etc., ballyhooing:)

— Harlem! Erie! Central! Pennsylvania!
= Million! hundred million!! ten digits!!!
—Young is Grant! Jackson,
Atkinson!
Vanderbilts, Jay Goulds are midgets!

3   (The Voice barely heard in the tumult:)

— *Fulton's Folly, Codezo's Forgery...*
The nation cries swindle and cheat!
They can't fathom odes
Railroads;
Chattam's parallel to Wall Street...

4   (Brokers continuing:)

— Dwarves, Brown Brothers! Bennett! Stewart!
Rothschild and Astor the redtop!!
= Giants, slaves, this prevails
Just if nails
Effuse light, just if the pains stop!..

5   (NORRIS, *Attorney;* CODEZO, *inventor;* YOUNG, ESQ., *manager;* ATKINSON,
     agent; ARMSTRONG, *agent;* RHODES, *agent;* P. OFFMAN & VOLDO,
          agents; hubbub; mirage; in the middle, Guesa:)

— Two! three! five thousand! by gambling,
Sir, you'll five million dollars win!
= He won! *ha! haa! haaa!*
— *Hurrah! ah!* ...
—Vanished ... were they confidence men?

6   (J. MILLER on the roof of *tammany wigwam*
             unrolling the garibaldian mantle:)

— *Bloodthirsties!* oh Sioux! oh Modocs!
To the White House! Save the nation,
From Jews! from aberrant
Goth errant!
From most corrupt agitation!

7   (Violated *mob:*)

  — Mistress Tilton, Sir Grant, Sir Tweed,
  Adultery, royalty, outlaw,
    Knot masked (grim faces)
      Disgraces,
  Let them dance th'eternal *Lynch law!*

8   (Rt. Rev. Beecher preaching:)

  — Just Tennyson and Longfellow,
  Good morals inspired in us all:
    Not Donahues, Arthurs
      Strikers,
  Nor John Byron, nor Juvenal!

9   (Tilton moaning with the head pains of Jupiter:)

  — Pallas! Pallas! Satan's sermon!
  The cuckold moral of Beecher!
    Firey sermons! moan!
      Brimstone!
  She heard from the Plymouth preacher!

10   (Joannes-Theodorus-Golhemus preaching in Brooklyn:)

  — Rugged rocks of New Malborough!
  Mammoth Cave! rather gab a lot
    With Mormons I advise!
      You despise
  The pulpit where Maranhão taught!

11   (BEECHER-STOWE and H. BEECHER:)

— Brother Laz'rus, I repent of
The rock that at Byron I threw...
= Gypsy sis, I agree
'Cause it hit me!
He gets glory, and me they sue!

12   (Two renegades, catholic, protestant:)

— *Confiteor, Beechero... l'Epouse*
N'eut jamais d'aussi faux autel!
— Confiteor... Hyacinth
Absinth,
Plymouth was barroom, was bordel!

13   (Both in LIEDERKRANZ relaxing after confession:)

— Abracadabra! Abracadabra!
Mohammed discerns woman's worth
Better than Christ can
And wants to ban
In heaven who's the cross of the earth!

14   (Many liberators of the conscience, catholic,
           protestant, unitarian; CONFUCIUS:)

— Prince Bismarck, to the Jesuits!
= Saint Bartholomew, to Masons!
— To the so-called Trine
Divine!
— Christophobia in Mormons!

15   (Black SAMARITAN women selling punch in the temple of ZYON:)

    — *Halloo*! it's Bethsaida's fount!
    'Twas here Jacob's cattle did sip.!
    Jesus sirs, this brew,
    'Tis true,
    Old Noah himself used to nip!

16   (White HIEROSOLYMITAN women selling
    'kisses for 25 *cents,* at *church fairst':*)

    — Amer'cas by Africa stained,
    Like hunters by monkies above;
    Indians pursued:
    Magnitude
    And God of Las Casas and love!

17   (Tilton moaning and demanding $ 100,000 for
    damages to his honor-MINERVA:)

    — Everyone wrongs everybody.,
    Stock'xchanges, Oranges, the lot!
    Everyone chafes some:
    They're dumb,
    If they show it; wise, *if do not.*

18)   (Faithful wives requesting prayers for their husbands who only
    have a taste for whiskey and morphine; MOODY:)

    — The whole Hippodrome laments them!
    Pray, Moody, for addicts of booze! ...
    = Tem'prance, dog-delights
    Are blights!
    You're worse than the converts of Jews!

19   (Pretty girls with the Bible under their arm:)

— The First Testament's sufficient!
The New just wood saints will allow...
With the *Book* jubilant
To the front,
City belles, to *lager anyhow!*

20   (Duke Alexis receiving *freeloves* missives; Brigham:)

— Of how many head, please tell me,
Is a great mormon flock comprised?
= Of a Levite ewe,
Pretty too,
At times the equation's capsized.

21)   (Dying *pretty-girl* in Newark '*stupefied with liquor* in
the woods and visited by twenty three' satyrs:)

— Ah! Legion, *Venus-Pandemos!*
Picnic, O! Christians of Belial!
Paleontology!
Heresy
Preadam! Gibeah protobestial!

22   (Hymns of Sankey reaching Steinway Hall by telephone:)

— O Lord! God! Almighty Policeman!
The world is a thief, drunk complete,
Burglar, vile vandal
Scandal
Freelove ... the sermon comes replete!

23 (Protestant yankee in catholic church in Para)

   — What an uproar! what a racket
  By Phallus, Milita! Vulture, you,
    Para-engineer;
     Newyorkeer
  Robber-Indian... *oremus-tatu!*

24 (L<small>INNAEUS</small>, S<small>YSTEMA-NATURAE</small>:)

   — The animal world's egoism,
  Nutrition, religion, love blind;
    Just are liberal
     Mineral,
  Vegetable, or the heartless kind.

25 (Astronomical influences, C<small>ANCER</small> and C<small>APRICORN</small>:)

   — The northern she-bears are *freeloves;*
  Southern Cross is quite a gay guy...
    = *She-yanky! he-carioc!*
     Stock, stock,
  Minotaur and Io's blue eye!

26 (Moody, in the spirit of E<small>ZEQUIEL</small>)

   — Woe, mankind (as France who before
  Napoleon petit cringed like vermin)
    You a red-hot brand
     Demand!
  Bismarck's an eloquent sermon!

27   (*White-girl-five-years* to the lynched Louisiana negro C. ATKINSON:)

— Who eats Eden's fruit (bad apple)
Dates death and divine damnation!
And no more doth hear
The drear
Droned dirge of Katydid nation.

28   (OSCAR-BARON on Sunday going through TRINITY, aiming his binoculars, staring, muttering about *tableaux vivants,* greeting; the people kick him out of the church:)

— Snake! snake! (*What to big a noise?!..*)
'Twas my watch ... so sorry I am! ...
They're 'fleas' on your *Bod* ...
Help, God!! ...
= God? Cod! Sir, we mob; you go dam!

29   (*PATHFINDER* meditating at NIAGARA FALLS:)

— Oh! when this sea of barbarians,
Like barreling cataract yon,
Bears down to misdeal
And steal...
You'll lose, Baron, even your *on!*

30   (OSCAR-BARON losing his privileges at PHILIPPI, kisses the bitg toe of the HOLY-FATHER and dies a ROMAN:)

— It was the Evangelists' fault
For writing from front to the rear:
Yankee so poorly knew
Hebrew
That Bible made Satan appear!

31   (In Sing-Sing)

— Fermented laughter of foxes;
Songs sung by th'imprisoned beserk;
    By night very late
       Flagelate;
By daylight, the rougish mugs smirk...

32   (The guards, *schools-rod-system*)

— A rod and sack calm the crazy,
With whom Jesus Christ needn't fret:
    = Love cannot constrain
       Like pain;
But public light is stronger yet.

33   (Small, dreadful judge sitting on a GRAND-JURY:)

— 'Balls' to orphans; the guilty 'John Bull
Gambler', 'Lamartine forked tongue;'
    Plenary indulgence
       Of Fragrance;
Prosecutor, have Amaro hung!

34   (V. HUGO and P. VISGUEIRO:)

— To be blind, to be deaf and mute,
Is perfect to be, Magistrate...
    = When senses depart,
       Your heart
Fills with riches that compensate!

35   (Guesa writing *personals* in the HERALD and consulting
the SIBYLS of NEW YORK:)

— *Young-Lady* from Fifth Avenue,
Celectially flaunting her wares
   In Grace Church one day...
      — Such prey
Just th'*almighty dollar* ensnares.

36   (*Thanksgiving* for progress, COLONEL MISS CLAFLIN:)

— Elected by my regiment,
By election one's rights increase:
   In the convex sky
      So high
If sexes don't war ... there reigns peace.

37   (Democrats and Republicans:)

— Majority votes for Tilden,
But Hayes wins despite his famine!
   = Carbonaro career
      Is here;
Beyond is the one-god Mammon!

38   (Commune:)

— *Strike!* Atlantic to Pacific!
= To the banks! To treasury main!
   — *Strike*, Arthur! Rabble mob
      Smash and rob!
Burn, assault! (Hate and horror reign!)

39   (McDonald, Schwab, Donahue; California-*freeloves* and
          Pickpockets favoring the universal revolution:)

          — The air is pungent with asphalt!
          = *Huracan!* hard rain crams the sky!
            — The heat is intense,
              Turbulence,
        Vast *Storm-god* on the *Fourth-July!*

40   (Candidate for the American presidency and European queens
          struggling against the harshness of the positive times:)

            — Ascent, is better for glory;
         In descent, to breathe is less strain...
              Bible self-consumes
                In fumes,
         If it's not the heart but the brain!

41   (Emerson philosophizing:)

         — To descend ... is the trend of princes;
         To ascend ... is the vulgar norm:
             One makes stagnation;
               From nation
        The stagnance, the other makes storm.

42   (V. Woodhull in the spirit world:)

         — Napoleon! Catherine the Great!
        Such gray-display cultivates dread!
            Demosthenes! Grander
              Alexander!
       Woman rights, hippodrome and bread!

43   (TAMMANY among the tribes:)

— Bison! Eagles! Bears! Gorillas!
To the bottom goes Manhattan!
  Sitting-Bull! 'twas lost,
    Swindle cost
To the *rascal rum*-Ahriman!

44 (Salvage passengers disembarking from the ATLANTIC; HERALD
    disloyally playing out of tune the imperial *'ouverture':*)

— Brazil is now a republic;
The Throne on Hevilius fell ...
  But we picked it up!
    — Corrupt
'Star Spangled Banner' sounds like hell.

45   (The Sun:)

— The Union's become an empire;
Dom Pedro is Emperor now:
  'Nominate him President';
    Resident ...
May the people love him, and how.

46 (A Plenipotentiary contradicting and *contradicting himself*:)

— 'Hollow words! Lopez had logic
In Paraguay'; to soirees goes
  Alexis with glee;
    'At this spree
Not Pedro, just Kalakaus shows'!

47   (The same proposing to another 'his place as commissary at the
                PHILADELPHIA EXPOSITION because of the check-mate
                              on his fortune':)

— 'Poets are sheltered by princes,'
But Guesa himself must defend;
These bankers withhold
Their gold...
'Christ is King, just to Kings we bend'!

48   (GUESA:)

— Crowns either of thorns or laurel,
Are what they for Genius plait:
Martyrs solely
Are holy!
Just clean air makes lilies elate.

49   (A yankee king disembarks among the immigrants at the BATTERY,
            drinks republican waters from the BOWLINGGREEN fount and
               disappears; the people hail the coaches of CESARINE and
                    ANTHONY instead of JULIUS CAESAR'S)

— *Off! Off!* to San Francisco *off*,
Speaking to Grant can come later!
Only one *spokesman*
Said *amen*...
Doth to God, not Caesar, cater.

50   (Commissaries in Philadelphia displaying the *Carioca*
              of Pedro Americo; admiring Quakers:)

— Primeval 'plesiosaurus',
Our induotry's Expo review
= Oh Ponza! what thighs!
What dumb guys!
Patagonian sun's glass blue!

51   (*Detectives* slewsleuthing in MAIN-BUILDING; submarine telegram:)

— Here's 'a Pedro d'Alcantara!
The Emperor's in his land still.'
    — No he's not! the news
       Reviews
April Seventh came from Brazil!

52   (MONROE tolerating EUROPE:)

— The robe of the Southern Empire,
Of tucano down, yellow hue.,
   Reveals the glories:
     Stories
Of Hugo ... who says death is blue!

53   (MOSES and ISAIAH:)

— The very first-fruit of loving
Was murderous Cain, of all things!
   Sstan-twiner yet
    Is a threat ...
= There's one, Seraphin, with six wings!

54   (PRESIDENT GRANT impassibly with his ministers BABCOCK,
BELKNAP, etc. reading the SUN and receiving DOM PEDRO:)

— The *greenback* souls greet and welcome
The belly of gold Emperor!
  = *'Bully Emperor'* no
    Trust you show,
Is it like king like kingdom, Sir?

55   (Dom Pedro impatiently to General Grant:)

    — Explain to me, Grant, why your friends
    To the penitentiary go.
      Forgeries, rings, wrongs;
        Ira's songs
    I came to sing in Barnum's show!

56   (General Grant and Dom Pedro:)

    — You're causing our hair to turn white...
    Child of laws which future will plant!
      = With Romans ... Pope speaks;
        With Greeks,
    Satrap; *Napoleon,* with Grant!

57   (Gladstone paying into the Washington treasury the millions
      from the Geneva arbitration:)

    — *Very smarts! O! O! Very smarts!*
    Th'Alabama set back on the waves
      The *puffs*-Puritan dears
        Many years!
    Brim-*rum*-ful *fiends, rascals* and knaves;

58   — *Post war Jews,* Jesuits and Bouffes
    At cancan manage a nation! ..
      The Homer ἥρως
        Are zeros,
    Good for laughs, not veneration!

59 (DISRAELI 'ordering of TENNYSON and ode for the PRINCE OF WALES,
returning from INDIA, and shooting off fireworks,' since the
QUEEN didn't want to see them at the CENTENNIAL:)

('Honi soit qui mal y pense')
— 'To his return our bosom burn!'
Each Englishmen's two, double bliss!
Twice loyal subject,
Subject
To Queen and India's Empress!

60 (DOM PEDRO laughing and GENERAL GRANT smiling:)

— Since Christie, Great Britain sized up
The Empire of which I am heir...
Empress-Queen ...! = They will
In Brazil
You an Emperor-King declare ...

61 (Chorus of the contented, Timbiras, Tamoios, Colombos, etc., etc.;
music of C. GOMES to the beat of EMPEDOCLES' sandal:)

— 'To the most potent and most lofty
Majesty of the Great Lord'
Royal! = 'Demigod' true!
— Saint Matthew!
= Himavat and Tabor adored!

62 (DOM PEDRO substituting hand-kissing and nauseated by the
incense; GENERAL GRANT breathing it:)

— I abdicate ... for Mac Mahon!
I'll accomplish a coup of State!
= The third term is my
Bullseye ...
One fell swoop, I'll self-coronate!

63   But ... putting in *bars,* coach-houses,
                 Sacred urn! electoral pot!
                     A whole lot of pure
                         Manure ...
           — Ah ...! in the Cathedral was got!

64   = The Kings here in the Republic
                Are the best democrats of all ...
                    — I want to be plain
                       In my reign:
                They make me an idol, and crawl!

65   Republicans in our country
                Are like Salvator, they want food:
                   If we give a bowl,
                       They extol;
                If we don't, they explode ... dog-mood!

66   = Here everything put on the scales
                With the value of gold must compare ...
                  — There, the horizontal line
                      Is a fine
                Route for those who go for the air ...

67   (MISSISSIPPI and GUANABARA denouncing them:)

                   — Doff to us your Phrygian caps,
                You who 'gainst nations plan and plot!
                     = *Quirites*, beware ...
                       In your care
                Is the State, but you own it not!

68   (*General Grant* and Dom Pedro:)

— It's because the world is rounded,
That each thinks he highest abides;
Those who lib'ralize,
Tyrannize ...
= The kings want to be regicides.

69   (They separate for the two poles:)

— The earth takes on another form
In Candide (they're embracing), ho!
(Jesuit's robes conceal
Honed steel
That always makes hugging a woe.)

70   (*Burglars* preparing skeleton-keys for the imminent
darkness of the universal blackout:)

— The miters and crowns are studded
With rubies and diamonds gay:
Infalibil'ties ...
= Real'ties ...
Turco-Russian sun's always gray!

71   (*Freeloves* meditating on the *free-burglars* fine arts:)

— Rome, robbed right from the beginning;
Robbery's rampant in New York town,
Rio, *anthropophagous;*
Ophiophagous
Newark ... wholly turned upside down ...

72   (W. Childs, A.M. eulogizing the son of Sarah Stevens:)

— Death hovers over the weakling ...
Chicago and Boston in flames,
From Hell-Gate this bloom of love small ...
    That John Caracol
        Sun and rainfall,
Gil-engenders gil-nightingale's call ...
Civilization ... tion ... *Court-hall!*

73   (Fletcher historizing with St. Peter's keys and St. Paul's stones:)

— Brazil's a brazier of rose buds;
Loving states the Union compose:
    Floral ... sub thorns quick
        To prick;
Thorny ... sub rose upon rose.

74   (Columbus losing and Vespucci winning, formally:)

— In Cundin-Amarca, El Dorado,
Zac in gold dust glitters away ...
    = Amarca is America,
        Am-eri-ca:
Good pilots sound sea depths this way!

75   (Zoiluses undermining monuments of antiquity:)

— Than father Baco-Lusiad
Dom Jaime's worth even more still;
    = 'Starry Banner' to sun
        Changed, and run
Aloft by the King of Brazil;

76 — Herculano is Polichinelo;
José de Alencar is dross;
Odorico, rococo;
= Victo Hugo
Giddy god, the 'Coimbra boss';

77 — From Incas on *quipus,* Amautas
Saint Goethe, Moses, Solomon,
Lord Byron, Dante,
Cervante,
Humboldt and Maury captain,

78 Newton's *Principia,* Shak'spear', Milton,
The Ormazd, the Vedas, Koran,
The Thousand-One Nights,
And whip bites
Christ dealt out and had to withstand:

79 There is twixt Harold and Guesa
A greatly diverse circumtance,
One's voice, strong output,
But *bot* foot;
The other, 'tweak voice' and firm stance.

80 And comets to meteorites comment
As they pass by shaking the air ...
= Look at each old
Miniworld
That flaunts whirling and shining there!

81 (La Fontaine using in a fable the killers of Ines de Castro:)

> — Ants are not fond of grasshoppers,
> The vampires are Luís Varela's;
> > They're not Pedros' crude;
> > > They're lewd
>
> Goats, rodents, and monkeys, and 'dillos.

82   (Zoiluses:)

> — Jur'paripirás (not Evang'line)
> The Governor of Maranhão,
> > Baia's spicy girls
> > > Of the world,
>
> Transferred, and this is his crown.

83   (O Novo Mundo:)

> — Good vates, there's naught so opposed
> To the preservation of life
> > Than as some rogues do,
> > > To woo
>
> (Manu's law) another man's wife!

84 (Longfellow complaining; trio of parents:)

> — Woe! woe! woe! what this perverse world
> Does to those that we love so well!
> > Our daughters beguiled
> > > And defiled!
>
> = They howl as they journey to hell!

85   (Octogenarian BRYANT working:)

— The crows sing so well, Jehovah!
Jehovah! Ku-Klux robed in white
  Making other worlds so
    Deep below,
They made darkness ... out of the light!

86   Pharsalus' *matinée* is dark, Wolfgang,
And its sizeable price would astound!
  No notable verse can
    Cost more than
Guesa, which insolv'ble was found!

87   (Episcopalians with the church full of faithful and going bankrupt:)

— Vast congregations could rebuild
Their churches in one day alone ...
  The dollars falter! ...
    The altar,
Cross, everything, creditors own!

88   (Catholics, fearing the glory of bankruptcy, close the door to *beggars*:)

— If they don't pay *cash* they can't enter!
Latin Mass, Pope, Heaven too!
  Such confessionals!..
    Transgressionals
Only burnt do they give God what's due!

89)   (Pan-Presbeterians chamberlainizing:)

— Sinagogue of the Devil!
Incubussed wife of the Lamb!
  You're 'pocalyptic,
    Breck'nridgic
Herr Gallant's romancing you, ma'am!

90   (*Out-laws* Unitarians:)

— Won't honor Messiah's parents
Only he who dishonors his own:
　　As teachers of *value*
　　　And *love,* you
The King of the Jews dethrone.

91   — Just the loyal, never Loyola,
Can in noble hearts trust produce:
　　Volcano's yawn,
　　　Acheron ...
'Water-head'?'s Tom-Tom *mother-Goose!*

92   (Bad-sinners good-apostles, enlightened with the beliefs of remission
　　and resurrection of the dead, seeing Jerry McCaulay and reseeing
　　　　Frothingham in '*Christ would not suit our times*':)

— Peccavi says one, and transforms
Pagoda to Christian mission;
　　In a church the other:
　　　Holy Mother!
'Christianity's superstition!'

93   *Reserved* is the world, in which man
Bears the seal of the Begetter
　　And broken ... Frothingham
　　　Or Brigham,
Mirrors; and Beecher is better.

94   (Epicurus teaching between Chemistry and Psychology:)

— Poor ideal God ... fleshly flower,
Satan's garden: *ergo,* betray;
　　Hunger is dark
　　　And have a lark
The vermin, because of decay.

95 . . .

96   (Stokers of the furnace reducing the original sin to algebraic
formulas and to the "NEW FAITH" ('moral rapid transit')
the 'IN GOD WE TRUST' of the five *cents*:)

    — Cold, industry, practical *life,*
Go ahead! oh, oh, such a heart! ..
    To this air, vital vent
      Spiraling sent,
Breeze or Bull-hurricane or fart!

97   (SAINT IGNATIUS founding his Order:)

    — Just the cadaver's majestic,
Such ideal to the real descends;
    Ice is fire ... and each *divus*
      Alive
Just to its animal attends.

98   (*Reporters:*)

    — What's that long, sad, striped procession
Coiling through Blackwell in chains?
    Carrere, Boss Tweed,
      Proceed
Waist-linked ... cruel justice reigns!

99   = Cuban Codezo, Young Esquire,
Each other do cheat and ensnare,
    Mistic Proteus cult
      Occult
Of Fludson-Canal-Delaware!

100   Norris, Connecticut's *blue* laws!
            Clevelands, attorney-Cujas,
                    Changed to zebras and made
                        To parade
            Two by two, a hundred Barrabas!

101   (Friends of the lost *kings:*)

            — *Humb* of *railroad* and tel'graph,
            Tried to steal the heavenly flame,
                    That the world throughout
                        Should sprout
            The *Spangled Star* and her acclaim!

102   (A rebel sun founding a planetary center:)

            — 'George Washington, etc., etc.,
            Answer Royal-George-Third' you bloke!
                = You tell him, Lord Howe,
                    I'm royal now ...
            (And the Englishman's nose they broke).

103   (Satellites hailing JOVE's thunderbolts:)

            — 'The universe salutes the queen' ..
            And Patriarchs laud and admire ...
                    (With a liberal king,
                        The worst thing,
            They established a moon empire).

104   (*Reporters:*)

            — A sad role on earth is performed
            By kings and bards, heav'n's company,
                    (And Strauss waltzing)
                        Singing
            In Hippodrome or Jubilee.

105 (Brokers finding the cause of the slump in
the WALL-STREET exchange:)

— *Exeunt* Dom Pedro, Dom Grant,
Dom Guesa, brave voyagers three:
Each with golden till
They still
The Moor of the turbulent sea.

106 (International procession, people of Israel, Orangemen, Fenians, Buddhists,
Mormons, Communists, Nihilists, Pallbearers, *Railroad-Strikers,
All-brokers, All-saints, All-devils,* lanterns, music, sensation;
Reporters: in LONDON the 'assassin' of the QUEEN and in
PARIS 'Lot' the fugitive of SODOM pass by:)

— The Holy Spirit of slavery
Is a single-Emperor state;
That of the free, verse
Reverse,
Doth all mankind coronate!

107 (Sorceresses of KING-ARTHUR and the seer
FOSTER on WALPURGIS by day:)

— When the battle's lost and won —
— That will be ere the set of sun —
— Paddock calls: Anon! —
— *Fair is foul, and foul is fair:*
Hover through the fog and filthy air!

108 (SWEDENBORG answering later:)

— There are future worlds: republic,
Christianity, heav'n, Lohengrin.
This now world foments:
Patents,
Vanderbilt-North, South-Seraphin.

109 (At the din of JERICHO HENDRICK HUDSON runs aground; the Indians sell to the DUTCH the haunted island of MANHATTAN:)

— The Half-Moon, its prow toward China,
Is careening in Tappan, Bay ...
Hoogh moghende Heeren ...
Here, then,
Are sixty good guilders ... Yea! Yea!

110 (*Photophone-stylograph* sacred rights of defense:)

— 'Manitarian voice in the light:
Not hate, but conscience and reason;
Pornography, no;
Isaiah, though,
In Biblical vivisection!

111   . . .

112 ('Imaginary press' at ebb tide scratching its head:)

— Since Hayes all things prosper except
By sensation earning one's bread:
To work! ... 'He's no *excellent President*'
Because he is *cranky,* a dread!

113 (KATIES making trap-beds; *sister* NEWCOAT-SHAFFEY:)

— 'Masher H'rald some stain in 't wants:'
High on the neck ... vampire! midway ...
O! O! O! cocktail!
= Pay *bail,*
Or ... there's no uglier devil, no way!

114   (*Frighter* GUITEAU the vermin appears; laughter at a discharge
                of dry powder on FOURTH-JULY:)

               — *Bennbennesses business little*
              'Remove him,' a rascal abs'lute!
                 = *'Church-Loyer-Stalwart,'*
                      A Mavort',
              From the heraldic journal doth shoot!

115   (SEPARATISTS, SINOS, CESARINES, against GARFIELD in *'corner':*)

              — Careful, oh you, with the *sinking-faces*
              Lincoln, 'Lot', Roman-Cassius too!
                 = Neither South, Sodom, nor
                       Rome of yore,
              Could resist such! — Guireau's derring-do!

116   (Flowers covering the fall of the fruit:)

              — He could have escaped discredit,
              And a traitor's curse not carry,
                     Had Judas begun
                         A fund
              For John and Joseph and Mary!

117   (*Freeloves* going on to vote on their husbands:)

              — Just Emerson, of Amer'cans,
              Doesn't want presidents, the cuss!
                 = You punished beings,
                       Some things
              Improve both for you and for us',

118   (APOCALYPTIC visions ... calumnious:)

— 'The Beast having paws like a bear,'
In God we trust is the Dragon,
And the false-prophets
Bennetts
Tone, Ev'lutionist, The' logian!

119   . . .

120   . . .

121   (Plymouth *'on evolution'* sentimental; Herald *'on involution'* stomachal:)

— Aromas, Christians are wasteful!
= To poor it's worth more, no question;
Pot of pork, *barrel* flour,
Cocktail hour ...
— Oh! Oh! Christ with indigestion!

122   (Ancient pagan LUCRETIA; modern christian LUCRETIA:)

— Roman she-wolf Colatinus
Avenges, stabs self with a knife!
= Yankee she-bear gains 'cause
Of the sol-fas
Of thugs who took Pascoal's life!

123   (HALL-HALL eating the brimstone of SODOM;
        MARWOOD twirling his moustache:)

— Stomachal ... until you dream of
'Lot' and 'angels', or Abraham!
= Or *Jam'-Benne'-Gord',*
Who a cord
Of Guiteau expects!... *ah! gil-Jam'!*

124   ('Sorceries turn against sorcerers'; divine hands offering the
      'cup-of-water-GOD' to those 'who thirst for justice:)

> — O *burglars,* Sodom, Gomorrah
> Each of heaven's beloved flees!
> While in sulphur cry
> And fry
> Gomorallepers and Sodomese!

125   (Two reverends falling prone at the brilliance of the celestial fire:)

> — *'Beecher gorila Comorreorum'*
> With 'Talmage superstition',
> Have the savor of
> This love
> Of the brimstone of perdition!

126   (Consciences standing before history
      replacing the destroyed NATIVES:)

> — By Booths blasting king-'gorillas'
> They improve the tint of the race:
> The black African
> Amer'can
> E'en now, *peau-rouge!* soon, a white face!

127   (DR. TALMAGE; MESSRS. DONOVAN & CO.
      tanning various human hides:)

> — *Gentlemen:* 'inspired' disciple,
> To Beecher Guiteau just won't sell!
> = Stewart's hide, if sold,
> Is worth gold
> As varnished, morocco as well!

128 (Rev. Beecher seeing contribution before *'gladdening the sufferers'* and sensation after *'saddening the glads,'* no longer believes in the word, 'recommends soap to the congregation' and mounts his *bicycle':*)

— Some stain is in that new business
Even *pear-soap* cannot make white!
Washerwomen 'stain'
And refrain:
'Herald-Flood-Fund,' let's scrub it bright!..

129 (Other flood victims saving themselves on the column '666' of the temple of Kun:)

— Agrippina's Rome-Manhattan
With *rum* and oil filled to the brim
Herald-Nero's tight
Torch alight,
Teaching mother-country to swim!..

130 (Newark *'dosed'-girl, aux bois dormante,* dying:)

— The Jews in Christs negociate;
Belials' work moral death yields;
Cowboys in in Arthurs *do;*
In Stewarts too...;
Herald in Guesas and Garfielfds...

131 (Animated torrid-Zone — Emerson proprietor of fires; G. Dias in the *fire-proofs* seas:)

— Chaotic echos from chaos,
Like in God's creation were known!
Britannias go
To Plato;
Palms to torrid-*sabiá*-zone!

132 . . .

133 . . .

134 (She-bear in heat trampling 'dalias' = violets and despoiling HIAWATHA
dead-apostol; JOSEPHUS kissing her hand, *'spiritual'*:)

— *'I am worldly!.. never speak Spanish?'*
= *She-Bear... Birdies* help me, please do!..
— Not e'en Donovan
Messrs. can
Saint-Bartholomews' skins renew?? ...

135 (Poisonous hospitality; echo of LIBANIUS' press:)

— *'Marry Wives'!!* Katies! take to arms!..
Fire-beds,... on the guilty one fire!
= 'Earthquake' at night, high
In the sky!..
Mothers respond to each friar...

136 (She-bear in madness; JOSEPHUS wrapping the embroidered tunic of the
centaur in the *secundum-artem*, interprets PHARAOH'S nightmares:)

— Yankee diamonds, *'fixe'* Nessus ...
Eunuch Potiphar, vengance sweet!
= Pretty she-bears wee
Cursed will be
By chief she-bears, who them will eat!..

137 (Electric *sweethearts* to the *'school-rod-system'* preferring the
lightning-rod of FRANKLIN:)

— Poets are swans, not for their songs,
But for the ideal languid rate
At which they advance
In romance,
Which practical Lalas berate!

138   (Sentimental lady doctors carbonizing GUESA's heart:)

> — Let blood flow forth, and not poison ...
> = A strawberry! — All gold and throes ...
> = Fossilpetrify!
> Glorify
> The Inca; give the star a rose ...

139   (The Voice, going of the angels — coming of the *vampires:*)

> — Napoleon no more has a star, ...
> And a cloud of crows in Moscow,
> Black-*ring* horizon,
> Comprisin'
> The crown that bedarkened his brow! ...

140   (HERALD *safe*-guarding $2 of the last and never-born quinquagenarian *personal* of '*Honourable*'; *policeman* smoothing the collar of his *business coat*:)

> — '*Is there any hope for parvenu?*'
> = *Sir Burglar,* thers's none — can't you tell!
> They patents accrue,
> In' *shawdows* chew'
> Cash from the prime column, as well! ...

141   (DOM PEDRO at midnight at the *soiree* of the N.Y. HERALD:)

> — On the Solimões it's the hour
> When the daylight grows dim, and then
> Personals turema-dance
> With chants
> Like on the Hudson ... wild! *Jam'-Benn'*!

142   (*Silvery* fingers rutilating while printing in vernacular the
         'STAR SPANGLED BANNER'; POET extatic; the Voice:)

    — Great are the charms and the treasures
   Of our Belshazzar-Emperor!..
    = Quake *sans-cullottes*
     Quijotes?..
   — Mene-Tekel-Upharsin, Sir!..

143   (*'Corners'* = *reporters 'on evolution'*; GORD-JAM-BENN *'flesh and devil'*:)

    — *'Le roi s'amuse'*... to the *'all ranks'*
   Nobody at all works for free ...
    = Proteus I (well bred)
     Has said:
   A servant receives a nice fee ...

144   .   .   .

145   (HERALD advocating the sino-commercial cause:)

    — In-God-we-trust 'not worth it's price.
   A great swindle is silver dollar'!
    If in God we trust,
     We mistrust!
   Paid love pays us with a collar ...

146   (Barbarians IN-HOC-SIGNO-VINCES; ARCTURUS bowing
         before the SOUTHERN CROSS:)

    — Why'd you want Pará, Bear-Yankee,
   Since all it's got's rubber galore?..
    = South-Cross did you flay
     Paraguay?..
   The stars are yours but they're ours more!..

147   (King judged clean outside, and dirty inside of his kingdom:)

> — 'Liberal'; *flying'*; 'even on Sundays,
> Visits it all!' = Show, at best;
> Is 'mad Joanna' worth more
> At least for
> Teaching sweeping to the rest?

148   (*Reporters* -indictment -items *how to get 'God'*:)

> — With kings it's *kingliness* making;
> With presidents, sensation's in;
> With Vanderbilt brights,
> 'Dynamites';
> Parasol, thunder, with redskin!

149   (Magnetic-kaleidoscopic dreams of NAPOLEON before
        the campaign of WATERLOO:)

> — *Very smarts!* O! O! *very smarts!*
> You *godmakers,* boost your valor!
> Heralds of the fake,
> Faces make,
> Does your *incense* rise in color? ...

150   (ROSEMAN reading extremely christian *personals* and
        applying to "*low people, low punishment*":)

> — 'Papers explain. Certainly, thogh terrible'..
> Heraldic science, *'paradise lost'*...
> A *'purring match'*!
> And lash! and lash!
> *Chinese*-Bennett to the *'whipping post'*!..

151   (Vampires of darkness, offering the world empire;
                DIOGENES opting for the ocean bath:)

                — *'Tight bird (seeks 'thousand')! 'Smoke' 'makes millions'!*
                'Citizen' of the great land?..
                    = Tempt not ye the Lord,
                        Christian horde ...
                — *'Vale'!* die or pay 'hundred grand'!

152   . . .

153   (The father of 'ISAAC' raising his finger in face of the proposal
                of the souls of the princes of SODOM:)

                — 'I swore to the Lord-God-Most-High'
                Vengance: I'll accept not a stitch
                    From you nor a thread
                      Lest it be said:
                Because of us Abraham's rich!

154   . . .

155   . . .

156   ('Neglects CAESAR, never love-affairs,' DAVID despised by MICHAL for
                leaping along in front of the ark of the ETERNAL:)

                — Grabbing them both by the jawbone,
                I slew a south-lion and north-bear;
                    Goliath fell prone
                        With my stone;
                I rove to evade King Saul's snare.

157 (Magnetic drops in the air manipulated by immortals?
a corpse resusitated against the will of the assassins:)

> — 'Speak not!' 'tis for principle's sake
> That King Codrus will die insane!..
> = Codrus? insane? Pal
> Priests, God shall
> Reject you because of your stain!

158 . . .

159 . . .

160 (JEAN-LUIS-DE-PARIS and DAME-PELETIER preparing suppers of cold JANUARY; REGENT, APOSTLES and FOREIGNERS, guests:)

> — Come all from parlor to kitchen ...
> Kings Day, gavotte by moonlight!..
> = How hot this feast grows
> From those
> Saying mass, singing Christmas Eve rite!

163 (*Et tout le genre humain est l'abime de l'homme,* a blind soothsayer amid two thousand great-eyed knights; bombardment in the consolidated worlds:)

> — Oh, Cyclones! Typhoons! demolish
> Ships and towns! Simoun bellows doom!
> = Hideous revolution
> Whose commotion
> Goes from Figaro to ... *noces,* boom, boom!

164   (Nuns Ton'Tona and Carnata not knowing what to do
des *'enfants'*; harvest of white roses:)

— *'Il faut la laisser dans le vague'*...
Here's a saint's veil, pretty doll!..
= Won't bend?.. cut instead!
She's dead!
Loyola has fires that appall!

165   (Paul Bert, *'la morale des Jésuites'*:)

— Worse off than those in their talons,
Are those who elude their grasp ... Christ!
Such heinous conscience
Indecence,
Girls by *mothers* on the cross sacrificed!

166   (*'Vie drolatique'* of ... Renan; Zola realist:)

— The *'grosses'* gross 'Diana' mothers
Judge *their* daughters lucky to drink
'The cup of blood'... to Carnata!
To Tontata!
= What bloody 'Pots-Bouilles' thus to think!

167   . . .

168   (King of Spain perplexed by the whistles of Paris and
distributing 10,000 francs; president Grévy:)

— *'Puces'* and *'muttons'* of Prussians,
Pucelles the English o'ercame! ...
Alfonso-twelve uhlan,
What a pawn!
The French artist what champagne!..

169 (Barbarism leaving CEARÁ; civilization entering PARIS: generals BAZAINE and MOLTKE:)

 — 'France is your abyss, gross man,
 Under Prussia' ... dances the cancan!
  = *'A taille fort fine'*,
   Badine
 'Nicht' the great *armée* in Sedan!..

170   . . .

171 (Golden ZACS brushed in other practical worlds:)

 — Banning bards from the 'Republic'
 Plato crowned with flowers their brow.
  = Yunka-yankee doth pluck
   Them, tough luck,
 And gets mad at hist'ry, and how!

172 (Cinic DIOGENES from the *utrinque-feriens 'corner'* without a lantern and finding the true-quadrature of the *'ring'*:)

 — *Very smarts!* O! O! *very smarts!*
 A stir among *flies* achieves!
  Howling world-throughout:
   There's a lout
 (The 'dog') and there're just (the thieves)!..

173 (WASHINGTON 'blinding because of them'; POCAHONTAS without *personals:*)

 — To starving bears, damned dog! Yes!
 After small parties, th' humdinger!..
  = Crieth tender Lulu,
   And do you
 Give honey to the 'foe', bee? ... and stinger?

174 (Guatemalan nose impaled on HYMEN'S torch; DAME-RYDER heart in
the poisoned windows of the *'too dark' wedding-pudding:*)

— *'Caramba! yo soy cirujano* —
Jesuit ... yankee ... industrialism'!
— *Job* ... or *place of rest*
Ghost-possessed,
'Byron' animal-magnetism!..

175 (Practical mystifiers plying their trade; *self-help* Atta Troll:)

— May foreigners fall defenseless,
That us'ry won't pay, the pagan!
= Bears devour an ear,
Caress, endear,
Mammumma, mammumma, Mammon.

176 (Magnetic *handle-organ; ring* of bears sentencing the architect
of PHARSALIZ to the final punishment; odyssean specter
in the flames of ALBION's fires:)

— Bear ... Bear is ber'beri, Bear ... Bear ...
= Mammumma, mammumma, Mammon!
— Bear ... Bear ... ber' ... Pegasus ...
Parnasus ...
= Mammumma, mammumma, Mammon.

RECEPÇÃO CRÍTICA DE SOUSÂNDRADE
(MA 1832-1902)

Erthos Albino de Sousa e Diléa Zanotto Manfio

1. Obras do Autor

HARPAS SELVAGENS. J. de Souza-Andrade. Rio de Janeiro, Typographia Universal de Larmmert. Rua dos Inválidos, 61B., 1857, 3f. inum. + 308 p. + 1 f. c/ errata.

A CASCA DA CANNELEIRA (*steeple-chase*), *romance por uma boa duzia d'esperanças*. San'Luiz do Maranhão, Imp. por Belarmino de Mattos, 1866, 92 p. + 1 f. inum. de índice. (Colaboração sob o pseudônimo de Conrado Rotenski).

IMPRESSOS. J. S. A. Primeiro volume, São Luiz do Maranhão, Impr. por B. de Mattos, Typ. rua da Paz, 5 e 7, 1868, 189 p. + 1 f. inum. c/ índice. (Na realidade são 205 páginas devido a um erro de paginação que provocou a repetição das páginas de 41 a 48 e 113 a 120). Compreende: cantos I e II do *Guesa Errante* e *Poesias Diversas*.

IMPRESSOS. J. S. A. Segundo volume, San'Luiz do Maranhão, Impr. por B. de Mattos, Typ. rua da Paz, 5 e 7, 1869, 64 p. Compreende: canto III do *Guesa Errante*.

OBRAS POÉTICAS. J. de Souza-Andrade. Primeiro volume, New York, 1874, VI + 108 + 72 + 198 + ii p. Contém retrato do autor e 3 ilustrações gravadas por Langridge e J. Karst. Compreende: 'Introdução' (p. inum.); "Memorabilia" datada de New York, 1872; "Guesa Errante" (4 primeiros cantos); "Eólias"; "Harpas Selvagens"; "Índice". (O canto IV não consta do índice).

GUESA ERRANTE. J. de Sousandrade. New York, 1876, VI + 79 p. (numeradas de 109 a 188). Compreende: "Memorabilia"; Correções aos cantos V e VII, com data de New York, 1876; Cantos V e VII. (Na edição de Londres o canto VII passou a IX); canto VI (fragmento).
GUESA ERRANTE. J. de Sousandrade. New York, 1877, III + 84 p. (numeradas de 189 a 273). Compreende: "Memorabilia" datada de New York, dezembro de 1877; Correções aos cantos V, VII e VIII; Canto VIII.
O GUESA. Joaquim de Sousandrade. London, Printed by Cooke & Halsted, The Moorfields Press, E. C. (1888), 2f. c/ errata + 350 p. (Ficaram interrompidos os cantos VII, XII e XIII, canto-epílogo).
NOVO ÉDEN, Poemeto da Adolescência, 1888-1889. Joaquim de Souzandrade. Maranhão, Typ. a vapor de João d'Aguiar Almeida & C., 1893, 88 p.
HARPA DE OIRO, 1889/1899. Sousândrade. São Luís, 1969, 80 p. Edição dirigida por Jomar Moraes.
SOUSÂNDRADE: INÉDITOS. Contém: "Harpa de Ouro", "Liras Perdidas", "O Guesa, o Zac" e Apêndice. Edição Crítica, introdução e notas de Frederick G. Williams e Jomar Moraes, Departamento de Cultura do Estado. São Luís, 1970, XVIII + 230 p.
SOUSÂNDRADE: PROSA. Edição crítica, introdução e notas de Frederick G. Williams e Jomar Moraes. Edições SIOGE, São Luís, 1978, 186 p.

2. Obras do Autor (reedições)

SOUSÂNDRADE — O INFERNO DE WALL STREET. Texto atualizado e anotado por Augusto e Haroldo de Campos. Separata do livro *Re/Visão de Sousândrade*. Contém duas ilustrações e duas reproduções facsimilares de páginas do *Guesa*. São Paulo, Invenção, 1964, s/ numeração de páginas.
SOUSÂNDRADE — POESIA. Antologia organizada por Augusto e Haroldo de Campos. Rio de Janeiro, Agir, 1966, 89 p. (Coleção Nossos Clássicos, n. 85).
"TATUTUREMA" — Sousândrade, episódio infernal do Canto Segundo do *Guesa*. Reprodução facsimilar, segundo a edição londrina do poema. Publicação promovida por Erthos Albino de Souza. *Revista Código*, n. 3, Salvador, agosto de 1978.
SEMANÁRIO MARANHENSE. Reprodução facsimilar. Introdução, organização e notas de Jomar Moraes. Colaborações poéticas de Sousândrade, em nome próprio ou sob a sigla Q. A. Edições SIOGE, São Luís, 1979.

O GUESA. Edição facsimilar, aos cuidados de Jomar Moraes, Reprodução da edição londrina do poema. Edições SIOGE, São Luís, 1979.

3. Tradutor

BYRON, G. G. "To Inez". Tradução de Joaquim Sousa Andrade. In: J.S.A. (Joaquim Sousa Andrade). *Impressos*. São Luís do Maranhão: Imp. De B. de Mattos. A tradução consta em "Poesias Diversas", p. 187, segundo Onédia C. de Barboza, autora de *Byron no Brasil*, 1975.

4. Artigos, Estudos, Entrevistas

- *1867*
COELHO, J. M. V. Pinto. "Promessas Literárias". *Diário do Rio de Janeiro*, 16 jul.
- *1874*
S. "Obras Poéticas de Joaquim de Sousa-Andrade". *A Reforma*, Rio de Janeiro, 24 abr. Integra *Obras Poéticas* de J. de Souza-Andrade, publicada em New York, 1874: os quatro primeiros cantos de *Guesa Errante*.
- *1877*
SERRA, Joaquim. "Nota sobre Sousândrade Acompanhada de Carta de Pereira da Silva". *A Reforma*, Rio de Janeiro.
SERRA, Joaquim. "Nota sobre Sousândrade Acompanhada de Carta de Pereira da Silva". *O Novo Mundo*, New York, v. VII, n. 74, p. 39, fev. Integrou a edição de *Guesa Errante*, canto VIII, publicada em N. York, em 1877 (v. 1963).
- *1882*
SERRA, Joaquim. "O Tatuturema". *Revista da Exposição Antropológica Brasileira*, Rio de Janeiro, Pinheiro e C., p. 58.
- *1883*
IGNOTUS (pseud. de Joaquim Serra). *Sessenta Anos de Jornalismo. A Imprensa no Maranhão – 1820-1880*. Rio de Janeiro, Faro e Lino. p. 62.
- *1888*
ROMERO, Sílvio. *História da Literatura Brasileira*. 1. ed. Rio de Janeiro, Garnier. T. 2, p. 1161-1165 (v. ROMERO, S., 1902², 1943³, 1949⁴, 1953⁵, 1960⁶).

- *1900*
PALMA, Ricardo. *Cachivaches*. Lima, Torres Aguirre, p. 129.
- *1905*
ALMEIDA, Pires de. "A Escola Byroniana no Brasil". *Jornal do Comércio*, Rio de Janeiro, 13 jul. (v. 1962).
- *1909*
LOBO, Antonio. *Os Novos Atenienses*. 1. ed. São Luís, Teixeira, pp. 22 e 36 (1970^2).
- *1911*
BARBOZA, Domingos. "Silhuetas: Sousândrade". *Diário Oficial do Maranhão*, São Luís, ano VI, n. 251, p. 1, 06 nov.
BARBOZA, Domingos. *Silhuetas*. São Luís, Imprensa Oficial, pp. 25-31.
- *1919*
MICROMEGAS (pseud. de Humberto de Campos). "Um Precursor". *O Imparcial*. Rio de Janeiro, s.n. p., 06 jan.
- *1924*
CAMPOS, Humberto de. "O Precursor". *Correio da Manhã*, Rio de Janeiro, p. 4, 03 ago.
- *1925*
SILVA, M. Nogueira da. "Ensaios Bibliográficos — Sousândrade". *Repertório Mundial*, Rio de Janeiro, ano I, n. 3/4, pp. 4-13, nov./dez.
- *1926*
CELSO, Afonso. "Souza Andrade". *Jornal do Brasil*, Rio de Janeiro, 18 set.
- *1931*
PEIXOTO, Afrânio. *Noções de História da Literatura Brasileira*. Rio de Janeiro, Francisco Alves, p. 220.
- *1932*
OLIVEIRA, Antônio de. "Souza Andrade, o Solitário da Vitória". *Revista da Academia Maranhense de Letras*. São Luís, p. 171, jun.
RIBEIRO, João. "Sousa Andrade". *Jornal do Brasil*, Rio de Janeiro, 1 jul. Reunido em *Crítica: Clássicos e Românticos Brasileiros*, v. 1, 1952, p. 158-160.
GRIECO, Agripino. *Evolução da Poesia Brasileira*. Rio de Janeiro, Ariel, pp. 55-56.
- *1935*
CAMPOS, Humberto de. *Crítica*. 3ª série. Rio de Janeiro, José Olympio, pp. 16-18. (1951^2).

CAMPOS, Humberto de. *Memórias Inacabadas.* Rio de Janeiro, José Olympio, pp. 16-21. (1954²).
- *1936*
SERRA, Astolfo. *O Guesa Errante. Revista da Academia Maranhense de Letras.* São Luís, vol. III, pp. 100-129. Originalmente, discurso de recepção à Academia Maranhense de Letras.
- *1937*
SANTIAGO, Raimundo Clarindo. *Comemoração ao 1º Centenário do Nascimento do Poeta Sousa Andrade.* Parnaíba, Renascença, 26 p.
- *1938*
REBOUÇAS, André. *Diário e Notas Autobiográficas.* Rio de Janeiro, José Olympio, p. 255.
- *1939*
LOPES, Raimundo. "*O Guesa* de Sousa Andrade". *Revista das Academias de Letras,* Rio de Janeiro, vol. V, n. 15, out. (v. 1954).
- *1940*
PEIXOTO, Afrânio. *Panorama da Literatura Brasileira.* 1. ed. São Paulo, Nacional, p. 326 (1947²).
- *1942*
DRIVER, David M. *The Indianism in Brazilian Literature.* Hispanic Institute. Texas: The San Marcos Record, pp. 138-139 (v. 1965).
- *1944*
MONTELLO, Josué. *Histórias da Vida Literária.* Rio de Janeiro, Nosso Livro, pp. 50, 81-83.
- *1945*
BITTENCOURT, Liberato. *Nova História da Literatura Brasileira.* Rio de Janeiro, Ginásio, vol. III, pp. 240-241.
- *1948*
SOBRINHO, Manoel. "Sousa Andrade". Versos escritos para a comemoração em 9 jul. 1933 do centenário do nascimento do poeta. *Hora Iluminada.* Rio de Janeiro, Aurora, pp. 142-145.
- *1949*
PÁDUA, Antonio de. "Neologismos Poéticos". *Cultura,* Rio de Janeiro, a. I, n. 2, pp. 145-155, jan. -abr. (v. sem-data).
- *1951*
CAMPOS, Humberto de. *Crítica.* 3ª série. Rio de Janeiro, W.M. Jackson, pp. 16-20.

- *1952*
MARQUES, Oswaldino. *O Poliedro e a Rosa*. Rio de Janeiro, MEC. p. 58. Cadernos de Cultura (v. 1968).
RIBEIRO, João. *Crítica. Clássicos e Românticos Brasileiros*. Organização, prefácio e notas de Múcio Leão. Rio de Janeiro, Academia Brasileira de Letras, vol. I, pp. 158-160 (v.1932).
- *1954*
CAMPOS, Humberto de. *Diário Secreto*. Rio de Janeiro, O Cruzeiro, vol. I, pp. 300-301.
CUNHA, Fausto. "Sousândrade e a Colocação de Pronomes no Romantismo". *"Letras e Artes"*. Suplemento literário de *A Manhã*, Rio de Janeiro, 17 ago. (v. 1956, 1969, 1971).
LOPES, Raimundo. "*O Guesa* de Souza Andrade". In: LUZ, Joaquim V. da. *Dunshee de Abrantes e Outras Figuras*. Rio de Janeiro, s.c.e., pp. 243-250.
MONTELLO, Josué. *Ricardo Palma, clássico da América*. Rio de Janeiro, Olímpia, pp. 69-72.
VIANA, Godofredo. "Carta Aberta a Raimundo Lopes". In: In: LUZ, Joaquim V. da. *Dunshee de Abrantes e Outras Figuras*. Rio de Janeiro, s.c.e., pp. 250-251.
- *1955*
MEIRELES, Mário M. *Panorama da Literatura Maranhense*. São Luís, Academia Maranhense de Letras, pp. 10-1-102. Breve nota biográfica e trecho do poema "Os Andes" do Canto I de *Guesa Errante*.
- *1956*
CUNHA, Fausto. "Sousândrade". In: COUTINHO, Afrânio (dir.). *A Literatura no Brasil*. 1. ed. Rio de Janeiro, Sul Americana, vol. I, t.2, pp. 829-833. (1969^2; v. 1954; 1971).
OLIVEIRA, Franklin de. "Edeologia (sic) da Canção Romântica". *Correio da Manhã*, Rio de Janeiro, 1 dez. (v. 1959).
- *1957*
CAVALHEIRO, Edgard. "O Antropófago do Romantismo". Suplemento Literário de *O Estado de S. Paulo*, p. 14, 10 nov. (v. 1959).
CANDIDO, Antonio. *Formação da Literatura Brasileira*. 1. ed. São Paulo, Martins. vol. 2, pp. 207-208 (1959^2; 1964^3; 1971^4; 1975^5).
- *1959*
LINHARES, Temístocles. "A Casca da Caneleira". Suplemento Literário de *O Estado de S. Paulo*, 5 dez.

CAVALHEIRO, Edgard. *Panorama da Poesia Brasileira. O Romantismo.* Rio de Janeiro, Civilização Brasileira, vol. II, pp. 140-143. Poemas: "Fragmento" e "Mademoiselle" (v. 1957).

FREIRE, Gilberto. *Ordem e Progresso.* Rio de Janeiro, José Olympio. t.1, cap. CXIII, pp. 260-261.

OLIVEIRA, Franklin de. *A Fantasia Exata.* Rio de Janeiro, Zahar, pp. 224 (v. 1956).

- **1960**

CAMPOS, Augusto e Haroldo de. "Montagem: Sousândrade". *Correio Paulistano*, São Paulo, 18 dez.

- **1961**

CAMPOS, Augusto e Haroldo de. "Montagem: Sousândrade". *Correio Paulistano*, São Paulo, 1, 15 e 29 jan. (v. 1960; 1962).

_____. "Montagem: Sousândrade". *Correio Paulistano,* São Paulo, 12 e 26 fev.

CUNHA, Fausto. "O Romance Eletrônico". *Correio da Manhã*, Rio de Janeiro, 4 nov.

BASTOS, Oliveira. "Importação e Consumo de Teorias". *Diário de Notícias*, Rio de Janeiro, 12 nov.

LIMA, Luís Costa. *Dinâmica da Literatura Brasileira: Situação do seu Escritor.* Recife, Ed. do Autor, pp. 50-53 (v. 1962).

- **1962**

CRESPO, Ángel. *Aspectos de la Cultura Brasileña. I. La Literatura Tecer Periodo: El Romantismo. Segunda Generación de Poetas Románticos.* Brasil, Madrid, a.2, n. 4, pp. 2-6, abr.

LIMA, Luís Costa. "Singularidad de la Situación del Escritor Brasileño en su Circunstancia Actual". *Cuadernos Hispano-americanos,* Madrid, a.II, n. 148, pp. 53-89, abr. (v. 1961).

CAMPOS, Augusto e Haroldo de. "De Holz a Sousândrade". Suplemento literário de *O Estado de S. Paulo*, ano VII, n. 305, p. 4, 17 nov. (1964[2], 1982). Inserido em *ReVisão de Sousândrade.*

OLIVEIRA, Antônio de. "Sousa Andrade ou Sousândrade — O Guesa Errante". *Jornal do Commercio*, Rio de Janeiro, 2 dez.

MONTELO, Josué. "Uma Descoberta dos Poetas Jovens: Sousândrade". *Jornal do Brasil*, Rio de Janeiro, 13 dez.

CAMPOS, Augusto e Haroldo de. "Montagem: Sousândrade". *Estudos Universitários*, Recife, n. II, pp. 45-73, out./dez. (v. 1960 e 1961).

LIMA, Luís Costa. "O Campo Visual de uma Experiência Antecipadora: Sousândrade". *Estudos Universitários*, Recife, n. II, pp. 75-87, out./dez. Reproduzido em *ReVisão de Sousândrade* (1964[1] e 1982[2]).
ALMEIDA, Pires de. *A Escola Byroniana no Brasil*. São Paulo, Conselho Estadual de Cultura, pp. 196-197 (v.1905).
- *1963*
CUNHA, Fausto. "Assassinemos o Poeta". *Correio da Manhã*, Rio de Janeiro, 12 jan. (v. 1964).
EULÁLIO, Alexandre. "Sousândrade Reconquistado". *Jornal de Letras*, Rio de Janeiro, p. 3, maio.
XAVIER, Lívio. "Estudos Universitários: Montagem: Sousândrade. O Campo Visual de uma Experiência Antecipadora". Suplemento Literário de *O Estado de S. Paulo*, a.VII, n. 330, p. 6, 18 maio (Revista das Revistas).
SERRA, Joaquim. "Nota sobre Sousândrade Acompanhada de uma Carta de Pereira da Silva". *Jornal do Commercio*, Rio de Janeiro, 30 jun. (v. 1877).
CRESPO, Ángel y BEDATE, Pilar G. Situación de la poesia concreta. *Revista de Cultura Brasileña*, Madrid, n. 5, p. 24; 42, jun.
- *1964*
CAMPOS, Augusto e Haroldo de. "Sousândrade: O Terremoto Clandestino". *Revista do Livro*, Rio de Janeiro, a. IV, n. 25, pp. 7-75, mar. Transcrito em *ReVisão de Sousândrade*, 1964.
OLIVEIRA, Antônio de. "Sousândrade – O Terremoto Clandestino". *Jornal do Commercio*, Rio de Janeiro, 17 maio. Sobre o ensaio de Augusto e Haroldo de Campos, publicado na *Revista do Livro*.
CAMPOS, Augusto e Haroldo de. *ReVisão de Sousândrade*. 1.ed. Bibliografia por Erthos Albino de Souza e textos críticos de Augusto e Haroldo de Campos e Luís Costa Lima. São Paulo, Invenção, 275 p. jul.
_____. "De Holz a Sousândrade". *ReVisão de Sousândrade*. 1. ed. São Paulo, Invenção, pp. 435-445. (v. CAMPOS, A. e H. de, 1962, 1964, 1982[2]).
CUNHA, Fausto. "A Luta Literária". Rio de Janeiro, Lidador, pp. 165-169.
LIMA, Luís Costa. "O Campo Visual de uma Experiência Antecipadora". In: CAMPOS, Augusto e Haroldo de. *ReVisão de Sousândrade*. 1. ed. São Paulo, Invenção, pp. 395-434. jul. (v. LIMA, L.C., 1962[1], 1982[2]).
SOUZA, Erthos Albino de. "Bibliografia de Sousândrade". In: CAMPOS, Augusto e Haroldo de. *ReVisão de Sousândrade*. 1. ed. São Paulo, Invenção. p. 457-477. jul. (v. CAMPOS, A. e H. de, 1982[2]).

GRÜNEWALD, José Lino. "Antenas da Raça". *Correio da Manhã*, Rio de Janeiro, 11 jul.
AYALA, Walmir. "Ressurreição de Sousândrade". *Jornal do Brasil*, Rio de Janeiro, 2 ago.
BURNETT, Lago. "Sousândrade Cem Anos Depois". *Jornal do Brasil*, Rio de Janeiro, 2 ago.
RAMOS, Péricles Eugênio da Silva. "Revisão de Sousândrade". *Democracia Cristã*, São Paulo, 13, 19, 20 e 26 ago. (v. RAMOS, P. E. da S., 1969).
FERRAZ, Geraldo. "Registro do Terremoto Clandestino". *A Tribuna*, São Paulo, 23 ago.
RAMOS, Péricles Eugênio da Silva. "Revisão de Sousândrade". *Democracia Cristã*, São Paulo, 3 e 9 set.
Artigos retomados em *Do Barroco ao Modernismo*.
MOUTINHO, Nogueira. "Sousândrade Revisitado". *Folha de S. Paulo*, 13 set.
MARTINS, Wilson. "O Fim de um Mito". Suplemento literário de *O Estado de S. Paulo*, a. IX, n. 404, p. 2, 31 out. (v. LIMA, L.C., 1965).
ARROYO, Leonardo. "O Poeta". *Folha de S. Paulo*, 30 dez.
- 1965
CUNHA, Fausto. "Revisão de Sousândrade". *Jornal de Letras*, Rio de Janeiro, p. 2, jan.
FURTER, Pierre. "Pois os Mortos Retornam Sempre. I". Suplemento Literário de *O Estado de S. Paulo*, a. IX, n. 419, p. 4, 27 fev. Il.
_____. "Pois os Mortos Retornam Sempre. II". Suplemento Literário de *O Estado de S. Paulo*, a. IX, n. 420, p. 6, 6 mar.
LIMA, Luís Costa. "A Questão Sousândrade. I". Suplemento Literário de *O Estado de S. Paulo*, a. IX, n. 420, p. 4, 6 mar.
_____. "A Questão Sousândrade. II". Suplemento Literário de *O Estado de S. Paulo*, a. IX, n. 421, p. 6, 13 mar.
ÁVILA, Afonso. "Sousândrade: El Poeta y la Conciencia Crítica". *Revista de Cultura Brasileña*, n. 12, pp. 105-115, Madrid, mar. (v. out. 1965).
CRESPO, Ángel y BEDATE, Pilar Gómez. "Noticia de Sousândrade". *Revista de Cultura Brasileña*, n. 12, pp. 68-104, Madrid, mar.
"Sousândrade's Stock". *Times Literary Suplement,* London, p. 541, 24 jun.
"Sousândrade, o Poeta Maldito do Romantismo". *O Globo*, Rio de Janeiro, 20 jul.

SABINO, Fernando. "Ressurreição do Poeta". *Jornal do Brasil*, Rio de Janeiro, 29 jul.

"Sousândrade, o Poeta Maldito do Romantismo". *Jornal da Bahia*, Salvador, 29 e 30 ago.

FURTER, Pierre. "Sousandrade nous provoque encore". *Journal de Genève*, 04 set.

ÁVILA, Affonso. "Sousândrade: O Poeta e a Consciência Crítica — I". Suplemento Literário de *O Estado de S. Paulo*, a. X, n. 449, p. 6, 09 out.

_____. "Sousândrade: O Poeta e a Consciência Crítica — II". Suplemento literário de *O Estado de S. Paulo*, a. X, n. 450, p. 6, 16 out. (v. 1966, 1969).

OLIVEIRA, Antônio de. "Mais uma Vez Sousândrade". *Jornal do Commercio*, Rio de Janeiro, p. 5, 28 nov.

CAMPOS, Augusto de. "Pound Made (new) in Brazil". In: *Ezra Pound*, I, Paris, Cahiers de l'Herne, pp. 275-281.

PICCHIO, Luciana S. *Crise del linguaggio e Avanguardie litteraire in Brasile*. Paragone, Milão/It., n. 190.

CHACON, Vamireh. "História das Idéias Socialistas no Brasil". Rio de Janeiro, Civilização Brasileira, pp. 280-281.

- 1966

BRAGA, Edgard. "Ainda Sousândrade". *Diário de S. Paulo*, 13 fev.

CAMPOS, Haroldo de. "Poesia de Vanguarda Brasileira e Alemã: Arno Holz, Schwitters. Sousândrade, Oswald". *Cavalo Azul*, São Paulo, n. 2, pp. 77-79, abr./maio (v. CAMPOS, H., 1964, 1967, 1982^2).

ÁVILA, Affonso. "Sousândrade: O Poeta e a Consciência Crítica — I". Suplemento Literário *Minas Gerais*/Belo Horizonte, a. 1, n. 1, p. 3, 3 set.

_____. "Sousândrade: O Poeta e a Consciência Crítica — II". Suplemento literário *Minas Gerais*, Belo Horizonte, a. 1, n. 2, p. 6, 10 set.

"Sousândrade em Circuito Internacional". *Invenção*, São Paulo, n. 5, p. 116, dez. 1966 / jan. 1967.

CAMPOS, Augusto e Haroldo de. *Sousândrade. Poesia*. Rio de Janeiro, Agir, 89 p. (Coleção Nossos Clássicos, 85).

SOUSÂNDRADE. *Memorandum*. São Luís, Departamento de Cultura do Estado, 59 p.

- 1967

CAMPOS, Haroldo de. "Sousândrade Poeta Universal". *Correio da Manhã*, Rio de Janeiro, 22 jan.

SENA, Clóvis. "O Poeta Sem as Pedradas: Considerações e Informes Acerca de Sousândrade". *Correio Brasiliense*, Brasília, 14 out.

OLIVEIRA, Franklin de. "Homem Estilhaçado, Poeta Rebelionário. *O Globo*, Rio de Janeiro, 20 nov.

CAMPOS, Haroldo de. "Poesia de Vanguarda Brasileira e Alemã: Arno Holz, Schwitters, Sousândrade, Oswald". *Humboldt*, n. 16, Hamburg.

FRANCO, Jean. *The Modern Culture of Latin America: Society and the Artist*. 1. ed. London, Pall Mall Press, pp. 49-50. (v. FRANCO, J., 1970^2).

RAMOS, Péricles E. da S. *Do Barroco ao Modernismo*. 1.ed. Rio de Janeiro, LTC (v.1979).

- 1968

OLIVEIRA, Antônio de. "Sousândrade, O Patriarca da Vitória". Suplemento de Arte do *Jornal do Maranhão*, São Luís, 24 ago.

COELHO, Jacinto do Prado. "O Precursor que Desponta: Sousândrade". *O Comércio do Porto*, Porto, 8 out.

OLIVEIRA, Franklin de. "As Auroras Inevitáveis". *Correio da Manhã*, Rio de Janeiro, 24 nov.

MARQUES, Oswaldino. *Ensaios Escolhidos*. Rio de Janeiro, Civilização Brasileira, pp. 40-41.

- 1969

ÁVILA, Afonso. *O Poeta e a Consciência Crítica*. Petrópolis, Vozes, pp. 36-45. (v. ÁVILA, A. 1965, 1966). Retomada dos textos publicados anteriormente em periódicos, em 1966.

CAMPOS, Haroldo de. "Poesia de Vanguarda Brasileira e Alemã". *A Arte no Horizonte do Provável*. 1.ed. São Paulo, Perspectiva, pp. 161-169 (Coleção Debates, 16) (v. CAMPOS, H. de, 1964, 1966, 1967, 1982).

RAMOS, Péricles Eugênio da Silva. "Uma Antologia de Sousândrade". *Do Barroco ao Modernismo*. 1. ed. São Paulo, Conselho Estadual de Cultura, pp. 123-131 (v. RAMOS, P. E. da S., 1964, 1979^2).

- 1970

GRÜNEWALD, José Lino. "Livros". *Correio da Manhã*, Rio de Janeiro, Anexo, p. 5, 7 jan. Sobre a obra *Inéditos* de Sousândrade.

CAMPOS, Haroldo de. "Sousândrade: Formas em Morfose". Suplemento literário de *O Estado de S. Paulo*, a. 14, n. 655, p. 5, 10 jan. (v. CAMPOS, H. de, 1964^1, 1982^2). Ensaio publicado em *ReVisão de Sousândrade*.

OLIVEIRA, Antônio de. "Sousândrade: Harpas em Órbita". Suplemento de Arte do *Jornal do Maranhão*, São Luís, n. 132, 22 mar.

OLIVEIRA, Antônio de. "A Respeito de Harpas em Órbita". Suplemento de Arte do *Jornal do Maranhão*, São Luís, n. 133, 29 mar.

PINTO, Lúcio Flávio. "Um Terremoto Clandestino: Este Poeta, Sousândrade". *Diário de S. Paulo*, São Paulo, 3º caderno, p. 7, 12 abr.

SENA, Clóvis. "Sousândrade em Dimensão Humana". *Correio do Povo*, Porto Alegre. Caderno de Sábado, 18 mai.

SENA, Clóvis. "Sousândrade em Dimensão Humana". *Correio Brasiliense*, Brasília, 30 mai.

PAXECO, Elza. "Frederick G. Williams e Jomar Moraes. *Sousândrade: Inéditos*". *Occidente*, Lisboa, n. 391, v. 79, pp. 228-230, nov.

BOSI, Alfredo. *História Concisa da Literatura Brasileira*. São Paulo, Cultrix. pp. 137-139.

WILLIAMS, Frederick G. & MORAES, Jomar. *Sousândrade. Inéditos*. São Luís, Departamento de Cultura do Estado.

WILLIAMS, Frederick G. e MORAES, Jomar. *Sousândrade: Inéditos*. São Luís, Departamento de Cultura do Estado. Resenhado por PAXECO, Elza. *Occidente*, Lisboa, v. LXXIX, n. 391, pp. 228-230, nov.

SODRÉ, Nelson Werneck. *Memórias de um Escritor* – Formação. Rio de Janeiro, Civilização Brasileira. v. I, p. 42 e 162.

- *1971*

SOUSA, Galante de. "A 'Casca da Caneleira' e seus Autores". *Cultura*, n. 1, pp. 117-123, jan. /mar. (MEC).

CAMPOS, Haroldo de. "Heliotapes, n. 2". *Flor do Mal*, Rio de Janeiro, n. 4, p. 5. Entrevista a Hélio Oiticica.

AZEVEDO FILHO, Leodegário de. *Síntese Crítica da Literatura Brasileira*. Rio de Janeiro, Guernasa. p. 51-52.

CUNHA, Fausto. "Sousândrade". *O Romantismo no Brasil*. Rio de Janeiro, Paz e Terra, pp. 47-52.

_____. "Sousândrade e a Colocação de Pronomes no Romantismo". *O Romantismo no Brasil* (De Castro Alves a Sousândrade). Rio de Janeiro, Paz e Terra, pp. 139-146. (v. CUNHA, F., 1954, 1956, 1969).

WILLIAMS, Frederick G. *Sousândrade: A Study of his Life and Works*. Tese de doutorado. Universidade de Wisconsin/EUA.

- *1972*
CAMPOS, Haroldo de. "Superacíon de los Lenguajes Exclusivos. In: MORENO, Cesar Fernandez (coord). *America Latina en su Literatura*. Introd. de C.F.M. UNESCO, pp. 279-300.
LIMA, Luís Costa. "Da Motivação dos Nomes". In: AZEVEDO F°., L. de. *Poetas do Modernismo*. Brasília, INL. v. I, pp. 23-24.
- *1973*
RISÉRIO FILHO, Antônio. "Sousândrade a Musa Louca que a Maldição Apedrejou". *Tribuna da Bahia*, Salvador, p. 5, 1 abr.
TELES, Gilberto Mendonça. *Camões e a Poesia Brasileira*. 1.ed. Rio de Janeiro, MEC/DAC. (1976^2).
WILLIAMS, Frederick G. "Inferno de Wall Street". *Latin American Literary Review*, a.I, n. 2, .
- *1975*
BARDI, Pietro M. "O Caso Sousândrade". *História da Arte Brasileira*. São Paulo, Melhoramentos, pp. 170-172.
BOSI, Alfredo. "Sousândrade". *História Concisa da Literatura Brasileira*. 2. ed. 4ª reimpr. São Paulo, Cultrix, pp. 1137-139.
CAMPOS, Augusto de. "Sousândrade" (1874-1974). Fotopsicograma. *Código*, Salvador, n. 2.
CAMPOS, Haroldo de. "Poesia de Vanguagrda Brasileira e Alemã". *A Arte no Horizonte do Provável*. 3. ed. São Paulo, Perspectiva, pp. 164-166. (Coleção Debates, 16).
- *1976*
LOBO, Luísa. *Tradição e Ruptura: "O Guesa" de Sousândrade*. Dissertação de Mestrado/PUC/RJ. mai. (v.1979).
LOBO, Luísa. "A Visão Antecipadora de Sousândrade". *José* — Literatura, Crítica e Arte. Rio de Janeiro, Fontana, n. 1, p. 28-30, jul. Reproduzido em *Crítica sem Juízo* de Luísa Lobo (v. 1993).
RAMOS, Péricles Eugênio da Silva. "Poesia Brasileira: a Busca de Uma Definição Nacional". *Revista de Poesia e Crítica*, São Paulo, a. I, n. 1, p. 14, jul. Sousândrade como precursor do modernismo.
ANDRADE, Carlos Drummond de. "Procura-se um Patrono". *Jornal do Brasil,* Rio de Janeiro, 04 set.
CAMPOS, Haroldo de. "Texto e História". *A Operação do Texto*. São Paulo, Perspectiva. p. 18-21.

LOBO, Luísa. "Lendo *O Guesa*". Cópia mimeografada distribuída no 1º Encontro Nacional de Professores de Literatura na Pontifícia Universidade Católica do Rio de Janeiro, 20 p. 13 out.

MORAES, Jomar. *Apontamento de Literatura Maranhense*. 1. ed. São Luís, SIOGE. XIV+280 p. (1977^2).

WILLIAMS, Frederick G. *Sousândrade: Vida e obra*. São Luís, SIOGE. 277 p.

- *1977*

RISÉRIO FILHO, Antônio. "Um Canto sobre a Usura". *Versus*, São Paulo, n. 16, p. 31, nov.

SANTOS, Pedro B. dos. "O Universo Poético de 'Harpa de Ouro'". *Revista das Academias de Letras*, Rio de Janeiro, n. 38, pp. 99-111.

CAMPOS, Haroldo de. "Um Precursor: Sousândrade". *Ruptura dos Gêneros na Literatura Latino-americana*. São Paulo, Perspectiva, pp. 18-24. (Coleção Elos).

CAMPOS, Haroldo de. *Ideograma*. São Paulo, Cultrix. p. 17, 19, 39, 62 e 94.

FROTA, Mont'Alverne. *Sousândrade: O Último Périplo*. São Luís, SIOGE. 36 p.

MENDES, Ângela M. F. "'*O Guesa*': O Universo Possível de Sousândrade". Tese.

PINHEIRO, Tobias. "O Precursor do Modernismo". *O Menino do Bandolim*. Rio de Janeiro, Arte Nova, pp. 66-71.

- *1978*

MONTELO, Josué. "A Prosa de Sousândrade". *Jornal do Brasil*, Rio de Janeiro, p. 11, 25 jul.

REIS, Fernando Marques dos. "Erudição". *Jornal do Brasil*, Rio de Janeiro, 3 ago.

WILLIAMS, Frederick G. *Sousândrade: Vida e Obra*. São Luís, SIOGE. Resenhado por Luciana Stegagno Picchia. *Colóquio*, Lisboa, n. 46, pp. 105-106, nov.

BOSI, Alfredo. "Imagens do Romantismo no Brasil". In: GUINSBURG, J. (org). *O Romantismo*. São Paulo, Perspectiva, pp. 254-256.

- *1979*

LOBO, Luísa. *Tradição e Ruptura: O Guesa de Sousândrade*. São Luís, SIOGE. 101 p.

LOBO, Luísa. "Lendo *O Guesa*". *Revista da Academia Maranhense de Letras*, São Luís, vol. II, p. 1-22. (v. LOBO, L., 1976).

LOBO, Luísa. "Sousândrade Passeia pelo Rio de Janeiro". *Artefato — Jornal de Cultura*. Rio de Janeiro, a. II, n. 11, pp. 8-10. Reproduzido em *Crítica sem Juízo*, de Luísa Lobo (v. 1993).

RAMOS, Péricles Eugênio da Silva. "Uma Antologia de Sousândrade". *Do Barroco ao Modernismo*. 2.ed. rev. e aum. Rio de Janeiro, Livros Técnicos e Científicos, pp. 141-149. (v. 1967[1]).

- *1980*

LOBO, Luísa. "A Poética de Sousândrade e Gonçalves Dias". *Anais do V Congresso Nacional de Estudos de Lingüística e Literatura*. Rio de Janeiro, SUAM/Fundo Nacional de Desenvolvimento da Educação/Editora Três. p. 145-153. Reproduzido em *Crítica sem Juízo* de Luísa Lobo (v. 1993).

LOBO, Luísa. "Sousândrade Desconhecido". *Jornal do Brasil*, Caderno B, Rio de Janeiro, p. 11, 11 jun. Entrevista.

- *1982*

CAMPOS, Augusto e Haroldo de. *ReVisão de Sousândrade*. Textos Críticos, Antologia, Glossário, Bibliografia. 2. ed. rev. e aum. Rio de Janeiro, Nova Fronteira. 477 p. jul. (v. CAMPOS, A. e H. de, 1964).

LOBO, Luísa. "Walt Whitman e Sousândrade". *Literatura d'America*, Roma, anno III, n° 14/15, pp. 101-115, autumno.

- *1984*

MOISÉS, Massaud. "Sousândrade". *História da Literatura Brasileira,* vol. II, *Romantismo, Realismo*. São Paulo, Cultrix/Edusp, 1984, pp. 241-258.

- *1985*

TRAGTEMBERG, Lívio. "A Carnavalização de Wall Street". Folhetim, *Folha de S. Paulo*, n. 423, p. 3, 24 fev. Sobre o poema "Inferno de Wall Street", de Sousândrade.

- *1986*

LOBO, Luísa. *Épica e Modernidade em Sousândrade*. São Paulo, Edusp; Rio de Janeiro, Presença. 201 p. (coleção Atualidade Crítica, 8).

LOBO, Luísa. *Sousândrade: a forerunner of Modernism in an epic frame*. São Paulo, Edusp; Rio de Janeiro, Presença.

MOISÉS, Massaud. "Sousândrade". *A Literatura Brasileira Através dos Textos.* 12. ed. São Paulo, Cultrix. (1993[17]).

- *1990*

SANDMANN, Marcelo. "Sousândrade Futurista?" *Revista de Letras da UFPR*, Curitiba, n. 39, pp. 73-94.

- *1992*
DUARTE, Sebastião Moreira. *Épica Americana: De "Guesa" de Sousândrade ao "Canto General" de Pablo Neruda*. Tese (Doutorado). University of Illinois.
- *1993*
HANSEN, Adolfo. "Edição Crítica Resgata Íntegra de *O Guesa*". Suplemento Literário Cultura de *O Estado de S. Paulo*, a. 8, n. 676, p. 1, 31 jul.
LOBO, Luísa. II. "A Visão Antecipada de Sousândrade". *Crítica sem Juízo*. Rio de Janeiro, Francisco Alves, pp. 123-158. (v. LOBO, L., 1976, 1982).
- *2001*
CAMPOS, Haroldo de. "A Peregrinação Transamericana de *O Guesa* de Sousândrade". *Revista USP*, n. 50, pp. 221-231, jun./jul./ago.
_____. "Die Transamerikanische Wanderschaft des *Guesa* bei Sousândrade". *Alexander von Humboldt-Aufbruch in die Moderne*. Akademie Verlg, p. 81-99, Berlin 2001.
- *2002*
CAMPOS, Augusto de. "Ecos do Inferno de Wall Street". Caderno "Mais". *Folha de S. Paulo*, 21 abr.
ADRIANO, Carlos. "Itinerário de uma Poesia". Idem. O suplemento publica no mesmo número entrevista com o pesquisador peruano Carlos Torres, estudioso da obra de Sousândrade.
SEM DATA
LOBO, Luísa. "A Poética de Sousândrade e de Gonçalves Dias". *Anais do V Encontro Nacional de Estudos de Lingüística e Literatura*. Rio de Janeiro, SUAM/Fundo Nacional de Desenvolvimento de Educação, Ed. Três, pp. 141-153.
PÁDUA, Antonio de. "Neologismos Poéticos". *Notas de Estilística*. Rio de Janeiro, Elo, pp. 11-24.

5. TRADUÇÃO

- *1970*
CRESPO, Angel. Sousândrade. "Harpas Salvajes. El Guesa Errante y El Infierno de Walld Street". *Revista de Cultura Brasileña,* Madrid, tomo IX, n° 30, pp. 73-77, marzo.

- *1973*
CRESPO, Ángel. *Antologia de la Poesia Brasileña*. Selección, introducción y traducción de A.C. Barcelona: Seix Barral. p. 53-58. Fragmentos de *Harpas Selvagens* (Harpas Salvajes) e *O Guesa Errante* (El Guesa Errante).
- *1975*
WILLIAMS, Frederick G. *From Those Who Wrote* (poems and translations). São Luís, SIOGE, pp. 49-59. Traz poema "Alabastro" e 21 estrofes de "O Inferno de Wall Street".
- *1977*
CORTANZE, G. de. L'enfer de Wall Street. Trad. de "O Inferno de Wall Street". *PO&SIE*, Paris, n° 3, pp. 39-64. Librairie Classique Eugéne Belin. Tradução das quarenta e três primeiras estrofes. O "Glossário" reproduz, sem dar o devido crédito, o constante da edição brasileira.
- *1986*
BROWN, Robert E. "The Wall Street Inferno". Latin American Literary Review (Special Issue – Brazilian Literature), vol. XIV, january-june, University of Pittsburgh.

6. *Presença em Antologia, Dicionário, Enciclopédia e Periódicos*

- *1860*
SILVA, Innocencio Francisco da. *Diccionario Bibliographico Portuguez*. 1. ed. Lisboa: Imprensa Nacional. T. IV, p. 157. (Ed. Fac-similar, 1973).
- *1861*
Parnaso Maranhense. São Luís/MA: Progresso, p. 182-187. Traz "Te Deum" (cântico), "A★★★"; fragmentos (costas do Brasil) e ao Sol.
- *1867-1868*
Semanário Maranhense. São Luís.
- *1879*
CASTELO BRANCO, Camilo. *Cancioneiro Alegre de Poetas Portugueses e Brasileiros*. 1. ed. Porto, p. 109-149. (1887^2, v.1, pp. 141-146). Comentário crítico sobre Sousândrade, traz o poema "Mademoiselle".

- *1880*
Pacotilha. São Luís.
- *1884*
SILVA, Innocencio Francisco da. *Diccionario Bibliographico Portuguez*. Lisboa: Imprensa Nacional. T. XII, p. 13, 154 e 364. (Está registrado Joaquim Antônio de Sousa Andrade).
- *1885*
MORAES Fº, Melo. Sousândrade. In: ____. *Parnaso Brasileiro*. Rio de Janeiro, Garnier. V. II, pp. 431-439. *Guessa Errante*, excerto do Canto II.
- *1892*
O Federalista. São Luís.
- *1898*
BLAKE, Augusto V. A. Sacramento. *Diccionário Bibliographico Brazileiro*. Rio de Janeiro, Imprensa Nacional. V. 4, p. 246.
- *1912*
Biblioteca Internacional de Obras Célebres. Rio de Janeiro, Sociedade Internacional. v. XX, pp. 9741-9742; v. XXIII, p. 11452.
- *1916*
FREIRE, Laudelino. *Sonetos Brasileiros*. 2.ed. Rio de Janeiro, Briguiet. p. 50. (Da 1ª ed. não consta Sousândrade).
- *1929*
PAIVA, Tancredo de Barros. *Achegas a um Dicionário de Pseudônimos*. Rio de Janeiro, J. Leite, p. 43, 89, 164.
- *1949*
REIS, Antonio Simões dos. Poetas dos Brasil (Bibliografia). Rio de Janeiro, Simões, v. 1, p. 158.
- *1965*
RAMOS, Péricles Eugênio da Silva. "Sousa-Andrade ou Sousândrade". *Poesia Romântica*. Antologia. São Paulo, Melhoramentos, pp. 243-251. Traz poema: "A★★★"; "Guesa Errante/ Canto V" e "Segundo Excerto"; "Novo Eden / Segundo Dia" (Excerto).
- *1967*
LUFT, Celso Pedro. *Dicionário de Literatura Brasileira e Portuguesa*. 1. ed. Porto Alegre: Globo, pp. 286-287. (1969^2, p. 365-367; 1987^3).

- *1969*

COELHO, Joaquim do Prado. *Dicionário de Literatura*. Rio de Janeiro, Cia. Brasileira de Publicações. v. II, pp. 1053-1054.

MENEZES, Raimundo de. *Dicionário Literário Brasileiro*. 1. ed. São Paulo, Saraiva. v. IV, pp. 1229-1230. (2. ed. 1978, pp. 660-661).

PAES, José Paulo e MOISÉS, Massaud. *Pequeno Dicionário de Literatura Brasileira*. 1. ed. São Paulo, Cultrix, pp. 241-242. Verbete organizado por Augusto de Campos. (2. ed., 1980, pp. 406-407).

- *1970*

BLAKE, Augusto V. A. Sacramento. *Diccionário Bibliographico Brazileiro*. Ed. facsim. Rio de Janeiro, Conselho Federal de Educação. vol 4, p. 246.

FRANCO, Jean. "Sousândrade". In: BRADBURY, M.; MOTTRAM, E.; FRANCO, J. (eds.). *United States and Latin American Literature*. [?]: The Penguin Companion to literature, 3.

Grande Enciclopédia Delta Larousse. Rio de Janeiro, Delta, v. II, p. 6419.

- *1971*

FIGUEIREDO, José Valle de. "Sousândrade". *Antologia da Poesia Brasileira*. Lisboa, Verbo, pp. 48-52.

- *1973*

OLIVEIRA, Antonio de. "Romântico e Bucólico Sousândrade. Antologia". *Revista das Academias de Letras*, Rio de Janeiro, n. 81, pp. 15-30.

- *1974*

CAMPOS, Augusto de. "Sousândrade". *Enciclopédia Abril*, São Paulo, v. 11, n. 163, p. 4572, mai.

- *1975*

Enciclopédia Mirador Internacional. São Paulo; Rio de Janeiro. v. IV, p. 1693, 1706.

- *1980*

Decadismo e Simbolismo no Brasil; Seleção e Apresentação de Cassiano Lacerda Carollo. 1. ed. Rio de Janeiro, Livros Técnicos e Científicos; Brasília: INL. v. I, p. XXII, XIII, 82, 222, 309, 370.

- *1983*

SCHWARTZ, Jorge. "Whitman / Sousândrade / Baudelaire: uma Tríade Cosmopolita". *Vanguarda e Cosmopolitismo*. São Paulo, Perspectiva, 1983, pp. 7-13.

- *1985*

La Nuova Enciclopedia della Letteratura Garzanti. Milano, Garzanti, 1985, p. 923.

- *1988*

SENA, Jorge de. "Sousândrade: Vida e Obra". *Estudos de Cultura e Literatura Brasileira*. Lisboa, Edições 70, 1988, pp. 173-176.

- *1990*

COUTINHO, Afrânio (org). *Enciclopédia de Literatura Brasileira*. Rio de Janeiro, MEC/FAE. v. II, p. 1280. (2001^2, t.II, p. 1535-36).

SANDMANN, Marcelo — "Sousândrade Futurista? Re-revisando Sousândrade". *Letras,* Curitiba, n.° 39, pp. 73-94. Editora da UFPR.

- *2001*

SOUSÂNDRADE, J. "O Inferno de Wall Street". (estrofes). "Mais". Suplemento de *Folha de S. Paulo*, p. 21, 23 set.

SOUSÂNDRADE, J. "Tatuturema" (estrofes). Caderno "Mais", *Folha de S. Paulo*, p. 24, 21 abr.

KNAUTH, K. Alfons. Multilinguisme national et internacional dans le modernisme brésilien. Würzburg, Saarbrücker Beiträge Zur Vergleichenden Literatur-und Kulturwissenschaft, Band 18 – 2002: Manfred Schmeling und Monika Schmitz-Emans (herausg.) Multilinguale Literatur im 20 Jahrhundert. Köningshausen & Newmann.

7. *Artes Plásticas*

- *1972*

OITICICA, Hélio. *Homenage to my Father.*
____. *Manhattan Brutalista.*

8. *Cinema*

- *1971*

SANTEIRO, Sérgio (dir.). *O Guesa.*

- *1972*

OITICICA, Hélio. *Agripina é Roma Manhattan*. New York.

9. Poemas a Sousândrade

- *1960*
ARAÚJO, Raimundo Corrêa de. "Velho Poeta. Soneto à Memória Sousândrade". *Acrópole*. São Luís, Academia Maranhense de Letras, p. 73.
- *1970*
MENDES, Murilo. "Grafito para Sousândrade". *Convergência*. São Paulo, Duas Cidades, p. 15. (Data de escritura: Roma, 1965).
- *1974*
CAMPOS, Haroldo de. "Urna para Sousândrade". *Código*, Salvador, n. 2.

SÍNTESE BIOGRÁFICA

Joaquim de Sousa Andrade (Sousândrade) nasceu no Maranhão, na vila de Guimarães, termo da então comarca de Alcântara, na fazenda paterna de Nossa Senhora da Vitória, às margens do Rio Pericumã, em 9 de julho de 1832[1].

Em 1853, viajou pela Amazônia, recolhendo dessa viagem observações sobre o culto indígena de Jurupari, que depois utilizaria na seção "Tatuturema" do Canto II de seu poema *Guesa*[2].

Teve formação européia, bacharelando-se em letras pela Sorbonne. Numa segunda viagem à Europa, fez, em Paris, o curso de engenharia de minas, tendo sido o primeiro brasileiro a obter esse diploma naquela capital. Durante seu período de formação universitária, percorreu vários países da Europa, tornando-se conhecido nos círculos brasileiros das grandes capitais como adepto das idéias republicanas. Não se pôde demorar em Londres. Teria sido convidado a se retirar da In-

---

1. A data correta do nascimento do poeta foi estabelecida por Antonio Oliveira, "Mais uma vez Sousândrade", *Jornal do Comércio*, Rio de Janeiro, 28.11.1965.
2. Segundo F. G. Williams, esta viagem à Amazônia teria ocorrido em 1858, sendo de 1854 a 1856 o período de formação européia de Sousândrade. Já Astolfo Marques, conterrâneo e contemporâneo do autor do *Guesa*, que alega ter obtido suas informações do próprio Sousândrade, indica terem sido duas as estadas do poeta na França.

glaterra pelas autoridades, em virtude de ter atacado, num artigo de imprensa, a rainha Vitória. De volta ao Maranhão, casou-se, resultando desse matrimônio uma filha, Maria Bárbara. Dedicou-se por algum tempo à lavoura. Separou-se da esposa, por incompatibilidade de gênios.

Viajou pelas repúblicas centro e sul-americanas[3]. Por volta de 1870, fixou residência nos Estados Unidos, acompanhando a educação de sua filha no Sacred Heart. Estabeleceu-se em Manhattanville, a sete milhas do centro de Nova Iorque, num pequeno quarto de uma casa de família, nas proximidades daquele colégio. Uma das razões de sua mudança para os EUA teria sido a saúde precária de sua filha, que não se dava bem no clima do Maranhão. Em Nova Iorque, tornou-se vice-presidente da associação fundadora do periódico *O Novo Mundo*, publicado em língua portuguesa e dirigido pelo brasileiro José Carlos Rodrigues. Desse periódico, editado de 24 de outubro de 1870 a dezembro de 1879, foi secretário e colaborador. André Rebouças refere que o visitou no escritório de *O Novo Mundo* em 21 de junho de 1873.

De retorno ao Maranhão, pelos fins do segundo reinado, começou a fazer abertamente pregação republicana. Informado da proclamação da República, passou um telegrama ao Marechal Deodoro da Fonseca nos seguintes termos: "República proclamada. Paus-d'arco em flor", associando assim ao acontecimento as cores festivas da natureza. No dia 30 de novembro promovia um grande desfile alegórico em comemoração ao evento, que fora acolhido, a princípio, com certa frieza pelo povo maranhense. Na República, como presidente da Intendência Municipal de São Luís, reformou o ensino, cuidando da fundação de escolas mistas. Idealizou a bandeira maranhense, em cujas cores — branco, preto e vermelho — quis representar a fusão étnica do povo brasileiro. Candidatou-se à senatoria para o Congresso Consti-

---

3. F. G. Williams dá indicações de que a viagem de Sousândrade por águas do Pacífico, do istmo do Panamá ao Estreito de Magalhães em mares da Argentina (com passagens pelo Peru e pelo Chile) coincidiu com o seu retorno dos Estados Unidos ao Brasil, por esse roteiro, em 1885.

tuinte da República, pelo Partido Republicano Histórico do Maranhão, mas renunciou, com o objetivo de pacificar disputas eleitorais. Foi presidente da comissão incumbida de preparar o projeto da Constituição maranhense. No Liceu Maranhense, regeu a cadeira de Língua Grega. Tinha o hábito de dar aulas ao ar livre, à maneira dos peripatéticos, na sua Quinta da Vitória, no bairro dos Remédios, às margens do Rio Anil (São Luís). No campo do ensino, preocupou-se durante muito tempo com a fundação de uma Universidade Popular, com o nome de "Atlântida", empenhando-se para isso, sem êxito, junto aos representantes federais do Maranhão. Num exemplar da última edição do *Guesa*, pertencente a Múcio Leão, lê-se a seguinte dedicatória do poeta, datada de 6 de março de 1890, dirigida a um seu coestaduano, o Dr. E. Muniz Varela: "Pensai-vos nos vossos caminhos de ferro, assim como eu penso na minha academia de ciências e letras — a inteligência e o locomotiva — que da decadência moral e financeira ainda havemos de alevantar o Estado do Maranhão".

A filha do poeta, Maria Bárbara, deixou-o para viver em companhia da mãe. Depois de dirigir um colégio em São Luís, transferiu-se para Santos (São Paulo), onde ficou à testa de importante estabelecimento de ensino.

Em conseqüência dos gastos excessivos de suas viagens e da morte da lavoura na fazenda Feliz Asilo, de sua propriedade, passou, no fim da vida, por graves dificuldades financeiras. Para ter o que comer, chegou a vender as pedras do muro da Quinta da Vitória. "Estou comendo as pedras da Vitória", costumava dizer.

Tido como excêntrico ou mesmo louco, chegou a ser apupado nas ruas pelos garotos maranhenses. O governador Lopes Leão teve que recorrer a medidas de vigilância policial para impedir que os moleques o apedrejassem. Em 1899 apareceu pela última vez numa cerimônia pública, proferindo o discurso de saudação a Coelho Neto, que visitava o Maranhão.

Os alunos vão encontrá-lo abandonado e gravemente enfermo na arruinada Quinta da Vitória. O desembargador Torreão Costa, por ordem do Governador, mandou transportá-lo para o Hospital Português (Hospital da Real Sociedade Humanitária 1.º de Dezembro), onde começou a receber tratamento adequado. Pouco depois, em 21 de abril de 1902, faleceu num quarto do hospital.

Os originais de suas últimas produções caíram nas mãos de um vendeiro, que os utilizou como papel de embrulho[4].

É patrono da Cadeira n.º 18 da Academia Maranhense de Letras.

FONTES PRINCIPAIS: Astolfo Marques e Clarindo Santiago. *Fontes subsidiárias:* Joaquim Serra, Domingos Barbosa, André Rebouças, Raimundo Lopes, Antologia da Academia Maranhense de Letras, Mário M. Meireles, Antônio de Oliveira (ver Bibliografia).

A biografia de Sousândrade não foi ainda suficientemente levantada. Permanecem obscuros muitos fatos, nomes e datas. João Ribeiro e Edgard Cavalheiro salientaram o interesse que haveria em se escrever a vida aventurosa do poeta.

No livro de Frederick G. Williams, *Sousândrade: Vida e Obra,* publicado em 1976 (ver Bibliografia), encontra-se um detalhado levantamento dos fatos biográficos concernentes ao poeta, apurados pelo pesquisador norte-americano e organizados em seqüência cronológica. Embora ainda lacunar, pela própria dificuldade da tarefa, trata-se de um seguro roteiro, que, em diversos passos, supre e retifica os apontamentos menos sistemáticos dos biógrafos anteriores. A ele remetemos o leitor interessado, por ser o mais completo até agora realizado.

---

4. Apesar desta informação desalentadora de Clarindo Santiago, foram, nos últimos anos, encontrados e publicados inéditos de Sousândrade (ver Bibliografia).

COLEÇÃO SIGNOS

1. *Panaroma do Finnegans Wake*
    James Joyce (Augusto e Haroldo de Campos - Orgs.)
2. *Mallarmé*
    Augusto e Haroldo de Campos e Décio Pignatari
3. *Prosa do Observatório*
    Julio Cortázar (Trad. de Davi Arrigucci Júnior)
4. *Xadrez de Estrelas*
    Haroldo de Campos
5. *Ka*
    Velimir Khlébnikov (Trad. e Notas de Aurora F. Bernardini)
6. *Verso, Reverso, Controverso*
    Augusto de Campos
7. *Signantia Quasi Coelum: Signância Quase Céu*
    Haroldo de Campos
8. *Dostoiévski: Prosa Poesia*
    Boris Schnaiderman
9. *Deus e o Diabo no Fausto de Goethe*
    Haroldo de Campos
10. *Maiakóvski – Poemas*
    Boris Schnaiderman, Augusto e Haroldo de Campos
11. *Osso a Osso*
    Vasko Popa (Trad. e Notas de Aleksandar Jovanovic)
12. *O Visto e o Imaginado*
    Affonso Ávila
13. *Qohélet/o-que-sabe – Poema Sapiencial*
    Haroldo de Campos

14. *Rimbaud Livre*
    Augusto de Campos
15. *Nada Feito Nada*
    Frederico Barbosa
16. *Bere'shith – A Cena da Origem*
    Haroldo de Campos
17. *Despoesia*
    Augusto de Campos
18. *Primeiro Tempo*
    Régis Bonvicino
19. *Oriki Orixá*
    Antonio Risério
20. *Hopkins: A Beleza Difícil*
    Augusto de Campos
21. *Um Encenador de Si Mesmo: Gerald Thomas*
    Sílvia Fernandes e J. Guinsburg (Orgs.)
22. *Três Tragédias Gregas*
    Guilherme de Almeida e Trajano Vieira
23. *2 ou + Corpos no Mesmo Espaço*
    Arnaldo Antunes
24. *Crisantempo*
    Haroldo de Campos
25. *Bissexto Sentido*
    Carlos Ávila
26. *Olho-de-corvo*
    Yi Sán^g (Yun Jung Im – Org.)
27. *A Espreita*
    Sebastião Uchoa Leite
28. *A Poesia Árabe-Andaluza: Ibn Quzman de Córdova*
    Michel Sleiman
29. *Murilo Mendes: Ensaios Críticos, Antologia e Correspondência*
    Laís Corrêa de Araujo
30. *Coisas e Anjos de Rilke*
    Augusto de Campos
31. *Édipo Rei de Sófocles*
    Trajano Vieira
32. *A Lógica do Erro*
    Affonso Ávila
33. *Poesia Russa Moderna*
    Augusto e Haroldo de Campos
    e Boris Schnaiderman
34. *Re Visão de Sousândrade*
    Augusto e Haroldo de Campos